企业纳税实务指导丛书

企业纳税实务

QIYE NASHUI SHIWU

（第六版）

安福仁　编著

东北财经大学出版社
Dongbei University of Finance & Economics Press
大　连

图书在版编目（CIP）数据

企业纳税实务 / 安福仁编著. —6版. —大连：东北财经大学出版社，2019.2
（企业纳税实务指导丛书）
ISBN 978－7－5654－3277－4

Ⅰ. 企…　Ⅱ. 安…　Ⅲ. 企业管理-税收管理-中国　Ⅳ. F279.235.4

中国版本图书馆CIP数据核字（2018）第176134号

东北财经大学出版社出版
（大连市黑石礁尖山街217号　邮政编码　116025）
网　　址：http：//www.dufep.cn
读者信箱：dufep@dufe.edu.cn
大连图腾彩色印刷有限公司印刷　东北财经大学出版社发行

幅面尺寸：170mm×240mm　字数：676千字　印张：32　插页：1

2019年2月第6版　2019年2月第12次印刷

责任编辑：李　彬　杨紫旋　责任校对：贺　力
封面设计：张智波　版式设计：钟福建

定价：58.00元

教学支持　售后服务　联系电话：（0411）84710309

如有印装质量问题，请联系营销部：（0411）84710711

第六版前言

税收法治是建设社会主义法治国家的重要组成部分。税收法治的基本价值取向是培养征税人和纳税人的法律至上的现代法治观念，使其价值观念、思维方式、行为模式等建立在税收法定主义原则的基石之上。

编写《企业纳税实务》的初衷，就是为企业依法履行纳税义务和自觉维护纳税人自身权益提供一把“钥匙”，同时为大中专院校学生学习税收法规、掌握税收实务技能等提供一部较好的教材。

本书自2008年6月第一版问世以来，分别于2009年9月、2012年6月、2014年7月、2016年8月进行了四次修订。为适应税制改革和税收政策变化需要，现修订出版《企业纳税实务》(第六版)，以其更好地回报读者。

本次修订的幅度较大，主要涉及以下六个方面的内容：

一是随着全面推行营业税改征增值税改革的完成、增值税税率的调整和增值税暂行条例的修订，重新编写了第一章增值税实务。

二是适应《中华人民共和国环境保护税法》的单独立法和《中华人民共和国车辆购置税法》的颁布，新编写了第四章环境保护税实务，重新编写了第六章车辆购置税实务。

三是根据新修订的《中华人民共和国个人所得税法》和《中华人民共和国个人所得税法实施条例》，重新编写了第九章个人所得税实务。

四是根据资源税从价计征改革的推进、资源税征收管理规程的发布和扩大水资源税试点办法，重新编写了第三章资源税实务。

五是适应《中华人民共和国船舶吨税法》和《中华人民共和国耕地占用税法》的颁布，重新编写了第七章第一节耕地占用税实务和第六节船舶吨税实务。

六是适应税收政策变化，对第二章消费税实务、第五章土地增值税实务、第八章企业所得税实务，以及第七章中的其他税种等相关内容进行了更新、补充与完善。其中，对第八章企业所得税实务的内容又进行了适当的简并和结构调整。

通过本次修订，期望能够给读者带来更加有益的帮助。由于本次修订的内容范围较大，加之一些新税法的颁布时间较短，难免存在不足之处，敬请广大读者批评指教。

最后，再次感谢读者对本书的厚爱；感谢东北财经大学出版社领导的支持，感谢各位编辑的辛勤劳动与付出。

编著者

2019年元月

目　录

第一章

增值税实务

增值税是按销售货物、劳务和服务等商品增值额课征的税收。商品增值额是商品价值（C+V+M）中的（V+M）部分，即新增加的价值。按增加价值课税使增值税具有中性税收性质。我国增值税属于价外税，在多环节课征，具有“道道征税，税不重征”的特点。

第一节　我国增值税制度的建立与改革

我国自1979年开始在部分地区试行增值税，1994年在全国正式征收增值税，2009年实施增值税转型改革，由生产型增值税转为消费型增值税。从2012年1月1日起，我国在上海对交通运输业和部分现代服务业开展营业税改征增值税试点。自2016年5月1日起，营业税改征增值税试点在全国范围内全面展开。

一、我国增值税的试点过程

（一）1979年在部分地区试行增值税

在增值税试点之前，我国实行的商品劳务税收制度均为价内税，虽然计税相对简单，但存在重复征税问题。随着改革开放的扩大，这种价内税制不利于专业协作化生产、发展的弊端越来越明显，必须对其进行彻底改革。

从1979年开始，我国先后在襄樊、上海、柳州、长沙、株洲、青岛、沈阳、西安等部分城市进行增值税试点，选择工商税征税范围中的“机器机械”和“农业机具”两个行业试行增值税。1982年，我国将自行车、缝纫机、电风扇三种产品纳入增值税试点范围。

自1983年1月起，在全国范围内对“机器机械”和“农业机具”两个行业和自行车、缝纫机、电风扇三种产品试行增值税，简称“两个行业”和“三种产品”试行增值税，为在全国试行增值税奠定了基础。

（二）1984年在全国对12项工业产品试行增值税

1984年，我国进行了工商税制的全面改革。一是将工商税制征收对象中的产品“一分为二”，一部分征收产品税，一部分征收增值税；二是将工商税制征收对象中的盐，改为单独征收盐税；三是将工商税制征收对象中的服务业、转让无形资产和销售不动产，改为征收营业税。1984年10月，国务院颁发了《中华人民共和国增值税暂行条例（草案）》，财政部颁发了《中华人民共和国增值税暂行条例

（草案）实施细则》。至此，增值税在全国范围内试行，其征税范围仅限于对12项工业产品在生产环节征收。

1984年在全面进行工商税制改革的同时，我国又开征了资源税、城市维护建设税、房产税、城镇土地使用税和车船使用税。

（三）1986—1989年继续扩大增值税试点范围

1986年，为了推动横向经济联合，我国将纺织产品、日用机械、日用电器、电子产品、搪瓷制品和保温瓶纳入增值税的征收范围。1987年7月，又将服装、化学短纤维、中成药、兽药，以及轻工产品、玻璃及其制品、元钉、其他工业品改征增值税。自1988年1月1日起，根据财税〔1988〕108号文件的规定，对原来征收产品税的有色金属矿采选产品、非金属矿采选产品、其他非金属矿采选产品、建筑材料、有色金属和电线、电缆等产品改征增值税。1989年，对工业企业的工业性加工、转售原材料等原征收营业税的项目改征增值税。

此外，自1987年1月起，根据财政部颁发的《关于完善增值税征税办法的若干规定》，将原来对某些产品实行的增值税实耗扣税法和对某些产品实行的增值税购进扣税法，改为统一采用扣税法计税，使增值税向着统一和简化的方向迈进了一步。

（四）1994年在全国正式实施增值税

1984年至1993年期间，我国实施的增值税和国际上规范化的增值税相比，主要存在以下问题：一是仅限于对部分工业产品在生产环节征收增值税，征税范围窄。到1993年，对烟类、酒类、化工类等相当数量的产品仍未实行增值税。二是在税率设计上仍沿用产品税的观念，税率档次多，调节功能层次不清。三是采取列举项目进行扣除的办法，虽然在一定范围内排除了重叠征税，在整个国民经济范围内还存在着相当严重的重复征税问题。在1992年党的“十四大”提出了建立社会主义市场经济的经济体制改革目标后，为适应市场经济的内涵要求，1994年我国启动了中华人民共和国成立以来规模最大、范围最广、内容最深刻、力度最强的工商税制改革。

自1994年1月1日起，对所有内资企业、外商投资企业、外国企业和个人所生产、批发、零售和进口的货物，以及提供的加工、修理、修配劳务，在全国统一征收增值税。同时，废止了对外商投资企业和外国企业征收工商统一税的规定。1994年在全国正式实施增值税的制度安排，具有以下几个特点：

一是征税范围向纵横延伸，并遵循了普遍征收原则。征税范围的纵向延伸，主要是对应税货物在生产、批发、零售和进口的各个环节上普遍征税；征税范围的横向延伸，主要是不仅包括对生产和进口的货物征收增值税，还包括对在我国境内提供加工、修理、修配劳务征收增值税。

二是税率体现了中性原则和简化原则的要求，只设置较低税率和一般税率两档税率，除少数几类货物外，大多数货物都按一般税率征税。税率设置趋于合理，有利于发挥市场对资源优化配置的基础性作用。

三是计税方法更趋于科学、简化。对增值税一般纳税人统一实行购进扣税法，以扣税凭证上所载明的税额为抵扣税额，并实行严格的增值税专用发票制度；对增值税的小规模纳税人统一实行按征收率征收的简易计税法。

1994年的税制改革，除在全国正式实施增值税制度外，还包括其他相关税制改革：一是对内资企业实行统一的企业所得税，取消原来分别设置的国营企业所得税、国营企业调节税、集体企业所得税和私营企业所得税，同时，国营企业不再执行企业承包上缴所得税的包干制。二是统一个人所得税，取消原个人收入调节税和城乡个体工商业户所得税，对个人收入和个体工商户的生产经营所得统一实行修订后的《中华人民共和国个人所得税法》。三是调整、撤并和开征其他一些税种。例如：调整资源税、城市维护建设税和城镇土地使用税；取消集市交易税、牲畜交易税、烧油特别税、奖金税和工资调节税；开征土地增值税、证券交易印花税；盐税并入资源税，特别消费税并入消费税。通过1994年的税制改革，税种设置由原来的37个减少至23个，初步实现了税制的简化、规范和高效统一。

二、我国增值税的转型改革

我国增值税的转型改革，是指由生产型增值税转型为消费型增值税。1994年以前，我国征收的增值税属于生产型增值税，其基本特征是外购固定资产的进项税额不得抵扣。生产型增值税抵扣不彻底，虽有利于国家财政收入的稳定，但不利于刺激经济发展和固定资产投资。为解决生产型增值税存在的缺陷，我国开展了增值税由生产型向消费型转型的改革。消费型增值税基本特征是允许扣除外购商品、劳务或服务的进项税额。我国增值税由生产型向消费型的转型改革，大体上经历了部分地区转型试点和全面转型改革两个阶段。

（一）在部分地区开展增值税转型试点

自2004年7月1日起，根据财政部、国家税务总局关于《2004年东北地区扩大增值税抵扣范围暂行办法》的通知（财税〔2004〕168号），首先在东北三省正式启动增值税由生产型向消费型转型试点。试点的行业范围包括装备制造业、石油化工业、冶金业、汽车制造业、农产品加工业、采掘业、电力业、高新技术产业等8大产业。试点企业为试点行业的增值税一般纳税人。转型试点纳税人当年准予抵扣的固定资产进项税额不得超过当年新增增值税税额，当年没有新增增值税税额或新增增值税税额不足抵扣的，其未抵扣的进项税额应留待下年抵扣，即实施“增量抵扣”政策。2004年12月，财政部、国家税务总局对东北税改的关键政策作出重大调整，将“增量抵扣”转变为“全额抵扣”。

自2007年7月1日起，将增值税转型的试点范围由东北3省扩大到中部6省的26个老工业基地城市。试点城市分别是：山西省的太原、大同、阳泉、长治4个城市；安徽省的合肥、马鞍山、蚌埠、芜湖、淮南5个城市；江西省的南昌、萍乡、景德镇、九江4个城市；河南省的郑州、洛阳、焦作、平顶山、开封5个城市；湖北省的武汉、黄石、襄樊、十堰4个城市和湖南省的长沙、株洲、湘潭、衡阳4个城市。

自2008年7月1日起，为促进西部经济大开发，又将增值税转型试点范围扩大到内蒙古自治区东部的呼伦贝尔市、兴安盟、通辽市、赤峰市和锡林郭勒盟5个盟市（简称蒙东地区）及四川地震灾区。

（二）在全国范围内全面实施增值税转型改革

自2009年1月1日起，在全国全面实施增值税转型改革。这不仅与国际上通用的消费型增值税相适应，同时也有利于扩大国内需求，降低企业设备投资的税收负担，促进企业技术进步、产业结构调整和转变经济增长方式。

增值税全面转型改革，是指在全国范围内的增值税一般纳税人购进和自制固定资产（含改建、扩建、安装的固定资产）发生的进项税额、接受捐赠固定资产发生的进项税额、接受以固定资产实物投资发生的进项税额等，允许在当期销项税额中抵扣（但购置应征消费税的小汽车、摩托车和游艇等发生的进项税额不允许抵扣）。同时，取消进口设备免征增值税和外商投资企业采购国产设备增值税退税政策，将小规模纳税人的增值税征收率统一调低至3%，将矿产品增值税税率恢复到17%。随后，财政部制定、颁布了《中华人民共和国增值税暂行条例实施细则》，正式建立了中国消费型增值税制度的基本框架。

三、营业税改征增值税改革

（一）在部分地区开展营业税改征增值税试点

自2012年1月1日起，根据财政部、国家税务总局关于《营业税改征增值税试点方案》的通知（财税〔2011〕110号），首先在上海市对交通运输业和部分现代服务业开展营业税改征增值税试点。自2012年8月1日起，将营业税改征增值税试点的地域范围由上海市分批扩大至北京市、江苏省、安徽省、福建省、广东省、天津市、浙江省、湖北省等8个省（直辖市）。自2013年8月1日起，在全国范围内开展交通运输业（不含铁路运输）和部分现代服务业“营改增”试点，并将广播影视服务纳入营业税改征增值税试点。

逐步扩大营业税改征增值税试点的行业范围。自2014年1月1日起，将铁路运输和邮政业纳入“营改增”试点范围。自2014年6月1日起，将电信业服务纳入“营改增”试点范围。至此，“营改增”试点已覆盖交通运输业、邮政业、电信业3个大类行业和研发技术、信息技术、文化创意、物流辅助、有形动产租赁、鉴证咨询、广播影视7个现代服务业。

（二）在全国范围内开展营业税改征增值税试点

自2016年5月1日起，根据财政部、国家税务总局《关于全面推开营业税改征增值税试点的通知》（财税〔2016〕36号）的规定，在全国范围内全面推开营业税改征增值税（以下简称“营改增”）试点，将建筑业、房地产业、金融业、生活服务业等全部营业税纳税人纳入试点范围，由缴纳营业税改为缴纳增值税。至此，原征收营业税的交通运输业、建筑业、金融保险业、邮电通信业、文化体育业、娱乐业、服务业、转让无形资产和销售不动产9个税目，全部改为征收增值税，并进一步扩大进项税额抵扣范围，新增不动产所含增值税可以抵扣。

财政部、国家税务总局《关于全面推开营业税改征增值税试点的通知》（财税

〔2016〕36号）包括4个附件。其中，附件一是《营业税改征增值税试点实施办法》；附件二是《营业税改征增值税试点有关事项的规定》；附件三是《营业税改征增值税试点过渡政策的规定》；附件四是《跨境应税行为适用增值税零税率和免税政策的规定》。

此外，国家税务总局还发布关于完善全面推开"营改增"试点的多个公告，主要内容包括：

①国家税务总局关于发布《纳税人转让不动产增值税征收管理暂行办法》的公告（2016年第14号）；②国家税务总局关于发布《不动产进项税额分期抵扣暂行办法》的公告（2016年第15号）；③国家税务总局关于发布《纳税人提供不动产经营租赁服务增值税征收管理暂行办法》的公告（2016年第16号）；④国家税务总局关于发布《纳税人跨县（市、区）提供建筑服务增值税征收管理暂行办法》的公告（2016年第17号）；⑤国家税务总局关于发布《房地产开发企业销售自行开发的房地产项目增值税征收管理暂行办法》的公告（2016年第18号），等等。

四、增值税制度的进一步完善

（一）简并增值税税率

根据财政部、国家税务总局《关于简并增值税税率有关政策的通知》（财税〔2017〕37号）的规定，自2017年7月1日起，简并增值税税率结构，取消13%这一档税率，将原适用13%增值税税率的农产品、自来水、石油液化气、天然气、图书、音像制品等的税率调整为11%。简并后，我国增值税税率减至17%、11%和6%三档。

（二）修改增值税暂行条例

2017年11月19日，国务院发布《关于废止〈中华人民共和国营业税暂行条例〉和修改〈中华人民共和国增值税暂行条例〉的决定》，自公布之日起施行。新修订的《中华人民共和国增值税暂行条例》规定，在中华人民共和国境内销售货物或者加工、修理修配劳务（以下简称劳务），销售服务、无形资产、不动产以及进口货物的单位和个人，分别依照17%、11%和6%三档税率计算缴纳增值税。纳税人出口货物、劳务和跨境销售国务院规定范围内的服务、无形资产，增值税税率为零。

（三）调整增值税税率

根据财政部、税务总局《关于调整增值税税率的通知》（财税〔2018〕32号）的规定，自2018年5月1日起纳税人发生增值税应税销售行为或者进口货物，原适用17%和11%税率的，税率分别调整为16%和10%。调整后，我国增值税税率为16%、10%和6%三档。

第二节　增值税的征税范围、纳税人与发票管理

一、增值税的征税范围

根据《中华人民共和国增值税暂行条例》第一条的规定，单位和个人在中华人

（1）工程服务是指新建、改建各种建筑物、构筑物的工程作业。

（2）安装服务是指对各种设备、设施的装配、安置的工程作业。

（3）修缮服务是指对建筑物、构筑物进行修补、加固、养护、改善，使其恢复原来的使用价值或延长使用期限的工程作业。

（4）装饰服务是指对建筑物或构筑物进行修饰装修，使之美观或者具有特定用途的工程作业。

（5）其他建筑服务是指除上述工程作业以外的各种工程作业，如钻井、爆破、平整土地、疏浚、建筑物拆除、园林绿化等工程作业。

5.在境内提供金融服务

纳税人在境内提供金融服务，包括贷款服务、直接收费金融服务、保险服务和金融商品转让服务。

（1）贷款服务是指将资金贷与他人使用而收取利息的业务活动。纳税人以货币基金投资取得的固定利润或者保底利润，纳税人取得的各种占用、拆借资金的收入，包括金融商品持有期间（含到期）利息收入、信用卡透支利息收入、买入返售金融商品利息收入、融资融券收取的利息收入、融资性售后回租、押汇、罚息、票据贴现、转贷业务收取的利息及利息性质的收入，按照贷款服务缴纳增值税。

①买入返售金融商品利息收入，是指纳税人根据返售协议约定，先买入再按固定价格返售的票据、证券等金融资产在资产负债表日依照合同约定的利率计算的利息收入。金融机构开展的质押式买入返售金融商品利息收入属于金融同业往来利息收入，不征收增值税。质押式买入返售金融商品，是指交易双方进行的以债券等金融商品为权利质押的一种短期资金融通业务。

②融资融券收取的利息收入，是指证券公司向投资者融出资金或债券收取的融资利息或融券费用。融资融券交易分为融资交易和融券交易。其中，融资交易是指投资者以资金或证券作为质押，向证券公司借入资金用于证券买入，并在约定的期限内偿还借款本金和利息的交易活动。投资者向证券公司融资买进证券称为“买多”。融券交易是指投资者以资金或证券作为质押，向证券公司借入证券卖出，在约定的期限内，买入相同数量和品种的证券归还券商并支付相应的融券费用。投资者向证券公司融券卖出称为“卖空”。融资融券交易与普通证券交易相比，主要的不同点是：投资者从事普通证券交易须提交100%的保证金，即买入证券须事先存入足额的资金，卖出证券须事先持有足额的证券。而从事融资融券交易则不同，投资者只需交纳一定的保证金，即可进行保证金一定倍数的买卖（买多卖空）。在预测证券价格将要上涨而手头没有足够的资金时，可以向证券公司借入资金买入证券，并在高位卖出证券后归还借款；预测证券价格将要下跌而手头没有证券时，则可以向证券公司借入证券卖出，并在低位买入证券归还。

③融资性售后回租收入，是指融资性售后回租交易中的出租人向承租人收取的售后回租资产使用权转让收入（利息性质的收入）。融资性售后回租业务是指承租人将自制或外购的资产出售给出租人，然后再从出租人手里将其重新租回使用，并

向出租人支付资产使用费的租赁方式。融资性售后回租是一种集销售和融资为一体的特殊形式，其最大优点是在保留资产使用权的前提下获得所需的资金，增强了长期资产价值的流动性。在融资性售后回租交易中，承租人与出租人都具有双重身份，进行双重交易，形成资产价值和使用价值的分离现象。

④押汇取得的利息收入，是指在国际贸易结算中银行向进出口商提供短期融资服务所取得的利息收入。押汇又称买单结汇，是指议付行在审单无误情况下，按信用证条款买入受益人（外贸公司）的汇票和单据，从票面金额中扣除从议付日到估计收到票款之日的利息，将余款按议付日外汇牌价折成人民币，拨给外贸公司。议付行向受益人垫付资金买入跟单汇票后，即成为汇票持有人，可凭票向付款行索取票款。押汇分进口押汇和出口押汇两种。进口押汇指进口地银行接受包括货运单据在内的全套进口单据作为抵押，为进口商垫付货款的融资行为。进口商必须在规定的时间内付款赎单，或出具信托收据（T/R）借出货运单提货，出售后以所得货款归还银行垫款本息。进口押汇期限一般不超过90天，押汇利率按银行当期流动资金贷款利率计收。出口押汇是对出口商提供的一种出口融资，是指在出口商发运货物之后，将单据提交银行，银行在审核单证相符后，在开证行对未付单据付款之前，先向出口商付款，再凭全部单据向进口商收回贷款本息的融资行为。押汇期限一般不超过90天，贴现不超过180天。出口押汇按规定利率计收外币利息。

⑤自2018年1月1日起，金融机构开展贴现、转贴现业务，以其实际持有票据期间取得的利息收入作为贷款服务销售额计算缴纳增值税（财税〔2017〕58号）。

（2）直接收费金融服务是指为货币资金融通及其他金融业务提供相关服务并收取费用的业务活动，包括提供货币兑换、账户管理、电子银行、信用卡、信用证、财务担保、资产管理、信托管理、基金管理、资金结算等服务。

（3）保险服务是指保险公司（保险人）根据合同约定向投保人收取保险费用，并对合同约定的可能发生的事故因其发生所造成的损失承担赔偿保险金责任的行为。保险公司收取的保费收入应依照规定缴纳增值税。保险是投保人分摊意外事故损失的一种财务安排和风险管理的方法。从社会角度看，保险是社会经济保障制度的重要组成部分。

（4）金融商品转让是指转让外汇、有价证券、非货物期货和其他金融商品所有权的业务活动，其他金融商品转让包括基金、信托、理财产品等各类资产管理产品和各种金融衍生品的转让。购入基金、信托、理财产品等各类资产管理产品持有至到期的，不属于金融商品转让行为。金融衍生品是指一种金融合约，其价值取决于一种或多种基础资产或指数，合约的基本种类包括期货、远期、掉期（互换）和期权。①期货合约是期货交易所制定的标准化合约，对合约到期日及其买卖的资产的种类、数量、质量作出了统一规定。②远期合约是根据买卖双方的特殊需求由买卖双方自行签订的合约。期货合约和远期合约都是交易双方约定在未来某一特定时间、以某一特定价格、买卖某一特定数量和质量资产的交易形式。③商品掉期合约又称互换合约，是指把所有同一种商品或与商品指数相关的收益与另一种商品或商文字、图片素材制作，场景布置、后期的剪辑、翻译（编译）、字幕制作，片头、片尾、片花制作，特效制作、影片修复，编目和确权等业务活动。②广播影视节目（作品）发行服务，是指以分账、买断、委托等方式，向影院、电台、电视台、网站等单位和个人发行广播影视节目（作品）以及转让体育赛事等活动的报道及播映权的业务活动。③广播影视节目（作品）播映服务，是指在影院、剧院、录像厅及其他场所播映广播影视节目（作品），以及通过电台、电视台、卫星通信、互联网、有线电视等无线或有线装置播映广播影视节目（作品）的业务活动。

（8）商务辅助服务，包括企业管理服务、经纪代理服务、人力资源服务和安全保护服务。其中：①企业管理服务，是指提供企业总部管理、投资与资产管理、市场管理、物业管理、日常综合管理等服务。其中，企业总部是一个大型企业或企业集团的最高管理决策和指挥控制机构所在地，它是公司的战略决策和管理中心，也是公司关键资源控制中心；投资与资产管理是指证券、期货、基金等金融投资公司作为资产管理人，根据资产管理合同约定的方式、条件、要求及限制，对客户资产进行经营运作，为客户提供证券及其他金融产品的投资管理服务。②经纪代理服务，是指各类经纪、中介、代理服务，包括金融代理、知识产权代理、货物运输代理、代理报关、法律代理、代理记账和房屋、职业、婚姻等中介服务。纳税人提供人力资源外包服务，按照经纪代理服务缴纳增值税。③人力资源服务，是指为人才和用人单位提供相关服务，包括提供公共就业服务、劳务派遣服务和人才委托招聘服务。其中，劳务派遣服务是指劳务派遣公司为了满足用工单位对各类灵活用工的需求，将员工派遣至用工单位，接受用工单位管理并为其工作的服务。劳务派遣用工是企业用工的补充形式。劳务派遣公司向委托方收取并代为发放的工资和代理缴纳的社会保险、住房公积金，不得开具增值税专用发票，可以开具普通发票。④安全保护服务，是指提供保护人身安全和财产安全、维护社会治安等的业务活动，包括住所住宅保安、特种保安、安全系统监控和其他安保服务。

（9）其他现代服务，是指除上述应税服务外由国家税务总局另行规定的现代服务。根据国家税务总局《关于进一步明确营改增有关征管问题的公告》（国家税务总局公告2017年第11号）的规定，纳税人对安装运行后的电梯提供的维护保养服务，按照“其他现代服务”缴纳增值税。

7.在境内提供生活服务

纳税人在境内提供生活服务，是指为满足城乡居民日常生活需求提供的各类服务，包括文化体育服务、教育医疗服务、旅游娱乐服务、餐饮住宿服务、居民日常服务和其他生活服务。

（1）文化体育服务，包括文化服务和体育服务。其中：①文化服务是指纳税人为满足社会公众文化生活需求提供的各种服务，包括文艺创作，文艺表演，文化比赛，图书馆的图书和资料借阅，档案馆的档案管理，文物及非物质遗产保护，组织举办宗教活动、科技活动、文化活动，提供游览场所等服务。②体育服务，是指组织举办体育比赛、体育表演、体育活动，以及体育训练、体育指导、体育管理等业务活动。

（2）教育医疗服务，包括教育服务和医疗服务。其中：①教育服务，是指纳税人提供学历教育服务、非学历教育服务、教育辅助服务的业务活动。其中，学历教育是指根据国家教育行政管理部门确定或者认可的招生和教学计划组织教学，并颁发相应学历证书的业务活动，包括初等教育、初级中等教育、高级中等教育、高等教育等；非学历教育是学历教育的对称，包括学前教育、各类培训、演讲、讲座、报告会等；教育辅助服务包括教育测评、考试、招生等服务。②医疗服务，是指提供医学检查、诊断、治疗、康复、预防、保健、接生、计划生育、防疫等服务，以及提供与这些服务有关的药品、医用材料器具、救护车、病房住宿和伙食的业务活动。

（3）旅游娱乐服务，包括旅游服务和娱乐服务。其中：①旅游服务，是指纳税人根据旅游者的要求组织安排的交通、游览、住宿、餐饮、购物、文娱、商务等服务的业务活动。②娱乐服务，是指纳税人为娱乐活动同时提供场所和服务的业务活动，包括歌厅、舞厅、夜总会、酒吧、台球、高尔夫球、保龄球、游艺（包括射击、狩猎、跑马、游戏机、蹦极、卡丁车、热气球、动力伞、射箭、飞镖）等。

（4）餐饮住宿服务，包括餐饮服务和住宿服务。其中：①餐饮服务，是指纳税人通过同时提供饮食和饮食场所的方式为消费者提供饮食消费服务的业务活动。②住宿服务，是指纳税人提供住宿场所及配套服务等的业务活动，包括宾馆、旅馆、旅社、度假村和为其他经营性场所提供的住宿服务。

（5）居民日常服务，是指主要为满足居民个人及其家庭日常生活需求提供的服务，包括市容市政管理、家政、婚庆、养老、殡葬、照料和护理、救助救济、美容美发、按摩、桑拿、氧吧、足疗、沐浴、洗染、摄影扩印等服务。

（6）其他生活服务，是指除文化体育服务、教育医疗服务、旅游娱乐服务、餐饮住宿服务和居民日常服务之外的生活服务。根据国家税务总局的规定，纳税人提供植物养护服务按照“其他生活服务”缴纳增值税。

8.纳税人在境内销售服务的判定标准

（1）纳税人在境内销售服务（不含租赁不动产），是指服务的销售方或购买方在境内。具体判定标准如下：

①境内的单位或个人销售的服务，无论服务的购买方是境内单位或个人还是境外单位或个人，无论服务发生在境内还是境外，都属于在境内销售服务（属人主义原则）。

②境外单位或个人向境内单位或个人销售的未完全在境外发生的服务（不含租赁不动产），属于在境内销售服务。例如，境外一咨询公司与境内某一家公司签订咨询合同，就这家公司开拓境内、境外市场进行实地调研并提出合理化管理建议。境外咨询公司提出的咨询服务同时在境内和境外发生，属于在中国境内销售服务。

③境外单位或个人向境内单位或个人销售的完全在境内发生的服务（不含租赁不动产），属于在境内销售服务。例如，境外某一工程公司到中国境内为境内某单

位提供工程勘探服务，属于在中国境内销售服务。

（2）纳税人在境内租赁不动产，是指所出租的不动产坐落在境内。例如，德国的一家公司将其拥有的我国境内的一处办公楼出租给韩国一家公司。

（3）境外单位或个人销售服务（不含租赁不动产）属于以下情形的，不属于在中国境内销售服务，不缴纳增值税：

①境外单位或个人向境外单位或个人销售的服务。例如，美国一家公司向德国一家公司提供的咨询服务。

②境外单位或个人向境内单位或个人销售的完全在境外发生（消费）的服务。例如，境外某单位向个人出境旅游提供的住宿、餐饮服务。

③境外单位或个人向境内单位或个人出租完全在境外使用的有形动产。例如，境外汽车租赁公司向赴境外旅游的中国居民出租小汽车供其在境外自驾游。

（四）在境内销售无形资产、不动产

纳税人在中华人民共和国境内销售无形资产、不动产，属于增值税的征税范围。

1.在境内销售无形资产的应税范围

纳税人在中华人民共和国境内销售（转让）无形资产，包括技术、商标、著作权、商誉、自然资源使用权和其他权益性无形资产。所称销售无形资产，是指转让无形资产所有权或使用权。

（1）纳税人在中华人民共和国国境内转让技术，包括转让专利权、专利申请权、专利实施许可和非专利技术。其中：①转让专利权是指专利人作为让与方，将其发明创造专利的所有权或持有权转让给受让方。②转让专利申请权是指让与方将其特定的发明创造申请专利的权利转让给受让方。③转让专利实施许可是指专利权人或者授权人作为让与方，许可受让方在约定的范围内实施专利。④转让非专利技术（技术秘密）是指让与方将其拥有的非专利技术成果的使用权、转让权提供给受让方。

（2）纳税人在境内转让商标，是指商标注册人在注册商标的有效期内，依法定程序，将商标专用权转让给另一方的行为，包括转让商标的所有权或使用权。商标是指用来区别一个经营者的商品或服务和其他经营者的商品或服务的标记，包括文字、图形、字母、数字、三维标志和颜色组合，以及上述要素的组合。《中华人民共和国商标法》规定，商标注册人享有商标专用权，受法律保护。

（3）纳税人在境内转让著作权，是指转让著作权的所有权或使用权。著作权亦称版权，是指作者对其创作的文学、艺术和科学技术作品所享有的专有权利。根据《中华人民共和国著作权法》的规定，使用他人作品应当同著作权人订立许可使用合同。

（4）纳税人在境内转让商誉，是指转让商誉的所有权或使用权。商誉是指能在未来期间为企业经营带来超额利润的潜在经济价值，或一家企业预期的获利能力超过可辨认资产正常获利能力的资本化价值。从会计核算角度来看，商誉不属于无形资产，因为商誉在形成的过程中无法核算其成本。在企业合并时，它是购买企业投资成本超过被合并企业净资产公允价值的差额，这个差额就是被合并企业转让商誉的价值，属于转让无形资产收入。

（5）纳税人在境内转让自然资源使用权，包括转让土地使用权、海域使用权、探矿权、采矿权、取水权和其他自然资源使用权。在我国，森林、山岭、草原、荒地、滩涂、水面等自然资源，属于国家所有或集体所有。但为了提高自然资源的使用效率，法律规定公民、法人或其他组织可以通过向自然资源的所有权人支付对价等方式取得自然资源的使用权，从而依法在一定范围内对自然资源进行使用并获取经济利益。

2.在境内销售无形资产的判定标准

（1）纳税人在境内销售自然资源使用权，是指所销售自然资源使用权的自然资源在境内。无论销售方或购买方是否为境内单位或个人，只要其销售自然资源使用权的自然资源在境内，就属于在境内销售自然资源使用权。例如，法国的一家公司将其拥有的我国境内一处矿产的探矿权转让给境内一家公司。

（2）纳税人在境内销售无形资产（不含自然资源使用权），是指销售方或购买方在境内。具体判定标准如下：

①境内单位或个人销售的无形资产（不含自然资源使用权），无论购买方是境内单位或个人还是境外单位或个人，无论无形资产是否在境内使用，都属于在境内销售无形资产（属人原则）。

②境外单位或个人向境内单位或个人销售完全在境内使用的无形资产，属于在境内销售无形资产。例如，境外A公司向境内B公司转让A公司在境内的连锁经营权。

③境外单位或个人向境内单位或个人销售未完全在境外使用的无形资产，属于在境内销售无形资产。例如，境外C公司向境内D公司转让一项专利技术，该技术同时用于D公司在境内和境外的生产线。

（3）境外单位或个人销售的无形资产（不含自然资源使用权），属于下列情形的，不属于在境内销售无形资产，不缴纳增值税：

①境外单位或个人向境外单位或个人销售无形资产（不含自然资源使用权）。例如，美国一家公司向德国一家公司转让一项专利技术。

②境外单位或个人向境内单位或个人销售完全在境外使用的无形资产。例如，境外E公司向境内F公司转让一项专用于F公司所属印度子公司生产线上的专利技术。

3.在境内销售不动产的应税范围

纳税人在中华人民共和国境内销售不动产的应税范围，包括销售建筑物和构筑物。其中，建筑物包括住宅、经营用房、办公楼等建造物；构筑物包括道路、桥梁、隧道、水坝等建造物。纳税人销售不动产是指转让不动产所有权。

4.在境内销售不动产的判定标准

纳税人在境内销售不动产，是指所销售的不动产坐落在中华人民共和国境内。

只要销售的不动产在境内，无论销售方或购买方是否为境内单位或个人，均属于在境内销售不动产。例如，意大利一家公司将其在深圳拥有的一处办公楼销售给另一家意大利公司。

纳税人发生以下情形，按照销售不动产征收增值税：

①转让建造物有限产权或者永久使用权的；

②转让在建的建造物或者构筑物所有权的；

③转让建造物或者构筑物的同时一并转让土地使用权的。

二、视同销售的增值税处理

视同销售是指纳税人将应税货物、应税服务、应税无形资产或不动产用于其他方面，未对外销售，但按照税法规定视同销售，应当缴纳增值税。

（1）根据《中华人民共和国增值税暂行条例实施细则》第四条的规定，单位或个体工商户的下列行为视同销售货物，应按规定计算缴纳增值税：

①将货物交付其他单位或者个人代销；

②销售代销货物；

③设有两个以上机构并实行统一核算的纳税人，将货物从一个机构移送其他机构用于销售，但相关机构设在同一县（市）的除外；

④将自产、委托加工的货物用于非增值税应税项目；、

⑤将自产、委托加工的货物用于集体福利或者个人消费；

⑥将自产、委托加工或者购进的货物作为投资提供给其他单位或个体工商户；

⑦将自产、委托加工或者购进的货物分配给股东或投资者；

⑧将自产、委托加工或者购进的货物无偿赠送给其他单位或个人。

（2）根据《营业税改征增值税试点实施办法》的规定，单位或个体工商户向其他单位或个人无偿提供服务，视同销售服务，应按规定计算缴纳增值税，但用于公益事业或者以社会公众为对象的除外。

（3）根据《营业税改征增值税试点实施办法》的规定，单位或个体工商户向其他单位或个人无偿转让无形资产或不动产，视同销售无形资产或不动产，应按规定计算缴纳增值税，但用于公益事业或者以社会公众为对象的除外。

三、增值税的纳税人及分类标准

（一）增值税纳税人的法定含义

根据《中华人民共和国增值税暂行条例》第一条的规定，“在中华人民共和国境内销售货物或者加工、修理修配劳务（以下简称劳务），销售服务、无形资产、不动产以及进口货物的单位和个人，为增值税的纳税人，应当依照本条例缴纳增值税”。所称单位包括企业、行政单位、事业单位、军事单位、社会团体及其他单位。所称个人包括个体工商户和其他个人（指自然人）。

单位租赁或者承包给其他单位或者个人经营的，以承租人或者承包人为纳税人。单位以承包、承租、挂靠方式经营，且承包人以发包人（出租人、被挂靠人统称发包人）名义对外经营并由发包人承担相关法律责任的，以该发包人为纳税人；

如果承包人以自己名义对外经营并承担相关法律责任的，以承包人为纳税人（承包人、承租人、挂靠人统称承包人）。

建筑企业与发包方签订建筑合同后，以内部授权或者三方协议等方式，授权集团内其他纳税人（第三方）为发包方提供建筑服务，并由第三方直接与发包方结算工程款的，由第三方缴纳增值税并向发包方开具增值税专用发票，与发包方签订建筑合同的建筑企业不缴纳增值税。发包方可凭实际提供建筑服务的纳税人开具的增值税专用发票抵扣进项税额（国家税务总局公告2017年第11号）。

境外的单位或者个人在境内提供应税服务，但在境内未设经营机构的，以境内接受方为增值税扣缴义务人。扣缴义务人应当依照规定期限向其机构所在地或者居住地主管税务机关申报缴纳扣缴的税款。

（二）增值税一般纳税人与小规模纳税人划分标准

为便于增值税的征收管理，以年应税销售额为标准将增值税纳税人划分为一般纳税人和小规模纳税人。根据《中华人民共和国增值税暂行条例实施细则》第二十八条的规定，一般纳税人与小规模纳税人的划分标准分别为：①从事货物生产或者提供加工、修理修配劳务的纳税人，以及以从事货物生产或者提供应税劳务为主（占全部销售额比重大于50%）并兼营货物批发或者零售的纳税人，年应税销售额在50万元（含）以下的，为增值税小规模纳税人；年应税销售额在50万元以上的，为增值税一般纳税人。②单纯从事货物批发、零售的纳税人，以及以从事货物批发、零售为主并兼营货物生产或者提供加工、修理修配劳务的纳税人，年应税销售额在80万元（含）以下的，为增值税小规模纳税人；年应税销售额在80万元以上的，为增值税一般纳税人。营业税改征增值税后，销售服务、无形资产或者不动产的纳税人，年应税销售额在500万元（含）以下的，为增值税小规模纳税人；年应税销售额在500万元以上的，为增值税一般纳税人。

为完善增值税制度，进一步支持中小微企业发展，财政部、税务总局发布的《关于统一增值税小规模纳税人标准的通知》（财税〔2018〕33号文件）规定，自2018年5月1日起将增值税小规模纳税人标准统一规定为年应征增值税销售额500万元及以下，即从事货物销售或者提供加工、修理修配劳务，以及销售服务、无形资产或者不动产的纳税人，年应税销售额在500万元（含）以下的，为增值税小规模纳税人；年应税销售额在500万元以上的，为增值税一般纳税人。年应税销售额，是指纳税人在连续不超过12个月或4个季度的经营期内累计应征增值税销售额，包括纳税申报销售额、稽查查补销售额、纳税评估调整销售额。销售服务、无形资产或者不动产（以下简称“应税行为”）有扣除项目的纳税人，其应税行为年应税销售额按未扣除之前的销售额计算。

根据财税〔2018〕33号文件通知的规定，在2018年12月31日前，已按照《中华人民共和国增值税暂行条例实施细则》第二十八条的规定登记为增值税一般纳税人的单位和个人，在转登记日前连续12个月（以1个月为1个纳税期，下同）或者连续4个季度（以1个季度为1个纳税期，下同）累计应征增值税销售额未超过500

万元的，在2018年12月31日前，可转登记为小规模纳税人，自转登记日的下期起，按照简易计税方法计算缴纳增值税。转登记纳税人尚未申报抵扣的进项税额以及转登记日当期的期末留抵税额，计入“应交税费——待抵扣进项税额”核算。转登记纳税人按规定再次登记为一般纳税人后，不得再转登记为小规模纳税人。

（三）增值税一般纳税人的登记管理

增值税一般纳税人实行登记管理，符合增值税一般纳税人标准的纳税人，应向其机构所在地主管税务机关办理一般纳税人登记手续。年应税销售额超过规定的标准的其他个人（自然人）不办理一般纳税人登记；一般纳税人选择按照小规模纳税人的简易征收办法纳税的，不办理一般纳税人登记。年应税销售额未超过规定标准的纳税人，会计核算健全，能够提供准确税务资料的，可以向主管税务机关办理一般纳税人登记。所称会计核算健全，是指能够按照国家统一的会计制度规定设置账簿，根据合法、有效凭证进行核算。

增值税一般纳税人办理登记手续的主要程序如下：

（1）纳税人向主管税务机关填报“增值税一般纳税人登记表”，如实填写固定生产经营场所等信息，并提供税务登记证件。

（2）纳税人填报内容与税务登记信息一致的，主管税务机关当场登记。

（3）纳税人填报内容与税务登记信息不一致，或者不符合填列要求的，税务机关应当场告知纳税人需要补正的内容。

（4）经税务机关核对后退还纳税人留存的“增值税一般纳税人登记表”，可以作为证明纳税人成为增值税一般纳税人的凭据。

纳税人自增值税一般纳税人登记生效之日起，按照增值税一般计税方法计算应纳税额，并可以按照规定领用增值税专用发票。所称生效之日，是指纳税人办理登记的当月1日或者次月1日，由纳税人在办理登记手续时自行选择。

四、增值税专用发票与普通发票的使用管理

增值税发票是指增值税纳税人在购销商品、提供或者接受服务以及从事其他经营活动中，开具、收取的收付款凭证。增值税发票包括增值税专用发票、增值税普通发票、机动车销售统一发票和增值税电子普通发票四种类型。这四种类型的增值税发票，均使用增值税发票管理新系统开具。增值税小规模纳税人月销售额超过3万元（按季纳税的，销售额超过9万元），也使用新系统开具增值税普通发票、机动车销售统一发票、增值税电子普通发票。增值税发票管理新系统将增值税一般纳税人和小规模纳税人开具发票业务全部纳入全国一体化的管理系统，便于税务机关征管和对发票真假的查验。

（一）增值税专用发票的使用管理

1.增值税专用发票使用范围

增值税专用发票既可作为纳税人反映经济活动的重要会计凭证，又可作为销货方纳税义务和购货方进项税额的合法证明。增值税专用发票由国家税务总局监制设计印制，只限于增值税一般纳税人领购使用。增值税一般纳税人销售货物，提供加

工、修理修配劳务，销售服务、无形资产或不动产，应当向索取增值税专用发票的购买方开具增值税专用发票，并在增值税专用发票上分别注明销售额和销项税额。

增值税一般纳税人属于下列情形之一的，不得开具增值税专用发票：

（1）应税销售行为的购买方为消费者个人的，不得开具增值税专用发票，如为一般纳税人的商场直接向消费者个人销售的商品，不得开具增值税专用发票。

（2）发生应税销售行为适用免税规定的，不得开具增值税专用发票。

2.红字增值税专用发票的开具方法

红字发票是指用红字开具的发票。在会计上红字意味着减少、冲销，简称“红冲”。增值税一般纳税人开具增值税专用发票后，发生销货退回、开票有误、应税服务中止等情形但不符合发票作废条件，或者因销货部分退回及发生销售折让，可开具红字增值税专用发票。一般纳税人需要开具红字增值税专用发票的，按以下方法处理：

（1）购买方取得专用发票已用于申报抵扣的，购买方可在增值税发票管理新系统中填开并上传“开具红字增值税专用发票信息表”（以下简称“信息表”），在填开“信息表”时不填写相对应的蓝字专用发票信息，应暂依“信息表”所列增值税税额从当期进项税额中转出，待取得销售方开具的红字专用发票后，与“信息表”一并作为记账凭证。

（2）购买方取得专用发票未用于申报抵扣、发票联或抵扣联无法退回的，购买方填开“信息表”时应填写相对应的蓝字专用发票信息。

（3）销售方开具专用发票尚未交付购买方，以及购买方未用于申报抵扣并将发票联及抵扣联退回的，销售方可在新系统中填开并上传“信息表”。销售方填开“信息表”时应填写相对应的蓝字专用发票信息。

（4）主管税务机关通过网络接收纳税人上传的“信息表”，系统自动校验通过后，生成带有“红字发票信息表编号”的“信息表”，并将信息同步至纳税人端系统中。

（5）销售方凭税务机关系统校验通过的“信息表”开具红字专用发票，在新系统中以销项负数开具。红字专用发票应与“信息表”一一对应。

（6）纳税人也可凭“信息表”电子信息或纸质资料到税务机关对“信息表”内容进行系统校验。

（二）增值税普通发票的使用管理

1.增值税普通发票的使用范围

（1）增值税普通发票限于增值税小规模纳税人使用。小规模纳税人发生销售货物、劳务、服务、无形资产或不动产等销售行为，应开具增值税普通发票。一般纳税人取得增值税普通发票的，不得作为进项税额的抵扣凭证。

根据国家税务总局《关于增值税发票开具有关问题的公告》（国家税务总局公告2017年第16号）的规定，为进一步加强增值税发票管理，保护纳税人合法权益，自2017年7月1日起，购买方为企业的，索取增值税普通发票时，应向销售方提供纳税人识别号或统一社会信用代码；销售方为其开具增值税普通发票时，应在“购买方纳税人识别号”栏填写购买方的纳税人识别号或统一社会信用代码。不符合规定的发票，不得作为税收凭证。以上所称企业，包括公司、非公司制企业法人、企业分支机构、个人独资企业、合伙企业和其他企业。

（2）增值税一般纳税人发生下列情形的，不得开具增值税专用发票，只能开具增值税普通发票：

①一般纳税人向消费者个人销售货物，提供加工、修理修配劳务，销售服务、无形资产或者不动产，须开具增值税普通发票，不得开具增值税专用发票。如商业企业一般纳税人零售的烟、酒、食品、服装、鞋帽（不包括劳保专用部分）、化妆品等消费品。

②一般纳税人销售适用增值税免税规定的货物、劳务、服务、无形资产或不动产，须开具增值税普通发票，不得开具增值税专用发票，如农业生产者销售的自产农产品。

③一般纳税人销售适用简易征收办法计税的货物、劳务、服务、无形资产或不动产，须开具增值税普通发票，不得开具增值税专用发票，如一般纳税人跨县（市）提供建筑服务。

④一般纳税人出口适用增值税零税率或免税的货物、劳务、服务或无形资产，不得开具增值税专用发票（但输入特殊区域的水、电、气除外。）

2.在全国范围推行使用增值税电子普通发票

根据国家税务总局的规定，自2015年8月1日起，在北京、上海、浙江和深圳开展增值税电子发票试运行工作。试点地区纳税人已实现使用增值税电子发票系统开具增值税电子普通发票。国家税务总局2015年11月26日发布《关于推行通过增值税电子发票系统开具的增值税电子普通发票有关问题的公告》（国家税务总局公告2015年第84号），规定自2015年12月1日起在全国范围内推行。非试点地区，自2016年1月1日起使用增值税电子发票系统开具增值税电子普通发票。

增值税电子普通发票是指通过增值税发票系统升级版开具、上传，通过电子发票服务平台查询、下载的电子增值税普通发票。增值税电子普通发票和增值税普通发票的主要区别是两者的存在形式不同，电子普通发票是以电文形式存在，传统纸质普通发票是以纸质形式存在。电子发票的法律效力、基本用途、基本使用规定等与税务机关监制的增值税普通发票相同。消费者可用于维权或报销，受票企业可作为正式的会计凭证入账。

（三）机动车销售统一发票的使用管理

机动车销售统一发票是指从事机动车零售业务的单位和个人在销售机动车收取款项时，必须开具的税务机关统一印制的发票。机动车销售统一发票为电脑六联式发票，即第一联发票联（购货单位付款凭证）、第二联抵扣联（购货单位扣税凭证）、第三联报税联（车辆购置税征收单位留存）、第四联注册登记联（车辆登记单位留存）、第五联记账联（销货单位记账凭证）、第六联存根联（销货单位留存）。

销售机动车的增值税税额和不含税价计算公式如下：

增值税税额=价税合计-不含税价

不含税价=价税合计÷（1+增值税税率或征收率）

根据国家税务总局发布的《关于增值税发票管理若干事项的公告》（国家税务总局公告2017年第45号），自2018年4月1日起，二手车交易市场、二手车经销企业、经纪机构和拍卖企业应当通过增值税发票管理新系统开具二手车销售统一发票。二手车销售统一发票“车价合计”栏次仅注明车辆价款。二手车交易市场、二手车经销企业、经纪机构和拍卖企业在办理过户手续过程中收取的其他费用，应当单独开具增值税发票。

（四）税务机关代开增值税专用发票管理

小规模纳税人发生销售货物、劳务、服务、无形资产或不动产等销售行为，可申请主管税务机关代开增值税专用发票。主管税务机关为增值税纳税人代开的专用发票，统一使用增值税防伪税控代开票系统开具。非防伪税控代开票系统开具的代开专用发票不得作为增值税进项税额抵扣凭证。代开增值税专用发票的单价栏和金额栏分别填写不含增值税税额的单价和销售额；税率栏填写增值税征收率；销货单位栏填写代开税务机关的统一代码和代开税务机关名称；销售单位开户银行及账号栏内填写税收完税凭证号码；备注栏内注明增值税纳税人的名称和纳税人识别号。增值税纳税人应在代开专用发票的备注栏上，加盖本单位的财务专用章或发票专用章。

目前我国正在进行小规模纳税人通过增值税发票管理新系统自行开具增值税专用发票的试点工作。试点小规模纳税人的条件是：月销售额超过3万元或季销售额超过9万元。试点范围如下：

（1）根据《国家税务总局关于在境外提供建筑服务等有关问题的公告》（国家税务总局公告2016年第69号）的规定，全面开展住宿业小规模纳税人自行开具增值税专用发票试点。月销售额超过3万元（或季销售额超过9万元）的住宿业小规模纳税人提供住宿服务、销售货物或发生其他应税行为，需要开具增值税专用发票的，可以通过增值税发票管理新系统自行开具，主管国税机关不再为其代开。

（2）根据《国家税务总局关于开展鉴证咨询业增值税小规模纳税人自开增值税专用发票试点工作有关事项的公告》（国家税务总局公告2017年第4号）的规定，自2017年3月1日起，全国范围内的月销售额超过3万元（或季销售额超过9万元）的鉴证咨询业增值税小规模纳税人提供认证服务、鉴证服务、咨询服务、销售货物或发生其他增值税应税行为，需要开具专用发票的，可以通过增值税发票管理新系统自行开具。

（3）根据《国家税务总局关于进一步明确营改增有关征管问题的公告》（国家税务总局公告2017年第11号）的规定，自2017年6月1日起，月销售额超过3万元

(1) 出口企业是指有出口业务的企业，包括有出口经营权的出口企业和没有出口经营权的企业。有出口经营权的企业，是指依法办理工商登记、税务登记，并经国家对外经贸部门批准（办理对外贸易经营者登记）的企业，包括外贸企业和具有生产能力的生产企业。没有出口经营权的企业，是指依法办理工商登记、税务登记，但没有办理对外贸易经营者登记的生产企业。没有出口经营权的生产企业只能委托外贸企业代理出口。

(2) 出口货物包括有出口经营权的生产企业和外贸企业出口的货物，以及没有出口经营权的生产企业委托外贸企业出口的货物。适用增值税零税率的出口货物应同时满足以下两个条件：

一是出口货物已报关离境。海关以出口报关单为依据，在海关监管区域内对出口货物进行查验，查验合格后在装货单或运单上盖上关印，即为结关放行（报关离境）。

二是出口货物在财务上已作销售处理，具体指出口企业对出口货物已按权责发生制原则确认收入并记账。陆运出口货物以取得承运货物收据或铁路联运单为依据，海运出口货物以取得出口装船单为依据，空运出口货物以得到运单为依据，在向银行办理交单后确认收入实现，并以出口货物的离岸价格（FOB）为记账依据。生产企业委托外贸企业代理出口的货物，以取得受托方提供的出口发票的日期为收入实现时间，并按外销发票金额记账。

（二）视同出口货物适用增值税零税率

视同出口货物包括对外援助、对外承包和境外投资的货物，销售给“特殊区域”内的货物，免税品经营企业销售的货物，销售中标机电产品，销售海洋工程结构物，用于国际运输工具上的货物，以及生产企业出口符合规定条件的外购货物。视同出口货物，适用增值税零税率，并享受出口退税待遇。

1.对外援助的货物视同出口货物适用增值税零税率

对外援助属于国家行为，其宗旨是帮助受援国增强自主发展能力，切实改善民生，促进受援国经济发展和社会进步。我国对外援助方式主要包括成套项目、提供一般物资、技术合作、人力资源开发合作、援外医疗队、紧急人道主义援助、援外志愿者和债务减免，以及资金援助（包括无偿援助、无息贷款和优惠贷款）等。成套项目是指中国通过提供无偿援助和无息贷款等援助资金帮助受援国建设生产和民用领域的工程项目。根据我国《对外援助物资项目管理办法》的规定，对外援助物资项目中涉及的生产、生活物资，由中国政府通过招标、竞争性谈判和单一来源采购的方式所选定的企业向受援国提供。被政府选定的企业向受援国提供对外援助物资，视同出口货物，适用增值税零税率。

2.对外承包的货物视同出口货物适用增值税零税率

根据我国《对外承包工程管理条例》的规定，对外承包工程是指取得政府颁发的对外承包工程资格证书的中国企业或者其他单位承包境外建设工程项目的活动。对外承包工程包括但不限于对外承包公司以招标议标承包方式承揽的下列业务：

①承包国外工程建设项目；

②承包我国对外援助项目；

③承包我国驻外机构的工程建设项目；

④与外国公司合营或联合承包工程项目时我国公司分包部分；

⑤对外承包兼营的房屋开发业务。

企业对外承包以上各项工程项目所需的货物，视同出口货物适用增值税零税率。

3.境外投资的货物视同出口货物适用增值税零税率

境外投资，是指在中华人民共和国境内依法设立的企业通过新设、并购及其他方式在境外拥有非金融企业或取得既有非金融企业所有权、控制权、经营管理权及其他权益的行为。根据我国《企业境外投资管理办法》的规定，企业开展境外投资，依法自主决策、自负盈亏。商务部和省级商务主管部门按照企业境外投资的不同情形，分别实行备案和核准管理。企业境外投资涉及敏感国家和地区、敏感行业的，实行核准管理；企业其他情形的境外投资，实行备案管理。根据我国《中央企业境外投资监督管理办法》的规定，中央企业（国务院国有资产监督管理委员会代表国务院履行出资人职责的国家出资企业）的境外投资，是指中央企业在境外从事的固定资产投资与股权投资。

适用于境外投资项目核准的投资地区，不仅包括外国，也包括中华人民共和国所属的香港特别行政区、澳门特别行政区和台湾地区。凡在中国内地（大陆）地区之外的任何地区进行的投资，均为境外投资。投资的内容包括各类新建项目及改扩建项目的初始投资、再投资，也包括收购、合并、参股、增资扩股等权益投资活动。境外投资所投入资产的形式十分广泛，包括货币资金的投入，股票、债券、信托凭证等金融资产的投入，各类实物资产的投入，知识产权、专有技术等无形资产的投入。

此外，企业以各类实物资产进行境外投资，视同出口货物，适用增值税零税率。

4.销售给“特殊区域”内的货物视同出口货物适用增值税零税率

企业报关进入特殊区域并销售给“特殊区域”内单位或境外单位、个人的货物，视同出口货物适用增值税零税率。企业销售给“特殊区域”内的生产企业生产耗用，且不向海关报关而输入特殊区域的水（包括蒸汽）、电力、燃气，视同出口货物适用增值税零税率。

特殊区域是指国家批准的出口加工区、保税物流园区、保税港区、综合保税区、珠澳跨境工业区（珠海园区）、中哈霍尔果斯国际边境合作中心（中方配套区域）、保税物流中心（B型）等区域。

①出口加工区是国家划定或开辟的专门制造、加工、装配出口商品的特殊工业区。

②保税物流园区是指经国务院批准，在保税区规划面积或者毗邻保税区的特定

港区内设立的、专门发展现代国际物流业的海关特殊监管区域。

③保税港区是指经国务院批准，设立在国家对外开放的口岸港区和与之相连的特定区域内，具有口岸、物流、加工等功能的海关特殊监管区域。保税港区的功能具体包括仓储物流，对外贸易，国际采购、分销和配送，国际中转，检测和售后服务维修，商品展示，研发、加工、制造，港口作业等功能。

④综合保税区是指设立在内陆地区的具有保税港区功能的海关特殊监管区域，由海关参照有关规定对综合保税区进行管理，执行保税港区的税收和外汇政策，集保税区、出口加工区、保税物流区、港口的功能于一身，可以发展国际中转、配送、采购、转口贸易和出口加工等业务。

⑤珠澳跨境工业区设在珠海拱北茂盛围与澳门西北区的青洲之间，分为珠海、澳门两个园区。珠澳跨境工业区（珠海园区）作为珠海保税区的延伸区，内设有24小时通关专用口岸，出口货物一经进入珠澳跨境区即可办理出口退税。

⑥中哈霍尔果斯国际边境合作中心是建立在中哈（哈萨克斯坦）两国霍尔果斯口岸的跨境经济贸易区和区域合作项目，中心实行封闭式管理，主要功能是贸易洽谈、商品展示和销售 、仓储运输、宾馆饭店、商业服务设施、金融服务、举办各类区域性国际经贸洽谈会等。

⑦保税物流中心是指封闭的海关监管区域，具备口岸功能，分A型和B型两种。A型由一家企业投资建设，为自有物流服务。B型由多家物流企业经营，具有一定规模和综合服务功能。建设B型保税物流中心，有利于引进跨国公司、知名企业、国际新兴产业等大型项目投资，提高招商引资的档次和水平，促进供应链形成，加快产业结构优化。

5.免税品经营企业销售的货物视同出口货物适用增值税零税率

免税品是指经营单位按照海关核准的经营品种免税运进专供其免税店向规定对象销售、供应的进口商品。销售免税品的商店称为免税店。目前，我国境内的免税店主要有口岸免税店、运输工具免税店、市内免税店、外交人员免税店、供船免税店及我国出国人员外汇免税商店。免税店零售的免税品，按3%的征收率计算缴纳增值税。

下列免税品经营企业销售的货物，视同出口货物（国家规定不允许经营和限制出口的货物、卷烟和超出免税品经营企业规定经营范围的货物除外），适用增值税零税率：

（1）中国免税品（集团）有限责任公司向海关报关运入海关监管仓库，专供其经国家批准设立的统一经营、统一组织进货、统一制定零售价格、统一管理的免税店销售的货物，视同出口货物，适用增值税零税率。

（2）国家批准的除中国免税品（集团）有限责任公司外的免税品经营企业，向海关报关运入海关监管仓库，专供其所属的首都机场口岸海关隔离区内的免税店销售的货物，视同出口货物，适用增值税零税率。

（3）国家批准的除中国免税品（集团）有限责任公司外的免税品经营企业所属

的上海虹桥、浦东机场海关隔离区内的免税店销售的货物，视同出口货物，适用增值税零税率。

6.销售中标机电产品视同出口货物适用增值税零税率

中标机电产品，是指利用国际金融组织或外国政府贷款，由中国招标组织在国际上进行招标，国内生产企业、外贸企业或工贸公司中标，在国内生产或委托生产、加工或收购的机电产品，以及由外国企业中标再分包给国内企业供应的机电产品，视同国内企业中标机电产品，适用增值税零税率。

7.销售海洋工程结构物视同出口货物适用增值税零税率

海洋工程结构物，是指在近海区域设置或建造的工程构筑物，如自升式、半潜式钻井船、浮式钻井船、钻机模块、浮式生产储油轮等。生产企业销售自产的海洋工程结构物，视同出口货物适用增值税零税率。海洋工程结构物产品清单见表1-2。

表1-2 **海洋工程结构物产品清单**

序号	税号	设备名称	备注
1	89052000	自升式、半潜式钻井船	
2		浮式钻井船	
3		钻井平台	
4		生产平台	
5		处理平台	
6		生活平台	
7		烽火台	
8	84304111 84304129	钻机模块	
9	73081000 73083000 73089000	过渡段	
10		生活模块	
11		处理模块	
12	89012021 89012022 89059090 89079000	浮式生产储油轮	
13		浮式储油轮	
14		单点系泊系统	
15		水下油气罐	
16		栈桥码头	
17	89019050 89040000	三用工作船	
18	89012021 89012011 89012012	穿梭油轮	

8.销售用于国际运输工具上的货物视同出口货物适用增值税零税率

企业销售用于国际运输工具上的货物，是指出口企业或其他单位销售给国际运输企业用于国际运输工具上的货物，仅适用于外轮供应公司、远洋运输供应公司销售给外轮、远洋国轮的货物，以及国内航空供应公司销售给国内和国外航空公司国际航班的航空食品。企业销售用于国际运输工具上的货物，适用增值税零税率。

9.生产企业出口符合规定条件的外购货物视同出口货物适用增值税零税率

（1）生产企业出口同时符合下列条件的外购货物，可视同自产货物出口，适用增值税零税率：

①与本企业生产的货物名称、性能相同。

②使用本企业注册商标或境外单位、个人提供给本企业使用的商标。

③出口给进口本企业自产货物的境外单位或个人。

（2）生产企业外购货物与本企业所生产的货物配套出口，且出口给进口本企业自产货物的境外单位或个人的，符合下列条件之一的，可视同自产货物出口，适用增值税零税率：

①用于维修本企业出口的自产货物的工具、零部件、配件。

②不经过本企业加工或组装，出口后能直接与本企业自产货物组合成成套设备的货物。

（3）经集团公司总部所在地的地级以上国家税务局认定的集团公司，其控股的生产企业之间收购的自产货物以及集团公司与其控股的生产企业之间收购的自产货物用于出口的，可视同自产货物出口，适用增值税零税率。

（4）生产企业委托加工货物同时符合下列条件的，可视同自产货物出口，适用增值税零税率：

①生产企业委托加工与本企业生产的货物名称、性能相同，或者是用本企业生产的货物再委托深加工的货物。

②生产企业将委托加工的货物出口给进口本企业自产货物的境外单位或个人。

③委托方与受托方必须签订委托加工协议，且主要原材料必须由委托方提供，受托方不垫付资金，只收取加工费，开具加工费（含代垫的辅助材料）的增值税专用发票。

（三）出口劳务适用增值税零税率

出口劳务，是指境内纳税人对外提供加工、修理修配劳务。其中，对外提供加工劳务，是指境内企业接受境外企业或个人的委托为其提供的委托加工业务，以及出口企业对进境复出口货物提供的加工劳务；对外提供修理修配劳务，是指境内企业对从事国际运输的运输工具提供的修理修配劳务。纳税人出口劳务适用增值税零税率。

（四）跨境销售国务院规定范围内的服务、无形资产适用增值税零税率

境内单位和个人跨境销售国务院规定范围内的服务、无形资产，税率为零，但不包括按规定实行出口免税的跨境应税服务。境内纳税人跨境销售适用增值税零税率的应税服务包括国际运输服务、航天运输服务、完全在境外消费的服务、影视服务出口和离岸服务外包，以及技术转让服务、软件服务等跨境应税服务。

1.境内纳税人提供的国际运输服务适用增值税零税率

国际运输服务，是指起点或终点在境外的运单、提单或客票所对应的各航段或路段的运输服务。以下情形属于跨境销售服务（国际运输服务）：

①在境内运载客货出境。

②在境外运载客货入境。

③在境外运载旅客或货物。

以下情形满足规定条件的，适用增值税零税率：

①境内纳税人提供国际运输服务，按照国家规定取得相关资质的，适用增值税零税率（未取得相关资质的，适用增值税免税政策）。

②境内纳税人提供的程租服务，如果租赁的交通工具用于国际运输服务或中国港、澳、台运输服务，由出租方按规定申请适用增值税零税率。

③境内单位或个人向境内单位或个人提供期租服务、湿租服务（航空公司之间），如果承租方利用租赁的运输工具向境内其他单位或个人提供国际运输服务或中国港、澳、台运输服务的，由承租方适用增值税零税率。

④境内单位或个人向境外单位或个人提供期租、湿租服务，由出租方适用增值税零税率。

⑤境内单位或个人以无运输工具承运方式提供的国际运输服务，境内实际承运人适用增值税零税率；无运输工具承运业务的经营者适用增值税免税政策。所称以无运输工具承运方式提供的国际运输服务，是指经营者以承运人身份与托运人签订运输合同，收取运费并承担承运责任，然后委托实际承运人完成运输任务。

2.境内纳税人跨境销售航天运输服务适用增值税零税率

航天运输服务是指利用火箭等载体将卫星、空间探测器等空间飞行器发射到空间轨道的业务活动。纳税人跨境销售航天运输服务，适用增值税零税率。

3.完全在境外消费的服务或无形资产适用增值税零税率

境内纳税人向境外单位提供的完全在境外消费的服务或无形资产适用增值税零税率。完全在境外消费的服务或无形资产，是指服务或无形资产的实际接受方在境外，且与境内的货物和无形资产无关。

4.出口影视服务、离岸服务外包业务和其他跨境服务适用增值税零税率

根据《关于影视等出口服务适用增值税零税率政策的通知》（财税〔2015〕118号）的规定，以下服务适用增值税零税率：

（1）境内单位和个人向境外单位提供广播影视节目（作品）的制作和发行服务（简称出口影视服务），适用增值税零税率。

（2）离岸服务外包业务适用增值税零税率。服务外包业务是指服务外包企业向客户提供的信息技术外包服务。离岸服务外包是指扩展到海外的服务外包，具体业务范围包括：①信息技术外包服务（Information Technology Outsourcing， ITO）。②技术性业务流程外包服务（Business Process Outsourcing，BPO）。③技术性知识流程外包服务（Knowledge Process Outsourcing，KPO）。

（3）境内单位和个人向境外单位提供的下列服务属于其他跨境服务，按规定适用增值税零税率：

①技术转让服务。

②软件服务。

③电路设计及测试服务。

④信息系统服务。

⑤业务流程管理服务。

⑥合同标的物在境外的合同能源管理服务。

5.视同跨境应税服务适用增值税零税率

境内纳税人发生的与中国香港、澳门、台湾有关的应税服务，视同跨境应税服务，参照《跨境应税行为适用增值税零税率和免税政策的规定》执行。

以上适用增值税零税率的应税行为，纳税人可以放弃零税率，选择免税或按规定纳税。纳税人销售适用增值税零税率或免税的货物、劳务或服务，不得开具增值税专用发票。

第四节　增值税的纳税环节、纳税期限与起征点

一、增值税的纳税环节与纳税义务发生时间

（一）增值税的纳税环节

纳税环节是指税法规定的征税对象在从生产到消费的流转过程中应当缴纳税款的环节。纳税环节的存在取决于征税对象的运动属性，包括其所处位置的变换和所有者的变更。

1.销售货物的纳税环节

在商品经济条件下，商品从生产到消费通常经过产制、商业批发、商业零售等环节。商品课税的纳税环节，应当选择在商品流转的必经环节。我国增值税实行多环节征收，从货物生产到消费经过的产制、批发、零售的每一销售环节都征收增值税。销售货物增值税纳税环节的具体规定如下：

（1）生产企业销售其自产货物以及销售外购的原材料等货物，在销售环节纳税。

（2）商业批发及零售企业销售的货物，分别在商品批发环节和商品零售环节纳税。

（3）视同销售货物，在货物移送使用环节纳税。视同销售货物行为是一种特殊的销售行为，只是在税收的角度为了计税的需要将其“视同销售”。目前税法中规定的视同销售行为主要包括以下八种：

①将货物交付他人代销。

②销售代销货物。

③非同一县（市），将货物从一个机构移送其他机构用于销售。

④将自产或委托加工的货物用于非应税项目。

⑤将自产、委托加工或购买货物作为投资，提供给其他单位或个体工商户。

⑥将自产、委托加工或购买的货物分配给股东或投资者。

⑦将自产或委托加工的货物用于集体福利或个人消费。

⑧将自产、委托加工或购买的货物无偿赠送他人。

（4）企业从事期货交易的货物，在期货的实物交割环节纳税。实物交割，是指期货合约的买卖双方于合约到期时，根据交易所制定的规则和程序，通过期货合约标的物的所有权转移，将到期未平仓合约进行了结的行为。商品期货交易一般采用实物交割的方式。进入交割期后，卖方提交标准仓单，买方提交足额货款，到交易所办理交割手续。

2.进口货物的纳税环节

进口货物、物品在办理海关手续放行后，进入国内流通领域，与国内货物同等对待，所以应缴纳应征的国内税。进口货物应缴纳的国内税，由海关在进口环节代征，主要有增值税、消费税两种。海关对进口货物征收的关税以及代征的进口环节增值税、消费税，统称进口税。

3.提供劳务和销售服务的纳税环节

（1）企业提供加工、修理修配劳务，在提供劳务的环节纳税。

（2）企业销售服务、无形资产或不动产，在销售环节纳税。

（3）视同销售应税服务，在应税服务的提供环节纳税。

（二）增值税的纳税义务发生时间

纳税义务发生时间是指税法规定的纳税人应当承担纳税义务的起始时间。规定纳税义务发生时间，一是为了明确纳税人承担纳税义务的具体日期；二是有利于税务机关实施税务管理，合理规定申报期限和纳税期限，监督纳税人依法履行纳税义务，保证国家财政收入。不同税种的纳税义务发生时间不尽相同。根据《中华人民共和国增值税暂行条例》的规定，增值税纳税义务发生时间包括以下几种情形：

（1）纳税人在境内发生销售货物，提供加工、修理修配劳务，销售服务、无形资产或不动产等应税销售行为，其纳税义务发生时间为收讫销售款或者取得索取销售款凭据的当天。

①收讫销售款是指销售货物、服务、无形资产或不动产，以及提供加工、修理修配劳务过程中或完成后收到款项。

②取得索取销售款凭据的当天，是指书面合同确定的付款日期。未签订书面合同或者书面合同未确定付款日期的，以发出货物、提供劳务的当天，以及销售服务、无形资产转让完成或者不动产权属变更的当天为纳税义务发生时间。

（2）纳税人先开具发票的，其纳税义务发生时间为开具发票的当天。

（3）纳税人采取预收款方式销售货物，纳税义务发生时间为货物发出的当天；纳税人采取预收款方式提供建筑劳务、租赁服务，纳税义务发生时间为收到预收款的当天。

（4）纳税人从事金融商品转让，纳税义务发生时间为金融商品所有权转移的当天。

（5）视同销售的纳税义务发生时间：①视同销售货物的纳税义务发生时间为货物移送使用的当天；②视同销售服务、无形资产或不动产的纳税义务发生时间为服务、无形资产转让完成的当天或不动产权属变更的当天。

（6）纳税人进口货物纳税义务发生时间为报关进口的当天。

增值税扣缴义务人扣缴义务发生时间为纳税人纳税义务发生的当天。

二、增值税的纳税期限与纳税地点

（一）增值税的纳税期限

增值税纳税期限包括两层含义：一是税款计算期；二是税款申报缴纳期。

1.增值税税款计算期

税款计算期是指纳税义务发生后纳税人需要在多长时间内计算一次税额。增值税税款计算期有1日、3日、5日、10日、15日、1个月或1个季度。具体期限由主管税务机关根据应纳税额的多少核定。一般是税款数额较大的，计算期限较短；税款数额较小的，计算期限较长。

以1个季度为税款计算期的规定适用于增值税小规模纳税人，以及财政部、国家税务总局规定的其他纳税人（如银行、财务公司、信托投资公司、信用社等）。

2.增值税税款申报缴纳期限

税款申报缴纳期限也称纳税申报期限，是指在规定期限内计算应纳税额后纳税人在多长时间内必须将税款缴纳入库。增值税税款申报缴纳期限包括两种情况：

（1）纳税人以3日、5日、10日或者15日为一个纳税期的，自期满之日起5日内预缴税款，于次月1日起15日内申报结清上月应纳税额。

（2）纳税人以1个月或1个季度为1个纳税期的，自期满之日起15日内申报缴纳税款。

根据国家税务总局的规定（2016年第6号公告），自2016年4月1日起增值税小规模纳税人缴纳增值税、消费税、文化事业建设费，以及随增值税、消费税附征的城市维护建设税、教育费附加等税费，原则上实行按季申报。

3.按次纳税的规定

纳税人不能按固定期限纳税的，可以按次纳税。按次纳税是以纳税人从事生产经营活动的次数作为纳税计算期，在每次纳税义务发生后，按规定申报缴纳税款。

（二）增值税的纳税地点

1.固定业户的纳税地点

固定业户是指有固定的生产经营场所，从事一定的经济业务，并经工商行政管理部门批准发证的工商业户。固定业户应当向其机构所在地的主管税务机关申报纳税。

（1）总机构和分支机构不在同一县（市）的，应当分别向各自所在地的主管税务机关申报纳税；经国务院财政、税务主管部门或者其授权的财政、税务机关批准，可以由总机构汇总向总机构所在地的主管税务机关申报纳税。

（2）固定业户到外县（市）从事应税活动，应当向其机构所在地的主管税务机关报告外出经营事项，并向其机构所在地的主管税务机关申报纳税。未报告的，应当向销售地或者劳务、服务发生地的主管税务机关申报纳税；未向销售地或者劳务、服务发生地的主管税务机关申报纳税的，由其机构所在地的主管税务机关补征税款。

2.非固定业户的纳税地点

非固定业户的基本特征是生产经营场所不固定。非固定业户发生应税行为，应当向销售地或者劳务、服务发生地的主管税务机关申报纳税；未向销售地或者劳务、服务发生地的主管税务机关申报纳税的，由其机构所在地或者居住地的主管税务机关补征税款。

3.纳税地点的其他规定

（1）纳税人进口货物，应当向报关地的海关申报纳税。

（2）其他个人提供建筑服务、销售或者租赁不动产、转让自然资源使用权，应当向建筑服务发生地、不动产所在地、自然资源所在地的主管税务机关申报纳税。

（3）扣缴义务人应当向其机构所在地或者居住地主管税务机关申报缴纳应扣缴的税款。

三、增值税的起征点及适用范围

起征点是指税法规定对征税对象达到开始征税的起点数额。征税对象的数额达到起征点（征税对象数额等于或大于起征点）的，就其全额征税；征税对象的数额未达到起征点（征税对象数额小于起征点）的，不征税。增值税起征点的具体规定如下：

（1）按期纳税的，为月销售额5 000~20 000元（含本数）；

（2）按次纳税的，为每次（日）销售额300~500元（含本数）。

根据《中华人民共和国增值税暂行条例》第十七条的规定："纳税人销售额未达到国务院财政、税务主管部门规定的增值税起征点的，免征增值税；达到起征点的，依照本条例的规定全额计算缴纳增值税。"增值税起征点的调整由财政部和国家税务总局规定。

起征点是对收入较低的纳税人的一种税收优惠措施。增值税起征点仅适用于小规模纳税人的个体工商户和其他个人。被认定为一般纳税人的个体工商户不适用起征点的规定。

增值税起征点的销售额是指不含税销售额，具体是指不包括增值税应纳税额的销售额。纳税人采用销售额和应纳税额合并定价方法的，按照下列公式计算销售额：

销售额=含税销售额÷（1+征收率）

例如：纳税人提供应税服务的起征点为20 000元，某个体工商户（小规模纳税人）本月取得交通运输服务收入20 000元（含税），该个体工商户本月是否应缴纳增值税？

分析：因为提供应税服务的起征点为20 000元，该个体工商户本月交通运输服务不含税收入为19 417.48元（20 000÷（1+3%）），未达到起征点，无须缴纳增值税。

第五节　增值税的计税依据与计税方法

计税依据又叫税基，是指据以计算征税对象应纳税款的直接数量依据，是对课税对象量的规定。按照计量单位的性质不同，计税依据可划分为价值形态和物理形态两种基本形态。以征税对象的价值形态为计税依据的，又称为从价计征；以征税对象的物理形态为计税依据的，又称为从量计征，即直接按征税对象的自然单位计算应纳税额。

一、增值税计税依据的一般规定

增值税实行从价计征，以纳税人销售货物，提供加工、修理修配劳务，销售服务、无形资产或不动产取得的不含税销售额为计税依据。一般纳税人取得的不含税销售额，是指不含增值税销项税额的销售额；小规模纳税人取得的不含税销售额，是指不含增值税应纳税额的销售额。不含税销售额包括不含增值税的全部价款和价外费用。

（1）不含增值税的全部价款，是指纳税人销售货物，提供加工、修理修配劳务，销售服务、无形资产或不动产向买方收取或应收的不含增值税的全部收入。如果企业取得的收入为非货币收入，包括原材料、包装物、低值易耗品及各种消费品、固定资产、生物资产、无形资产、股权投资、不准备持有至到期的债券投资、劳务以及债务的豁免等有关权益，应当按照公允价值（按照市场价格确定的价值）确定其收入额。

（2）不含增值税的价外费用，是指纳税人销售货物，提供加工、修理修配劳务，销售服务、无形资产或不动产时，在价款以外向购买方收取的各种费用、租金、补贴等，具体包括手续费、补贴、基金、集资费、返还利润、奖励费、违约金、滞纳金、代收款项、代垫款项、延期付款利息、赔偿金、包装费、包装物租金、储备费、优质费、运输装卸费及其他各种性质的价外费用。

如果纳税人取得的销售额为含税销售额，应换算为不含税销售额据以计税。纳税人收取的价外费用通常是含增值税的收入额（开具增值税普通发票），在计算增值税时应将其换算为不含税销售额据以计税。

（3）纳税人向买方收取的下列费用不属于价外费用，不计入计税销售额（不征收增值税）：

①委托加工消费税应税消费品而由受托方代收代缴的消费税。

②收取的同时符合以下两个条件的代垫运输费用：

一是承运部门的运费发票开具给购买方；

二是纳税人将该发票转交该购买方。

③代为收取的符合条件的政府性基金（由国务院或财政部批准设立）。

④代为收取的符合条件的行政事业性收费（由国务院或省级人民政府及其财政、价格主管部门批准设立），且收取时开具省级以上财政部门印制的财政票据，

并全额上缴财政。

⑤销售货物的同时代办保险而向买方收取的保险费，以及向购买方收取的代为缴纳的车辆购置税、车船牌照费。

（4）纳税人发生应税行为的销售价格明显偏低或者偏高且不具有合理商业目的的，或者发生视同销售行为而无销售额的，由主管税务机关核定销售额，以其作为增值税的计税依据。主管税务机关应按下列顺序确定销售额：

①按纳税人最近时期销售同类货物、劳务、服务、无形资产或不动产的平均价格确定。

②纳税人最近时期没有发生销售同类货物、劳务、服务、无形资产或不动产行为的，按其他纳税人销售同类货物、劳务、服务、无形资产或不动产的平均价格确定。

③前两种情形都不存在的，主管税务机关按组成计税价格核定销售额。组成计税价格计算公式如下：

组成计税价格=成本×（1+成本利润率）

公式中的成本，是指实际发生的成本；公式中的成本利润率由国家税务总局确定。

【例1-1】某生产企业（一般纳税人）于2018年5月特制一批货物用于促销宣传。该批货物无同类货物销售价格，已知该批货物的生产成本为840 000元，适用的增值税税率为16%，国家规定的成本利润率为5%。要求计算增值税的组成计税价格。

计算如下：

组成计税价格=840 000×（1+5%）=882 000（元）

二、特殊销售方式和特定服务行业增值税的计税依据

（一）特殊销售方式增值税的计税依据

1.涉及现金折扣和商业折扣增值税的计税依据

企业销售商品时涉及现金折扣、商业折扣、销售折让等问题的，分别按以下规定确定增值税计税依据：

（1）企业销售商品涉及现金折扣的，应当以扣除现金折扣前的金额为计税依据。现金折扣属于企业一种融资性质的费用，应在实际发生时计入财务费用，不得从销售额中扣除。现金折扣又称销售折扣，是指债权人为鼓励债务人在规定的期限内付款而向债务人提供的债务扣除。例如，现金折扣的表示方式为“2/10，1/20，n/30”，即10天内付款按销售额折扣2%，20天内付款按销售额折扣1%，30天内付款无折扣，全额付款。

【例1-2】甲公司在2018年7月1日向乙公司销售一批商品，开出的增值税专用发票上注明的销售价款为200 000元，增值税税额为32 000元，但未收到货款。为

及早收回货款，甲公司和乙公司约定的现金折扣条件为“2/10，1/20，n/30”（按不含税销售额计算）。

甲公司的账务处理如下：

①7月1日销售实现时：

借：应收账款　　232 000

　贷：主营业务收入　　200 000

　　应交税费——应交增值税（销项税额）　　32 000

②如果乙公司在7月9日付清货款，则按销售总价200 000元的2%享受现金折扣4 000元（200 000×2%），实际付款228 000元（232 000−4 000）。会计处理如下：

借：银行存款　　228 000

　　财务费用　　4 000

　贷：应收账款　　232 000

③如果乙公司在7月18日付清货款，则按销售总价200 000元的1%享受现金折扣2 000元（200 000×1%），实际付款230 000元（232 000−2 000）。会计处理如下：

借：银行存款　　230 000

　　财务费用　　2 000

　贷：应收账款　　232 000

④如果乙公司在7月底才付清货款，则按全额付款：

借：银行存款　　232 000

　贷：应收账款　　232 000

（2）企业销售商品涉及商业折扣的，应当按照扣除商业折扣后的金额为计税依据，但销售额和折扣额应在同一张发票上分别注明。如果将折扣额另开发票，不论其在财务上如何处理，均不得从销售额中减除折扣额。商业折扣又称折扣销售，是指企业为促进商品销售而在商品标价上给予的价格扣除，即对大批量购买给予的价格优惠。商业折扣是企业最常用的促销方式之一，采用销量越多、价格越低的促销策略，其特点是折扣与销售同时发生。

【例1-3】 A企业于2018年8月向B企业销售商品一批，不含税商品标价为100万元，增值税税率为16%，按含税收入和10%折扣率计算的商业折扣额在同一张发票上注明，销售货款未结算。计算该笔业务应收账款、主营业务收入和应交增值税（销项税额），并进行会计处理。

计算如下：

应收账款=100×（1+16%）×（1−10%）=104.4（万元）

主营业务收入=100×（1−10%）=90（万元）

应交增值税（销项税额）=90×16%=14.4（万元）

会计处理如下：

借：应收账款 1 044 000

贷：主营业务收入 900 000

应交税费——应交增值税（销项税额） 144 000

2.涉及销售折让、销货退回增值税的计税依据

（1）企业销售商品涉及销售折让的，在税务处理上，允许按扣除折让后的收入确认增值税销售额。销售折让是指企业由于售出商品的质量不合格等原因而在售价上给予的减让，其特征是：销售行为在先，购货方希望售价减让在后。而且，在通常情况下，销售折让发生在销售收入已经确认之后。

【例1-4】 甲公司于2018年8月向乙公司销售一批商品，开具增值税专用发票上注明的价款为400 000元，增值税税额为64 000元。假定甲公司已确认销售收入，款项尚未收到。乙公司在验收过程中发现商品质量不合格，要求在价格上给予一定的折让。经过双方协商，甲公司同意按含税价款给予5%的折让。甲公司的账务处理如下：

①甲公司销售实现时：

借：应收账款 464 000

贷：主营业务收入 400 000

应交税费——应交增值税（销项税额） 64 000

②甲公司发生销售折让时：

销售价款折让额=400 000×5%=20 000（元）

增值税折让额=64 000×5%=3 200（元）

或：20 000×16%=3 200（元）

按规定开具红字增值税专用发票，注明销售价款折让额和增值税折让额，并根据记账联进行会计处理：

借：应收账款 23 200（红字）

贷：主营业务收入 20 000（红字）

应交税费——应交增值税（销项税额） 3 200（红字）

③甲公司实际收到款项时：

实际收到款项= 464 000−23 200=440 800（元）

借：银行存款 440 800

贷：应收账款 440 800

（2）企业销售商品涉及销货退回的，其退回部分准予冲减销售额和增值税额。具体冲销方法：销货方根据开具的红字增值税专用发票记账联冲减销售额和增值税

销项税额；购买方根据“开具红字增值税专用发票通知单”和取得的红字增值税专用发票冲减购货成本和进项税额。

仍以【例1-4】为例，乙公司的会计处理如下：

①乙公司购买商品时：

借：库存商品　　400 000

　　应交税费——应交增值税（进项税额）　　64 000

　贷：应付账款　　464 000

②乙公司取得红字专用发票时：

借：库存商品　　20 000（红字）

　　应交税费——应交增值税（进项税额）　　3 200（红字）

　贷：应付账款　　23 200（红字）

③乙公司实际支付款项时：

借：应付账款　　440 800

　贷：银行存款　　440 800

3.涉及以旧换新、还本销售和以物易物增值税的计税依据

（1）纳税人采用以旧换新方式销售货物，销售额不得扣除旧货回收价值（以旧换新销售金银首饰除外），以未扣除旧货回收价值的销售额为增值税的计税依据。

（2）纳税人采用还本销售方式销售货物，销售额不得扣除还本支出（还本支出应计入企业财务费用），以未扣除还本支出的销售额为增值税的计税依据。

（3）纳税人以物易物，应分别按销售货物和购进货物处理。易出之物按销售货物处理，以开具合法票据上注明的不含税销售额为增值税的计税依据；易入之物按购进货物处理，以向对方索要合法票据上注明的增值税为允许抵扣的进项税额。

（二）特定服务行业增值税的计税依据

1.提供金融服务增值税的计税依据

纳税人提供贷款服务、直接收费金融服务、保险服务、金融商品转让业务、融资租赁服务和有形动产融资性售后回租服务等金融服务，分别按以下规定确认的销售额为增值税的计税依据：

（1）纳税人提供贷款服务，以收取的全部利息及利息性质的收入（如贷款罚息）为增值税的计税依据。

（2）纳税人提供直接收费金融服务，以收取的手续费、佣金、酬金、管理费、服务费、开户费等取得的销售额为增值税的计税依据。

（3）纳税人提供保险服务，以收取的保费收入为增值税的计税依据。

（4）纳税人从事金融商品转让业务，按照卖出价扣除买入价后的余额为增值税的计税依据（不得开具增值税专用发票）。金融商品转让业务销售额的计算公式如下：

金融商品转让业务销售额=卖出价−买入价

（5）纳税人提供融资租赁服务，以取得的全部价款和价外费用扣除支付的借款利息、发行债券利息和车辆购置税后的余额为增值税的计税依据。计算公式如下：

融资租赁服务销售额=收入额-（借款利息+债券利息+车辆购置税）

借款利息包括外汇借款利息和人民币借款利息。车辆购置税是指提供的融资租赁设备为购置的应税车辆时，在购置环节缴纳的一种税。所称购置应税车辆，包括购买、进口、自产、受赠、获奖或以其他方式取得并自用的车辆。应税车辆的范围包括汽车、摩托车、电车、挂车、农用运输车。

（6）纳税人提供有形动产融资性售后回租服务，以取得的全部价款和价外费用，扣除向承租方收取的有形动产价款本金，以及对外支付的借款利息（包括外汇借款和人民币借款利息）、发行债券后的余额为增值税的计税依据。计算公式如下：

增值税计税依据=收入额-（价款本金+借款利息+债券利息）

融资性售后回租业务是指承租方以融资为目的将资产出售给经批准从事融资租赁业务的企业后，又将该项资产从该融资租赁企业（出租方）租回的行为。

2.提供经纪代理和旅游服务增值税的计税依据

（1）纳税人提供经纪代理服务，以收取的全部价款和价外费用扣除向委托方收取并代为支付的政府性基金或行政性事业收费后的余额为增值税计税依据。计算公式如下：

经纪代理服务增值税计税依据=收入额-代收政府性基金或行政性事业收费

纳税人提供经纪代理服务时向委托方收取并代为支付的政府性基金或行政性事业收费不征收增值税，所以要从收入额中扣除。

（2）纳税人提供旅游服务，以取得的全部价款和价外费用扣除向旅游服务购买方收取并支付给其他单位或者个人的住宿费、餐饮费、交通费、签证费、门票费和支付给其他接团旅游企业的旅游费后的余额为增值税计税依据。计算公式如下：

旅游服务增值税计税依据=收入额-（代收代付款项+支付其他接团旅游费）

代收代付款项，是指提供旅游服务的纳税人向旅游服务购买方收取的用于支付给其他单位或者个人的住宿费、餐饮费、交通费、签证费、门票费等款项，不属于增值税的应税收入，因此要扣除。向旅游服务购买方收取并支付的上述费用，不得开具增值税专用发票，但可以开具增值税普通发票。

3.提供航空运输和客运场站服务增值税的计税依据

（1）纳税人提供的航空运输服务，以航空运输企业为提供客运收取的价款和提供货运收取的运费收入为增值税计税依据，但不包括代收的机场建设费和代售其他航空企业客票而代收转付的价款。

（2）纳税人提供客运场站服务，以取得的全部价款和价外费用扣除支付给承运方运费后的余额为增值税计税依据。计算公式如下：

客运场站服务增值税计税依据=收入额-支付给承运方的运费

客运场站从承运方取得的增值税专用发票注明的增值税不得扣除。

4.提供建筑服务增值税的计税依据

纳税人提供建筑服务，以取得的全部价款和价外费用扣除支付的分包工程款后的余额为增值税的计税依据。计算公式如下：

建筑服务增值税计税依据=收入额-分包工程款

分包工程是指在建筑施工单位签订的施工合同中，因为市场原因或工期太紧，或施工单位的资质限制，往往需要将承包工程的一部分或几部分分包给其他单位施工的分项或分部工程。承包人承包工程中的非地基和非主体结构工程的部分，经发包人同意，由总包人和分包人就分包项目达成一致的工程。

三、增值税一般计税方法与简易计税方法

增值税的计税方法是指纳税人计算增值税应纳税额的方法。增值税一般纳税人和小规模纳税人分别适用不同的计税方法。增值税一般纳税人适用一般计税方法计算增值税应纳税额，增值税小规模纳税人适用简易计税方法计算增值税应纳税额。

（一）增值税的一般计税方法

增值税一般纳税人在境内销售货物、劳务、服务、无形资产、不动产等应税行为，适用增值税一般计税方法计算增值税应纳税额。

1.一般计税方法的计算公式

增值税一般纳税人运用一般计税方法计算增值税应纳税额的基本原理是：以当期销项税额抵扣当期进项税额后的余额为当期增值税应纳税额。计算公式如下：

应纳税额=当期销项税额-当期进项税额

在理论上，应纳税额有三种结果：一是应纳税额大于零（正数）为当期实际应缴纳的税额；二是应纳税额小于零（负数）为当期不足抵扣的税额（称为留抵税额），可以结转下期继续抵扣；三是应纳税额等于零，意为当期不需要缴纳增值税。在实际工作中，应纳税额为正数是正常情况；应纳税额为负数是少数情况；应纳税额为零的情况很难出现，是理论上的一种可能性。根据一般计税方法，增值税应纳税额计算涉及销项税额和进项税额两个基本因素。

2.增值税销项税额

增值税销项税额是指以纳税人销售货物、劳务、服务、无形资产或不动产等应税行为取得的不含税销售额（计税依据）和规定的增值税税率计算的增值税税额。增值税销项税额计算公式如下：

销项税额=销售额×税率

销项税额是纳税人在销售价款之外另向买方收取的增值税税额。一般纳税人在境内销售货物，提供加工、修理修配劳务，销售服务、无形资产或不动产，按照规定开具增值税专用发票时，应分项载明销售额和增值税税额（销项税额）。

【例1-5】 A电冰箱生产企业（增值税一般纳税人）于2018年5月10日向B商场销售电冰箱一批，开具增值税专用发票上注明的价款为600 000元（不含税销售额）、增值税销项税额为96 000元（600 000×16%）。销货款项已通过银行存款结算。A企业的会计处理如下：

借：银行存款	696 000	
贷：主营业务收入		600 000
应交税费——应交增值税（销项税额）		96 000

如果一般纳税人销售货物，提供加工、修理修配劳务，销售服务、无形资产或不动产取得的销售额为含税销售额（如向消费者个人销售货物），应按以下方法将含税销售额换算为不含税销售额，再据以计税。将含税销售额换算为不含税销售额的计算公式如下：

增值税销售额=含税销售额÷（1+税率）

【例1-6】 某大型服装商场（一般纳税人）2018年5月外购服装取得增值税专用发票上注明的价款为3 000 000元、增值税进项税额为480 000元，本月直接向消费者个人销售外购服装取得零售销售额4 872 000元，开具增值税普通发票。计算该商场本月销售服装应纳增值税税额。

计算如下：

增值税销售额=4 872 000÷（1+16%）=4 200 000（元）

增值税销项税额=4 200 000×16%=672 000（元）

增值税进项税额=480 000元

增值税应纳税额=672 000−480 000=192 000（元）

3.增值税进项税额

增值税进项税额是指纳税人发生购进货物、劳务、服务、无形资产或不动产时，在支付价款之外向卖方或应税服务提供方支付或者负担的增值税。就一项销售业务而言，卖方的销项税额就是买方的进项税额。以【例1-5】为例，B商场购买A电冰箱生产企业的电冰箱取得增值税专用发票上注明的增值税税额为96 000元，是B商场本次购买电冰箱发生的进项税额。B商场的会计处理如下：

借：库存商品——电冰箱	600 000	
应交税费——应交增值税（进项税额）	96 000	
贷：银行存款		696 000

4.进项税额的抵扣方法

增值税进项税额的抵扣实行购进扣税法，即增值税一般纳税人当期购进或进口货物，购进加工、修理修配劳务，购进服务、无形资产等发生的进项税额，允许在购进当期全额扣除。另有两种特殊情况：一是纳税人购进不动产或不动产在建工程发生的进项税额，实行分期抵扣方法；二是符合规定的纳税人购进农产品进项税额试行核定扣除办法。分期抵扣法和实耗扣税法待后面详述。

【例1-7】某生产企业（增值税一般纳税人）2018年5月发生的主要经济业务如下：

（1）外购原材料取得增值税专用发票上注明的价款为1 000 000元，增值税为160 000元；

（2）外购包装物取得增值税专用发票上注明的价款为80 000元，增值税为12 800元；

（3）支付生产车间用电费取得增值税专用发票上注明的价款为50 000元，增值税为8 000元；

（4）支付生产设备修理费取得增值税专用发票上注明的价款为20 000元，增值税为3 200元；

（5）销售产品开具增值税专用发票上注明的价款为2 200 000元，增值税为352 000元。

以上业务的收付款项均已通过银行结算。计算该企业本月增值税应纳税额。

计算如下：

当期进项税额=160 000+12 800+8 000+3 200=184 000（元）

当期销项税额=352 000元

应纳税额=当期销项税额−当期进项税额=352 000−184 000=168 000（元）

（二）增值税的简易计税方法

增值税小规模纳税人在境内销售货物、劳务、服务、无形资产、不动产等应税行为，适用简易计税方法计算增值税应纳税额。简易计税方法以不含税销售额为计税依据，依照征收率计算增值税应纳税额。简易计税方法的计算公式如下：

应纳税额=销售额×征收率（3%）

公式中的销售额为不含增值税应纳税额的销售额。

采用简易计税方法的小规模纳税人不得抵扣增值税的进项税额，不能开具增值税专用发票（由税务机关代开的除外）。小规模纳税人在境内销售货物、劳务、服务、无形资产、不动产开具增值税普通发票上所载明的销售额为价税合计的含税销售额，在计算增值税应纳税额时，应先将含税销售额换算为不含税销售额，再据以计税。将含税销售额换算为不含税销售额的计算公式如下：

销售额=含税销售额÷（1+征收率）

【例1-8】某企业为增值税小规模纳税人，某月销售货物一批，开具增值税普通发票上注明的销售收入额为41 200元，收入款项已通过银行结算。计算该企业销售该批货物应纳增值税税额。

计算如下：

增值税销售额=41 200÷（1+3%）= 40 000（元）

增值税应纳税额= 40 000×3%=1 200（元）

（三）小规模纳税人出租与销售不动产增值税征收办法

增值税小规模纳税人出租与销售不动产，按照以下规定计算增值税应纳税额：

（1）小规模纳税人出租其取得的不动产（不含个人出租住房）和其他个人出租其取得的不动产（不含住房），以取得的全部价款和价外费用为销售额（不含税），按5%的征收率计算增值税应纳税额。计算公式如下：

应纳税额=全部价款和价外费用÷（1+5%）×5%

（2）个人出租住房，以取得的全部价款和价外费用为销售额（不含税），减按1.5%的征收率计算增值税应纳税额。计算公式如下：

应纳税额=全部价款和价外费用÷（1+5%）×1.5%

（3）小规模纳税人和其他个人销售其取得（不含自建）的不动产，以取得的全部价款和价外费用减去该项不动产购置原价或者取得不动产时作价后的余额为销售额（不含税），按5%的征收率计算增值税应纳税额。计算公式如下：

应纳税额=（全部价款和价外费用-不动产购置原价）÷（1+5%）×5%

（4）小规模纳税人销售其自建的不动产，以取得的全部价款和价外费用为销售额（不含税），按5%的征收率计算增值税应纳税额。计算公式如下：

应纳税额=全部价款和价外费用÷（1+5%）×5%

（5）房地产开发企业中的小规模纳税人销售自行开发的房地产项目，以取得的全部价款和价外费用为销售额（不含税），按5%的征收率计算增值税应纳税额。计算公式如下：

应纳税额=全部价款和价外费用÷（1+5%）×5%

四、一般纳税人选择按简易方法计税的适用范围

增值税一般纳税人发生符合税法规定的销售行为，可选择按简易方法计算增值税应纳税额，但不得抵扣增值税进项税额。

（一）销售特殊物品可选择按简易方法计税

增值税一般纳税人销售特殊物品、寄售物品、死当物品、使用过的固定资产、

旧货，以及销售或出租不动产老项目，可选择按简易方法计算增值税。

1.寄售商店销售寄售物品可选择按简易方法计算增值税

作为一般纳税人的寄售商店代销的寄售物品（包括居民个人寄售的物品），向买方收取的全部价款和价外费用，可选择按简易方法和3%的征收率计算增值税。计算公式如下：

应纳税额=含税销售额÷（1+3%）×3%

寄售商店是指从事寄售行业的商店。寄售通过专门的寄售商店来销售，是一种委托代售的贸易方式，即委托方（货主）先将货物运往寄售地，再委托代销人（受委托人）按照寄售协议规定的条件，代替货主进行销售，货物出售后，由代销人向货主结算货款。

2.典当企业销售死当物品可选择按简易方法计算增值税

一般纳税人的典当企业销售的死当物品向买方收取的全部价款和价外费用，可选择按简易方法和3%的征收率计算增值税。计算公式如下：

应纳税额=含税销售额÷（1+3%）×3%

3.免税店零售免税品可选择按简易方法计算增值税

经国家授权批准的免税店零售的免税品向买方收取的全部价款和价外费用，可选择按简易方法和3%的征收率计算增值税。计算公式如下：

应纳税额=含税销售额÷（1+3%）×3%

免税品是指免征进口关税和进口环节增值税、消费税的进口商品。

4.拍卖行受托拍卖的货物可选择按简易方法计算增值税

作为一般纳税人的拍卖行受托拍卖的货物，向买方收取的全部价款和价外费用，可选择按简易方法和3%的征收率计算增值税。计算公式如下：

应纳税额=含税销售额÷（1+3%）×3%

拍卖行虽然不是专门从事货物销售，但其受托拍卖增值税应税货物的行为实质是受托代销商品，在增值税上应当视同销售缴纳增值税。

（二）销售特定自产货物可选择按简易方法计税

一般纳税人销售特定（符合规定）的自产货物，可以选择按简易方法和3%的征收率计算增值税。计算公式如下：

应纳税额=含税销售额÷（1+3%）×3%

一般纳税人销售符合规定的特定自产货物，包括以下各项：

（1）县级及县以下小型水力发电单位生产的电力。

小型水力发电单位，是指各类投资主体建设的装机容量为5万千瓦以下（含5万千瓦）的小型水力发电单位。

（2）建筑用和生产建筑材料所用的砂、土、石料。

（3）以自己采掘的砂、土、石料或其他矿物连续生产的砖、瓦、石灰（不含粘土实心砖、瓦）。

（4）用微生物、微生物代谢产物、动物毒素、人或动物的血液或组织制成的生物制品。

（5）自来水。

（6）商品混凝土（仅限于以水泥为原料生产的水泥混凝土）。

（三）销售使用过的固定资产、旧货可选择按简易方法计税

1. 销售已使用过的固定资产可选择按简易方法计税

增值税一般纳税人销售自己使用过的购进或自制的未抵扣进项税额的固定资产，可以选择简易方法和3%征收率减按2%征收增值税。计算公式如下：

应纳税额=含税销售额÷（1+3%）×2%

2. 销售旧货和使用过的物品可选择按简易方法计税

增值税一般纳税人销售旧货和销售除自己使用过的固定资产以外的物品，可以选择简易方法和3%征收率减按2%征收增值税。计算公式如下：

应纳税额=含税销售额÷（1+3%）×2%

旧货是指进入二次流通的具有部分使用价值的货物，如旧汽车、旧家具、旧设备等。小规模纳税人销售自己使用过的固定资产或者旧货，也依照3%征收率减按2%征收增值税。

（四）销售、出租不动产老项目可选择按简易方法计税

（1）一般纳税人销售不动产老项目，以及房地产开发企业中的一般纳税人销售自行开发的房地产老项目，可以选择按简易方法和5%的征收率计算增值税。计算公式如下：

应纳税额=含税销售额÷（1+5%）×5%

房地产老项目，是指“建筑工程施工许可证”注明的合同开工日期在2016年4月30日前的房地产项目，或者“建筑工程施工许可证”未注明合同开工日期或者未取得“建筑工程施工许可证”，但建筑工程承包合同注明的开工日期在2016年4月30日前的建筑工程项目。

（2）一般纳税人出租不动产老项目（2016年4月30日前取得），可以选择按简易方法和5%的征收率计算增值税。计算公式如下：

应纳税额=租金收入和价外费用÷（1+5%）×5%

出租不动产老项目是指出租2016年4月30日前取得的不动产项目。

（五）销售符合规定的服务可选择按简易法计税

一般纳税人提供的下列服务，可选择按简易方法计税：

（1）一般纳税人提供的公共交通运输服务、仓储服务、装卸搬运服务和收派服务取得的全部价款和价外收入，可选择按简易方法和3%的征收率计算增值税。计算公式如下：

应纳税额=含税销售额÷（1+3%）×3%

以上所称的公共交通运输服务，包括轮客渡、公交客运、地铁、城市轻轨、出租车、长途客运、班车等服务。其中班车是指按固定路线、固定时间运营并在固定站点停靠的运送旅客的陆路运输。

（2）一般纳税人提供电影放映服务、文化教育服务取得的全部价款和价外收入，可以选择按简易方法和3%的征收率计算增值税。计算公式如下：

应纳税额=含税销售额÷（1+3%）×3%

（3）经认定的动漫企业一般纳税人为开发动漫产品提供的服务，以及其在境内转让动漫版权（包括动漫品牌、形象或者内容的授权及再授权等）取得的全部价款和价外收入，可以选择按简易方法和3%的征收率计算增值税。计算公式如下：

应纳税额=含税销售额÷（1+3%）×3%

所称开发动漫产品提供的服务，主要包括动漫脚本编撰、形象设计、背景设计、动画设计、分镜、动画制作、摄制、描线、上色、画面合成、配音、配乐、音效合成、剪辑、字幕制作、压缩转码（面向网络动漫、手机动漫格式适配）等项服务。

（4）提供物业管理服务的纳税人，向服务接受方收取的自来水水费，以扣除其对外支付的自来水水费后的余额为销售额，按照简易计税方法和3%的征收率计算增值税应纳税额。计算公式如下：

应纳税额=（收取的自来水水费－对外支付的自来水水费）÷（1+3%）×3%

假如，某提供物业管理服务的纳税人转售自来水水费选择简易方法按差额纳税。已知该提供物业管理服务的纳税人向服务接受方收取的自来水水费为824 000元（含税），对外支付的自来水水费为721 000元（含税）。应纳税额计算如下：

应纳税额=（824 000－721 000）÷（1+3%）×3%=3 000（元）

（5）一般纳税人提供劳务派遣服务，可以选择简易方法按差额纳税，即以一般纳税人提供劳务派遣服务取得的全部价款和价外费用，扣除代用工单位支付给劳务派遣员工的工资、福利和为其办理社会保险及住房公积金后的余额为销售额，按照简易方法和5%的征收率计算增值税应纳税额。计算公式如下：

应纳税额=（全部价款和价外费用－代用工单位支付给劳务派遣员工的工资、福利和为其办理社会保险及住房公积金的费用）÷（1+5%）×5%

选择差额纳税的纳税人，向用工单位收取用于支付给劳务派遣员工工资、福利和为其办理社会保险及住房公积金的费用，不得开具增值税专用发票。

小规模纳税人提供劳务派遣服务，也可以选择差额纳税，即以取得的全部价款和价外费用，扣除代用工单位支付给劳务派遣员工的工资、福利和为其办理社会保险及住房公积金后的余额为销售额，按照5%征收率计算增值税应纳税额。计算公式如下：

$$应纳税额=\left(\begin{matrix}全部价款和\\价外费用\end{matrix}-\begin{matrix}代用工单位支付给劳务派遣员工\\的工资、福利和为其办理社会\\保险及住房公积金的费用\end{matrix}\right)\div(1+5\%)\times5\%$$

小规模纳税人提供劳务派遣服务如果不选择按差额纳税，适用征收率仍为3%。

（6）一般纳税人提供的人力资源外包服务，可以选择按简易方法计税，以取得不含税的全部价款和价外费用为销售额和5%的征收率计算增值税应纳税额。计算公式如下：

$$应纳税额=全部价款和价外费用\div(1+5\%)\times5\%$$

（7）资管产品运营业务适用简易计税方法。根据财政部、税务总局《关于资管产品增值税有关问题的通知》（财税〔2017〕56号）的规定，自2018年1月1日起资管产品的管理人在运营资管产品过程中发生的增值税应税行为（以下称“资管产品运营业务”），暂适用简易计税方法，按照3%的征收率缴纳增值税。计算公式如下：

$$应纳税额=含税销售额\div(1+3\%)\times3\%$$

①资管产品管理人包括银行、信托公司、公募基金管理公司及其子公司、证券公司及其子公司、期货公司及其子公司、私募基金管理人、保险资产管理公司、专业保险资产管理机构、养老保险公司，以及财政部和税务总局规定的其他资管产品管理人。

②资管产品包括银行理财产品、资金信托（包括集合资金信托、单一资金信托）、财产权信托、公开募集证券投资基金、特定客户资产管理计划、集合资产管理计划、定向资产管理计划、私募投资基金、债权投资计划、股权投资计划、股债结合型投资计划、资产支持计划、组合类保险资产管理产品、养老保障管理产品，以及财政部和税务总局规定的其他资管产品。

【例1-9】客户A与B银行签订了一份理财服务协议，本金100万元，期限1年，B银行负担风险全责，分享70%利润；客户A分享30%利润及保底收益（等同协议期银行存款定期年息两倍）。银行存款定期年利率为3.5%，到期利润为17万元，B银行分得利润10万元。B银行作为资管产品管理人，按照财税〔2017〕56号文件第一条的规定计算应纳增值税如下：

应缴增值税税额=10÷（1+3%）×3%≈0.29（万元）

管理人接受投资者委托或信托对受托资产提供的管理服务，以及管理人发生的除上述规定外的其他增值税应税行为（以下称“其他业务”），按照现行规定缴纳增值税。

【例1-10】 C银行与D企业签订一份期限为1年的贷款合同，贷款年利率为8%，贷款额为100万元，到期取得贷款利息8万元。这笔利息收入属于资管产品管理人的其他业务收入，应按照“贷款服务”计算缴纳增值税。计算如下：

应缴增值税税额=8÷（1+6%）×6%≈0.45（万元）

【例1-11】 E信托公司受F投资公司委托为其提供资产管理服务，受托资产价值1亿元，E信托公司按年收取0.5%管理服务费。这笔收入属于资管产品管理人对受托资产提供的管理服务收入，应按照“直接收费金融服务”计算缴纳增值税：

应缴增值税税额=50÷（1+6%）×6%≈2.83（万元）

根据财税〔2017〕56号文件第三条的规定，资产管理人应分别核算资管产品运营业务和其他业务的销售额和增值税应纳税额；未分别核算的，资管产品运营业务不得适用简易计税方法，即从高适用税率。

【例1-12】 G银行2018年第一季度取得资管产品运营业务收入和贷款利息收入合计10万元（未分别核算），向主管税务机关申报时：

申报缴纳增值税税额=10÷（1+3%）×3%≈0.29（万元）

以上纳税申报经检查后其主管税务机关责令G银行按规定期限补缴税款：

应补缴税款=10÷（1+6%）×6%-0.29≈0.28（万元）

五、扣缴义务人扣缴增值税的计算方法

根据增值税制度的规定，境外单位或个人在我国境内发生增值税应税行为，在境内未设经营机构的，以购买人为增值税扣缴义务人，按照适用税率扣缴增值税。应扣缴税额按以下公式计算：

应扣缴增值税=购买方支付的价款÷（1+税率）×税率

扣缴义务人应当参照纳税人纳税期限向其机构所在地或者居住地主管税务机关申报缴纳扣缴的税款。

第六节　进口货物关税和进口环节增值税的计算

一、关税的类型、基本政策及法律依据

（一）关税的类型

关税是进出口商品经过一国关境时，由政府所设置的海关向其进出口商所征收

的税收。按照不同的标准，关税有多种分类方法。按征收对象不同，关税可分为正税和特别税；按征收标准不同，关税可分为从价税、从量税、复合税、滑准税；按货物国别来源而区别对待的原则，关税可分为最惠国关税、协定关税、特惠关税和普通关税。

1.关税的正税和特别税

按征收对象不同，关税可以分为正税和特别税。

（1）关税的正税包括进口税、出口税和过境税三种。①进口税是指海关对进口货物和物品所征收的关税。进口税是关税中最重要的一种，在许多废除了出口税和过境税的国家，进口税是唯一的关税。②出口税是指海关对出口货物和物品所征收的关税。目前，世界上大多数国家都不征收出口税。③过境税是指对外国经过本国国境运往另一国的货物所征收的关税。目前，世界上大多数国家都不征收过境税，我国也不征收过境税。

（2）特别关税是指因某种特定的目的而对进口的货物和物品征收的关税。常见的特别关税有反倾销税、反补贴税、报复性关税、保障性关税。特别关税通常是采取一种进口附加税的形式加征关税。

①反倾销税是指进口国海关对外国的倾销货物，在征收关税的同时附加征收的一种特别关税。目的在于抵制倾销，保护国内产业。

②反补贴税是指对于直接或间接接受奖金或补贴的外国进口商品在进口环节征收的一种进口附加税，是差别关税的一种形式。所征税额一般与该商品所接受的补贴额相等。

③报复性关税是指对违反与我国签订或者共同参加的贸易协定及相关协定，对我国在贸易方面采取禁止、限制、加征关税或者其他影响正常贸易的国家或地区所征收的一种进口附加税。

④保障性关税是指当某类商品进口量剧增，对进口国相关产业带来巨大威胁或损害时，按照WTO有关规则，与有实质利益的国家或地区进行磋商后，在一定时期内提高该项商品的进口关税或采取数量限制措施，以保护国内相关产业不受损害。

2.从价关税与从量关税

（1）从价关税是指依照进口货物的价格为标准征收的关税。从价关税随着商品价格的变动而变化，具有税负公平、易于实施、征收简单、税负明确等优点。目前我国对绝大多数进口商品均征收从价关税。

（2）从量关税是指依照进口货物的数量、重量、容量、面积、体积或长度等为计量单位征收的关税。从量关税不受征税对象价格变动的影响，只与征税对象的数量有直接的关系。对于体积大、数量多、价值低的商品而言，具有手续简便的优点。但是，由于应税额固定，物价涨落时，税额不能相应变化，因此，在物价上涨时，关税的调控作用相对减弱。

3.复合关税与滑准关税

（1）复合关税亦称混合关税，是指对进口的同一种商品按从量、从价两种税率同时征收的关税。主要有两种情况：一是以从量税为主，加征从价税；二是以从价税为主，加征从量税。实施复合关税的目的是使从价税和从量税取长补短、相互补充，还可以减少物价波动对财政收入的影响。但复合关税的征收手续复杂。

（2）滑准关税亦称滑动关税，是根据货物的不同价格适用不同税率的一类特殊的从价关税。滑准关税包括滑准进口税和滑准出口税。①滑准进口税是对某些输入商品，根据输入国同类商品国内市场价格高低确定其关税税率的高低。国内市场价格低时，提高其进口税率；国内市场价格高时，降低其进口税率，从而使该商品的国内市场价格保持稳定，保护国内同类商品的生产，防止国内该种商品脱销、短缺或外国货物倾销。②滑准出口税是根据某些输出商品的国际市场价格高低决定其税率的高低。当某种商品国际市场价格上涨时，即提高其出口关税税率，转嫁该产品的成本和国内税负；当国际市场价格下跌时，则减轻其出口税率，增加该产品的国际市场竞争能力。滑准关税的优点在于它能平衡物价，保护国内产业发展。缺点是使交易流于投机。

4.最惠国关税、协定关税、特惠关税和普通关税

（1）最惠国关税也称最惠国待遇关税，适用于原产于与我国共同适用最惠国待遇条款的WTO成员国或地区的进口货物，或原产于与我国签订有相互给予最惠国待遇条款的双边贸易协定的国家或地区的进口货物。最惠国待遇是指缔约双方相互之间给予的不低于现在和将来所给予任何第三国或地区在贸易上的优惠、豁免和特权，体现在关税上，即为最惠国待遇关税。最惠国待遇既存在于两个国家或地区之间，也通过多边贸易协定在缔约方之间实施。目前，150多个国家和地区加入了世界贸易组织，其他大部分国家也都签订了双边的贸易条约，相互提供最惠国待遇，享受最惠国税率。因此，最惠国关税通常称为正常关税。

（2）协定关税亦称协定税则，是指两个或两个以上的国家或地区之间通过缔结关税贸易协定而制定关税税则，协定各方依照协定税则的规定征收关税。协定关税适用于原产于我国参加的含有关税优惠条款的区域性贸易协定的有关缔约方的进口货物。

（3）特惠关税是指一国对来自有特殊关系国家的进口商品规定特别优惠税率的关税。这种优惠待遇通常不得根据最惠国待遇给予任何第三国。在我国，特惠关税适用于原产于与我国签订有特殊优惠关税协定的国家或地区的进口货物。

（4）普通关税又称一般关税，是指一国政府对与本国没有签署友好协定、经济互助协定的国家和地区按普通税率征收的关税。普通关税税率并不是被普遍实施的税率，仅限于对没有与本国签署友好协定、经济互助协定的国家和地区的进口商品征收普通关税适用的税率。普通关税税率一般由进口国自主制定，税率较高。在我国，普通关税适用于原产于上述国家或地区（征收最惠国关税、协定关税、特惠关税的国家或地区）以外的国家或地区的进口货物。

（二）征收关税的基本政策

关税政策是国家在某一时期的指导思想与行动准则。我国目前实行的是以财政

关税政策服从于保护关税政策的复合型关税政策，即贯彻国家的对外开放政策，鼓励出口和扩大必需品的进口，保护和促进国民经济的发展，保证国家的财政收入。这一关税政策通过如下原则具体表现出来：

一是对进口国家建设和人民生活所必需的，而且国内不能生产或者供应不足的动植物良种、肥料、饲料、药剂、精密仪器、仪表、关键机械设备和粮食等，予以免税或低税；原材料的进口税率一般比半成品、成品要低，特别是受自然条件制约、国内生产短期内不能迅速发展的原材料，其税率应更低；对于国内不能生产的机械设备和仪器、仪表的零件、部件，其税率应比整机低。

二是对国内已能生产的非国计民生所必需的物品，应制定较高的税率；对国内需要进行保护的产品和国内外价差大的产品，应制定更高的税率；为了鼓励出口，对绝大多数出口商品不征出口关税，但对在国际市场上容量有限而又竞争性强的商品，以及需要限制出口的极少数原料、材料和半制成品，必要时可征收适当的出口关税。

三是任何国家或者地区对其进口的原产于中华人民共和国的货物征收歧视性关税或者给予其他歧视性待遇的，我国海关对原产于该国家或地区的进口货物，可以征收特别关税。

（三）关税的征收机关及法律依据

1.关税的征收机关

关税由海关负责征收。海关是指依据本国的法律、行政法规行使进出口监督管理职权的国家行政机关。进出境运输工具、货物、物品，必须通过设立海关的地点进境或者出境，接受海关的监管。《中华人民共和国海关法》第五十三条规定："准许进出口的货物、进出境物品，由海关依法征收关税。"

2.征收关税的法律依据

（1）《中华人民共和国进出口关税条例》是征收关税的基本法律依据。2003年11月23日，国务院公布《中华人民共和国进出口关税条例》（国务院令第392号），2011年1月8日进行第一次修订，2013年12月7日进行第二次修订，2016年2月6日进行第三次修订。2017年3月1日进行第四次修订。修订后的《中华人民共和国进出口关税条例》共设6章，分别是：第一章总则、第二章进出口货物关税税率的设置和适用、第三章进出口货物完税价格的确定、第四章进出口货物关税的征收、第五章进境物品进口税的征收、第六章附则。

（2）《中华人民共和国海关进出口税则》（以下简称《关税税则》）是征收关税的具体法律依据。《关税税则》是国家海关据以对进出口商品计征关税的规章和对进、出口的应税与免税商品加以系统分类的一类表。其内容包括海关征收关税的规章条例及说明，以及关税税率表。《关税税则》既是海关凭以征收关税的法律依据，也是一个国家关税政策的具体体现。《关税税则》一般由商品目录和税率两部分组成。目录部分主要包括商品名称和与其相对应的编码，统称为税则号列（简称税号）。税则号列反映每种商品所在类、章、税目或子目的商品范围。为征税需要，每项税号后列出了该商品的关税税率。

根据《中华人民共和国进出口关税条例》第四条的规定，国务院设立关税税则委员会，负责《关税税则》的税目、税则号列和税率的调整和解释，报国务院批准后执行；决定实行暂定税率的货物、税率和期限；决定关税配额税率；决定征收反倾销税、反补贴税、保障措施关税、报复性关税，以及决定实施其他关税措施；决定特殊情况下税率的适用，以及履行国务院规定的其他职责。

二、进口关税税率与进口配额管理制度

（一）进口关税税率

根据《中华人民共和国进出口关税条例》的规定，进口关税设置最惠国税率、特惠税率、协定税率、普通税率、暂定税率等税率。对进口货物在一定期限内可以实行暂定税率。

1.最惠国税率

最惠国税率，是指某国来自其最惠国的进口产品享受的关税税率，一般不得高于现在或将来来自第三国同类产品所享受的关税税率。下列情形适用最惠国税率：

（1）原产于共同适用最惠国待遇条款的世界贸易组织成员的进口货物。

（2）原产于与中华人民共和国签订含有相互给予最惠国待遇条款的双边贸易协定的国家或者地区的进口货物。

（3）原产于中华人民共和国境内的进口货物。

2.特惠税率

特惠税率，是指对从某个国家或地区进口的全部商品或部分商品，给予特别优惠的低关税或免税待遇。根据《中华人民共和国进出口关税条例》的规定，原产于与中华人民共和国签订含有特殊关税优惠条款的贸易协定的国家或者地区的进口货物，适用特惠税率。

3.协定税率

协定税率，是指一国根据其与别国签订的贸易条约或协定而制定的关税税率。根据《中华人民共和国进出口关税条例》的规定，原产于与中华人民共和国签订含有关税优惠条款的区域性贸易协定的国家或者地区的进口货物，适用协定税率。

4.普通税率

普通税率，是指对产自与中华人民共和国未订有关税互惠条款的贸易条约或协定的国家或地区的进口货物，以及原产地不明的进口货物所适用的税率。根据《中华人民共和国进出口关税条例》的规定，原产于适用最惠国税率、适用协定税率和适用特惠税率以外国家或者地区的进口货物，以及原产地不明的进口货物，适用普通税率。

5.暂定税率

暂定税率，是指在一定期限内实行的关税税率。根据《中华人民共和国进出口关税条例》的规定：（1）适用最惠国税率的进口货物有暂定税率的，应当适用暂定税率；（2）适用协定税率、特惠税率的进口货物有暂定税率的，应当从低适用税率；（3）适用普通税率的进口货物，不适用暂定税率。

（二）进口配额及关税配额税率

进口配额是指进口国在一定时期内对从其他国家、地区购买的某些产品的价值或数量实施的限额，主要包括绝对配额和关税配额两种形式。绝对配额是指进口国在一定时期内对某些货物的进口数量或金额规定最高额度，达到这个额度后便不准进口。它可以分为全球配额和国别配额。关税配额，是指进口国在一定时期内对货物的绝对数量不加限制，对规定关税配额内的进口货物适用较低的关税税率，对超过特定数量限额的进口货物适用较高的关税税率。

关税配额税率，是指对实行关税配额管理的进口货物适用的税率。进口关税配额管理就是对部分限制进口的货物实行数量限额的制度，即对外贸易经营者经国家批准取得关税配额证后，允许按照关税配额税率征税进口，如超出限额则按照配额外税率征税进口的管理政策。关税配额是指把征收关税和进口配额相结合的一种限制进口的措施。

根据我国进口关税配额管理制度的规定，进口货物在关税配额内的，适用关税配额税率（较低税率或免税）；对超过关税配额的部分，按不同情况分别适用最惠国税率、协定税率、特惠税率或普通税率。根据国务院关税税则委员会《关于2017年关税调整方案的通知》（税委会〔2016〕31号）的规定，继续对小麦等8类商品实施关税配额管理，税率不变。其中，对尿素、复合肥、磷酸氢铵3种化肥的配额税率继续实施1%的暂定税率。以税则号列为10011100的小麦为例，超配额部分适用的普通税率为180%，适用的最惠国税率为65%。2017年关税调整方案还规定，继续对配额外进口的一定数量棉花实施滑准税，税率滑动范围为5%～40%。这相当于为进口棉花价格设置了底限，形成对国内棉花市场价格的支撑。

（三）特殊情况关税税率的适用

（1）按照有关法律、行政法规的规定对进口货物采取反倾销、反补贴、保障措施的，其税率的适用按照《中华人民共和国反倾销条例》、《中华人民共和国反补贴条例》和《中华人民共和国保障措施条例》的有关规定执行。

（2）任何国家或者地区违反与中华人民共和国签订或者共同参加的贸易协定及相关协定，对中华人民共和国在贸易方面采取禁止、限制、加征关税或者其他影响正常贸易的措施的，对原产于该国家或者地区的进口货物可以征收报复性关税，适用报复性关税税率。征收报复性关税的货物、适用国别、税率、期限和征收办法，由国务院关税税则委员会决定并公布。

三、进口货物关税应纳税额的计算方法

（一）从量关税的计算方法

从量计征的进口关税，以进口货物数量（重量、体积）为计税依据，按照规定的单位税额计算。计算公式如下：

从量计征进口关税应纳税额=进口货物数量×单位税额

进口货物数量由海关按实际申报的进口数量审定。

（二）从价关税的计算方法

从价计征的进口关税，依照进口货物完税价格和关税税率计算。计算公式如下：

从价计征进口关税应纳税额=进口货物完税价格×关税税率

进口货物的完税价格由海关以进口货物的成交价格为基础进行审定。进口货物完税价格的构成因素，包括进口货物的成交价格和货物运抵中华人民共和国境内输入地点起卸前发生的运输及其相关费用、保险费。实际上，海关以进口货物成交价格为基础审定的完税价格，相当于进口货物的到岸价格（cost insurance and freight，CIF）。进口货物关税完税价格，用公式表示如下：

完税价格=进口货物成交价+包装费+运费+保险费+其他劳务费

1.进口货物的成交价格

进口货物成交价格，是指卖方向中华人民共和国境内销售该货物时买方为进口该货物向卖方实付、应付的，并符合规定条件的价款总额，包括直接支付的价款和间接支付的价款。

（1）进口货物成交价格应当符合的条件，包括以下各项：

①对买方处置或者使用该货物不予限制，但法律、行政法规规定实施的限制、对货物转售地域的限制和对货物价格无实质性影响的限制除外；

②该货物的成交价格没有因搭售或者其他因素的影响而无法确定；

③卖方不得从买方直接或者间接获得因该货物进口后转售、处置或者使用而产生的任何收益，或者虽有收益但能够按照规定进行调整；

④买卖双方没有特殊关系，或者虽有特殊关系但未对成交价格产生影响。

（2）进口货物的成交价格不符合规定条件的，或者成交价格不能确定的，海关经了解有关情况，并与纳税义务人进行价格磋商后，依次以下列价格估定该货物的完税价格：

①与该货物同时或者大约同时向中华人民共和国境内销售的相同货物的成交价格。

②与该货物同时或者大约同时向中华人民共和国境内销售的类似货物的成交价格。

③与该货物进口的同时或者大约同时，将该进口货物、相同或者类似进口货物在第一级销售环节销售给无特殊关系买方最大销售总量的单位价格，但应当扣除：同等级或者同种类货物在中华人民共和国境内第一级销售环节销售时通常的利润和一般费用以及通常支付的佣金；进口货物运抵境内输入地点起卸后的运输及其相关费用、保险费；进口关税及国内税收。

④按照下列各项总和计算的价格：生产该货物所使用的料件成本和加工费用，

向中华人民共和国境内销售同等级或者同种类货物通常的利润和一般费用，该货物运抵境内输入地点起卸前的运输及其相关费用、保险费。

⑤以合理的方法估定完税价格。

2.准予计入完税价格的有关费用

（1）进口货物的下列费用应当计入完税价格：

①由买方负担的购货佣金以外的佣金和经纪费；

②由买方负担的在审查确定完税价格时与该货物视为一体的容器的费用；

③由买方负担的包装材料费用和包装劳务费用；

④与该货物的生产和向中华人民共和国境内销售有关的，由买方以免费或者以低于成本的方式提供并可以按适当比例分摊的料件、工具、模具、消耗材料及类似货物的价款，以及在境外开发、设计等相关服务的费用；

⑤作为该货物向中华人民共和国境内销售的条件，买方必须支付的、与该货物有关的特许权使用费；

⑥卖方直接或者间接从买方获得的该货物进口后转售、处置或者使用的收益。

（2）进口货物的价款中列明的下列税收、费用，不计入该货物的完税价格：

①厂房、机械、设备等货物进口后进行建设、安装、装配、维修和技术服务的费用；

②进口货物运抵境内输入地点起卸后的运输及其相关费用、保险费；

③进口关税及国内税收。

3.其他进口方式关税完税价格的审定方法

（1）以租赁方式进口的货物，以海关审查确定的该货物的租金作为完税价格。

（2）运往境外加工的货物，出境时已向海关报明并在海关规定的期限内复运进境的，应当以境外加工费和料件费以及复运进境的运输及其相关费用和保险费审查确定完税价格。

（3）运往境外修理的机械器具、运输工具或者其他货物，出境时已向海关报明并在海关规定的期限内复运进境的，应当以境外修理费和料件费审查确定完税价格。

四、进口货物海关代征增值税的计算方法

纳税人进口货物应缴纳的增值税，既不采用一般计税法，也不采用简易征收法。根据《中华人民共和国增值税暂行条例》的规定，纳税人进口货物应缴纳的增值税由海关代征。海关依照进口货物的组成计税价格和增值税税率计算应代征的增值税，不得抵扣发生在境外的各种税金。海关代征的进口货物增值税按以下公式计算：

海关代征进口环节增值税=组成计税价格×增值税税率

公式中的组成计税价格，由海关根据进口货物的关税完税价格加进口关税审定。组成计税价格按以下公式计算：

组成计税价格=关税完税价格+进口关税

纳税人进口货物由海关代征的进口环节增值税，属于准予抵扣的增值税进项税额。

【例1-13】某进出口公司（一般纳税人）2018年5月从某国进口货物一批，支付货物的价款为900 000美元、包装费9 000美元、运费50 000美元、保险费2 000美元、手续费1 000美元。该批进口货物的关税税率为20%，增值税税率为10%，报关当日中国人民银行公布的市场汇价（美元与人民币的比价）为1∶6.5。计算海关征收的进口关税及代征进口环节增值税。

计算如下：

关税完税价格=（900 000+9 000+50 000+2 000+1 000）×6.5=6 253 000（元）

进口关税=6 253 000×20%=1 250 600（元）

组成计税价格=6 253 000+1 250 600=7 503 600（元）

海关代征进口环节增值税=7 503 600×10%=750 360 （元）

第七节　增值税进项税额的抵扣制度

增值税一般纳税人采用一般计税方法计算增值税应纳税额，要合理地计算增值税进项税额。增值税进项税额抵扣制度的内容，主要包括进项税额的抵扣范围、进项税额的抵扣凭证和购买农产品进项税额抵扣办法。

一、增值税进项税额的抵扣范围与抵扣凭证

（一）增值税进项税额的抵扣范围

增值税进项税额的抵扣范围，可以从以下三个方面来分析：

1.从应税行为方面分析

（1）增值税一般纳税人为销售货物，提供加工、修理修配劳务，销售应税服务、无形资产或不动产等行为而发生的外购货物、劳务、服务、无形资产或不动产所支付或承担的增值税（进项税额），准予从销项税额中抵扣。

（2）增值税一般纳税人进口货物由海关代征的增值税，准予从销项税额中抵扣。

（3）增值税一般纳税人购买农产品按规定扣除率计算的进项税额，准予从销项税额中抵扣。

2.从外购项目用途方面分析

（1）增值税一般纳税人外购货物、劳务、服务、无形资产或不动产用于免税项目、集体福利或者个人消费（包括纳税人交际应酬费）的，所发生的进项税额不得从销项税额中抵扣。

（2）增值税一般纳税人购进客运服务、餐饮服务、居民日常服务和娱乐服务发生的进项税额不得抵扣。这是因为，客运服务、餐饮服务、居民日常服务和娱乐服务的主要接受对象是个人，而一般纳税人购买这些服务难以准确地界定接受劳务的对象是企业还是个人，所以其进项税额不得抵扣。

（3）增值税一般纳税人接受贷款服务不得抵扣进项税额。因为国家规定存款利息收入不征收增值税，因而接受贷款服务的纳税人没有可抵扣的进项税额。

3.从计税方法方面分析

（1）适用一般计税方法的纳税人可以抵扣进项税额，具体是指适用一般计税方法的增值税一般纳税人可以抵扣增值税进项税额。

（2）适用简易方法计税的纳税人不得抵扣增值税进项税额。其具体包括两类纳税人：一类是增值税小规模纳税人不得抵扣增值税进项税额；另一类是依照规定选择按照简易方法计税的增值税一般纳税人不得抵扣增值税进项税额。

（二）增值税进项税额的抵扣凭证

增值税一般纳税人准予从销项税额中抵扣的进项税额，必须取得合法扣税凭证。纳税人未取得合法扣税凭证或者取得的增值税扣税凭证不符合法律、法规或有关规定的，其进项税额不得抵扣。增值税合法扣税凭证包括以下四种类型：

1.增值税专用发票

增值税一般纳税人购进货物，接受加工、修理修配劳务，购进服务、无形资产或不动产，以取得的增值税专用发票为合法扣税凭证，并以专用发票上注明的增值税税额作为允许抵扣的进项税额。

2.进口增值税专用缴款书

增值税一般纳税人进口货物，应缴纳进口环节增值税由海关代征，并开具进口增值税专用缴款书。纳税人以取得的海关出具的进口增值税专用缴款书为合法扣税凭证，并以专用缴款书上注明的增值税税额作为允许抵扣的进项税额。

3.购进农产品的扣税凭证

（1）纳税人从一般纳税人处购进农产品，以取得一般纳税人开具的增值税专用发票为扣税凭证，并以专用发票上注明的增值税税额为允许抵扣的进项税额。

（2）纳税人从小规模纳税人处购进农产品，取得由税务机关代开的增值税专用发票（按简易方法和3%征收率计税）的，以增值税专用发票为扣税凭证。

（3）纳税人收购农业生产者自产的免税农产品，以取得的农产品销售发票或开具的收购发票为扣税凭证，并按销售发票或收购发票上注明的农产品买价和扣除率计算允许抵扣的进项税额。

4.其他增值税完税凭证

增值税一般纳税人从境外单位或个人处购进服务、无形资产或不动产，以从税务机关或者扣缴义务人取得的解缴税款的完税凭证为合法扣税凭证，并以该凭证上注明的增值税税额为准予抵扣的进项税额。纳税人凭完税凭证抵扣进项税额的，应具备书面合同、付款证明和境外单位的对账单或者发票。资料不齐的，不允许抵扣进项税额。

二、购买农产品进项税额抵扣办法

（一）购买已税农产品准予抵扣的进项税额的计算

（1）一般纳税人购买已税农产品，并取得增值税专用发票的，以增值税专用发票上注明的增值税税额为允许抵扣的进项税额。

（2）一般纳税人购买已税农产品，并取得增值税普通发票的，应将含税销售额换算为不含税销售额，再按10%的扣除率计算准予抵扣的进项税额。计算公式如下：

准予抵扣的进项税额=发票上注明的含税销售额÷（1+3%）×10%

（3）一般纳税人从小规模纳税人处购进已税农产品，取得由税务机关代开的增值税专用发票（按简易方法和3%征收率计税）的，按专用发票上注明的金额和扣除率计算允许抵扣的进项税额。

【例1-14】某肉制品加工企业（一般纳税人）2018年5月10日购进分割猪肉10吨，含税单价2.06万元/吨，银行转账支付，销售方是小规模纳税人，申请税务局代开了增值税专用发票。该肉制品加工企业购进农产品准予抵扣的进项税额计算如下：

准予抵扣的进项税额=10×2.06÷（1+3%）×10%=2（万元）

（二）收购免税农产品准予抵扣进项税额的计算

（1）纳税人收购农业生产者销售的自产农产品，以收购免税农产品的买价为计税依据和10%的扣除率计算准予抵扣的进项税额。计算公式如下：

收购免税农产品准予抵扣的进项税额=农产品买价×扣除率（10%）

所称买价是指纳税人购买农产品的收购发票或者销售发票上注明的价款。

①农产品销售发票，是指纳税人从农民专业合作社购进免税农业产品，取得农民专业合作社开具的普通发票（农民专业合作社的增值税一般纳税人销售免税产品，也必须开具普通发票）。

②农产品收购发票，是指纳税人向农业生产者个人购买自产农产品时，向主管国税机关申请领用，并向农业生产者个人开具的收购发票（由买方开具的普通发票）。

（2）根据财政部、税务总局《关于调整增值税税率的通知》（财税〔2018〕32号）第三条的规定，纳税人购进用于生产销售或委托加工16%税率货物的农产品，按照12%的扣除率计算进项税额。计算公式如下：

准予抵扣的进项税额=农产品买价×扣除率（12%）

（三）收购免税烟叶准予抵扣进项税额的计算

农业生产者销售的自产农产品烟叶（包括烤烟叶、晾晒烟叶）免征增值税。纳税人收购农业生产者销售的自产农产品烟叶，以烟叶收购发票或者销售发票上注明的价款加上烟叶税为计算依据，按10%的扣除率计算准予抵扣的进项税额。计算公式如下：

收购免税烟叶准予抵扣的进项税额=（烟叶买价+烟叶税）×扣除率（10%）

公式中的烟叶买价，是指纳税人收购免税烟叶开具的烟叶收购发票或者取得的烟叶销售发票上注明的价款。

公式中的烟叶税，是指向烟叶收购单位征收的一种税。烟叶收购单位是指在中华人民共和国境内，依照《中华人民共和国烟草专卖法》的规定收购烟叶的单位。根据《中华人民共和国烟草专卖法实施条例》的规定，烟叶由烟草公司或其委托单位依法统一收购。烟草公司或其委托单位根据需要，可以在国家下达烟叶收购计划的地区设立烟叶收购站（点）收购烟叶。设立烟叶收购站（点），应当经设区的市级烟草专卖行政主管部门批准。未经批准，任何单位和个人不得收购烟叶。

我国自2006年1月1日起废止农业税后，原来对烟叶征收农业特产农业税失去了法律依据。2006年4月28日，国务院公布了《中华人民共和国烟叶税暂行条例》，对在中华人民共和国境内依照《中华人民共和国烟草专卖法》的规定收购烟叶的单位征收烟叶税。2017年12月27日，中华人民共和国第十二届全国人民代表大会常务委员会第三十一次会议通过《中华人民共和国烟叶税法》，自2018年7月1日起施行，2006年4月28日国务院公布的《中华人民共和国烟叶税暂行条例》同时废止。《中华人民共和国烟叶税法》的主要内容如下：

1.烟叶税的征税范围

根据《中华人民共和国烟叶税法》的规定，在中华人民共和国境内，依照《中华人民共和国烟草专卖法》的规定收购烟叶的单位为烟叶税的纳税人。根据《中华人民共和国烟草专卖法》的规定，烟叶由烟草公司或者其委托单位按照国家规定的收购标准、价格统一收购，其他单位和个人不得收购。所称烟叶，是指烤烟叶、晾晒烟叶。

2.烟叶税的计税依据与税率

（1）烟叶税的计税依据：根据《中华人民共和国烟叶税法》的规定，烟叶税以纳税人收购烟叶实际支付的价款总额为计税依据。

（2）烟叶税的税率：烟叶税实行比例税率，税率为20%。

3.烟叶税应纳税额的计算

烟叶税的应纳税额，按照纳税人收购烟叶实际支付的价款总额乘以税率计算。计算公式如下：

烟叶税的应纳税额=收购烟叶实际支付的价款总额×税率（20%）

纳税人应当向烟叶收购地的主管税务机关申报缴纳烟叶税。烟叶税的纳税义务发生时间为纳税人收购烟叶的当日。烟叶税按月计征，纳税人应当于纳税义务发生月终了之日起十五日内申报并缴纳税款。

（四）农产品进项税额核定扣除办法

为调整和完善农产品增值税抵扣机制，经国务院批准，决定在部分行业开展增值税进项税额核定扣除试点。农产品是指列入《农业产品征税范围注释》（财税字〔1995〕52号）的初级农业产品。

1.农产品增值税进项税额核定扣除办法的试行范围

根据财政部、国家税务总局《关于在部分行业试行农产品增值税进项税额核定扣除办法的通知》（财税〔2012〕38号）的规定，自2012年7月1日起，以购进农产品为原料生产销售液体乳及乳制品、酒及酒精、植物油的增值税一般纳税人，纳入农产品增值税进项税额核定扣除试点范围，其购进农产品无论是否用于生产上述产品，增值税进项税额均按照《农产品增值税进项税额核定扣除试点实施办法》的规定抵扣。

试点纳税人购进农产品不再凭增值税扣税凭证抵扣增值税进项税额，购进除农产品以外的货物、应税劳务和应税服务，增值税进项税额仍按现行有关规定抵扣。

2.农产品增值税进项税额核定方法的具体内容

（1）试点纳税人以购进农产品为原料生产货物的，农产品增值税进项税额可按照投入产出法、成本法或参照法核定。

①投入产出法：参照国家标准、行业标准（包括行业公认标准和行业平均耗用值）确定销售单位数量货物耗用外购农产品的数量（以下简称“农产品单耗数量”）。

当期允许抵扣农产品增值税进项税额依据农产品单耗数量、当期销售货物数量、农产品平均购买单价（含税，下同）和农产品增值税进项税额扣除率（以下简称“扣除率”）计算。计算公式为：

$$\text{当期允许抵扣农产品增值税进项税额}=\text{当期农产品耗用数量}\times\text{农产品平均购买单价}\times\text{扣除率}\div(1+\text{扣除率})$$

上述公式中：

当期农产品耗用数量，按当期销售货物数量（不含采购除农产品以外的半成品生产的货物数量）和农产品单耗数量计算。计算公式如下：

$$\text{当期农产品耗用数量}=\text{当期销售货物数量}\times\text{农产品单耗数量}$$

农产品单耗数量，是指按照国家标准、行业标准（包括行业公认标准和平均耗用值）确定的销售单位数量货物耗用外购农产品的数量。全国统一的部分液体乳及乳制品扣除标准见表1-3。

表1-3　　　　全国统一的部分液体乳及乳制品扣除标准表

产品类型＼扣除标准	原乳单耗数量（吨）
超高温灭菌牛乳（每吨）	1.068
超高温灭菌牛乳（蛋白质含量≥3.3%）（每吨）	1.124
巴氏杀菌牛乳（每吨）	1.055
巴氏杀菌牛乳（蛋白质含量≥3.3%）（每吨）	1.196
超高温灭菌羊乳（每吨）	1.023
巴氏杀菌羊乳（每吨）	1.062

农产品平均购买单价，是指农产品期末平均买价，不包括买价之外单独支付的运费和入库前的整理费用。期末平均买价计算公式如下：

$$\text{期末平均买价}=(\text{期初库存农产品数量}\times\text{期初平均买价}+\text{当期购买农产品数量}\times\text{当期买价})\div(\text{期初库存农产品数量}+\text{当期购买农产品数量})$$

期初没有库存农产品，当期也未购进农产品，期末平均买价按上期期末平均买价计算；上期期末没有平均买价，以此类推。

对以单一农产品为原料生产多种货物或者以多种农产品原料生产多种货物的，在核算当期农产品耗用数量和平均购买单价时，应依据合理的方法归集和分配。

农产品增值税进项税额扣除率为10%。

②成本法：它是指依据试点纳税人年度会计核算的当期主营业务成本、农产品耗用率和扣除率（10%）计算抵扣进项税额的方法。计算公式如下：

$$\text{当期允许抵扣农产品增值税进项税额}=\text{当期主营业务成本}\times\text{农产品耗用率}\times\text{扣除率}\div(1+\text{扣除率})$$

上述公式中：

农产品耗用率，是指试点纳税人上年农产品外购金额占上年生产成本总额的比重。农产品耗用率按以下公式计算：

$$\text{农产品耗用率}=\text{上年投入生产的农产品外购金额}\div\text{上年生产成本}\times100\%$$

农产品外购金额（含税）不包括不构成货物实体的农产品（包括包装物、辅助材料、燃料、低值易耗品等）和在购进农产品之外单独支付的运费、入库前的整理费用。

对以单一农产品原料生产多种货物或者多种农产品原料生产多种货物的，在核算当期主营业务成本以及核定农产品耗用率时，试点纳税人应依据合理的方法进行归集和分配。

农产品耗用率由试点纳税人向主管税务机关申请核定。年度终了，主管税务机关应根据试点纳税人本年实际对当年已抵扣的农产品增值税进项税额进行纳税调整，重新核定当年的农产品耗用率，并作为下一年度的农产品耗用率。

计算当期允许抵扣农产品增值税进项税额的扣除率为10%。

③参照法：新办的试点纳税人或者试点纳税人新增产品的，试点纳税人可参照所属行业或者生产结构相近的其他试点纳税人确定农产品单耗数量或者农产品耗用率。次年，试点纳税人向主管税务机关申请核定当期的农产品单耗数量或者农产品耗用率，并据此计算确定当年允许抵扣的农产品增值税进项税额，同时对上一年增值税进项税额进行调整。核定的进项税额超过实际抵扣增值税进项税额的，其差额部分可以结转下期继续抵扣；核定的进项税额低于实际抵扣增值税进项税额的，其差额部分应按现行增值税的有关规定将进项税额作转出处理。

（2）试点纳税人购进农产品用于生产经营且不构成货物实体的（包括包装物、辅助材料、燃料、低值易耗品等），增值税进项税额按照以下方法核定扣除：

$$\text{当期允许抵扣农产品增值税进项税额}=\text{当期耗用农产品数量}\times\text{农产品平均购买单价}\times10\%\div(1+10\%)$$

当期耗用农产品数量和平均购买单价的含义，与投入产出法中的规定相同。

（3）试点纳税人购进农产品直接销售的，农产品增值税进项税额按照以下方法核定扣除：

$$\text{当期允许抵扣农产品增值税进项税额}=\text{当期销售农产品数量}\div(1-\text{损耗率})\times\text{农产品平均购买单价}\times10\%\div(1+10\%)$$

公式中的损耗率是指农产品在采购或保存过程中发生的自然损耗数量占购进数量的比重。计算公式如下：

损耗率=损耗数量÷购进数量

3.试点纳税人的其他规定

（1）试点纳税人销售货物，应合并计算当期允许抵扣农产品增值税进项税额。

（2）试点纳税人购进农产品取得的农产品增值税专用发票和海关进口增值税专用缴款书，按照注明的金额及增值税税额一并记入成本科目；自行开具的农产品收购发票和取得的农产品销售发票，按照注明的买价直接计入成本。

三、购置不动产进项税额分期抵扣制度

根据国家税务总局关于《不动产进项税额分期抵扣暂行办法》（税务总局公告2016年第15号）的规定，不动产进项税额实行分期抵扣制度。其具体规定如下：

（1）自2016年5月1日起增值税一般纳税人取得并在会计制度上按固定资产核算的不动产，以及发生的不动产在建工程，其进项税额按照规定分2年从销项税额中抵扣：第一年抵扣比例为60%，第二年抵扣比例为40%。其具体是指：第一年在取得合法扣税凭证的当期抵扣进项税额的60%，剩于40%为待抵扣进项税额，从取得扣税凭证的当月起第13个月从销项税额中抵扣。

①取得的不动产，包括以直接购买、接受捐赠、接受投资入股及抵债等各种形式取得的不动产。

②不动产在建工程，是指正在建设尚未竣工投入使用的建设项目。纳税人新建、改建、扩建、修缮、装饰不动产，属于不动产在建工程。

（2）房地产开发企业自行开发的房地产项目，融资租入的不动产，以及在施工现场修建的临时建筑物、构筑物，其进项税额不适用上述分2年抵扣的规定。

（3）纳税人2016年5月1日后购进货物和设计服务、建筑服务，用于新建不动产，或者用于改建、扩建、修缮、装饰不动产并增加不动产原值超过50%的，其进项税额依照规定分2年从销项税额中抵扣，即第一年抵扣60%，从取得扣税凭证的当月起第13个月抵扣40%。

①上述分2年从销项税额中抵扣的购进货物，即用于新建不动产，或者用于改建、扩建、修缮、装饰不动产的购进货物，是指构成不动产实体的材料和设备，包括建筑装饰材料和给排水、采暖、卫生、通风、照明、通信、煤气、消防、中央空调、电梯、电气、智能化楼宇设备及配套设施。

②不动产原值，是指取得不动产时的购置原价或作价。

（4）购进时已全额抵扣进项税额的货物和服务，转用于不动产在建工程的，其已抵扣进项税额的40%部分，应于转用的当期从进项税额中扣减，计入待抵扣进项税额，并于转用的当月起第13个月从销项税额中抵扣。

（5）纳税人销售其取得的不动产或者不动产在建工程时，尚未抵扣完毕的待抵扣进项税额，允许于销售的当期从销项税额中抵扣。

四、增值税进项税额转出制度

（一）进项税额转出的适用范围

1.改变用途应转出进项税额

增值税一般纳税人已抵扣进项税额的购进货物、劳务、服务、无形资产或不动产改变用途的，包括已抵扣进项税额的购进货物、劳务、服务、无形资产或不动产，用于按简易征收方法计税项目、增值税免税项目、集体福利或个人消费（含纳税人的交际应酬费），纳税人应在改变用途当期将已抵扣的进项税额转出。

上述涉及改变用途的无形资产或不动产，仅指专用于按简易征收方法计税项目、增值税免税项目、集体福利项目的固定资产、无形资产或不动产。

2.发生非正常损失应转出进项税额

增值税一般纳税人已抵扣进项税额的购进货物、劳务、无形资产或不动产发生非正常损失，以及在产品、产成品发生非正常损失，已抵扣的进项税额应予转出。

非正常损失，是指因管理不善造成货物被盗、丢失、霉烂、变质的损失，以及因违反法律法规造成货物或者不动产被依法没收、销毁、拆除的损失。根据增值税制度的规定，增值税一般纳税人购进货物、劳务、服务，以及生产的在产品、产成品、不动产发生非正常损失，其进项税额不得抵扣，应按规定转出。

（二）改变用途应转出的进项税额的计算

1.购进货物、劳务、服务改变用途应转出进项税额的计算

（1）增值税一般纳税人已抵扣进项税额的购进货物（不含固定资产）、劳务、服务改变用途，按改变用途项目已抵扣进项税额的实际发生额从当期的进项税额中转出。例如，某企业（一般纳税人）某月将已抵扣进项税额的外购材料用于生产免税货物。已知改变用途项目已抵扣进项税额8 500元，则应按实际发生额8 500元从当期的进项税额中转出。

（2）增值税一般纳税人当期应转出的进项税额无法直接确定的，按当期改变用途项目的实际成本和增值税税率计算。计算公式如下：

转出进项税额=当期实际成本×适用税率

【例1-15】某生产企业（增值税一般纳税人）2018年8月将已抵扣进项税额的外购材料用于生产增值税免税产品，纳税人当期应转出的进项税额无法直接确定。已知该批材料的实际成本为700 000元，增值税税率为16%。计算应转出的进项税额。

计算如下：

转出进项税额=700 000×16%=112 000（元）

（3）如果增值税一般纳税人兼营按简易征收方法计税项目、免税项目而无法划分不得抵扣的进项税额，按照下列公式计算不得抵扣的进项税额（应转出的进项税额）：

$$\text{不得抵扣的进项税额}=\text{当期无法划分的全部进项税额}\times(\text{按简易征收法计税销售额}+\text{免税销售额})\div\text{当期全部销售额}$$

当期全部销售额，是纳税人当期取得的按一般计税法计税的销售额、按简易征收方法计税的销售额和免税销售额的合计金额。

【例1-16】某企业为增值税一般纳税人，2018年8月销售生产的货物一批，开具增值税专用发票上注明的销售额为800 000元，销售免税产品开具增值税普通发票上注明的销售额为200 000元。当期发生无法划分的全部进项税额为700 000元。计算该企业本期不得抵扣进项税额。

计算如下：

不得抵扣进项税额=700 000×［200 000÷（800 000+200 000）］=140 000（元）

2.购进固定资产、无形资产或不动产改变用途应转出进项税额的计算

增值税一般纳税人将购进的固定资产、无形资产或不动产改变用途，已抵扣的进项税额按规定应予转出。应转出的不得抵扣的进项税额按以下公式计算：

不得抵扣的进项税额=改变用途的固定资产、无形资产或不动产净值×适用税率

固定资产是指适用年限超过12个月的机器、机械、运输工具及其他与生产经

营有关的设备、工具、器具等有形动产。

固定资产、无形资产或不动产净值，是指纳税人根据财务会计制度规定计提折旧或摊销后的余额。净值按以下公式计算：

净值=原值-累计折旧或摊销额

公式中的固定资产原值为账面价值。

【例1-17】 某企业为增值税一般纳税人，2018年10月将已抵扣进项税额的外购A设备专用于生产免税货物。已知该设备的账面价值为80 000元，已累计提取折旧8 000元。计算应转出的进项税额。

计算如下：

设备净值=80 000-8 000=72 000（元）

应转出进项税额=72 000×16%=11 520（元）

如果将不得抵扣且未抵扣进项税额的固定资产、无形资产或不动产用于允许抵扣进项税额的应税项目，可在改变用途的次月按照下列公式计算可以抵扣的进项税额：

可抵扣进项税额=固定资产、无形资产或不动产净值÷（1+适用税率）×适用税率

【例1-18】 某企业为增值税一般纳税人，2018年10月将半年前购入专项用于生产免税货物的B设备改用于生产应税货物。已知该设备账面记载的原值为246 000元，已计提折旧12 000元，该设备适用税率为16%。计算可以抵扣的进项税额。

计算如下：

设备净值=246 000-12 000=234 000（元）

可抵扣进项税额=234 000÷（1+16%）×16%≈32 275（元）

（三）发生非正常损失应转出进项税额的计算

1.外购货物发生非正常损失应转出进项税额的计算

增值税一般纳税人的外购货物发生非正常损失，其外购货物以及相关的加工、修理修配劳务和运输服务的进项税额不得抵扣，应按其损失的实际成本和适用税率计算应转出的进项税额。计算公式如下：

应转出进项税额=损失的实际成本×适用税率

【例1-19】 某企业为增值税一般纳税人，2018年10月部分外购原材料因霉烂变质发生非正常损失，损失的实际成本为40 000元（含分摊的运费800元），原材料适用税率为16%，运费适用税率为10%。计算应转出的进项税额。

计算如下：

原材料转出进项税额=（40 000-800）×16%=6 272（元）

相关运费转出进项税额=800×10%=80（元）

转出进项税额合计=6 272+80=6 352（元）

2.在产品、产成品发生非正常损失应转出进项税额的计算

增值税一般纳税人的在产品、产成品发生非正常损失，应按其损失的实际成本和适用税率计算应转出的进项税额，包括非正常损失的在产品、产成品所耗用的购进货物以及相关的加工、修理修配劳务和运输服务的进项税额。发生非正常损失的在产品、产成品，应转出进项税额按以下公式计算：

应转出进项税额=发生非正常损失的在产品、产成品的实际成本×适用税率

发生非正常损失的在产品、产成品的实际成本，可以按照在产品、产成品的损失金额和生产成本物耗率来计算。计算公式如下：

发生非正常损失的在产品、产成品的实际成本=在产品、产成品的损失金额×生产成本物耗率×适用税率

公式中的生产成本物耗率，是指年度耗用货物金额占年度生产成本总额的比重，计算公式如下：

生产成本物耗率=年度耗用货物金额÷年度生产成本总额

【例1-20】某化工企业为增值税一般纳税人，2018年10月因管理不善使部分在产品发生毁损，损失金额为60 000元。已知年度耗用货物金额为700 000元，年度生产成本总额为1 000 000元。计算应转出的进项税额。

计算如下：

生产成本物耗率=700 000÷1 000 000=0.7

应转出进项税额=60 000×0.7×16%=6 720（元）

3.不动产发生非正常损失或改变用途应转出进项税额的计算

增值税一般纳税人已抵扣进项税额的不动产或不动产在建工程（包括新建、改建、扩建、修缮、装饰）发生非正常损失，或者改变用途，专用于简易计税方法计税项目、免征增值税项目、集体福利或者个人消费的，其所耗用的购进货物以及相关的设计服务和建筑服务的进项税额不得抵扣，应在发生非正常损失的当期或改变用途的当期转出。转出不得抵扣的进项税额按以下公式计算：

不得抵扣的进项税额=（已抵扣进项税额+待抵扣进项税额）×不动产净值率

不动产净值率是指不动产净值占不动产原值的比重。计算公式如下：

不动产净值率=不动产净值÷不动产原值×100%

不得抵扣的进项税额按以下方法进行处理：

（1）若不得抵扣的进项税额小于或等于该不动产已抵扣的进项税额，应于该不动产发生非正常损失或改变用途的当期将不得抵扣的进项税额从进项税额中扣减（进项税额转出）。

（2）如果不得抵扣的进项税额大于该不动产已抵扣的进项税额，应于不动产发生非正常损失或改变用途的当期将已抵扣进项税额从进项税额中扣减（进项税额转出），并从该不动产待抵扣进项税额中扣减不得抵扣进项税额与已抵扣进项税额的差额。

【例1-21】某企业为增值税一般纳税人，2019年1月份购置厂房一栋，取得增值税专用发票上注明的价款为500万元，增值税税额为80万元。购置当期已抵扣进项税额48万元（80×60%），待抵扣进项税额为32万元。2019年10月份将该厂房专用于增值税免税项目，已知10月份该项不动产的净值480万元。计算该企业将购置厂房改变用途不得抵扣的进项税额。

计算如下：

不动产净值率=4 800 000÷5 000 000×100%=96%

不得抵扣的进项税额=（48+32）×96%=76.8（万元）

由于不得抵扣的进项税额（76.8万元）大于该不动产已抵扣的进项税额（48万元），首先，应将已抵扣的进项税额48万元从进项税额中扣减（转出）。其次，将不得抵扣进项税额与已抵扣进项税额的差额28.8万元（76.8−48），从待抵扣进项税额中冲减。同时，还应将该厂房的待抵扣进项税额账户余额3.2万元（32−28.8）转入当期进项税额。会计分录为：借记“应交税费——应交增值税（进项税额）”科目（32 000元），贷记“应交税费——待抵扣进项税额”科目（32 000元）。

第八节　房地产开发企业和建筑企业增值税计征方法

一、房地产开发企业增值税计征方法

根据国家税务总局发布的《房地产企业销售自行开发的房地产项目增值税征收管理暂行办法》的规定，房地产开发企业销售自行开发的房地产项目，以及房地产开发企业以接盘等形式购入未完工的房地产项目继续开发后以自己的名义立项销售的，均按规定计算缴纳增值税。以上所称自行开发，是指房地产开发企业在依法取得土地使用权的土地上继续基础设施和房屋建设。从事房地产开发的增值税一般纳税人和小规模纳税人分别按以下规定计算缴纳增值税：

（一）一般纳税人销售自行开发房地产新项目增值税计征方法

增值税一般纳税人销售自行开发的房地产新项目，即建筑工程施工许可证注明的合同开工日期在2016年4月30日之后的房地产项目，适用一般计税方法的，当

期增值税应纳税额按以下公式计算：

应纳税额=当期销售额×税率（10%）－当期允许抵扣的进项税额

（1）当期销售额是指当期取得的全部价款和价外费用扣除当期允许扣除的土地价款后的销售额。计算公式如下：

$$当期销售额=\left(\begin{matrix}当期取得的全部\\价款和价外费用\end{matrix}-当期允许扣除的土地价款\right)\div(1+10\%)$$

（2）当期允许扣除的土地价款，按照当期销售房地产项目建筑面积占房地产项目可供销售建筑面积的比重和支付的土地价款金额计算确定。计算公式如下：

$$\begin{matrix}当期允许扣除\\的土地价款\end{matrix}=\frac{当期销售房地产项目建筑面积}{房地产项目可供销售建筑面积}\times 支付的土地价款$$

允许从全部价款和价外费用中扣除土地价款的，应当取得省级以上（含省级）财政部门监（印）制的财政票据。扣除的土地价款不得超过纳税人实际支付的土地价款。

①当期销售房地产项目建筑面积，是指当期进行纳税申报的增值税销售额对应的建筑面积。

②房地产项目可供销售建筑面积，是指房地产项目可供销售的总建筑面积，不包括销售房地产项目时未单独作价结算的配套公共设施的建筑面积。

③支付的土地价款，是指向政府、土地管理部门或受政府委托收取土地价款的单位直接支付的土地价款。

（3）当期允许抵扣的进项税额，按照增值税进项税额抵扣制度的规定进行扣除。一般纳税人销售自行开发的房地产项目，兼有简易征收方法和免征增值税的房地产项目，而又无法划分不得抵扣进项税额的，应以“建筑工程施工许可证”注明的“建设规模”为依据进行划分。不得抵扣的进项税额按以下公式计算：

$$\begin{matrix}不得抵扣的\\进项税额\end{matrix}=\begin{matrix}当期无法划分的\\全部进项税额\end{matrix}\times\frac{简易计税和免税房地产项目的建设规模}{房地产项目总建设规模}$$

所称“建筑工程施工许可证”是建筑施工单位符合各种施工条件、允许开工的建设工程施工许可证，是建设单位进行工程施工的法律凭证，也是房屋权属登记的主要依据之一。“建筑工程施工许可证”注明的建设规模，是指项目可行性研究报告中规定的全部设计生产能力、效益或投资总规模，相关数据包括建筑面积、层数、层高、结构类型、使用用途、占地面积等。

（二）一般纳税人销售自行开发房地产老项目增值税计征方法

增值税一般纳税人销售自行开发的房地产老项目，可以选择适用简易计税方法计税，以取得的全部价款和价外费用为销售额（不得扣除对应的土地价款），按照5%的征收率计算增值税应纳税额。计算公式如下：

销售额=当期取得的全部价款和价外费用÷（1+5%）

应纳税额=销售额×征收率（5%）

所称房地产老项目，是指“建筑工程施工许可证”注明的合同开工日期在2016年4月30日前的房地产项目。

（三）小规模纳税人销售自行开发房地产项目增值税计征方法

小规模纳税人销售自行开发房地产项目，以取得的全部价款和价外费用为销售额（不得扣除对应的土地价款），按照5%的征收率计算增值税应纳税额。计算公式如下：

应纳税额=销售额×征收率（5%）

销售额以取得的全部价款和价外费用与5%的征收率换算。换算公式如下：

销售额=当期取得的全部价款和价外费用÷（1+5%）

【例1-22】B房地产开发公司为增值税小规模纳税人，2018年3月销售自行开发的商品房取得全部价款73.5万元，收取优先选房费1.05万元，均开具增值税普通发票。计算应缴纳的增值税。计算如下：

应纳税额=（73.5+1.05）÷（1+5%）×5%=3.55（万元）

（四）以预收款方式销售自行开发项目预缴增值税方法

1.一般纳税人以预收款方式销售自行开发项目预缴增值税方法

房地产开发企业中的增值税一般纳税人采取预收款方式销售自行开发的房地产项目，应在收到预收款时按照3%的预征率预缴增值税。应预缴税款按以下公式计算：

应预缴税款=预收款÷（1+适用税率或征收率）×预征率（3%）

适用一般计税方法的，适用税率为10%；适用简易征收方法的，征收率为5%。

【例1-23】A房地产开发公司为增值税一般纳税人，2018年5月10日采用预收款方式销售住房5套，收取款项550万元。按照规定，该纳税人应在取得预收款的次月纳税申报期内向主管国税机关预缴税款。要求计算应预缴税额的金额。

计算如下：

应预缴税款=550÷（1+10%）×3%=500×3%=15（万元）

2.小规模纳税人以预收款方式销售自行开发项目预缴增值税方法

房地产开发企业中的小规模纳税人采取预收款方式销售自行开发的房地产项目，应在收到预收款时，按照3%的预征率预缴增值税。应预缴税款按以下公式计算：

预缴税款=预收款÷（1+5%）×预征率（3%）

小规模纳税人应在取得预收款的次月纳税申报期或主管国税机关核定的纳税期限内向主管税务机关预缴税款。

二、建筑企业以清包工等方式提供建筑服务增值税计征方法

（一）建筑企业以清包工方式提供建筑服务增值税计征方法

以清包工方式提供建筑服务，是指建筑企业（施工方）不采购建筑工程所需材料或只采购辅助材料，并收取人工费、管理费或者其他费用的建筑服务。

根据政策的规定，一般纳税人以清包工方式提供建筑服务取得的全部价款和价外收入，可以选择简易征收方法和3%的征收率计算增值税应纳税额。计算公式如下：

应纳税额=含税销售额÷（1+3%）×3%

（二）建筑企业为甲供工程提供建筑服务增值税计征方法

一般纳税人为甲供工程提供建筑服务取得的全部价款和价外收入，可以选择按简易征收方法和3%的征收率计算增值税应纳税额。计算公式如下：

应纳税额=含税销售额÷（1+3%）×3%

甲供工程是指全部或部分设备、材料、动力由工程发包方（甲方）自行采购的建筑工程，即建筑工程所需的全部或部分设备、材料、动力原材料由基本建设单位提供，施工单位（乙方）仅提供建筑劳务的工程。

根据国家税务总局2017年第11号公告的规定，一般纳税人销售电梯的同时提供安装服务不适用混合销售的规定，其安装服务视同为甲供工程提供建筑服务，按照简易征收方法和3%的征收率计算增值税应纳税额。计算公式如下：

应纳税额=电梯安装取得的含税销售额÷（1+3%）×3%

（三）为房屋建筑的地基与基础、主体结构提供工程服务增值税计征方法

根据财政部、税务总局《关于建筑服务等营改增试点政策的通知》（财税〔2017〕58号）的规定，建筑工程总承包单位为房屋建筑的地基与基础、主体结构提供工程服务，建设单位自行采购全部或部分钢材、混凝土、砌体材料、预制构件的，适用简易方法计税。计算公式如下：

应纳税额=含税销售额÷（1+3%）×3%

地基与基础、主体结构的范围，按照《建筑工程施工质量验收统一标准》（GB50300-2013）附录B《建筑工程的分部工程、分项工程划分》中的“地基与基础”“主体结构”分部工程的范围执行。

三、建筑企业跨地区提供建筑服务增值税的征收与预缴方法

根据国家税务总局制定的《纳税人跨县（市、区）提供建筑服务增值税征收管理暂行办法》（国家税务总局公告2016年第17号）的规定，纳税人跨县（市、区）提供建筑服务的，应按财税〔2016〕36号文规定的纳税义务发生时间和计税方法，向建筑服务发生地的主管税务机关预缴税款，向机构所在地主管税务机关申报纳

税。跨县（市、区）提供建筑服务，是指纳税人在其机构所在地以外的县（市、区）提供建筑服务。跨县（市、区）提供建筑服务的纳税人包括单位和个体工商户，不含其他个人。纳税人在同一直辖市、计划单列市范围内跨县（市、区）提供建筑服务，由直辖市、计划单列市国家税务局决定是否适用《纳税人跨县（市、区）提供建筑服务增值税征收管理暂行办法》。

（一）一般纳税人跨县（市、区）提供建筑服务增值税征收与预缴方法

1.一般纳税人跨县（市、区）提供建筑服务增值税征收方法

一般纳税人跨县（市、区）提供建筑服务，选择适用简易征收方法计税的，应以取得的全部价款和价外费用扣除支付的分包工程款后的余额为销售额，按照3%的征收率计算应纳税额。计算公式如下：

应纳税额=（全部价款和价外费用−分包款）÷（1+3%）×3%

2.一般纳税人跨县（市、区）提供建筑服务预缴增值税方法

（1）一般纳税人跨县（市、区）提供建筑服务，适用一般计税方法的，以取得的全部价款和价外费用扣除支付分包工程款后的余额为依据，按2%的预征率计算预缴增值税。应预缴税款的计算公式如下：

预缴税额=（全部价款和价外费用−支付分包工程款）÷（1+10%）×2%（预征率）

（2）一般纳税人跨县（市、区）提供建筑服务，适用简易征收方法计税的，以取得的全部价款和价外费用扣除支付分包工程款后的余额为依据，按3%的征收率计算应预缴的税款。计算公式如下：

预缴税额=（全部价款和价外费用−支付分包工程款）÷（1+3%）×3%（征收率）

（二）小规模纳税人跨县（市、区）提供建筑服务预缴增值税方法

小规模纳税人跨县（市、区）提供建筑服务，以取得的全部价款和价外费用扣除支付分包工程款后的余额为依据，按3%的征收率计算应预缴的税额。计算公式如下：

应预缴税额=（全部价款和价外费用−支付分包工程款）÷（1+3%）×3%（征收率）

一般纳税人或小规模纳税人跨县（市、区）提供建筑服务取得的全部价款和价外费用扣除支付分包工程款后的余额为负数的，可结转下次预缴税额时继续扣除。纳税人支付的分包工程款应当取得符合法律、行政法规和国家税务总局规定的合法有效凭证，否则不得扣除。

纳税人跨县（市、区）提供建筑服务，应按照工程项目分别计算应预缴税额，并分别向建筑服务发生地的主管税务机关预缴税款。纳税人跨县（市、区）提供建筑服务向机构所在地主管税务机关申报纳税时，已向建筑服务发生地的主管税务机

12月31日未享受满3年的，可继续享受至3年期满为止。扣减税额标准为每人每年4 000元，最高可上浮50%，各省、自治区、直辖市人民政府可根据本地区实际情况在此幅度内确定具体定额标准，并报财政部和税务总局备案。

享受扣减限额优惠的企业，应当按照招用人数和签订劳动合同时间核定企业实际的扣减税额总额，每月依次扣减增值税、城市维护建设税、教育费附加和地方教育附加。纳税人实际应缴纳的增值税、城市维护建设税、教育费附加和地方教育附加小于核定的扣减税额总额的，以实际应缴纳税费额为限；实际应缴税费额大于核定的扣减税额总额时，以核定的扣减税额总额为限。核定的扣减税额总额按以下步骤和方法计算：

第一步，计算每名自主就业退役士兵本年度在本企业工作月份合计数。计算公式如下：

本年度工作月数合计数=∑ 每名自主就业退役士兵本年度在本企业工作月份

第二步，将计算的每名自主就业退役士兵本年度在本企业工作月份合计数折算为满12个月的工作人数。计算公式如下：

满12个月的工作人数=本年度工作月数合计数÷12

第三步，计算企业扣减税额总额。计算公式如下：

企业扣减税额总额=满12个月的工作人数×年扣减税额标准

如果企业招用的自主就业退役士兵既适用财税〔2017〕46号文件规定的税收优惠政策，又适用其他扶持就业的专项税收优惠政策，企业可选择适用最优惠的政策，但不能重复享受。

以上所称商贸企业，是指设有商品营业场所、柜台、网络店铺，不自产商品、直接面向最终消费者的企业，包括直接从事综合商品销售的百货商场、超级市场、零售商店等。所称服务型企业，是指从事不动产租赁服务、商务辅助服务（不含货物运输代理和代理报关服务）、生活服务（不含文化体育服务）的企业以及按照《民办非企业单位登记管理暂行条例》登记成立的民办非企业单位。所称劳动就业服务企业，是指承担安置城镇待业人员任务，由国家和社会扶持，进行生产经营自救的股份合作制、集体所有制经济组织。国家对劳动就业服务企业实行扶持政策，鼓励社会各方面依法扶持兴办各种形式的劳动就业服务企业。

（三）支持重点群体创业就业扣减增值税政策

根据财政部、税务总局和人力资源和社会保障部联合发布的《关于继续实施支持和促进重点群体创业就业有关税收政策的通知》（财税〔2017〕49号）的规定，为支持和促进重点群体创业就业，特制定以下政策：

(1) 对持“就业创业证”或“就业失业登记证”的人员从事个体经营的，自2017年1月1日至2019年12月31日，在3年内按每户每年8 000元为限额依次扣减其当年实际应缴纳的增值税、城市维护建设税、教育费附加、地方教育附加和个人所得税。限额标准最高可上浮20%，各省、自治区、直辖市人民政府可根据本地区实际情况在此幅度内确定具体限额标准，并报财政部和国家税务总局备案。纳税人年度应缴纳税款小于上述扣减限额的，以其实际缴纳的税款为限；大于上述扣减限额的，以上述扣减限额为限。

上述所称重点群体人员包括下列人员：

①在人力资源和社会保障部门公共就业服务机构登记失业半年以上的人员；

②零就业家庭、享受城市居民最低生活保障家庭劳动年龄内的登记失业人员；

③应届高校毕业生，包括实施高等学历教育的普通高等学校、成人高等学校应届毕业生。

（2）对商贸企业、服务型企业、劳动就业服务企业中的加工型企业和街道社区具有加工性质的小型企业实体，在新增加的岗位中，当年新招用在人力资源和社会保障部门公共就业服务机构登记失业半年以上且持"就业创业证"或"就业失业登记证"人员，与其签订1年以上期限劳动合同并依法缴纳社会保险费的，在3年内按实际招用人数予以定额依次扣减增值税、城市维护建设税、教育费附加、地方教育附加和企业所得税优惠。当年扣减不完的，不得结转下年使用。优惠政策在2019年12月31日未享受满3年的，可继续享受至3年期满为止。定额标准为每人每年4 000元，最高可上浮30%，各省、自治区、直辖市人民政府可根据本地区实际情况在此幅度内确定具体定额标准，并报财政部和国家税务总局备案。

三、资源综合利用产品和劳务增值税即征即退政策

即征即退政策是指税务机关将应征的增值税征收入库后，将部分或全部税款即时退还给纳税人的一种税收优惠。其实质是一种特殊方式的免税和减税。即征即退与先征后退都是先缴税后退税，只是先征后退的时间滞后一些。我国对资源综合利用产品和劳务实行增值税即征即退政策。

（一）增值税即征即退政策的适用范围与条件

1.增值税即征即退政策的适用范围

根据财政部、国家税务总局《关于〈资源综合利用产品和劳务增值税优惠目录〉的通知》（财税〔2015〕78号），纳税人销售自产的资源综合利用产品和提供资源综合利用劳务符合《资源综合利用产品和劳务增值税优惠目录》规定的，享受增值税即征即退政策。资源综合利用是指在矿产资源开采过程中对共生、伴生矿进行综合开发与合理利用；对生产过程中产生的废渣、废水（液）、废气、余热、余压等进行回收和合理利用；对社会生产和消费过程中产生的各种废物进行回收和再生利用。

财政部、国家税务总局《关于〈资源综合利用产品和劳务增值税优惠目录〉的通知》，列举了六大类资源综合利用产品和四大类资源综合利用劳务。其中，六大类资源综合利用产品包括：①共生矿、伴生矿产资源综合利用产品；②废渣资源综合利用产品；③废水资源综合利用产品；④废气资源综合利用产品；⑤再生资源综合利用产品；⑥农林剩余物及其他类资源综合利用产品等。四大类资源综合利用劳务包括：①纳税人提供的垃圾处理劳务；②纳税人提供的污泥处理处置劳务；③纳税人提供的污水处理劳务；④纳税人提供的工业废气处理劳务等。

2.适用增值税即征即退政策应满足的条件

纳税人从事《资源综合利用产品和劳务增值税优惠目录》所列的资源综合利用项目申请享受增值税即征即退政策时，应同时符合下列条件：

（1）销售综合利用产品和劳务的纳税人属于增值税一般纳税人。

（2）销售综合利用产品和劳务不属于国家发展改革委《产业结构调整指导目录》中的禁止类、限制类项目。

（3）销售综合利用产品和劳务不属于环境保护部《环境保护综合名录》中的“高污染、高环境风险”产品或者重污染工艺。

（4）综合利用的资源属于环境保护部《国家危险废物名录》列明的危险废物的，应当取得省级及以上环境保护部门颁发的“危险废物经营许可证”，且许可经营范围包括该危险废物的利用。

（5）销售综合利用产品和劳务纳税人的纳税信用等级不属于税务机关评定的C级或D级（应属于A级或B级）。

纳税人应当单独核算适用增值税即征即退政策的综合利用产品和劳务的销售额及应纳税额。未单独核算的，不得享受增值税即征即退政策。

（二）资源综合利用产品增值税即征即退的具体政策

1.销售共生矿、伴生矿资源综合利用产品增值税即征即退的具体政策

共生矿是指在同一成因、同一成矿阶段中形成的一组矿物，彼此互称为共生矿物。例如，橄榄岩中常见共生矿物有橄榄石、辉石、铬尖晶石等。如果矿物之间的成因不同、形成时间不同，就称为伴生矿物。伴生矿物只考虑空间上是否在一起，而不管彼此间在形成时间上和成因上是否有一定的联系。纳税人销售共、伴生矿产资源综合利用产品增值税即征即退的具体政策如下：

（1）以油母页岩为原料生产页岩油，产品原料95%以上来自所列资源的，增值税退税比例为70%。

页岩是一种沉积岩，成分复杂，但都具有薄页状或薄片层状的节理，主要是由黏土沉积、经压力和温度形成的岩石。油母页岩是页岩中的一种，可以提炼石油。

（2）以煤炭开采过程中产生的煤层气（煤矿瓦斯）为原料生产电力，产品燃料95%以上来自所列资源的，增值税退税比例为100%。

煤层气俗称“瓦斯”，是与煤伴生、共生的气体资源，储存在煤层中以甲烷为主要成分、以吸附在煤基质颗粒表面为主、部分游离于煤孔隙中或溶解于煤层水中的烃类气体。煤层气的热值是通用煤的2~5倍，属于优质洁净的能源和化工原料。

（3）纳税人以油田采油过程中产生的油污泥（浮渣）为原料生产乳化油调和剂、防水卷材辅料产品，产品原料70%以上来自所列资源的，增值税退税比例为70%。

油污泥是在石油开采、运输、炼制及含油污水处理过程中产生的含油固体废

物，其中还含有毒物质，若不加以处理，不仅造成资源的浪费，还污染环境。

2.废渣资源综合利用产品增值税即征即退的具体政策

废渣、废水、废气，简称“三废”，利用废渣、废水、废气生产的产品简称“三废产品”。其中废渣是指人类在生产、生活过程中排出、倾倒或投弃的固体废弃物，包括工业废渣、农业废渣和城市垃圾等。废渣资源综合利用产品享受增值税即征即退的具体政策如下：

（1）纳税人以废渣为原料生产砖瓦（不含烧结普通砖）、砌块、陶粒、墙板、管材（管桩）、混凝土、砂浆、道路井盖、道路护栏、防火材料、耐火材料（镁铬砖除外）、保温材料、矿（岩）棉、微晶玻璃、U形玻璃，产品原料70%以上来自所列资源的，增值税退税比例为70%。

（2）纳税人以废渣为原料生产水泥、水泥熟料，增值税退税比例为70%。但应符合以下规定：

① 42.5及以上等级水泥的原料20%以上来自所列资源；

②其他水泥、水泥熟料的原料40%以上来自所列资源；

③纳税人符合《水泥工业大气污染物排放标准》规定的技术要求。

水泥熟料是指以石灰石和粘土、铁质原料为主要原料，按适当比例配制成生料，烧至部分或全部熔融，并经冷却而获得的半成品。

（3）纳税人以建（构）筑废物、煤矸石为原料生产建筑砂石骨料，产品原料90%以上来自所列资源，并符合国家规定标准的，增值税退税比例为50%。

建（构）筑废物，是指建设、施工单位新建、改建、扩建和拆除各类建筑物、构筑物等产生的弃土、弃料及其他废物；煤矸石，是与煤层伴生的一种含碳量较低的一种岩石，是采煤过程和洗煤过程中排放的固体废物，包括巷道掘进过程中的掘进矸石，采掘过程中从顶板、底板及夹层里采出的矸石以及洗煤过程中挑出的洗矸石。

（4）纳税人以粉煤灰、煤矸石为原料生产氧化铝、活性硅酸钙、瓷绝缘子、煅烧高岭土，增值税退税比例为50%。但应符合以下规定：

①氧化铝、活性硅酸钙生产原料25%以上来自所列资源；

②瓷绝缘子生产原料中煤矸石所占比重在30%以上；

③煅烧高岭土生产原料中煤矸石所占比重在90%以上。

粉煤灰，是从煤燃烧后的烟气中收捕下来的细灰，是燃煤电厂排出的主要固体废物。

（5）纳税人以煤矸石、煤泥、石煤、油母页岩为原料生产电力、热力，产品燃料60%以上来自所列资源，并符合国家规定标准的，增值税退税比例为50%。

（6）纳税人以氧化铝赤泥、电石渣为原料生产氧化铁、氢氧化钠溶液、铝酸钠、铝酸三钙、脱硫剂，以及纳税人以废旧石墨为原料生产石墨异形件、石墨块、石墨粉、石墨增碳剂，产品原料90%以上来自所列资源，生产过程中不产生二次废渣的，增值税退税比例为50%。

（7）纳税人以废旧石墨为原料生产的资源综合利用产品，产品原料90%以上来自所列资源，符合工业炉窑大气污染物排放标准的，增值税退税比例为50%。

（8）纳税人以垃圾以及利用垃圾发酵产生的沼气为原料生产电力、热力，产品燃料80%以上来自所列资源，并符合国家规定标准的，增值税退税比例为100%。

（9）纳税人以退役军用发射药为原料生产涂料用硝化棉粉，产品原料90%以上来自所列资源的，增值税退税比例为50%。

（10）纳税人以废旧沥青混凝土为原料生产再生沥青混凝土，产品原料30%以上来自所列资源，产品符合《再生沥青混凝土》（GB/T25 033—2010）规定的技术要求的，增值税退税比例为50%。

（11）纳税人以蔗渣为原料生产蔗渣浆、蔗渣刨花板和纸，产品原料70%以上来自所列资源，并符合国家规定标准的，增值税退税比例为50%。

蔗渣是指以甘蔗为原料，在制糖生产过程中产生的含纤维50%左右的固体废弃物。

（12）纳税人以废矿物油为原料生产润滑油基础油、汽油、柴油等工业油料，产品原料90%以上来自所列资源的，增值税退税比例为50%。

3.废水（液）资源综合利用产品增值税即征即退的具体政策

废水是指天然水经人类利用后掺入了各种废料物质而排出的水，有工业废水、生活废水、农业回流水等。废水资源综合利用产品享受增值税即征即退的具体政策如下：

（1）纳税人以环己烷氧化废液为原料生产环氧环己烷、正戊醇、醇醚溶剂，产品原料90%以上来自所列资源，且纳税人通过ISO 9000、ISO 14000认证的，增值税退税比例为50%。

（2）纳税人以污水处理厂出水、工业排水（矿井水）、生活污水、垃圾处理厂渗透（滤）液等为原料生产再生水，产品原料100%来自所列资源，并符合国家规定标准的，增值税退税比例为50%。

（3）纳税人以废弃酒糟和酿酒底锅水，淀粉、粉丝加工废液、废渣为原料生产蒸汽、活性炭、白碳黑、乳酸、乳酸钙、沼气、饲料、植物蛋白，产品原料80%以上来自所列资源的，增值税退税比例为70%。

（4）纳税人以含油污水、有机废水、污水处理后产生的污泥，油田采油过程中产生的油污泥（浮渣），包括利用上述资源发酵产生的沼气为原料生产微生物蛋白、干化污泥、燃料、电力、热力，产品原料或燃料90%以上来自所列资源（利用油田采油过程中产生的油污泥生产燃料的，原料60%以上来自所列资源）的，增值税退税比例为70%。

4.废气资源综合利用产品增值税即征即退的具体政策

废气是指工业生产和燃烧过程中排出的气体，如化肥工业生产过程中排出的一氧化碳、二氧化碳等。废气资源综合利用产品增值税即征即退的具体政策如下：

（1）纳税人以煤焦油、荒煤气（焦炉煤气）为原料生产柴油、石脑油，产品原料95%以上来自所列资源，且纳税人通过ISO 9000、ISO 14000认证的，增值税退税比例为50%。

（2）纳税人以燃煤发电厂及各类工业企业生产过程中产生的烟气、高硫天然气为原料生产石膏、硫酸、硫酸铵、硫磺，产品原料95%以上来自所列资源，并符合国家规定标准的，增值税退税比例为50%。

（3）纳税人以工业废气为原料生产高纯度二氧化碳、工业氢气、甲烷，产品原料95%以上来自所列资源，并符合国家规定标准的，增值税退税比例为70%。

（4）纳税人以工业生产过程中产生的余热、余压生产电力、热力，产品原料100%来自所列资源的，增值税退税比例为100%。

5.再生资源综合利用产品增值税即征即退的具体政策

人类可利用的资源分为两类：一是不可再生资源；二是可再生资源。不可再生资源是指被人类开发利用一次后，在相当长的时间（千百万年以内）不可自然形成或产生的物质资源，包括自然界的各种金属矿物、非金属矿物、岩石、固体燃料（煤炭、石煤、泥炭）、液体燃料（石油）、气体燃料（天然气）等。可再生资源是指被人类开发利用一次后，在一定时间（一年内或数十年内）通过天然或人工活动可以循环地自然生成、生长、繁衍，有的还可不断增加储量的物质资源，包括地表水、土壤、植物、动物、水生生物、微生物、森林、草原、空气、阳光（太阳能）、气候资源和海洋资源等。对再生资源综合利用产品实行增值税即征即退的具体政策如下：

（1）纳税人以废旧电池及其拆解物为原料生产金属及镍钴锰氢氧化物、镍钴锰酸锂、氯化钴，产品原料中95%以上利用上述资源，并符合国家规定标准的，增值税退税比例为30%。

（2）纳税人以废显（定）影液、废胶片、废像纸、废感光剂等废感光材料为原料生产银，产品原料95%以上来自所列资源，且纳税人通过ISO 9000、ISO 14000认证的，增值税退税比例为30%。

（3）纳税人以废旧电机、废旧电线电缆、废铝制易拉罐、报废汽车、报废摩托车、报废船舶、废旧电器电子产品、废旧太阳能光伏器件、废旧灯泡（管）及其拆解物为原料经冶炼、提纯生产的金属及合金（不包括铁及铁合金），产品原料70%来自所列资源，并符合国家规定标准的，增值税退税比例为30%。

（4）纳税人以废催化剂、电解废弃物、电镀废弃物、废旧线路板、烟尘灰、湿法泥、熔炼渣、线路板蚀刻废液、锡箔纸灰为原料经冶炼、提纯或化合生产的金属、合金及金属化合物（不包括铁及铁合金）、冰晶石，产品原料70%来自所列资源，且纳税人通过ISO 9000、ISO 14000认证的，增值税退税比例为30%。

所称烟尘灰是指金属冶炼厂采用火法冶炼过程中，为保护环境经除尘器（塔）收集的粉灰状及泥状残料物；湿法泥是指湿法冶炼生产排出的污泥，经集中环保处置后产生的具有一定回收价值的污泥状废弃物；熔炼渣是指有色金属火法冶炼过程中形成的废渣。

（5）纳税人以报废汽车、报废摩托车、报废船舶、废旧电器电子产品、废旧农机具、报废机器设备、废旧生活用品、工业边角余料、建筑拆解物等产生或拆解出来的废钢铁为原料生产炼钢炉料，产品原料95%以上来自所列资源，并符合国家规定标准的，增值税退税比例为30%。

（6）纳税人以稀土产品加工废料，废弃稀土产品及拆解物为原料生产稀土金属及稀土氧化物，产品原料95%以上来自所列资源，并符合国家规定标准的，增值税退税比例为30%。

（7）纳税人以废塑料、废旧聚氯乙烯（PVC）制品、废铝塑（纸铝、纸塑）复合纸包装材料为原料生产汽油、柴油、石油焦、碳黑、再生纸浆、铝粉、塑木（木塑）制品、（汽车、摩托车、家电、管材用）改性再生专用料、化纤用再生聚酯专用料、瓶用再生聚对苯二甲酸乙二醇酯（PET）树脂及再生塑料制品，产品原料70%以上来自所列资源，并符合国家规定标准的，增值税退税比例为50%。

（8）纳税人以废纸、农作物秸秆为原料生产纸浆、秸秆浆和纸，产品原料70%以上来自所列资源，并符合国家规定标准的，增值税退税比例为50%。

（9）纳税人以废旧轮胎、废橡胶制品为原料生产胶粉、翻新轮胎、再生橡胶，产品原料95%以上来自所列资源，并符合国家规定标准的，增值税退税比例为50%。

（10）纳税人以废弃天然纤维、化学纤维及其制品为原料生产纤维纱及织布、无纺布、毡、粘合剂及再生聚酯产品，产品原料90%以上来自所列资源的，增值税退税比例为50%。

（11）纳税人以废玻璃为原料生产玻璃熟料，产品原料95%以上来自所列资源，且产品符合《废玻璃分类》（SB/T 10900—2012）技术要求的，增值税退税比例为50%。

（12）纳税人以人发为原料生产档发，产品原料90%以上来自所列资源的，增值税退税比例为70%。

6.农林剩余物资源综合利用产品增值税即征即退的具体政策

纳税人以三剩物、次小薪材、农作物秸秆、沙柳为原料生产纤维板、刨花板，细木工板、生物炭、活性炭、栲胶、水解酒精、纤维素、木质素、木糖、阿拉伯糖、糠醛、箱板纸，产品原料95%以上来自所列资源的，增值税退税比例为70%。

①三剩物是指采伐剩余物、造材剩余物和加工剩余物。其中，采伐剩余物是指枝丫、树梢、树皮、树叶、树根及藤条、灌木等；造材剩余物是指造材截头；加工剩余物是指板皮、板条、木竹截头、锯沫、碎单板、木芯、刨花、木块、篾黄（竹子的内层皮）、边角余料等。

②次小薪材是指次加工材、小径材和薪材。其中，次加工材是指材质低于针、阔叶树加工用原木最低等级但具有一定利用价值的次加工原木；小径材是指长度在2米以下或径级8厘米以下的小原木条、松木杆、脚手杆、杂木杆、短原木等；薪材一般作为燃料或木炭原料的木材材种。

③农作物秸秆是指农业生产过程中，收获了粮食作物（指稻谷、小麦、玉米、薯类等）、油料作物（指油菜籽、花生、大豆、葵花籽、芝麻籽、胡麻籽等）、棉花、麻类、糖料、烟叶、药材、花卉、蔬菜和水果等以后残留的茎秆。

④沙柳为沙漠植物，也是极少数可以生长在盐碱地的一种植物。其根系发达，萌芽力强，是固沙造林树种，分布在内蒙古、河北、山西、陕西、甘肃、青海、四川等地，是“三北”防护林的首选之一。“三北”防护林工程是指在中国三北（西北、华北和东北）地区建设的大型人工林业生态工程。中国政府为改善生态环境，

于1979年决定把这项工程列为国家经济建设的重要项目。

7.其他类资源综合利用产品增值税即征即退的具体政策

（1）纳税人以废弃动物油和植物油为原料生产生物柴油、工业级混合油，产品原料70%以上来自所列资源，且工业级混合油的销售对象为化工企业的，增值税退税比例为70%。

（2）纳税人以餐厨垃圾、畜禽粪便、稻壳、花生壳、玉米芯、油茶壳、棉籽壳、三剩物、次小薪材、农作物秸秆、蔗渣，以及利用上述资源发酵产生的沼气为原料生产生物质压块、沼气等燃料、电力、热力，产品原料或者燃料80%以上来自所列资源，并符合国家规定标准的，增值税退税比例为100%。

（三）资源综合利用劳务增值税即征即退的具体政策

资源综合利用劳务是指纳税人提供垃圾处理劳务、污泥处理处置劳务、污水处理劳务、工业废气处理劳务等。纳税人提供资源综合利用劳务享受增值税即征即退政策，增值税退税比例为70%。资源综合利用劳务享受增值税即征即退的具体政策如下：

1.垃圾及污泥处理处置劳务增值税即征即退的具体政策

纳税人提供垃圾处理劳务、污泥处理处置劳务，实行增值税即征即退办法，退税比例为70%。

垃圾处理是指运用填埋、焚烧、综合处理和回收利用等形式，对垃圾进行减量化、资源化和无害化处理处置的业务。所称垃圾是指不被需要或无用的固体、流体物质，包括可回收垃圾、有毒有害垃圾、不可回收垃圾等。其中，可回收垃圾包括纸类垃圾、塑料类垃圾、金属类垃圾、玻璃类垃圾、织物类垃圾等。

污泥处理处置是指对污水处理后产生的污泥进行浓缩、调质、脱水、稳定、干化或焚烧等减量化、稳定化、无害化的加工过程。污水处理程度越高，就会产生越多的污泥残余物需要加以处理。对现代化的污水处理厂而言，污泥的处理与处置已成为污水处理系统运行中最复杂且花费最高的一部分。

2.污水处理劳务增值税即征即退的具体政策

纳税人提供污水处理劳务，达到国家规定标准的，实行增值税即征即退办法，增值税退税比例为70%。

污水处理主要是指对进入城镇污水收集系统的污水进行的净化处理。城镇污水是指城镇居民生活污水，机关、学校、医院、商业服务机构及各种公共设施排水，以及允许排入城镇污水收集系统的工业废水和初期雨水。

初期雨水是指降雨初期时的雨水，一般是指地面10~15mm厚，已形成地表径流的降水。由于降雨初期，雨水溶解了空气中的大量酸性气体、汽车尾气、工厂废气等污染性气体，降落地面后，又冲刷屋面、沥青混凝土道路等，前期雨水中含有大量的污染物质。

3.工业废气处理劳务增值税即征即退的具体政策

纳税人提供工业废气处理劳务，达到国家规定标准的，实行增值税即征即退办法，增值税退税比例为70%。

在工业生产中，必然会产生废气。工业废气，是指企业厂区内燃料燃烧和生产工艺过程中产生的各种排入空气的含有污染物气体的总称。从形态上分析，工业废气可以分为颗粒性废气和气态性废气。颗粒性废气主要是指生产过程中产生的污染性烟尘，其来源主要有水泥厂、重型工业材料生产厂、重金属制造厂以及化工厂等。气态性废气是工业废气中种类最多也是危害性最大的。目前气体性废气主要有含氮有机废气、含硫废气以及碳氢有机废气。工业废气对人体健康、植物、气候都会产生严重危害，必须加以治理。

工业废气处理是指专门针对工业场所如工厂、车间产生的废气在对外排放前进行预处理，以达到国家规定的废气外排放标准。工业废气处理普遍应用于化工厂、电子厂、印刷厂、喷漆车间、涂装厂、食品厂、橡胶厂、涂料厂、石化行业等产生粉尘、异味、烟尘等场所。

（四）综合利用资源比重的计算方法

根据财政部、国家税务总局印发的《关于印发〈资源综合利用产品和劳务增值税优惠目录〉的通知》（财税〔2015〕78号）的规定，纳税人资源综合利用产品和劳务不仅应符合文件规定的条件，综合利用资源比重也必须达到规定标准。综合利用资源占生产原料或者燃料的比重，按重量比例计算。计算公式如下：

$$\text{综合利用资源比重}=\text{综合利用资源重量}\div\text{产品生产原料重量}\times100\%$$

其中，水泥、水泥熟料原料中掺兑废渣的比重，按以下方法计算：

（1）对经生料烧制和熟料研磨阶段生产的水泥，其掺兑废渣比例计算公式为：

$$\text{掺兑废渣比例}=\left(\text{生料烧制阶段掺兑废渣数量}+\text{熟料研磨阶段掺兑废渣数量}\right)\div\left(\text{除废渣以外的生料数量}+\text{生料烧制和熟料研磨阶段掺兑废渣数量}+\text{其他材料数量}\right)\times100\%$$

（2）对外购水泥熟料采用研磨工艺生产的水泥，其掺兑废渣比例计算公式为：

$$\text{掺兑废渣比例}=\frac{\text{熟料研磨阶段掺兑废渣数量}}{\text{熟料数量}+\text{熟料研磨阶段掺兑废渣数量}+\text{其他材料数量}}\times100\%$$

（3）对生料烧制的水泥熟料，其掺兑废渣比例计算公式为：

$$\text{掺兑废渣比例}=\frac{\text{生料烧制阶段掺兑废渣数量}}{\text{除废渣以外的生料数量}+\text{生料烧制阶段掺兑废渣数量}+\text{其他材料数量}}\times100\%$$

纳税人综合利用资源为余热、余压的，综合利用资源占生产原料或者燃料的比重，按其占生产电力、热力消耗的能源比重计算。

资源综合利用产品和劳务增值税优惠目录，见表1-4。

表 1-4　　**资源综合利用产品和劳务增值税优惠目录**

类别	序号	综合利用的资源名称	综合利用产品和劳务名称	技术标准和相关条件	退税比例
1.共、伴生矿产资源	1.1	油母页岩	页岩油	产品原料95%以上来自所列资源	70%
	1.2	煤炭开采过程中产生的煤层气（煤矿瓦斯）	电力	产品燃料95%以上来自所列资源	100%
	1.3	油田采油过程中产生的油污泥（浮渣）	乳化油调和剂、防水卷材辅料产品	产品原料70%以上来自所列资源	70%
2.废渣、废水（液）、废气	2.1	废渣	砖瓦（不含烧结普通砖）、砌块、陶粒、墙板、管材（管桩）、混凝土、砂浆、道路井盖、道路护栏、防火材料、耐火材料（镁铬砖除外）、保温材料、矿（岩）棉、微晶玻璃、U形玻璃	产品原料70%以上来自所列资源	70%
	2.2	废渣	水泥、水泥熟料	1.42.5及以上等级水泥的原料20%以上来自所列资源，其他水泥、水泥熟料的原料40%以上来自所列资源； 2. 纳税人符合《水泥工业大气污染物排放标准》（GB4915—2013）规定的技术要求	70%
	2.3	建（构）筑废物、煤矸石	建筑砂石骨料	1.产品原料90%以上来自所列资源。 2.产品以建（构）筑废物为原料的，符合《混凝土用再生粗骨料》（GB/T 25177—2010）或《混凝土和砂浆用再生细骨料》（GB/T 25176—2010）的技术要求；以煤矸石为原料的，符合《建设用砂》（GB/T 14684—2011）或《建设用卵石、碎石》（GB/T 14685—2011）规定的技术要求	50%
	2.4	粉煤灰、煤矸石	氧化铝、活性硅酸钙、瓷绝缘子、煅烧高岭土	氧化铝、活性硅酸钙生产原料25%以上来自所列资源，瓷绝缘子生产原料中煤矸石所占比重在30%以上，煅烧高岭土生产原料中煤矸石所占比重在90%以上	50%

续表

类别	序号	综合利用的资源名称	综合利用产品和劳务名称	技术标准和相关条件	退税比例
3. 再生资源	3.1	废旧电池及其拆解物	金属及镍钴锰氢氧化物、镍钴锰酸锂、氯化钴	1.产品原料中95%以上利用上述资源； 2.镍钴锰氢氧化物符合《镍、钴、锰三元素复合氢氧化物》（GB/T26300—2010）规定的技术要求	30%
	3.2	废显（定）影液、废胶片、废像纸、废感光剂等废感光材料	银	1.产品原料95%以上来自所列资源； 2.纳税人必须通过ISO9000、ISO14000认证	30%
	3.3	废旧电机、废旧电线电缆、废铝制易拉罐、报废汽车、报废摩托车、报废船舶、废旧电器电子产品、废旧太阳能光伏器件、废旧灯泡（管），及其拆解物	经冶炼、提纯生产的金属及合金（不包括铁及铁合金）	1.产品原料70%来自所列资源； 2.法律、法规或规章对相关废旧产品拆解规定了资质条件的，纳税人应当取得相应的资质	30%
	3.4	废催化剂、电解废弃物、电镀废弃物、废旧线路板、烟尘灰、湿法泥、熔炼渣、线路板蚀刻废液、锡箔纸灰	经冶炼、提纯或化合生产的金属、合金及金属化合物（不包括铁及铁合金），冰晶石	1.产品原料70%来自所列资源； 2.纳税人必须通过ISO 9000、ISO 14000认证	30%
	3.5	报废汽车、报废摩托车、报废船舶、废旧电器电子产品、废旧农机具、报废机器设备、废旧生活用品、工业边角余料、建筑拆解物等产生或拆解出来的废钢铁	炼钢炉料	1.产品原料95%以上来自所列资源； 2.炼钢炉料符合《废钢铁》（GB4223—2004）规定的技术要求； 3.法律、法规或规章对相关废旧产品拆解规定了资质条件的，纳税人应当取得相应的资质； 4.纳税人符合工业和信息化部《废钢铁加工行业准入条件》的相关规定； 5.炼钢炉料的销售对象应为符合工业和信息化部《钢铁行业规范条件》或《铸造行业准入条件》并公告的钢铁企业或铸造企业	30%

续表

类别	序号	综合利用的资源名称	综合利用产品和劳务名称	技术标准和相关条件	退税比例
3. 再生资源	3.6	稀土产品加工废料，废弃稀土产品及拆解物	稀土金属及稀土氧化物	1.产品原料95%以上来自所列资源； 2.纳税人符合国家发展改革委、环境保护部、工业和信息化部《稀土冶炼行业清洁生产评价指标体系》规定的技术要求	30%
	3.7	废塑料、废旧聚氯乙烯（PVC）制品、废铝塑（纸铝、纸塑）复合纸包装材料	汽油、柴油、石油焦、碳黑、再生纸浆、铝粉、塑木（木塑）制品、（汽车、摩托车、家电、管材用）改性再生专用料、化纤用再生聚酯专用料、瓶用再生聚对苯二甲酸乙二醇酯（PET）树脂及再生塑料制品	1.产品原料70%以上来自所列资源； 2.化纤用再生聚酯专用料杂质含量低于0.5mg/g、水分含量低于1%，瓶用再生聚对苯二甲酸乙二醇酯（PET）树脂乙醛质量分数小于等于1ug/g； 3.纳税人必须通过ISO 9000、ISO 14000认证	50%
	3.8	废纸、农作物秸秆	纸浆、秸秆浆和纸	1.产品原料70%以上来自所列资源； 2.废水排放符合《制浆造纸工业水污染物排放标准》（GB3544—2008）规定的技术要求； 3.纳税人符合《制浆造纸行业清洁生产评价指标体系》规定的技术要求； 4.纳税人必须通过ISO 9000、ISO 14000认证	50%
	3.9	废旧轮胎、废橡胶制品	胶粉、翻新轮胎、再生橡胶	1.产品原料95%以上来自所列资源。 2.胶粉符合（GB/T19208—2008）规定的技术要求；翻新轮胎符合（GB7037—2007）、（GB14646-2007）或（HG/T3979—2007）规定的技术要求；再生橡胶符合（GB/T13460—2008）规定的技术要求。 3.纳税人必须通过ISO 9000、ISO 14000认证	50%
	3.10	废弃天然纤维、化学纤维及其制品	纤维纱及织布、无纺布、毡、粘合剂及再生聚酯产品	产品原料90%以上来自所列资源	50%
	3.11	人发	档发	产品原料90%以上来自所列资源	70%
	3.12	废玻璃	玻璃熟料	1.产品原料95%以上来自所列资源； 2.产品符合《废玻璃分类》（SB/T 10900—2012）的技术要求； 3.纳税人符合《废玻璃回收分拣技术规范》（SB/T11108—2014）规定的技术要求	50%

续表

类别	序号	综合利用的资源名称	综合利用产品和劳务名称	技术标准和相关条件	退税比例
4.农林剩余物及其他	4.1	餐厨垃圾、畜禽粪便、稻壳、花生壳、玉米芯、油茶壳、棉籽壳、三剩物、次小薪材、农作物秸秆、蔗渣，以及利用上述资源发酵产生的沼气	生物质压块、沼气等燃料，电力、热力	1.产品原料或者燃料80%以上来自所列资源； 2.纳税人符合《锅炉大气污染物排放标准》（GB13271—2014）、《火电厂大气污染物排放标准》（GB13223—2011）或《生活垃圾焚烧污染控制标准》（GB18485—2001）规定的技术要求	100%
	4.2	三剩物、次小薪材、农作物秸秆、沙柳	纤维板、刨花板、细木工板、生物炭、活性炭、栲胶、水解酒精、纤维素、木质素、木糖、阿拉伯糖、糠醛、箱板纸	产品原料95%以上来自所列资源	70%
	4.3	废弃动物油和植物油	生物柴油、工业级混合油	1.产品原料70%以上来自所列资源； 2.工业级混合油的销售对象须为化工企业	70%
5.资源综合利用劳务	5.1	垃圾处理、污泥处理处置劳务			70%
	5.2	污水处理劳务		污水经加工处理后符合《城镇污水处理厂污染物排放标准》（GB18918—2002）规定的技术要求或达到相应的国家或地方水污染物排放标准中的直接排放限值	70%
	5.3	工业废气处理劳务		经治理、处理后符合《大气污染物综合排放标准》（GB 16297—1996）规定的技术要求或达到相应的国家或地方水污染物排放标准中的直接排放限值	70%

四、软件产品增值税即征即退政策

根据财政部、国家税务总局《关于软件产品增值税政策的通知》（财税〔2011〕100号）的规定，软件产品是指信息处理程序及相关文档和数据，包括计算机软件产品、信息系统和嵌入式软件产品。其中，嵌入式软件就是嵌入在硬件中的操作系统和开发工具软件。嵌入式软件产品是指嵌入在计算机硬件、机器设备中并随其一并销售，构成计算机硬件、机器设备组成部分的软件产品。

增值税一般纳税人销售其自行开发、生产的软件产品或将进口软件产品进行本地化改造后对外销售，按照规定税率征收增值税后，对其增值税实际税负超过3%的部分实行即征即退政策。增值税小规模纳税人生产销售软件产品、企业外购软件产品后再销售的，增值税一般纳税人将进口软件产品未进行本地化改造，单纯地对进口软件产品汉字化处理后再销售的，不享受增值税即征即退政策。其中，本地化改造是指对进口软件产品进行重新设计、改进、转换等。

（一）软件产品增值税即征即退的退税比例

（1）增值税一般纳税人销售其自行开发生产的软件产品，按16%税率征收增值税后，对其增值税实际税负超过3%的部分实行即征即退政策。

（2）增值税一般纳税人将进口软件产品进行本地化改造后对外销售，其销售的软件产品按16%税率征收增值税后，对其增值税实际税负超过3%的部分实行即征即退政策。

（3）增值税一般纳税人的动漫企业销售其自主开发、生产的动漫软件，按16%的税率征收增值税后，对其增值税实际税负超过3%的部分，实行即征即退政策。

（二）软件产品增值税即征即退税额的计算

增值税一般纳税人销售软件产品的即征即退税额，按以下公式计算：

增值税即征即退税额=当期软件产品增值税应纳税额-当期软件产品销售额×3%

增值税一般纳税人既销售软件产品，又销售其他货物或者应税劳务的，对于无法划分的进项税额，应按照实际成本或销售收入比例确定软件产品应分摊的进项税额。对专用于软件产品开发的生产设备及工具的进项税额，不得进行分摊。

【例1-24】某企业为增值税一般纳税人，2018年5月销售软件产品取得收入100 000元，开具的增值税专用发票上注明的税金为16 000元，当期软件产品可抵扣进项税额10 000元。计算当期增值税即征即退税额。

计算如下：

当期增值税应纳税额=16 000-10 000=6 000（元）

当期增值税即征即退税额=6 000-100 000×3%=6 000-3 000=3 000（元）

（三）嵌入式软件产品增值税即征即退税额的计算

纳税人销售的嵌入式软件产品，其增值税实际税额超过3%的部分，即征即退税额按以下公式计算：

$$增值税即征即退税额=\frac{当期嵌入式软件产品}{增值税应纳税额}-\frac{当期嵌入式软件}{产品销售额}\times 3\%$$

出口企业出口适用不同退税率的货物、劳务，应分别核算与报关。未分开核算、报关或划分不清的，从低适用退税率办理出口退（免）税。

（二）提供跨境服务增值税的退税率

纳税人提供跨境应税服务增值税的退税率为增值税的征税率，即提供给境内单位或个人的应税服务适用的增值税税率。显然，跨境应税服务增值税的退税率等同于增值税的征税率，真正体现了“征多少，退多少，未征不退”的退税原则。

五、出口免税制度和出口征税制度

（一）出口免税制度

出口免税制度，是指对纳税人出口国家规定的货物或提供国家规定范围的跨境服务，在出口环节或提供服务环节免征增值税，但不退还以前环节已缴纳的增值税，简称“出口免税不退税”。

1.出口免税制度的基本内容

出口免税制度主要包括以下内容：

（1）纳税人出口以下货物不适用增值税零税率，实行出口免税不退税政策：

①纳税人出口国家计划内卷烟，实行出口免税不退税政策。

②纳税人出口软件产品，实行出口免税不退税政策。

③纳税人出口含黄金、铂金成分的货物，实行出口免税不退税政策。

④出口企业直接收购农业生产者的自产农产品出口，实行出口免税不退税政策。

（2）纳税人提供下列跨境服务不适用增值税零税率，实行出口免税不退税政策：

①纳税人提供工程项目在境外的建筑服务、监理服务和工程或矿产资源在境外的工程勘察及勘测服务，实行免税不退税政策。

②纳税人提供的会议展览地点在境外的会议展览服务、存储地点在境外的仓储服务、标的物在境外使用的有形动产租赁服务、在境外提供的广播影视节目（作品）的播映服务，实行免税不退税政策。

③纳税人在境外提供的文化体育服务、教育医疗服务、旅游服务，实行免税不退税政策。

④纳税人向境外单位提供完全在境外消费（接受方在境外）的电信服务、知识产权服务、物流辅助服务、鉴证咨询服务、专业技术服务、商务辅助服务、无形资产和广告投放地在境外的广告服务，实行免税不退税政策。

⑤纳税人为出口货物提供的邮政服务、收派服务和保险服务（含出口货物保险和出口信用保险），实行免税不退税政策。

⑥纳税人为境外单位之间的货币融通及其金融业务提供的直接收费金融服务，且该服务与境内的货物、无形资产或不动产无关，实行免税不退税政策。

2.出口免税项目进项税额的处理方法

纳税人出口国家计划内卷烟，软件产品，含黄金、铂金成分的货物，以及出口企业直接收购农业生产者销售的自产农产品出口，适用增值税免税不退税政策，其所发生的进项税额不得抵扣，应从进项税额中转出，并计入当期商品销售成本。会计分录为：借记“销售成本”，贷记“应交税费——应交增值税（进项税额转出）”。

纳税人出口国家计划内卷烟不得抵扣的进项税额，按出口卷烟销售额占全部卷烟销售额的比重乘以当期全部进项税额来计算。计算公式如下：

$$\text{出口卷烟不得抵扣进项税额}=\frac{\text{出口卷烟销售额}}{\text{出口卷烟销售额}+\text{内销卷烟销售额}}\times\text{当期全部进项税额}$$

出口卷烟销售额，是指按照出口卷烟的数量乘以销售价格（含消费税）计算的金额。销售价格是指生产企业同类产品卷烟国内实际调拨价格。如果实际调拨价格低于税务机关公示的计税价格，按税务机关公示的计税价格计算；如果实际调拨价格高于公示的计税价格，按实际调拨价格计算。

如果生产企业出口的卷烟在国内没有同类产品销售价格，出口卷烟销售额按以下公式计算：

$$\text{出口卷烟销售额}=\left(\text{出口发票上的价格}+\text{出口数量}\times\text{消费税定额税率}\right)\div\left(1-\text{消费税比例税率}\right)$$

出口发票上的价格体现的是出口离岸价格。离岸价格简称FOB价格，也称船上交货价，是指卖方负责将商品装上出口船只的价格，也就是从起运港至目的地的运输费和保险费等由买方承担，不计入结算价格的销货价格。如果出口发票上的价格不能如实地反映离岸价格，生产企业应按实际离岸价计算；否则，税务机关有权按照有关规定予以核定调整。

公式中的“出口发票上的价格+出口数量×消费税定额税率”，是指含定额消费税的销售额，再以含定额消费税的销售额除以“1-消费税比例税率”，则将其换算为既含定额消费税又含比例消费税的销售额。因为卷烟消费税是实行从价计征与从量计征的复合征收方法的价内税。

根据《中华人民共和国消费税暂行条例》的规定，卷烟消费税适用的比例税率分别为：甲级卷烟56%，乙级卷烟36%；卷烟消费税适用的定额税率为0.003元／支。定额消费税对甲级、乙级卷烟均按每支卷烟从量加征0.003元消费税。每标准条卷烟（200支）定额消费税为0.6元（0.003×200）；每标准箱卷烟（250标准条）定额消费税为150元（0.003×200×250）。

（二）出口征税制度

出口货物征税制度简称出口征税，是指出口国家限制的出口货物、劳务实行出口征税制度，即不免税也不退税。

1.出口征税的范围

根据财税〔2012〕39号文件的规定，下列出口货物、劳务不适用增值税退（免）税和免税政策，应视同内销货物征收增值税：

（1）出口企业出口或视同出口财政部和国家税务总局根据国务院决定明确的取消出口退（免）税的货物（不包括来料加工复出口货物、中标机电产品、列名原材料、输入特殊区域的水电气、海洋工程结构物）。

（2）出口企业或其他单位销售给特殊区域内的生活消费用品和交通运输工具。

（3）出口企业或其他单位因骗取出口退税被税务机关停止办理增值税退（免）税期间出口的货物。

（4）出口企业或其他单位提供虚假备案单证的货物。

（5）出口企业或其他单位增值税退（免）税凭证有伪造或内容不实的货物。

（6）出口企业或其他单位未在国家税务总局规定期限内申报免税核销以及经主管税务机关审核不予免税核销的出口卷烟。

（7）出口企业或其他单位具有以下情形之一的出口货物劳务：

①将空白的出口货物报关单等退（免）税凭证交由除签有委托合同的货代公司、报关行，或由境外进口方指定的货代公司（提供合同约定或者其他相关证明）以外的其他单位或个人使用的。

②以自营名义出口，其出口业务实质上是由本企业及其投资的企业以外的单位或个人借该出口企业名义操作完成的。

③以自营名义出口，其出口的同一批货物既签订购货合同，又签订代理出口合同（或协议）的。

④出口货物在海关验放后，自己或委托货代承运人对该笔货物的海运提单或其他运输单据等上的品名、规格等进行修改，造成出口货物报关单与海运提单或其他运输单据有关内容不符的。

⑤以自营名义出口，但不承担出口货物的质量、收款或退税风险之一的，即出口货物发生质量问题不承担购买方的索赔责任（合同中有约定质量责任承担者除外）；不承担因申报出口退（免）税的资料、单证等出现问题造成不退税责任的。例如，以自营名义出口，但出口业务实质上是由本企业及其投资的企业以外的单位或个人借该出口企业名义操作完成，属于未从事实质性出口经营活动，实行出口征税办法。

⑥未实质参与出口经营活动、接受并从事由中间人介绍的其他出口业务，但仍以自营名义出口的。

2.一般纳税人出口应税货物劳务增值税应纳税额的计算

增值税一般纳税人出口增值税应税货物、劳务，增值税应纳税额的计算公式为：

$$\text{增值税应纳税额}=\text{销项税额}-\text{进项税额}$$

其中，销项税额按下列公式计算：

$$\text{销项税额}=\left(\text{出口货物离岸价格}-\text{出口货物耗用的进料加工保税进口料件金额}\right)\div\left(1+\text{适用税率}\right)\times\text{适用税率}$$

公式中的“（出口货物离岸价格-出口货物耗用的进料加工保税进口料件金额）÷（1+适用税率）”部分，是将含税销售额换算为不含税销售额，再以其为计税销售额乘以适用税率，其结果就是增值税销项税额。

公式中的“出口货物耗用的进料加工保税进口料件金额”，是指出口货物耗用的未缴纳各种进口税费的料件金额。出口货物耗用的进料加工保税进口料件金额按以下公式计算：

$$\text{出口货物耗用的进料加工保税进口料件金额}=\text{主营业务成本}\times\frac{\text{投入的保税进口料件金额}}{\text{生产成本}}$$

公式中的主营业务成本、生产成本，均为不予退（免）税的进料加工出口货物的主营业务成本、生产成本。出口企业应分别核算内销货物和增值税征税的出口货物的生产成本、主营业务成本。未分别核算的，其相应的生产成本、主营业务成本由主管税务机关核定。

3.小规模纳税人出口应税货物、劳务增值税应纳税额的计算

增值税小规模纳税人出口征税货物、劳务，同其在境内销售应税货物、劳务增值税应纳税额的计算方法相同。小规模纳税人出口征税货物增值税应纳税额的计算公式如下：

增值税应纳税额=出口货物离岸价÷（1+征收率）×征收率

公式中的“出口货物离岸价”，是指从起运港至目的地的运输费和保险费等由买方承担，不计入结算价格的销货价格。

第十一节 出口货物劳务和提供跨境服务增值税退（免）税的计算

纳税人出口货物劳务和提供跨境服务退（免）增值税，简称出口退税。生产企业出口货物、劳务增值税退（免）税采用“免、抵、退税”方法计算；外贸企业出口货物、劳务增值税退（免）税采用“免、退税”办法计算；一般纳税人提供国际运输服务和航天运输服务增值税退（免）税采用“免、抵、退税”方法计算。

一、生产企业出口货物劳务增值税“免、抵、退税”的计算

（一）增值税“免、抵、退税”的计税依据

生产企业出口货物、劳务增值税免抵退税的计税依据，根据以下情况分别确认：

1.出口自产货物及视同自产货物增值税“免、抵、退税”的计税依据

生产企业出口自产货物及出口视同自产货物，以出口货物的实际离岸价格（Free on Board，FOB）为增值税“免、抵、退税”的计税依据。

（1）出口货物的实际离岸价即实际结汇价格，是指从起运港至目的地的运输费和保险费等由买方承担，不计入结算价格之中的销货价格。离岸价应以出口发票上

口料件的价格为组成计税价格，计算公式为："当期进料加工保税进口料件组成计税价格=当期进口料件到岸价格+海关实征关税+海关实征消费税"（免征增值税）。如果当期进料加工保税进口料件不属于消费税应税消费品，海关实征消费税为0。

【例1-25】某生产企业为增值税一般纳税人，具有出口经营权。2018年5月发生以下相关业务：

（1）购进原材料一批，取得增值税专用发票注明的价款为300万元，增值税税额为48万元，货已验收入库。

（2）内销货物开具增值税专用发票注明的价款为100万元，增值税税额为16万元，款项已存入银行。

（3）出口货物开具普通发票上注明的实际结汇的价款（离岸价）折合人民币400万元。

出口货物征税率为16%，出口货物退税率为10%。

要求：计算该生产企业本期增值税应纳税额。

分析与计算如下：

（1）本例题不存在免税购进原材料，所以计算"当期不得免征和抵扣税额"时，不需要计算和扣除"当期不得免征和抵扣税额抵减额"。

（2）根据公式"当期不得免征和抵扣税额=当期出口货物离岸价×外汇人民币牌价×（出口货物适用税率-出口货物退税率）"计算本期不得免征和抵扣税额。

不得免征和抵扣税额=400×（16%-10%）=24（万元）

（3）根据公式"当期应纳税额=当期销项税额-（当期进项税额-当期不得免征和抵扣税额）"计算当期应纳税额。

当期应纳税额=16-（48-24）=-8（万元）

当期应纳税额为负数（-8万元），是出口退税的前提。

2.计算当期免、抵、退税额

生产企业出口自产货物当期免、抵、退税额，是指以当期出口货物离岸价格为计税依据乘以出口货物退税率计算的税额。当期免抵退税额的计算公式如下：

当期免抵退税额=当期出口货物离岸价×外汇人民币牌价×出口货物退税率

如果当期有免税进口原材料，在计算当期免抵退税额时，还要扣除当期出口货物离岸价中所包括的免税（免增值税）进口原材料不予退税的部分，该部分可称为"当期免抵退税额抵减额"。当期免抵退税额抵减额按以下公式计算：

当期免抵退税额抵减额=当期免税购进原材料价格×出口货物退税率

所以，当期免抵退税额的计算公式调整如下：

$$\text{当期免抵退税额}=\text{当期出口货物离岸价}\times\text{外汇人民币牌价}\times\text{出口货物退税率}-\text{当期免抵退税额抵减额}$$

以【例1-25】为例，计算当期免抵退税额。

在本例题中，出口实际结汇价款（离岸价）折合人民币为400万元，出口退税率10%。因不存在免税购进原材料情形，所以不需要计算当期免抵退税额抵减额，可按公式“当期免抵退税额=当期出口货物离岸价×外汇人民币牌价×出口货物退税率”直接计算当期免抵退税额。计算如下：

当期免抵退税额=400×10%=40（万元）

3.计算当期应退税额和免抵税额

根据第一步计算，如果当期应纳税额是负数，为当期期末留抵税额。第二步计算的当期免抵退税额，包括当期出口应退税额和免抵税额两部分。如何计算当期应退税额？应将第一步计算的期末留抵税额（当期应纳税额为负数）与第二步计算的当期免抵退税额进行比较，根据孰低原则确定当期应退税额，具体确定方法如下：

（1）如果当期期末留抵税额≤当期免抵退税额，根据孰低原则，则当期期末留抵税额为当期应退税额，即：

当期应退税额=当期期末留抵税额

当期免抵税额=当期免抵退税额−当期应退税额

（2）如果当期期末留抵税额＞当期免抵退税额，根据孰低原则，则当期免抵退税额为当期应退税额，即：

当期应退税额=当期免抵退税额

当期免抵税额=当期免抵退税额−当期应退税额=0

仍以【例1-25】为例，计算当期应退税额和免抵税额。

分析与计算如下：

①第一步计算的本期应纳税额为负数（−8万元），即期末留抵税额为8万元。

②第二步计算的本期免抵退税额为40万元，期末留抵税额8万元与本期免抵退税额40万元进行比较，根据孰低原则，确定本期应退税额为8万元，即：

本期应退税额=本期期末留抵税额=8万元

本期免抵税额=40−8=32（万元）

如果出口企业既有适用增值税免抵退项目，也有享受增值税即征即退、先征后退政策项目的，增值税即征即退和先征后退项目不参与出口项目免抵退税计算。出口企业应分别核算增值税“免、抵、退”项目和增值税即征即退、先征后退项目，

第十二节　海关特殊监管区域企业一般纳税人资格试点税收政策

一、海关特殊监管区域企业一般纳税人资格试点背景

根据国家税务总局、财政部、海关总署《关于开展赋予海关特殊监管区域企业增值税一般纳税人资格试点的公告》（国家税务总局公告2016年第65号）的规定，自2016年11月1日起，在昆山综合保税区、苏州工业园综合保税区、上海松江出口加工区、河南郑州出口加工区、郑州新郑综合保税区、重庆西永综合保税区和深圳盐田综合保税区等七个区域内开展赋予具备条件的企业增值税一般纳税人资格试点，即试点区域内符合增值税一般纳税人登记管理有关规定的企业，可自愿向试点区域所在地主管税务机关、海关申请成为试点企业，向主管税务机关依法办理增值税一般纳税人资格登记。所称海关特殊监管区域，是指经国务院批准设立在中华人民共和国关境内，赋予承接国际产业转移、连接国内国际两个市场的特殊功能和政策，由海关为主实施封闭监管的特定经济功能区域。

为进一步提升海关特殊监管区域企业统筹国际国内两个市场、两种资源的能力，提高海关特殊监管区域发展的质量和效益，推动加工贸易转型升级，促进贸易便利化，国家税务总局、财政部、海关总署发布《关于扩大赋予海关特殊监管区域企业增值税一般纳税人资格试点的公告》（联合公告〔2018〕5号），自2018年2月1日起施行。扩大赋予海关特殊监管区域企业增值税一般纳税人资格试点的范围，包括浙江宁波出口加工区、成都高新综合保税区、阿拉山口综合保税区、广西北海出口加工区、北京天竺综合保税区、上海闵行出口加工区、郴州综合保税区、辽宁大连出口加工区、福州保税港区、福州出口加工区、青岛前湾保税港区、武汉东湖综合保税区、无锡高新区综合保税区、苏州高新技术产业开发区综合保税区、镇江综合保税区、淮安综合保税区、吴江综合保税区等17个海关特殊监管区域。加上2016年开始试点的7个区域，试点范围达到24个区域。海关特殊监管区域内一般纳税人资格试点企业，享受特殊的税收优惠政策。

二、一般纳税人资格试点企业进口或购买货物的税收政策

（一）试点企业进口自用设备的税收政策

海关特殊监管区域一般纳税人资格试点企业进口自用设备（包括机器设备、基建物资和办公用品），暂免征收自用设备的进口关税、进口环节增值税、进口环节消费税（简称进口税收）。免税进口货物的监管年限为：船舶、飞机8年，机动车辆6年，其他货物5年。监管年限自货物进口放行之日起计算。

在海关监管年限内，每年年终按年度平均法和年内销售比例法分摊暂免征收的进口税收。对外销比例部分执行区内税收政策，即执行试点企业所在海关特殊监管区域的税收政策；对内销比例部分执行区外税收政策，即比照执行海关特殊监管区域外税收政策，补征税款，其取得的海关进口增值税专用缴款书，按照规定作为增值税抵扣凭证。超过海关监管年限后不再补征。

（二）试点企业购买符合规定条件货物的税收政策

海关特殊监管区域一般纳税人资格试点企业购买除进口自用设备外的下列货物（简称符合规定条件货物），适用保税政策：

①海关特殊监管区域一般纳税人资格试点企业从境外购买并进入试点区域的货物；

②海关特殊监管区域一般纳税人资格试点企业从海关特殊监管区域（试点区域除外）或海关保税监管场所购买并进入试点区域的保税货物；

③海关特殊监管区域一般纳税人资格试点企业从试点区域内非试点企业购买的保税货物；

④海关特殊监管区域一般纳税人资格试点企业从试点区域内其他试点企业购买的未经加工的保税货物。

以上所称保税政策，是指经海关批准的境内企业所进口的货物，在海关指定的境内监管场所储存、加工、装配，并暂缓交纳各种进口税费的一种政策。其中，享受保税政策的货物称为保税货物，即经海关批准未办理进口纳税手续进境，在境内储存、加工、装配后复运出境的货物。海关指定的境内监管场所主要是指为国际商品贸易服务的保税仓库、保税区、寄售代销和免税品商店，以及为加工制造服务的进来料加工、保税工厂等场所。

三、一般纳税人资格试点企业销售货物的税收政策

（一）适用出口退、免、税政策

海关特殊监管区域一般纳税人资格试点企业销售的下列货物（未经加工的保税货物除外），适用出口退（免）税政策：

（1）离境出口的货物。

（2）向海关特殊监管区域（试点区域、保税区除外）或海关保税监管场所（不具备退税功能的保税监管场所除外）销售的货物。

（3）向试点区域内非试点企业销售的货物。

试点企业销售上述货物中含有保税货物的，按照保税货物进入海关特殊监管区域时的状态向海关申报缴纳进口税收，并按照规定补缴缓税利息。应征缓税利息应根据填发海关税款缴款书时海关总署调整的最新缓税利息率按日征收。应征缓税利息计算公式如下：

应征缓税利息=应征税额×计息期限×缓税利息率÷360

（二）适用出口免税政策

如果试点企业向区内其他企业（含试点与非试点企业）销售未经加工的保税货物（包括区内免税和进口免税货物），适用出口免税政策（继续适用保税政策）。

（三）适用出口征税制度

境内区外企业销售给试点企业除加工贸易货物外的其他货物（包括水、蒸汽、电力、燃气）不再适用出口退（免）税政策，应按照规定缴纳增值税、消费税。

四、海关特殊监管区内试点企业案例分析

案例1：区内试点企业从事一般贸易模式

某海关特殊监管区域内试点企业A为进出口贸易公司，于2018年11月1日，向主管税务机关和海关申请成为增值税一般纳税人试点企业，主要经营进出口家具业务。11月5日，该公司向境内区外B家具制造有限公司（符合条件的出口企业）购进皮革沙发一批准备出口境外，货款已付并取得增值税专用发票，注明销售额300万元，税额51万元。后因国外市场不佳，于11月20日将该批沙发其中一部分销往境内区外某地C家俬销售公司，并开具增值税专用发票，注明销售额200万元，税额34万元。另一部分销给符合条件的区内D试点企业，并开具增值税专用发票，注明销售额120万元，税额20.4万元。当月没有上期留抵税额及其他业务发生。则A公司11月份应申报缴纳增值税=销项税额−进项税额=（34+20.4）−51=3.4（万元）。

从案例1看，试点企业A从境内区外企业购进货物可以取得增值税专用发票，并按规定进行抵扣。销售给境内区外企业C或者区内试点企业D，应按规定申报缴纳增值税，并可以开具增值税专用发票。因此，试点企业与境内区外企业发生的一般纳税人销售行为，在增值税政策处理上，趋于同等待遇，这样有利于试点企业开拓国内市场，激活企业多种渠道经营的能力。

案例2：区内试点企业从事进料加工模式

某海关特殊监管区域内试点企业A机械有限公司，于2016年11月1日，向主管税务机关和海关申请成为增值税一般纳税人试点企业，主要经营手提式风动工具。2016年11月10日，从国外进口一批料件，折合人民币200万元（与关税完税价相同）。按照计划该批料件为进料加工复出口业务，进口时办理了加工贸易保税手续，再复出口成品手提式风动工具。该产品于12月初全部生产完毕待出口，但因国际市场低迷，国外客户退单不再需要该产品，对此，A公司只能改变销售计划，由进料加工复出口转为国内销售，并在境内找好了客户B贸易公司。那么，根据国家税务总局2016年第65号公告的规定，进料加工复出口货物用于内销的，应该按照入区时的状态，向海关申报缴纳保税料件的进口税收（增值税、消费税和关税），并按照规定补缴缓税利息，所取得的海关进口增值税专用缴款书可以按照规定作为增值税抵扣凭证。同时，根据《关于加工贸易保税货物内销缓税利息征收及退还》（海关总署2009年第14号公告）的规定，缓税利息按海关总署调整的最新缓税利息率按日征收。假设该批进口料件的平均关税税率为3%，不属于消费税征收范围，海关总署公布的12月20日最新缓税利息率为0.36%。

（1）A公司于12月20日到海关申报补缴进口税收和缓税利息。

关税=关税组成计税价格×关税税率=200×3%=6（万元）

增值税=（关税完税价格+关税）×增值税税率=（200+6）×17%=35.02（万元）

缓税利息=应征税额×计息期限×缓税利息率÷360

=（60 000+350 200）×40×0.36％÷360=164.08（元）

（2）A公司于12月25日，将该批手提式风动工具销售给境内区外B贸易公司，并开具增值税专用发票，注明销售额250万元，税额42.5万元。当月没有上期留抵税额及其他业务发生，则12月份应申报缴纳增值税=销项税额−进项税额=42.5−35.02=7.48（万元）。

从案例2看，试点企业A将进料加工复出口货物用于内销，在进口时购进的原材料没有缴纳进口环节税收，应当补缴相应税款，并按规定缴纳缓税利息。若A公司在进口时以一般贸易进口原材料并已经缴纳了进口税收，则在转为内销时不需要补缴相应的进口税和缓税利息。

注：以上案例来自《财务与会计》2017年第14期，作者单位：浙江省嘉善县国家税务局。

第十三节 增值税的会计处理

从事生产经营活动的各类企业应设置“应交税费”一级会计科目，用以总括地反映企业应纳及实际缴纳各种税费情况。纳税人的应缴税费是按照权责发生制原则进行确认和计提的，在尚未缴纳之前暂时留在企业，本质上是企业应该上缴但暂未上缴国家的税费，因而形成企业的一项负债。为了分类核算与反映各种税费的计提与缴纳情况，纳税人应缴纳的增值税、消费税、城市维护建设税及教育费附加、资源税、环境保护税、土地增值税、车辆购置税、车船税、船舶吨税、房产税、契税、城镇土地使用税、耕地占用税、印花税、进口关税、企业所得税等，应在“应交税费”科目下按照应交税费的各个税种分别设置二级会计科目。财政部于2016年发布《关于印发〈增值税会计处理规定〉的通知》（财会〔2016〕22号），对增值税核算的会计科目设置及相关会计处理作出了明确规定。

一、增值税核算的会计科目设置

（一）一般纳税人增值税核算的会计科目设置

根据财政部发布的《关于印发〈增值税会计处理规定〉的通知》（财会〔2016〕22号）的规定，增值税一般纳税人应当在“应交税费”一级会计科目下设置“应交增值税”“未交增值税”“预交增值税”“待抵扣进项税额”“待认证进项税额”“增值税留抵税额”“待转销项税额”“简易计税”“转让金融商品应交增值税”“代扣代交增值税”等10个明细科目。其中，“待转销项税额”和“简易计税”2个明细科目，核算一般纳税人采用简易计税方法时增值税应纳税额的产生及缴纳过程；“代扣代交增值税”明细科目，核算纳税人扣缴增值税义务的形成及履行情况。

1.“应交税费——应交增值税”科目及专栏

增值税一般纳税人设置的“应交税费——应交增值税”科目，核算增值税的发生、抵扣、已交及转出等情况。为了更加明确地反映纳税义务发生及履行情况，一

的海关缴款书进项税额。“应交税费——待认证进项税额”科目的账户结构如图1-5所示。

待认证进项税额发生额	已认证的待认证进项税额
月末余额：待认证进项税额	

图1-5 应交税费——待认证进项税额

6.“应交税费——待转销项税额”科目

一般纳税人设置的“应交税费——待转销项税额”明细科目，核算一般纳税人销售货物，加工、修理修配劳务，服务，无形资产或不动产，已确认相关收入（或利得）但尚未发生增值税纳税义务而需于以后期间确认为销项税额的增值税税额。“应交税费——待转销项税额”科目的账户结构如图1-6所示。

转出待转销项税额	待转销项税额
	月末余额：待转销项税额

图1-6 应交税费——待转销项税额

7.“应交税费——增值税留抵税额”科目

兼有销售服务、无形资产或者不动产的原增值税一般纳税人，截止到开始试点（2016年5月1日）当月月初的增值税留抵税额按照营业税改征增值税有关规定不得从销售服务、无形资产或者不动产的销项税额中抵扣的，应在“应交税费”科目下增设“增值税留抵税额”明细科目内核算。开始试点当月月初，按不得从销售服务、无形资产或者不动产的销项税额中抵扣的增值税留抵税额，借记“应交税费——增值税留抵税额”科目，贷记“应交税费——应交增值税（进项税额转出）”科目。待以后期间允许抵扣时，按允许抵扣的金额，借记“应交税费——应交增值税（进项税额）”科目，贷记“应交税费——增值税留抵税额”科目。该科目的账户结构如图1-7所示。

试点当月月初不得抵扣的进项税额	允许抵扣时转出的进项税额
月末余额：增值税留抵税额	

图1-7 应交税费——增值税留抵税额

8.“应交税费——简易计税”科目

增值税一般纳税人采用简易方法计税的，增值税应纳税额通过“应交税费——简易计税”科目核算。该科目反映增值税一般纳税人采用简易方法计税发生的增值税计提、扣减、预交、缴纳等业务。“应交税费——简易计税”科目的账户结构如图1-8所示。

实际交纳增值税	增值税应纳税额（简易计税）
	月末余额：0

图 1-8　应交税费——简易计税

9.“应交税费——转让金融商品应交增值税”科目

增值税纳税人转让金融商品发生的增值税税额，应通过纳税人设置的“应交税费——转让金融商品应交增值税”明细科目进行核算。该科目的账户结构如图 1-9 所示。

实际交纳增值税	增值税应纳税额（转让金融商品）
	月末余额：未交税额

图 1-9　应交税费——转让金融商品应交增值税

10.“应交税费——代扣代交增值税”科目

纳税人购进在境内未设经营机构的境外单位或个人在境内的应税行为应代扣代缴的增值税，通过“应交税费——代扣代交增值税”科目核算。纳税人设置的“应交税费——代扣代交增值税”明细科目核算纳税人增值税扣缴义务的形成及履行情况。该科目的账户结构如图 1-10 所示。

实际交纳代扣增值税	应代扣代交增值税
	月末余额：欠缴代扣代交税额

图 1-10　应交税费——代扣代交增值税

（二）小规模纳税人增值税核算的会计科目设置

小规模纳税人采用简易方法计税，不得抵扣进项税额，因而无须单独核算进项税额。小规模纳税人购买物资、服务、无形资产或不动产，取得增值税专用发票上注明的增值税应计入相关成本费用或资产；取得普通发票的，按发票上记载的金额计入相关成本费用或资产。小规模纳税人销售货物、服务、无形资产或不动产，应纳和实际交纳的增值税，通过“应交税费——应交增值税”科目核算，不需要设置应交增值税各项专栏。小规模纳税人按规定计算应纳税额时，贷记“应交税费——应交增值税”科目；缴纳增值税时，按实际交纳的税额，借记“应交税费——应交增值税”科目。小规模纳税人预交税款，也通过应交增值税科目反映。小规模纳税人“应交税费——应交增值税”明细科目的账户结构如图 1-11 所示。

预交增值税 实际交纳增值税	应交增值税
	月末余额：未交纳税额

图 1-11　应交税费——应交增值税

小规模纳税人有转让金融商品业务的，应设置“应交税费——转让金融商品应交增值税”明细科目，以核算其转让金融商品增值税纳税义务的形成及履行情况。“应交税费——转让金融商品应交增值税”明细科目的账户结构如图1-12所示。

预交增值税 实际交纳增值税	应交增值税
	月末余额：未交纳税额

图1-12 应交税费——转让金融商品应交增值税

小规模纳税人购进在境内未设经营机构的境外单位或个人在境内销售的货物服务、无形资产、不动产等应代扣代缴的增值税，通过“应交税费——代扣代交增值税”科目核算。“应交税费——代扣代交增值税”明细科目的账户结构如图1-13所示。

实际交纳代扣代交增值税	应代扣代交增值税
	月末余额：未缴代扣代交税额

图1-13 应交税费——代扣代交增值税

二、增值税进项税额与销项税额的账务处理

（一）增值税进项税额账务处理

1.增值税进项税额账务处理的一般规定

（1）一般纳税人购进货物，加工、修理修配劳务，服务，无形资产或固定资产（动产）时，按以下规定进行账务处理：

①按应计入相关成本费用或资产的金额，借记“在途物资”或“原材料”“库存商品”“生产成本”“无形资产”“固定资产”“管理费用”等科目；

②按当月可抵扣增值税额，借记“应交税费——应交增值税（进项税额）”科目；

③按当月未抵扣增值税额，借记“应交税费——待认证进项税额”科目；

④按应付或实际支付的金额，贷记“应付账款”“应付票据”“银行存款”等科目。

（2）一般纳税人发生退货时，按以下规定进行账务处理：

①如果原增值税专用发票已作认证，应根据销售方开具的红字增值税专用发票记账（红字冲销）；

②如果原增值税专用发票未作认证，应将发票退回并作相反的会计分录（相反抵销）。

（3）一般纳税人购进的货物等已到达并验收入库，但尚未收到增值税扣税凭证并未付款的，应在月末按货物清单或相关合同协议上的价格暂估入账，但增值税的进项税额不需要暂估入账。账务处理如下：

①按协议价格，借记“原材料”“库存商品”“固定资产”“无形资产”等科目，贷记“应付账款”科目。

②下月初，用红字冲销原暂估入账金额，待取得相关增值税扣税凭证并经认证后，按应计入相关成本费用或资产的金额，借记“原材料”“库存商品”“固定资产”“无形资产”等科目，按可抵扣的增值税进项税额，借记“应交税费——应交增值税（进项税额）”科目，按应付金额，贷记“应付账款”等科目。

【例1-28】甲生产企业为增值税一般纳税人，2018年11月为生产应税货物外购原材料取得的增值税专用发票上注明的价款为200 000元，增值税税额为32 000元；本月外购生产用设备一台，取得的增值税专用发票上注明的价款为280 000元，增值税税额为44 800元。以上业务款项已通过银行结算，增值税专用发票均已经过税务机关认证。要求对以上业务进行会计处理。

外购原材料的账务处理：

借：原材料	200 000	
应交税费——应交增值税（进项税额）	32 000	
贷：银行存款		232 000

外购设备的账务处理：

借：固定资产	280 000	
应交税费——应交增值税（进项税额）	44 800	
贷：银行存款		324 800

假设，对外购设备进行安装调试时发现存在质量问题，要求退货。经与卖方协商，销售方同意退货并开具红字增值税专用发票。甲生产企业根据取得的红字增值税专用发票作以下账务处理（在计算机系统中，红字以负数表示）：

借：固定资产	280 000（红字）	
应交税费——应交增值税（进项税额）	44 800（红字）	
贷：银行存款		324 800（红字）

2.购进不动产或不动产在建工程分期抵扣进项税额的账务处理

根据国家税务总局《关于发布〈不动产进项税额分期抵扣暂行办法〉的公告》（国家税务总局公告2016年第15号）的规定，增值税一般纳税人2016年5月1日后取得并在会计制度上按固定资产核算的不动产，以及2016年5月1日后发生的不动产在建工程，其进项税额分2年从销项税额中抵扣。即：第一年抵扣比例为60%（进项税额的60%于取得扣税凭证的当期从销项税额中抵扣）；第二年抵扣比例为40%（进项税额的40%为待抵扣进项税额，于取得扣税凭证的当月起第13个月从销项税额中抵扣）。以上取得的不动产，包括以直接购买、接受捐赠、接受投资入股以及抵债等各种形式取得的不动产。纳税人新建、改建、扩建、修缮、装饰不动产，属于不动产在建工程。

纳税人取得不动产或者发生不动产在建工程时，按取得成本，借记“固定资产”“在建工程”等科目，按当期可抵扣的增值税税额（进项税额的60%），借记

“应交税费——应交增值税（进项税额）”科目，按以后期间可抵扣的增值税税额（进项税额的40%），借记“应交税费——待抵扣进项税额”科目，按应付或实际支付的金额，贷记“应付账款”“应付票据”“银行存款”等科目。第13个月从销项税额中抵扣待抵扣进项税额时，借记“应交税费——应交增值税（进项税额）”，贷记“应交税费——待抵扣进项税额”。

【例1-29】某生产企业（增值税一般纳税人）2018年10月购置了一座厂房，取得增值税专用发票上注明的价款为1 000万元，增值税税额为160万元。款项已通过银行支付。计算分期抵扣的进项税额，并对相关业务进行会计处理。

计算如下：

购置当期的应抵扣进项税额=160×60%=96（万元）

待抵扣进项税额=160×40%=64（万元）

购买当期的会计处理如下：

借：固定资产——厂房　　10 000 000

　　应交税费——应交增值税（进项税额）　　960 000

　　　　　　——待抵扣进项税额　　640 000

　贷：银行存款　　11 600 000

2019年11月（第13个月）转出待抵扣进项税额时：

借：应交税费——应交增值税（进项税额）　　640 000

　贷：应交税费——待抵扣进项税额　　640 000

3.购进农产品进项税额的账务处理

（1）企业购进免税农产品（试行农产品核定扣除办法的除外），按购入农业产品的买价和10%的扣除率计算准予抵扣的进项税额，同时作以下会计分录：

借：材料采购或商品采购（不含税价款）

　　应交税费——应交增值税（进项税额）

　贷：应付账款或银行存款（不含税价款+进项税额）

（2）纳税人购进已税农产品，按照取得的增值税专用发票或海关出具的增值税专用缴款书上注明的增值税作为允许抵扣的进项税额。会计处理如下：

借：原材料（票面价款）

　　应交税费——应交增值税（进项税额）（票面税金）

　贷：银行存款（价税合计金额）

（3）部分行业实行农产品增值税进项税额核定扣除办法的一般纳税人，以购进农产品为原料生产销售液体乳及乳制品、酒及酒精、植物油，其购进的农产品不再凭增值税扣税凭证抵扣增值税进项税额，而是按照投入产出法等方法核定进项税额后抵扣。

①购进农产品时无须分离进项税额，按含税价款计入材料成本，会计分录为：

借：原材料或材料采购（含税）

　贷：银行存款或应付账款

②期末，根据核定进项税额抵扣法计算的当期允许抵扣农产品增值税进项税额，从材料成本中转出，记入“应交税费——应交增值税（进项税额）”账户的借方，会计分录为：

借：应交税费——应交增值税（进项税额）

　贷：原材料

4.接受投资、捐赠等转入货物进项税额的账务处理

（1）企业接受投资转入的货物，按照专用发票上注明的增值税税额，借记“应交税费——应交增值税（进项税额）”科目；按照确认的投资货物价值（不含税价格），借记“原材料”“固定资产”等科目；按照增值税税额与货物价值的合计数，贷记“实收资本”等科目。

（2）企业接受捐赠转入的货物，按照专用发票上注明的增值税税额，借记“应交税费——应交增值税（进项税额）”科目；按照确认的捐赠货物的价值（不含税价款），借记“原材料”“固定资产”等科目；按照增值税税额与货物价值的合计数，贷记“营业外收入——捐赠利得”科目。

例如，某企业（一般纳税人）2018年5月接受捐赠设备一台，取得增值税专用发票上注明的价款100万元，增值税税额为16万元。该企业的会计处理如下：

借：固定资产	1 000 000	
应交税费——应交增值税（进项税额）	160 000	
贷：营业外收入——捐赠利得		1 160 000

5.进口货物增值税进项税额的账务处理

企业进口货物，按照海关增值税专用缴款书上注明的增值税税额，借记“应交税费——应交增值税（进项税额）”科目；按照进口货物应计入采购成本的金额，借记“材料采购”“商品采购”“原材料”等科目；按照应付或实际支付的金额（含税价款），贷记“银行存款”“应付账款”等科目。缴纳的进口关税，直接计入进口货物成本。

【例1-30】假设某进出口公司（增值税一般纳税人）2018年5月从某国进口货物一批，支付货物的价款为800 000美元，支付货物包装费10 000美元，支付运抵我国输入地点起卸前所发生的运费40 000美元、保险费2 000美元，货款已付。该批货物的进口关税税率为15%，增值税税率为10%，人民币外汇牌价为1∶6.3。海关已开具关税完税凭证和代征增值税专用缴款书，税款已缴纳。要求计算该进出口公司进口货物应缴纳的关税和海关代征的增值税，并对发生的业务进行会计处理。

（1）计算海关征收的关税：

①关税完税价格=（800 000+10 000+40 000+2 000）×6.3=5 367 600（元）

②进口关税=5 367 600×15%=805 140（元）

贷：应交税费——应交增值税（销项税额）

（2）逾期未退还包装物依照规定没收的押金（相当于销售包装物），按收取的押金（含税销售额），借记“其他应付款”科目；按不含增值税的押金收入（不含税销售额），贷记“其他业务收入”科目，按不含税押金收入和增值税税率计算的增值税税额，贷记“应交税费——应交增值税（销项税额）”科目。会计分录为：

借：其他应付款（含税销售额）

贷：其他业务收入（不含税销售额）

应交税费——应交增值税（销项税额）

3.收入确认与纳税义务存在时点差异的账务处理

（1）按照国家统一的会计制度确认收入或利得的时点早于按照增值税制度确认增值税纳税义务发生时点的，应将相关销项税额记入“应交税费——待转销项税额”科目，待实际发生纳税义务时再转入“应交税费——应交增值税（销项税额）”科目。会计分录如下：

①按会计制度确认收入时：

借：银行存款或应收账款

贷：主营业务收入

应交税费——待转销项税额

②按税法规定实际纳税义务发生时：

借：应交税费——待转销项税额

贷：应交税费——应交增值税（销项税额）

（2）按照增值税制度确认增值税纳税义务发生时点早于按照国家统一会计制度确认收入或利得的时点的，应根据增值税税额，借记“应收账款”科目，贷记“应交税费——应交增值税（销项税额）”科目，按照国家统一会计制度确认收入或利得时，应按扣除增值税销项税额后的金额确认收入。按会计制度确认收入时，按不含税的金额借记“银行存款”或“应收账款”科目，贷记“主营业务收入”，即先确认税金，后确认不含税价款。会计分录如下：

①依照税法计算销项税额（先确认税金）时：

借：应收账款

贷：应交税费——应交增值税（销项税额）

②按会计制度确认收入（后确认不含税价款）时：

借：银行存款或应收账款

贷：主营业务收入（不含税）

4.视同销售的账务处理

企业将自产、委托加工货物用于增值税免税项目、集体福利或个人消费的，以及将自产、委托加工或购买的货物，作为投资提供给其他单位或个体经营者的、用于对投资者分派股利的、无偿赠送他人的，在税收上视同销售处理。

企业发生视同销售行为，应当按照《企业会计准则》的相关规定进行相应的会

计处理，并按照现行增值税制度规定计算的销项税额（或采用简易计税方法计算的应纳增值税税额），借记“应付职工薪酬”“利润分配”等科目，贷记“应交税费——应交增值税（销项税额）”或“应交税费——简易计税”科目（小规模纳税人应记入“应交税费——应交增值税”科目）。

【例1-34】某食品生产企业（增值税一般纳税人）2018年5月特制一批食品发放给职工。已知该批食品的生产成本为80万元，无同类产品的销售价格，国家规定的成本利润率为5%。要求计算增值税（税率为16%），并对相关业务进行会计处理。

计算如下：

组成计税价格=成本×（1+成本利润率）=800 000×（1+5%）=840 000（元）

应纳增值税（销项税额）=840 000×16%=134 000（元）

会计处理如下：

借：应付职工薪酬——职工福利	974 400	
贷：主营业务收入		840 000
应交税费——应交增值税（销项税额）		134 400

同时，结转成本：

借：主营业务成本	800 000	
贷：库存商品		800 000

【例1-35】某电视机厂（一般纳税人）2018年12月以自产电视机150台用于股东分红。已知该批电视机同类产品的销售价格为300 000元，生产成本为150 000元。要求计算该批电视机应纳增值税税额（税率为16%），并对相关业务进行会计处理。

计算如下：

应纳增值税（销项税额）=300 000×16%=48 000（元）

用于股东分红时会计处理如下：

借：利润分配——应付股利	348 000	
贷：主营业务收入		300 000
应交税费——应交增值税（销项税额）		48 000

同时，结转成本：

借：主营业务成本	150 000	
贷：库存商品		150 000

5.销售代销货物的账务处理

代销货物有两种不同的方式：一种是以视同买断方式销售代销货物；另一种是以收取手续费方式代销货物。两种不同代销货物方式的账务处理不同。

（1）以视同买断方式销售代销货物的账务处理。

以视同买断方式销售代销货物，是指委托方按协议价向受托方收取委托代销商品的货款，实际售价可由受托方自定，实际售价与协议价之间的差额归受托方所有的一种代销方式。此时，委托方委托代销的货物按销售货物进行账务处理；受托方分别按购进货物和销售货物进行账务处理。

【例1-36】甲公司（增值税一般纳税人）于2018年11月10日与乙公司（增值税一般纳税人）签订委托销售货物协议，按视同买断方式委托乙公司代销其所生产的货物，该批货物的协议价为220 000元，增值税税额为35 200元，成本为195 000元。乙公司将该批货物按240 000元的价格售出，收取增值税38 400元。乙公司于本月25日与甲公司结清协议价款。要求按业务发生顺序进行会计处理。

（1）甲公司（委托方）的会计处理如下：

①甲公司发出委托代销货物时：

借：应收账款——乙公司	255 200	
贷：主营业务收入		220 000
应交税费——应交增值税（销项税额）		35 200

同时，结转成本：

借：主营业务成本	195 000	
贷：库存商品		195 000

②甲公司收到代销货款时：

借：银行存款	255 200	
贷：应收账款——乙公司		255 200

（2）乙公司（受托方）的会计处理如下：

①乙公司收到代销货物时：

借：库存商品	220 000	
应交税费——应交增值税（进项税额）	35 200	
贷：应付账款——甲公司		255 200

②乙公司售出代销货物时：

借：银行存款	278 400	
贷：主营业务收入		240 000
应交税费——应交增值税（销项税额）		38 400

同时，结转代销货物成本：

借：主营业务成本	220 000	
贷：库存商品		220 000

③乙公司根据协议向委托方付款时：

借：应付账款——甲公司	255 200	
贷：银行存款		255 200

（2）以收取手续费方式代销货物的账务处理。

以收取手续费方式代销货物，是指受托方根据协议为委托方代销商品，并按其

所代销商品销售额的一定比例向委托方收取代销手续费的一种代销方式。以收取手续费方式代销货物，受托方不得自行改变代销商品的价格，应按委托方规定的价格出售代销商品。双方分别按以下规定进行账务处理：

①委托方发出商品应转入“委托代销商品”科目核算；委托方收到代销货物清单时，开具增值税专用发票，并按销售业务进行账务处理；委托方确认应付代销手续费计入当期费用（销售费用）。

②受托方收到代销商品时，按不含税协议价借记“受托代销商品”科目，贷记“受托代销商品款”科目；销售代销货物时，应为购货方开具增值税专用发票，并按销售业务作账务处理；受托方确认应收代销手续费时，借记“受托代销商品款（代销手续费）”科目，贷记“其他业务收入”科目；受托方结清代销商品款及税金时，借记“受托代销商品款”“应交税费——应交增值税（进项税额）”科目，贷记“银行存款”科目。

【例1-37】甲公司（增值税一般纳税人）2017年7月10日与乙公司（增值税一般纳税人）签订委托销售协议，采取支付手续费方式委托乙公司代销其自产的电冰箱一批，商品协议价为120 000元，增值税税额为20 400元，成本为105 000元，乙公司按销售代销商品含税销售额的5%收取手续费。当月30日，收到乙公司开来的代销清单并结清协议价款。要求对甲、乙公司的相关业务进行会计处理。

（1）甲公司（委托方）的会计处理如下：

①甲公司发出委托代销商品时，按成本记账：

借：委托代销商品	105 000	
贷：库存商品		105 000

②甲公司收到乙公司开来的代销清单时：

借：应收账款——乙公司	140 400	
贷：主营业务收入		120 000
应交税费——应交增值税（销项税额）		20 400

同时，结转代销商品成本：

借：主营业务成本	105 000	
贷：委托代销商品		105 000

③甲公司确认应付手续费时：

应付手续费=140 400×5%=7 020（元）

借：销售费用	7 020	
贷：应收账款——乙公司		7 020

④甲公司收到款项时：

应收乙公司结算款额=140 400−7 020=133 380（元）

借：银行存款	133 380	

贷：应收账款——乙公司　　133 380

（2）乙公司（受托方）的会计处理如下：

①乙公司收到代销商品时：

借：受托代销商品　　120 000

　贷：受托代销商品款　　120 000

②乙公司售出代销商品时：

借：银行存款　　140 400

　贷：受托代销商品　　120 000

　　　应交税费——应交增值税（销项税额）　　20 400

③乙公司确认应收代销手续费时：

借：受托代销商品款　　7 020

　贷：其他业务收入　　7 020

④乙公司结清代销商品款及税金时：

应支付甲公司款项=120 000−7 020+20 400=112 980+20 400=133 380（元）

借：受托代销商品款　　112 980

　　应交税费——应交增值税（进项税额）　　20 400

　贷：银行存款　　133 380

6.允许扣减相关支出的账务处理

按现行增值税制度规定，企业发生相关成本费用允许扣减销售额的，按应付或实际支付的含税金额，借记“主营业务成本”“存货”“工程施工”等科目，贷记“应付账款”“应付票据”“银行存款”等科目。待企业取得合规增值税扣税凭证且纳税义务发生时，适用一般计算方法的一般纳税人，按照允许抵扣的税额借记“应交税费——应交增值税（销项税额抵减）”科目，贷记“主营业务成本”“存货”“工程施工”等科目。

【例1-38】某从事旅游服务的一般纳税人，2017年10月共取得旅游收入636 000元（含税），其中包含向其他单位支付的住宿费148 320元、餐饮费61 800元、交通费37 080元、门票费134 400元。要求计算增值税销项税额抵减额，并对相关业务进行会计处理。

计算如下：

取得旅游收入的增值税销项税额=636 000÷（1+6%）×6%=36 000（元）

向其他单位支付费用=148 320+61 800+37 080+134 400=381 600（元）

销项税额抵减=381 600÷（1+6%）×6%=21 600（元）

会计处理如下：

①取得收入时：

借：银行存款　　636 000
　贷：应交税费——应交增值税（销项税额抵减）　　36 000
　　　主营业务收入　　600 000

②向其他单位支付费用时：

借：主营业务成本——住宿费等　　381 600
　贷：银行存款　　381 600

③抵减销项税额时：

借：应交税费——应交增值税（销项税额抵减）　　21 600
　贷：主营业务成本——住宿费等　　21 600

三、按简易计税方法计税的账务处理

（一）一般纳税人选择简易计税方法计税的账务处理

“简易计税”作为“应交税费”科目的二级明细科目，主要核算一般纳税人采用简易计税方法发生的增值税计提、扣减、预缴、缴纳等业务。一般纳税人取得收入时，借记“银行存款”等科目，贷记“主营业务收入”和“应交税费——简易计税”科目；发生支出时，按应付或实际支付款项允许扣除的税额借记“应交税费——简易计税”和“主营业务成本”科目，贷记“银行存款”科目。

【例1-39】甲公司为增值税一般纳税人，提供劳务派遣服务适用差额征税，2017年8月取得含税销售额10万元，向用工单位收取用于支付给劳务派遣员工工资、福利和为其办理社会保险及住房公积金的费用8万元。采用简易方法计税，增值税征收率为5%，通过“应交税费——简易计税”科目核算。会计处理如下：

（1）纳税人确认收入时：

不含税收入=100 000÷（1+5%）=95 238.10（元）

简易计税应纳税额=100 000÷（1+5%）×5%= 4 761.90（元）

借：银行存款　　100 000
　贷：主营业务收入　　95 238.10
　　　应交税费——简易计税　　4 761.90

（2）支付给劳务派遣员工工资、福利和为其办理社会保险及住房公积金时：

计入成本的不含税支出=80 000÷（1+5%）=76 190.48（元）

允许扣减的增值税=80 000÷（1+5%）×5%=3 809.52（元）

借：主营业务成本　　76 190.48
　　应交税费——简易计税　　3 809.52
　贷：银行存款　　80 000

（3）缴纳增值税时：

借：应交税费——简易计税　　952.38

贷：银行存款　　952.38

【例1-40】乙公司为增值税一般纳税人，2016年12月处置一批2009年之前购入的设备，取得变卖收入20 600元。采用简易方法计税，征收率为3%，减按2%征收。会计处理如下：

（1）清理发生收入及计税时：

固定资产清理=20 600÷（1+3%）=20 000（元）

简易计税的税额=20 600÷（1+3%）×3%= 600（元）

借：银行存款　　20 600

　贷：固定资产清理　　20 000

　　　应交税费——简易计税　　600

（2）减按2%征收增值税时：

实际征收的增值税税额=20 600÷（1+3%）×2%=400（元）

借：应交税费——简易计税　　400

　贷：银行存款　　400

（3）剩余的1%为减免税额的会计处理：

按3%与2%之差计税的税额（剩余1%）为减免税额，计入营业外收入。

营业外收入额=600-400=200（元）

或：营业外收入额=20 600÷（1+3%）×（3%-2%）=200（元）

借：应交税费——简易计税　　200

　贷：营业外收入　　200

【例1-41】丙公司为增值税一般纳税人，2017年12月取得一项在外市提供建设服务的工程款100万元（含税），支付分包工程款20万元（含税），购进材料取得的专用发票上注明的进项税额为6万元，该项目采用简易计税。会计处理如下：

（1）在服务发生地预缴增值税（取得服务发生地主管国税机关完税凭证）时：

简易计税税额=（1 000 000-200 000）÷（1+3%）×3%=23 300.97（元）

借：应交税费——简易计税　　23 300.97

　贷：银行存款　　23 300.97

（2）机构所在地申报缴纳税款=（1 000 000-200 000）÷（1+3%）×3%-23 300.97

=0

（3）发票开具：在机构所在地自行开具增值税发票，可按照其取得的全部价款和价外费用100万元开具税率为3%的增值税专用发票，并进行账务处理。

简易计税税额=1 000 000÷（1+3%）×3%=29 126.21（元）

借：银行存款　1 000 000
　贷：应交税费——简易计税　29 126.21
　　　工程结算　970 873.79

（4）支付分包工程款200万元。会计处理如下：

简易计税税额=200 000÷（1+3%）×3%=5 825.24（元）

不含税分包工程款=200 000−5 825.24=194 174.76（元）

借：工程施工　194 174.76
　　应交税费——简易计税　5 825.24
　贷：银行存款　200 000

【例1-42】丁公司是增值税一般纳税人，2016年12月1日开始出租在异地于2011年购入的办公楼，合同约定每月收取租金6.3万元。丁公司采用简易计税方法核算该项目。会计处理如下：

（1）每月收取租金时：

借：银行存款　63 000
　贷：预收账款　63 000

（2）在不动产所在地预缴增值税时：

简易计税税额=63 000÷（1+5%）×5%=3 000（元）

借：应交税费——简易计税　3 000
　贷：银行存款　3 000

（3）在机构所在地申报纳税时：

借：预收账款　63 000
　贷：其他业务收入　60 000
　　　应交税费——简易计税　3 000

注：此时"应交税费——简易计税"自然结平。

【例1-43】戊公司是一家主营房地产开发经营的企业（一般纳税人），在机构所在地开发房地产项目。该项目"建筑工程施工许可证"登记的开工日期在2016年4月30日前，选择简易计税。2016年9月，该项目尚未完工，预售收入1亿元。会计处理如下：

（1）收到预售房款时：

借：银行存款　100 000 000
　贷：预收账款　100 000 000

（2）当月计提增值税时：

简易计税税额=100 000 000÷（1+5%）×3%=2 857 142.86（元）

借：应交税费——简易计税　2 857 142.86

　贷：其他应付款　2 857 142.86

（3）次月申报期之内填报“预缴增值税申报表”时，向机构所在地国税局预缴税款。

借：其他应付款　2 857 142.86

　贷：银行存款　2 857 142.86

【例1-44】 A建筑公司（一般纳税人）2016年12月有甲、乙两个在建项目（均发生在外县市），其中甲项目为2016年8月承揽的清包工房地产建设工程，A公司选择简易计税方法（且已向税务机关备案）计算缴纳甲项目增值税，A公司将甲项目外墙工程分包给B建筑公司；乙项目为2016年11月承揽的装修工程，采用包工包料方式，合同总造价555 000元（含税），总成本400 000元，A公司采用一般计税方法计算缴纳乙项目增值税。2016年12月A公司发生以下业务：

（1）邀请境外设计公司为乙项目进行整体设计，设计服务合同价款为53 000元，12月2日设计方案通过，用银行存款支付设计费，并代扣境外公司增值税。10日缴纳代扣税款，并取得完税凭证。

①计算：

购入设计服务应扣缴增值税=53 000÷（1+6%）×6%=50 000×6%=3 000（元）

乙项目装修设计成本=53 000 −3 000=50 000（元）

②将设计成本计入工程成本：

借：工程施工——合同成本（乙项目）　50 000

　　应交税费——应交增值税（进项税额）　3 000

　贷：银行存款　50 000

　　　应交税费——代扣代交增值税　3 000

③缴纳扣缴增值税时：

借：应交税费——代扣代交增值税　3 000

　贷：银行存款　3 000

（2）12月8日购入乙项目所需装修材料，取得增值税专用发票上注明的价款30 000元，增值税税额5 100元，款项尚未支付，增值税专用发票未认证。该项业务会计处理如下：

借：原材料　30 000

　　应交税费——应交增值税（待认证进项税额）　5 100

　贷：应付账款　35 100

（3）12月15日购买办公楼一栋，取得增值税专用发票上注明的价款为3 000万元，增值税税额330万元。款项已付，专用发票已认证。

本月可抵扣进项税额=330×60%=198（万元）

待抵扣进项税额=330×40%=132（万元）

借：固定资产　　30 000 000
　　应交税费——应交增值税（进项税额）　　1 980 000
　　　　　　——待抵扣进项税额　　1 320 000
　贷：银行存款　　33 300 000

2017年12月（第13个月）抵扣40%进项税额：

借：应交税费——应交增值税（进项税额）　　1 320 000
　贷：应交税费——待抵扣进项税额　　1 320 000

（4）12月18日与B建筑公司结算甲项目外墙工程款206 000元，用银行存款支付；12月26日取得B公司开具的普通发票，注明金额206 000元。

①12月18日支付工程款时：

借：工程施工——合同成本（甲项目）　　206 000
　贷：银行存款　　206 000

②12月26日取得普通发票时：

采用简易计税方法扣减税额=2 06 000÷（1+3%）×3%=6 000（元）

借：应交税费——简易计税　　6 000
　贷：工程施工——合同成本（甲项目）　　6 000

（5）12月20日，甲项目完工并验收合格，与建设方结算含税工程款1 030 000元，向建设方开具普通发票，款项已收讫。预计甲项目不会跨年度，A建筑公司一直未确认收入。12月25日，A建筑公司按规定向建筑劳务发生地税务机关预缴增值税。

①收到工程款计算应纳税额时：

应纳税额=1 030 000÷（1+3%）×3%=30 000（元）

借：银行存款　　1 030 000
　贷：主营业务收入　　1 000 000
　　　应交税费——简易计税　　30 000

②向建筑劳务发生地国税部门预缴增值税：

预缴增值税=（1 030 000– 206 000）÷（1+3%）×3%=24 000（元）

借：应交税费——简易计税　　24 000
　贷：银行存款　　24 000

（6）12月31日，A建筑公司按已完工程成本占总成本的比重确认乙项目完工程度为20%，按完工进度确认乙项目收入和成本；12月31日确认结算工程款10%。

①确认乙项目当月工程收入和工程成本：

当月工程收入=555 000÷（1+11%）×20%=100 000（元）

（2）月末，会计处理业务主要包括以下三个方面：

一是根据“免抵退税汇总申报表”中计算出的“免抵退税不予免征和抵扣税额”，即根据出口货物离岸价格乘以征收率与退税率之差计算的出口不予免抵退税额，从进项税额中转出并计入出口货物成本。会计分录为：

借：主营业务成本

　贷：应交税费——应交增值税（进项税额转出）

二是根据“免抵退税汇总申报表”中计算出的“免抵税额”，即按规定计算的当期应予抵扣的税额，先抵减内销产品应纳税额。会计分录为：

借：应交税费——应交增值税（出口抵减内销产品应纳税额）

　贷：应交税费——应交增值税（出口退税）

三是根据“免抵退税汇总申报表”中计算出的“应退税额”，即应抵扣税额大于应纳税额的差额，作以下会计分录：

借：其他应收款——应收出口退税

　贷：应交税费——应交增值税（出口退税）

（3）企业收到出口退税（出口退回增值税）税款时，其会计分录为：

借：银行存款

　贷：其他应收款——应收出口退税

【例1-45】 某生产企业为增值税一般纳税人，具有出口经营权。2017年第二季度发生的相关业务如下：

（1）内销货物开具的增值税专用发票上注明的销售额为1 500万元，增值税税额为255万元，款项已收存银行。

（2）出口货物的离岸价为500万美元（外汇人民币牌价为1∶6.5）。

（3）购进用于生产内销货物的原材料等，取得增值税专用发票上注明的增值税为600万元（通过税务机关验证）。

（4）上期末抵扣完的进项税额为20万元。

该出口货物的增值税税率为17%，退税率为13%。

要求：计算该企业本季度出口货物应退税额并对涉税业务进行会计处理。

①计算当期出口货物不得免征和抵扣税额并作出会计处理。

不得免征和抵扣税额=500×6.5×（17%-13%）=130（万元）

借：主营业务成本　　　　1 300 000

　贷：应交税费——应交增值税（进项税额转出）　　　　1 300 000

②计算当期应纳税额。

当期应纳税额=1 500×17%-（600-130）-20=-235（万元）

当期应纳税额为负数，即当期期末留抵税额为235万元。

③计算当期“免、抵、退”税额。

当期免抵退税额=500×6.5×13%=422.5（万元）

④计算当期应退税额和免抵税额。

当期期末留抵税额（235万元）<当期免抵退税额（422.5万元），则：

当期应退税额=当期期末留抵税额=235万元

当期免抵税额（出口抵减内销产品应纳税额）=422.5−235=187.5（万元）

根据税务机关的审批表确定应退税额时的会计分录为：

借：其他应收款——应收出口退税（增值税）　　2 350 000
　　应交税费——应交增值税（出口抵减内销产品应纳税额）　1 875 000
　贷：应交税费——应交增值税（出口退税）　　4 225 000

⑤收到出口退税款时的会计分录：

借：银行存款　　2 350 000
　贷：其他应收款——应收出口退税（增值税）　　2 350 000

通过上述核算，“应交税费——应交增值税”账户发生额及余额情况，见表1-6。

表1-6　**“应交税费——应交增值税”账户发生额及余额**

借　方	贷　方
期初余额20万元	当期销项税额255万元
当期进项税额600万元	不得免抵退税转出130万元
出口抵顶内销产品应纳税额187.5万元	出口退税422.5万元
借方合计：807.5万元	贷方合计：807.5万元

【例1-46】某生产企业为增值税一般纳税人，具有自营出口经营权。出口货物的征税率为17%，退税率为13%。2018年3月发生的相关业务如下：

（1）购进原材料一批，取得的增值税专用发票注明的价款为200万元，税金为34万元（已通过认证）。

（2）当月进料加工免税进口料件的组成计税价格为100万元。

（3）本期内销货物开具的增值税专用发票注明的价款为100万元，税金为17万元，款项已存银行。

（4）本月出口货物的销售额折合人民币为200万元。

（5）上期期末留抵税额为6万元。

要求：计算该企业当期的“免、抵、退”税额，并对涉税业务进行会计处理。

（1）计算如下：

①免抵退税不得免征和抵扣税额=200×（17%−13%）=8（万元）

②当期应纳税额=17−（34−8）−6=−15（万元）

当期应纳税额为−19万元，意味着当期期末留抵税额为19万元。

③免抵退税额的抵减额=100×13%= 13（万元）

④当期免抵退税额=200×13%-13= 13（万元）

由于当期期末的留抵税额15万元>当期免抵退税额13万元，则：

⑤当期应退税额=当期免抵退税额=13万元

⑥当期免抵税额（出口抵减内销产品应纳税额）=13-13= 0

⑦期末结转下期的留抵税额=15-13=2（万元）

（2）会计处理如下：

①根据计算的出口货物不得免征和抵扣税额，作以下会计分录：

借：主营业务成本　　80 000

　贷：应交税费——应交增值税（进项税额转出）　　80 000

②申报免抵税额和应退税额时的会计分录为：

借：其他应收款——应收出口退税（增值税）　　130 000

　贷：应交税费——应交增值税（出口退税）　　130 000

该企业本期“应交税费——应交增值税”账户发生额及余额情况见表1-7。

表1-7　“应交税费——应交增值税”账户发生额及余额

借方	贷方
期初余额6万元	当期销项税额17万元
当期进项税额34万元	不得免抵退税转出8万元
	出口退税13万元
借方发生额合计：40万元	贷方发生额合计：38万元
期末借方余额为2万元	

（三）外贸企业出口货物增值税退（免）税的账务处理方法

外贸企业出口货物实行增值税“免、退”税办法。出口退税相关业务的账务处理方法如下：

（1）货物出口并确认收入实现时，根据出口销售额（FOB价），作以下会计分录：

借：应收账款或银行存款

　贷：主营业务收入

（2）根据计算的出口应退税额，作以下会计分录：

借：其他应收款——应收出口退税

　贷：应交税费——应交增值税（出口退税）

（3）转出进项税额大于应退税额的差额（未得到退税的进项税额）时，会计分录为：

借：主营业务成本

贷：应交税费——应交增值税（进项税额转出）

（4）企业收到出口退税（出口退回增值税）税款时，会计分录为：

借：银行存款

贷：其他应收款——应收出口退税

【例1-47】某外贸进出口公司（增值税一般纳税人）2018年3月收购货物一批，取得的增值税专用发票上注明的价款为250万元，税金为42.5万元，本期全部出口销售，实际结汇价格折合成人民币为380万元。该货物的增值税退税率为13%。要求计算出口退税额，并对所发生的业务进行会计处理。

（1）计算：

出口货物应退税额=2 500 000×13%=325 000（元）

应转出进项税额=425 000-325 000=100 000（元）

（2）会计处理。

①出口销售时：

借：应收账款　　3 800 000

贷：主营业务收入（出口销售）　　3 800 000

②申报应退税额时：

借：其他应收款——应收出口退税（增值税）　　325 000

贷：应交税费——应交增值税（出口退税）　　325 000

③转出未退进项税额时：

借：主营业务成本　　100 000

贷：应交税费——应交增值税（进项税额转出）　　100 000

④实际收到出口退税款时：

借：银行存款　　325 000

贷：其他应收款——应收出口退税（增值税）　　325 000

本期该企业“应交税费——应交增值税”账户发生额及余额情况见表1-8。

表1-8　“应交税费——应交增值税”账户发生额及余额

借方	贷方
当期进项税额42.5万元	当期销项税额0
	未退税额转出10万元
	出口退税32.5万元
借方发生额合计：42.5万元	贷方发生额合计：42.5万元

五、增值税缴纳、预缴及减免税的账务处理

（一）缴纳增值税的账务处理方法

（1）企业当月缴纳当月的增值税，通过“应交税费——应交增值税（已交税

金）”科目核算，借记“应交税费——应交增值税（已交税金）”科目（小规模纳税人应借记“应交税费——应交增值税”科目），贷记“银行存款”科目。

（2）月份终了，企业应将当期未交或多交的增值税从“应交税费——应交增值税”科目中转出。根据计算的当月应交未交的增值税，借记“应交税费——应交增值税（转出未交增值税）”科目，贷记“应交税费——未交增值税”科目。月末，如果企业实际缴纳的增值税大于应交增值税，应根据当月多交的增值税，借记“应交税费——未交增值税”科目，贷记“应交税费——应交增值税（转出多交增值税）”科目。

（3）企业当月缴纳以前各期未交的增值税，则通过“应交税费——未交增值税”科目核算，借记“应交税费——未交增值税”科目，贷记“银行存款”科目。

（二）预缴增值税的账务处理方法

（1）企业预缴增值税时，借记“应交税费——预交增值税”科目，贷记“银行存款”科目。

（2）月末，企业应将“预交增值税”明细科目余额转入“未交增值税”明细科目，借记“应交税费——未交增值税”科目，贷记“应交税费——预交增值税”科目。

房地产开发企业等在预缴增值税后，应直至纳税义务发生时方可从“应交税费——预交增值税”科目结转至“应交税费——未交增值税”科目。

（三）增值税减免税款的账务处理方法

（1）企业在取得销售收入时，应当按照税法的规定计算应交增值税，借记“银行存款”或“应收账款”，贷记“应交税费——应交增值税”科目。

（2）对于当期直接减免的增值税，根据计算的减免税额，借记“应交税费——应交增值税（减免税款）”科目，贷记损益类相关科目（如“营业外收入”）。

（3）企业收到即征即退、先征后退、先征税后返还等形式返还的增值税，按实际收到退还的增值税税额，借记“银行存款”科目，贷记“营业外收入”科目。

（4）对直接减免和即征即退的增值税，应并入企业当年利润征收企业所得税；对先征税后返还和先征后退的增值税，应并入企业实际收到退税或返还税款年度的利润征收企业所得税。

（5）小微企业取得的销售收入应按照税法规定计算应交增值税，并确认为应交税费。在达到免征增值税条件时，将有关应交增值税转入当期损益。根据制度规定，小微企业当月销售额不超过3万元（季度销售额不超过9万元）免征增值税。

【例1-48】甲供热公司为增值税一般纳税人，主要从事免税的居民供暖业务，同时从事部分商户等应税的非居民供热业务。2017年10月购进煤炭一批，取得的增值税专用发票上注明的价款600万元，增值税税额102万元（不能区分用于居民供暖和非居民供暖）。本月收取居民供暖费555万元，收取非居民供暖费333万元。要求对相关业务及减免税金进行会计处理。

分析：

根据财政部、国家税务总局《关于供热企业增值税、房产税、城镇土地使用税优惠政策的通知》（财税〔2016〕94号）的规定，自2016年1月1日至2018年供暖期结束，“三北”地区（东北、华北、西北）供热企业向居民个人供热而取得的采暖费收入免征增值税。供热企业，是指热力产品生产企业和热力产品经营企业。热力产品生产企业包括专业供热企业、兼营供热企业和自供热单位。

会计处理：

①购进煤炭时：

借：原材料——燃料　　6 000 000
　　应交税费——应交增值税（进项税额）　　1 020 000
　贷：银行存款　　7 020 000

②计算销项税额时：

主营业务收入=（555+333）÷（1+11%）=800（万元）

销项税额=800×11%=88（万元）

借：银行存款　　8 880 000
　贷：主营业务收入　　8 000 000
　　　应交税费——应交增值税（销项税额）　　880 000

③转出居民供热不能抵扣的进项税额时：

居民供热不能抵扣的进项税额=102×333÷（555+333）=38.25（万元）

借：主营业务成本　　382 500
　贷：应交税费——应交增值税（进项税额转出）　　382 500

④结转居民供热减免的税金：

居民供热减免税额=88×555÷（555+333）=55（万元）

借：应交税费——应交增值税（减免税款）　　550 000
　贷：营业外收入——补贴收入　　550 000

【例1-49】 A公司为增值税一般纳税人，2017年8月销售其自行开发的软件产品，取得不含税收入500万元，当期该软件产品取得进项税额30万元。要求计算当期增值税应退税额。

分析：

根据增值税政策的规定，增值税一般纳税人销售其自行开发的软件产品，按17%税率征收增值税后，对其增值税实际税负超过3%的部分实行即征即退政策。

计算如下：

当期增值税销项税额=500×17%=85（万元）

当期应纳增值税税额= 85-30=55（万元）

当期销售该软件产品实际税负率=55÷500×100%=11%

增值税实际税负超过3%的部分可享受即征即退政策。

增值税即征即退额=55-500×3%=55-15=40（万元）

会计处理：

①销售软件产品时：

借：银行存款　　5 850 000

　贷：主营业务收入　　5 000 000

　　应交税费——应交增值税（销项税额）　　850 000

②纳税人在收到税务机关即征即退税款时：

借：银行存款　　400 000

　贷：营业外收入——补贴收入　　400 000

【例1-50】某餐饮企业（符合小微企业标准）2018年第2季度共取得餐饮收入90 100元（含税），已按增值税制度规定计算缴纳了增值税。该企业本季度是否享受小微企业免征增值税待遇？请对相关业务作出会计处理。

计算分析如下：

增值税计税销售额=90 100 ÷（1+6%）=85 000（元）

已缴增值税=85 000×6%=5 100（元）

该企业本季度销售额85 000元，未超过90 000元，享受小微企业免征增值税待遇。

会计处理如下：

取得收入时：

借：银行存款　　90 100

　贷：主营业务收入　　85 000

　　应交税费——应交增值税　　5 100

达到增值税制度规定免征增值税条件时：

借：应交税费——应交增值税（减免税款）　　5 100

　贷：营业外收入——补贴收入　　5 100

第二章

消费税实务

消费税是对消费品征收的税收。世界各国征收的消费税，就其征税范围不同可分为无限型消费税和有限型消费税。无限型消费税也称一般消费税，即对所有消费品普遍征收消费税；有限型消费税也称特殊型消费税，即选择部分消费品征收消费税。我国消费税是1994年税制改革在流转税中新设置的一个税种，基本属于有限型消费税，其征税对象主要是高档消费品、高能耗消费品、不可再生和不可替代的稀缺资源性消费品。征收消费税的目的主要是调节消费结构、引导消费方向、促进资源的节约使用和保护环境。

第一节　我国消费税制度的建立与发展

一、1994年建立消费税制度

1993年11月26日国务院第12次常务会议通过《中华人民共和国消费税暂行条例》，自1994年1月1日起施行。1994年我国征收的消费税实行一次课征制，仅对纳税人在境内生产、委托加工和进口的烟、酒、化妆品、护肤护发品、贵重首饰及珠宝玉石、鞭炮及焰火、汽油、柴油、汽车轮胎、摩托车、小汽车等11类应税消费品在生产、委托加工和进口环节征收消费税。应税消费品在以后的批发、零售等环节，不用再缴纳消费税。我国消费税属于价内税，税款最终由消费者承担。

二、2006年消费税政策调整

为进一步完善消费税制，经国务院批准，财政部、国家税务总局发布了《关于调整和完善消费税政策的通知》（财税〔2006〕33号），自2006年4月1日起对消费税税目、税率及相关政策进行调整，主要包括以下内容：

（一）进一步扩大消费税征税范围

将高尔夫球及球具、高档手表、游艇、木制一次性筷子、实木地板5种产品纳入消费税征税范围，适用税率分别为：

①高尔夫球及球具税率为10%；

②高档手表税率为20%；

③游艇税率为10%；

④木制一次性筷子税率为5%；

⑤实木地板税率为5%。

（二）调整部分税目税率

（1）取消汽油、柴油税目，增列成品油税目。汽油、柴油改为成品油税目下的子目（税率不变），另外在成品油税目中新增石脑油、溶剂油、润滑油、燃料油、航空煤油五个子目。

（2）取消护肤护发品税目，将原属于护肤护发品征税范围的高档护肤类化妆品列入高档化妆品税目。

（3）调整小汽车税目税率，取消小汽车税目下的小轿车、越野车、小客车子目，在小汽车税目下分设乘用车、中轻型商用客车和超豪华小汽车子目，并相应调整税率。

（4）将摩托车的税率改为以排气量为标准，分档设置税率。

（5）将汽车轮胎的税率由10%下调到3%。

（6）将粮食白酒、薯类白酒的比例税率统一调整为20%，定额税率调整为0.5元/斤（500克）或0.5元/500毫升。

（三）部分应税消费品准予抵扣原料已纳消费税

纳税人以外购或委托加工收回的下列应税消费品为原料生产消费品的，准予从消费税应纳税额中扣除原料已纳的消费税税款。

（1）以已税杆头、杆身和握把为原料生产的高尔夫球杆，准予抵扣杆头、杆身和握把已纳消费税。

（2）以已税木制一次性筷子为原料生产的木制一次性筷子，准予抵扣木制一次性筷子已纳消费税。

（3）以已税实木地板为原料生产的实木地板，准予抵扣实木地板已纳消费税。

（4）以已税石脑油为原料生产的应税消费品，准予抵扣石脑油已纳消费税。

（5）以已税润滑油为原料生产的润滑油，准予抵扣润滑油已纳消费税。

（四）其他调整内容

（1）纳税人将自产应税消费品与外购或自产非应税消费品组成套装销售的，以套装产品的销售额（不含增值税）为计税依据。

（2）生产企业将自产石脑油用于本企业连续生产汽油等应税消费品的，自产石脑油不缴纳消费税；用于连续生产乙烯等非应税消费品或其他方面的，于移送使用时缴纳消费税。

（3）明确新增和调整税目的全国平均成本利润率。

①高尔夫球及球具全国平均成本利润率为10%；

②高档手表全国平均成本利润率为20%；

③游艇全国平均成本利润率为10%；

④木制一次性筷子全国平均成本利润率为5%；

⑤实木地板全国平均成本利润率为5%；

⑥乘用车全国平均成本利润率为8%；

⑦中轻型商用客车全国平均成本利润率为5%。

三、2008年修订消费税暂行条例

2008年11月5日，国务院第34次常务会议通过了修订的《中华人民共和国消费税暂行条例》（以下简称《消费税暂行条例》），新条例自2009年1月1日起施行。新条例主要是将自1994年以来出台的消费税政策调整内容更新到新修订的消费税条例中，既上升了消费税法律层级，又与增值税的变化保持一致。修改后的消费税制度更趋于完善和规范。其主要修订内容如下：

（一）纳税主体范围变化

修订后的《消费税暂行条例》在原有“在中华人民共和国境内生产、委托加工和进口本条例规定的消费品的单位和个人”的基础上，增加了“国务院确定的销售本条例规定的消费品的其他单位和个人”。

（二）扣缴主体范围变化

修订后的《消费税暂行条例》明确规定，委托加工的应税消费品由受托方在向委托方交货时代收代缴消费税，但受托方为个人的除外。

（三）增加复合计税办法

修订后的《消费税暂行条例》，对生产或进口的卷烟和白酒征收消费税实行复合计税办法，即从价计征与从量计征的复合计征办法。

（四）将政策调整内容更新到新条例中

（1）将1994年以来出台的消费税政策调整内容，更新到新修订的《消费税暂行条例》中。例如，将金银首饰、铂金首饰、钻石及钻石饰品等应税消费品原来在生产环节征收的消费税改在零售环节征收。

（2）税目由原来的11项调整为14项，细目增多，范围更广。14类应税消费品包括：烟、酒及酒精、化妆品、贵重首饰及珠宝玉石、鞭炮及焰火、成品油、汽车轮胎、摩托车、小汽车、高尔夫球及球具、高档手表、游艇、木制一次性筷子、实木地板。

（3）在2008年修订《消费税暂行条例》的基础上，自2009年5月1日起，在卷烟的批发环节加征一道从价计征的消费税，即烟草批发企业将卷烟销售给零售单位的，要再征一道5%的从价税，且批发企业在计算应纳税额时，不得抵扣卷烟中已含的生产环节的消费税税额。

（4）消费税申报和纳税期限与增值税条例衔接，将纳税申报期限从10日延长至15日，并在此基础上增加了一季度的纳税期限。

四、2014年以来消费税政策调整

（一）调整部分消费税的税目、税率

（1）根据财政部、国家税务总局《关于调整消费税政策的通知》（财税〔2014〕93号）的规定，自2014年12月1日起，调整以下事项的消费税政策：

①取消气缸容量250毫升（不含）以下的小排量摩托车消费税。气缸容量250毫升和250毫升（不含）以上的摩托车，继续分别按3%和10%的税率征收消费税。

②取消汽车轮胎税目。

③取消车用含铅汽油消费税，汽油税目不再划分二级子目，统一按照无铅汽油税率征收消费税。

④取消酒精消费税，原“酒及酒精”品目相应改为“酒”税目，并继续按现行消费税政策执行。

（2）根据国家税务总局《关于修订〈葡萄酒消费税管理办法（试行）〉的公告》（国家税务总局公告2015年第15号）的规定，自2015年5月1日起对纳税人在中华人民共和国境内生产、委托加工、进口的葡萄酒应缴纳的葡萄酒消费税适用“酒”税目下设的“其他酒”子目。

所称葡萄酒是指以葡萄为原料，经破碎（压榨）、发酵而成的酒精度在1度（含）以上的葡萄原酒和成品酒（不含以葡萄为原料的蒸馏酒）。

（3）根据财政部、国家税务总局《关于调整卷烟消费税的通知》（财税〔2015〕60号）的规定，自2015年5月10日起，将卷烟批发环节消费税的税率由5%提高到11%，并按每支0.005元加征定额消费税。

（4）根据财政部、国家税务总局发布的《关于调整化妆品消费税政策的通知》（财税〔2016〕103号）的规定，自2016年10月1日起，取消对普通美容、修饰类化妆品征收消费税，将“化妆品”税目名称改为“高档化妆品”，税率调整为15%。

（二）扩大消费税征收范围

为促进节能环保，财政部、国家税务总局发布《关于对电池、涂料征收消费税的通知》（财税〔2015〕16号），自2015年2月1日起，对在中华人民共和国境内生产、委托加工和进口的电池、涂料征收消费税。电池税目和涂料税目的适用税率均为4%。

（三）对超豪华小汽车加征零售环节消费税

为了引导合理消费，促进节能减排，财政部、国家税务总局发布《关于对超豪华小汽车加征消费税有关事项的通知》（财税〔2016〕129号），自2016年12月1日起，在“小汽车”税目下增设“超豪华小汽车”子税目，对超豪华小汽车在生产（进口）环节按现行税率征收消费税的基础上，在零售环节加征消费税，税率为10%，由将超豪华小汽车销售给消费者的单位和个人缴纳。国内汽车生产企业直接销售给消费者的超豪华小汽车，消费税税率按照生产环节税率和零售环节税率加总计算。

所称超豪华小汽车，是指每辆零售价格130万元（不含增值税）及以上的乘用车和中轻型商用客车。

第二节　消费税的征税范围、纳税环节与税目税率

一、消费税的征税范围

根据《中华人民共和国消费税暂行条例》的规定，中华人民共和国境内的单位和个人生产、委托加工和进口的烟、酒、高档化妆品、贵重首饰及珠宝玉石、鞭炮

及焰火、成品油、摩托车、小汽车、高尔夫球及球具、高档手表、游艇、木制一次性筷子、实木地板、电池、涂料等15类应税消费品，属于消费税的征收范围。

1.烟

征收消费税的烟，是指以烟叶为原料加工生产的产品，包括卷烟、雪茄烟、烟丝。

（1）卷烟是指将各种烟叶切成烟丝，按照配方要求加入糖、酒、香料等辅料，用白色盘纸、棕色盘纸、涂布纸或烟草薄片经机器或手工卷制的普通卷烟和雪茄型卷烟。

（2）雪茄烟是指以晾晒烟为原料或者以晾晒烟和烤烟为原料，用烟叶或卷烟纸、烟草薄片作为烟支内包皮，再用烟叶作为烟支外包皮，经机器或手工卷制而成的烟草制品。

（3）烟丝是指将烟叶切成丝状、粒状、片状、末状或其他形状，再加入辅料，经过发酵、储存，不经卷制即可供销售吸用的烟草制品，包括斗烟、莫合烟、烟末、水烟和黄红烟丝等。

2.酒

征收消费税的酒，包括白酒、黄酒、啤酒及其他酒。

（1）白酒是指以粮谷为主要原料，以大曲、小曲或麸曲及酒母等为糖化发酵剂，经蒸煮、糖化、发酵、蒸馏而制成的蒸馏酒。按生产白酒的主要原料不同，白酒可分为粮食白酒和薯类白酒。粮食白酒是指以高粱、玉米、大米、糯米、大麦、小麦、小米、青稞等各种粮食为原料，经过糖化、发酵后，采用蒸馏方法酿制的白酒。薯类白酒是指以白薯、木薯、马铃薯、芋头、山药等各种干鲜薯类为原料，经过糖化、发酵后，采用蒸馏方法酿制的白酒。

（2）黄酒是指以糯米、粳米、大米、黄米、薯类等为原料，经加温、糖化、发酵、压榨酿制的酒（含酒度超过12度的土甜酒）。黄酒是中国特产，属于酿造酒，在世界四大酿造酒（白酒、黄酒、葡萄酒和啤酒）中占有重要的一席。

（3）啤酒是指以大麦或其他粮食为原料，加入啤酒花，经糖化、发酵、过滤酿制的饱含二氧化碳的低酒精度酒。啤酒是人类最古老的酒精饮料之一，是水和茶之后世界上消耗量排名第三的饮料。啤酒于20世纪初传入中国，属外来酒种。

（4）其他酒是指除粮食白酒、薯类白酒、黄酒、啤酒以外，酒精度在1度以上的各种酒，包括糠麸白酒、其他原料白酒、土甜酒（酒度不超过12度）、复制酒、果木酒、汽酒、药酒、葡萄酒等。

3.高档化妆品

征收消费税的高档化妆品，包括高档美容、修饰类化妆品，高档护肤类化妆品和成套化妆品。所称高档美容、修饰类化妆品和高档护肤类化妆品，是指生产（进口）环节销售（完税）价格（不含增值税）在10元/毫升（克）或15元/片（张）及以上的美容、修饰类化妆品和护肤类化妆品。

4.贵重首饰及珠宝玉石

征收消费税的贵重首饰及珠宝玉石，包括各种金银珠宝首饰和经采掘、打磨、加工的各种珠宝玉石。

（1）各种金银珠宝首饰，包括金银首饰、铂金首饰和钻石及钻石饰品，其他贵重首饰和珠宝玉石。所称金银首饰、铂金首饰和钻石及钻石饰品，是指以金、银、白金、宝石、珍珠、钻石、翡翠、珊瑚、玛瑙等高贵稀有物质以及其他金属、人造宝石等制作的各种纯金银首饰及镶嵌首饰。

（2）经采掘、打磨、加工的各种珠宝玉石，包括珍珠、松石、青金石、欧泊石、橄榄石、长石、玉、石英、隐晶质石英（玉髓）、石榴石、尖晶石、碧玺、金绿玉、刚玉、琥珀、珊瑚、煤玉、龟甲、合成刚玉、合成宝石和双合石（复合石）等。

5.高尔夫球及球具

征收消费税的高尔夫球及球具，包括高尔夫球，高尔夫球杆，高尔夫球包（袋），高尔夫球杆的杆头、杆身和握把。高尔夫球运动是一种以棒击球入穴的球类运动，是一种把享受大自然乐趣、体育锻炼和游戏集于一身的运动。

6.高档手表

征收消费税的高档手表，是指每只销售价格（不含增值税）在10 000元（含）以上的各类手表。

7.游艇

征收消费税的游艇，是指艇身长度大于8米（含）小于90米（含），内置发电机，可在水上移动，一般为私人或团体购置，主要用于水上运动和休闲娱乐等非牟利活动的各类机动游艇。21世纪，随着生活品位的不断攀高，人们开始追求更高品位、更高质量的生活方式，游艇运动渐为国人所认识。作为一种典型的舶来品，这种新式潮流不仅引起部分高收入人群的关注，也为许多城市发展新型服务性产业带来前所未有的契机。

8.木制一次性筷子

征收消费税的木制一次性筷子，是指以木材为原料经过锯断、浸泡、旋切、刨切、烘干、筛选、打磨、倒角、包装等环节加工而成的各类一次性筷子（卫生筷子），以及生产的未经打磨、倒角的木制一次性筷子。

9.实木地板

征收消费税的实木地板，包括各类规格的实木地板、实木指接地板、实木复合地板，以及用于装饰墙壁、天棚的侧端面为榫槽的实木装饰板、未经涂饰的素板。所称实木复合地板，是指以木材为原料，通过一定的工艺将木材刨切或旋切加工成单板（刨切薄板），然后将多层单板经过胶压复合等工艺生产的实木地板。目前，实木复合地板主要为三层和多层实木复合地板。

10.鞭炮、焰火

征收消费税的鞭炮、焰火，包括喷花类、旋转类、旋转升空类、火箭类、吐珠类、线香类、小礼花类、烟雾类、造型玩具类、爆竹类、摩擦炮类、组合焰火类和礼花弹类等各种鞭炮、焰火，但不包括体育上用的发令纸、鞭炮药引线。

11.成品油

征收消费税的成品油，包括汽油、柴油、石脑油、溶剂油、航空煤油、润滑油、燃料油。

（1）汽油是指用原油或其他原料加工生产的辛烷值不小于66的可用作汽油发动机燃料的各种轻质油，包括无铅汽油和含铅汽油，铅含量每升超过0.013克的汽油为含铅汽油。按其用途划分，可分为车用汽油和航空汽油。以汽油、汽油组分调和生产的甲醇汽油、乙醇汽油也属于消费税的征收范围。

（2）柴油是指用原油或其他原料加工生产的倾点或凝点在-50℃至30℃的可用作柴油发动机燃料的各种轻质油和以柴油组分为主、经调和精制可用作柴油发动机燃料的非标油。以柴油、柴油组分调和生产的生物柴油属于消费税的征收范围，但利用废弃的动植物油生产纯生物柴油免征消费税。

（3）石脑油又叫化工轻油，是以原油或其他原料加工生产的用于化工原料的轻质油。征收消费税的石脑油，包括除汽油、柴油、航空煤油、溶剂油以外的各种轻质油。非标汽油、重整生成油、拔头油、戊烷原料油、轻裂解料（减压柴油VGO和常压柴油AGO）、重裂解料、加氢裂化尾油、芳烃抽余油均属轻质油，属于消费税的征收范围。

（4）溶剂油是用原油或其他原料加工生产的用于涂料、油漆、食用油、印刷油墨、皮革、农药、橡胶、化妆品生产和机械清洗、胶粘行业的轻质油。橡胶填充油、溶剂油原料，属于溶剂油征收范围。

（5）航空煤油也叫喷气燃料，是用原油或其他原料加工生产的用作喷气发动机和喷气推进系统燃料的各种轻质油。

（6）润滑油是用原油或其他原料加工生产的用于内燃机、机械加工过程的润滑产品。润滑油分为矿物性润滑油、植物性润滑油、动物性润滑油和化工原料合成润滑油。润滑油的征收范围包括矿物性润滑油、矿物性润滑油基础油、植物性润滑油、动物性润滑油和化工原料合成润滑油。以植物性、动物性和矿物性基础油（或矿物性润滑油）混合掺配而成的“混合性”润滑油，不论矿物性基础油（或矿物性润滑油）所占比例高低，均属润滑油的征收范围。

（7）燃料油也称重油、渣油，是用原油或其他原料加工生产，主要用作电厂发电、锅炉用燃料、加热炉燃料、冶金和其他工业炉燃料。腊油、船用重油、常压重油、减压重油、180CTS燃料油、7号燃料油、糠醛油、工业燃料、4~6号燃料油等油品的主要用途是作为燃料燃烧的，属于燃料油征收范围。

12.摩托车

征收消费税的摩托车，包括发动机气缸容量（排气量）为250毫升（含）的摩托车和汽缸容量（排气量）在250毫升以上的摩托车。气缸容量（排气量）小于250毫升的摩托车不征收消费税。

13.小汽车

征收消费税的小汽车，包括各类乘用车和各类中轻型商用客车以及超豪华小汽车。其中，乘用车是指不超过9个座位（含）的汽车，包括用排气量小于1.5升（含）乘用车底盘（车架）改装、改制的车辆。中轻型商用客车是指10～20个座位（含）的汽车，包括用排气量大于1.5升（含）乘用车底盘（车架）和中轻型商用车底盘（车架）改装、改制的车辆。

14.电池

根据财政部、国家税务总局《关于对电池、涂料征收消费税的通知》（财税〔2015〕16号）的规定，自2015年2月1日起对在中华人民共和国境内生产、委托加工和进口的电池征收消费税。具体征收范围包括原电池、蓄电池、燃料电池、太阳能电池和其他电池。

（1）原电池又称一次电池，是按不可以充电设计的电池。按照电极所含的活性物质分类，原电池包括锌原电池、锂原电池和其他原电池。所称锌原电池，是指以锌做负极的原电池，包括锌二氧化锰原电池、碱性锌二氧化锰原电池、锌氧原电池（又称“锌空气原电池”）、锌氧化银原电池（又称“锌银原电池”）、锌氧化汞原电池（又称“汞电池”“氧化汞原电池”）等。所称锂原电池，是指以锂做负极的原电池，包括锂二氧化锰原电池、锂亚硫酰氯原电池、锂二硫化铁原电池、锂二氧化硫原电池、锂氧原电池（又称“锂空气原电池”）、锂氟化碳原电池等。所称其他原电池，是指锌原电池、锂原电池以外的原电池。原电池又可分为无汞原电池和含汞原电池。汞含量低于电池重量的0.0001%（扣式电池按0.0005%）的原电池为无汞原电池；其他原电池为含汞原电池。

（2）蓄电池又称二次电池，是按可充电、重复使用设计的电池，包括酸性蓄电池、碱性或其他非酸性蓄电池、氧化还原液流蓄电池和其他蓄电池。所称酸性蓄电池，是指一种含酸性电解质的蓄电池，包括铅蓄电池（又称“铅酸蓄电池”）等。铅蓄电池，是指含以稀硫酸为主电解质、二氧化铅正极和铅负极的蓄电池。所称碱性或其他非酸性蓄电池，是指一种含碱性或其他非酸性电解质的蓄电池，包括金属锂蓄电池、锂离子蓄电池、金属氢化物镍蓄电池（又称“氢镍蓄电池”或“镍氢蓄电池”）、镉镍蓄电池、铁镍蓄电池、锌氧化银蓄电池（又称“锌银蓄电池”）、碱性锌二氧化锰蓄电池（又称“可充碱性锌二氧化锰电池”）、锌氧蓄电池（又称“锌空气蓄电池”）、锂氧蓄电池（又称“锂空气蓄电池”）等。所称氧化还原液流电池，是指一种通过正负极电解液中不同价态离子的电化学反应来实现电能和化学能互相转化的储能装置，目前主要包括全钒液流电池。全钒液流电池是通过正负极电解液中不同价态钒离子的电化学反应来实现电能和化学能互相转化的储能装置。

（3）燃料电池，是指通过一个电化学过程，将连续供应的反应物和氧化剂的化学能直接转换为电能的电化学发电装置。

（4）太阳能电池，是将太阳光能转换成电能的装置，包括晶体硅太阳能电池、薄膜太阳能电池、化合物半导体太阳能电池等，但不包括用于太阳能发电储能用的蓄电池。

（5）其他电池，是指除原电池、蓄电池、燃料电池、太阳能电池以外的电池。

对无汞原电池、金属氢化物镍蓄电池（又称“氢镍蓄电池”或“镍氢蓄电池”）、锂原电池、锂离子蓄电池、太阳能电池、燃料电池和全钒液流电池免征消费税。

15.涂料

我国自2015年2月1日起对在中华人民共和国境内生产、委托加工和进口的涂料征收消费税。涂料是指涂于物体表面能形成具有保护、装饰或特殊性能的固态涂膜的一类液体或固体材料之总称。涂料由主要成膜物质、次要成膜物质等构成。按主要成膜物质，涂料可分为油脂类、天然树脂类、酚醛树脂类、沥青类、醇酸树脂类、氨基树脂类、硝基类、过滤乙烯树脂类、烯类树脂类、丙烯酸酯类树脂类、聚酯树脂类、环氧树脂类、聚氨酯树脂类、元素有机类、橡胶类、纤维素类、其他成膜物类等。

二、消费税的纳税环节

（一）生产企业销售自产应税消费品的纳税环节

（1）根据《中华人民共和国消费税暂行条例》的规定，在中华人民共和国境内的各类企业、单位和个体经营者销售其生产的应税消费品，在生产销售环节纳税。很多国家的消费税是在零售环节征收。

（2）纳税人将自产应税消费品用于连续生产应税消费品（自产自用）的，不征收消费税。所称用于连续生产，是指纳税人将自产应税消费品作为直接材料生产最终应税消费品，即自产应税消费品构成最终应税消费品的实体。例如，卷烟生产企业以自己生产的烟丝连续生产卷烟的，其自产烟丝不征收消费税。

（3）纳税人将自产应税消费品用于其他方面的，按视同销售处理，由生产者在移送使用环节纳税。所称用于其他方面，是指纳税人将自产应税消费品用于生产非应税消费品、在建工程、管理部门、非生产机构、提供劳务、馈赠、赞助、集资、广告、样品、职工福利、奖励等方面。

（二）委托加工应税消费品的纳税环节

（1）纳税人在境内委托加工应税消费品的，以受托方为代扣代缴义务人，并由受托方在向委托方交货时代收代缴税款。受托方是个体经营者的，委托方须在收回加工应税消费品后向所在地主管税务机关缴纳消费税。

（2）委托方将委托加工的应税消费品收回后用于连续生产应税消费品或直接出售的，不再缴纳消费税。

所称委托加工应税消费品，是指由委托方提供原料和主要材料，受托方只收取加工费和代垫部分辅助材料加工的应税消费品。如果由受托方提供原材料，或者受托方先将原材料卖给委托方，然后再接受加工的应税消费品，以及由受托方以委托方名义购进原材料生产的应税消费品，不论在财务上是否作销售处理，按照销售自制应税消费品缴纳消费税。

（三）进口应税消费品的纳税环节

进口应税消费品的纳税环节为进口报关环节。纳税人进口的应税消费品，在进口报关环节要缴纳进口关税、进口环节增值税和进口环节消费税。其中，进口环节增值税和进口环节消费税由海关代征。

（四）销售金银首饰的纳税环节

（1）纳税人销售金银首饰的消费税纳税环节，由生产销售环节改在零售环节征收。其他首饰（非金银首饰）仍在生产环节纳税。由于销售金银首饰的消费税改在零售环节征收，所以纳税人进口或委托加工的金银首饰，在进口环节或委托加工环节不缴纳消费税。

（2）在零售环节征收消费税的金银首饰，具体是指采用包金、镀金工艺以外的其他工艺制成的含金、银首饰及镶嵌首饰，如锻压金、铸金、复合金首饰等，不包括镀金（银）、包金（银）首饰，以及镀金（银）、包金（银）的镶嵌首饰。

（3）对既销售金银首饰又销售非金银首饰的生产、经营单位来说，其应将两类商品划分清楚，分别核算销售额。凡划分不清楚或不能分别核算的，在生产环节销售的，一律从高适用税率征收消费税；在零售环节销售的，一律按金银首饰征收消费税。金银首饰与其他产品组成成套消费品销售的，应按销售额全额征收消费税。

（五）批发销售卷烟的纳税环节

我国消费税在总体上实行“一物一税”和“税不重征”的原则，但对纳税人批发销售的卷烟，在批发环节加征一次批发环节消费税，即批发企业销售给零售企业或个人的卷烟缴纳批发环节消费税。批发企业与批发企业之间销售的卷烟，不缴纳批发环节的消费税。

（六）零售超豪华小汽车的纳税环节

我国对销售超豪华小汽车征收的消费税，实行两次课征制。纳税人在中华人民共和国境内生产销售或进口的小汽车属于超豪华小汽车的，除了在生产销售或进口环节缴纳消费税外，在零售环节再加征一次零售环节消费税，由将超豪华小汽车销售给消费者的单位和个人在零售环节缴纳。所称超豪华小汽车是指每辆零售价格130万元（不含增值税）及以上的乘用车和中轻型商用客车。

三、消费税的税目及税率

税目，是指具体的征税项目，是征税对象的具体化，它规定了一个税种的课税范围。税目的设置方法有两种：一种是列举法，即按课税客体的具体项目分别设置税目；另一种是概括法，即按课税客体的类别设置税目。我国消费税的税目主要采用列举法设置。税目又是设置税率的重要依据。根据消费税的不同税目，消费税分别设置了比例税率、定额税率和复合税率三种形式。复合税率是指在适用比例税率征税的基础上，再按定额税率征税。目前，对卷烟和白酒适用复合税率征收消费税。

（一）烟的税目及税率

应税消费品烟下设卷烟、雪茄烟、烟丝3个税目。其中，卷烟税目适用复合税率，雪茄烟、烟丝两个税目适用比例税率。

1.卷烟税目的适用税率

卷烟税目下设甲类卷烟和乙类卷烟两个子目，均适用复合税率计征消费税。具体规定如下：

（1）纳税人生产、进口或委托加工的甲类卷烟，消费税的比例税率为56%，再按每支0.003元从量加征定额消费税。

（2）纳税人生产、进口或委托加工的乙类卷烟，消费税的比例税率为36%，再按每支0.003元从量加征定额消费税。

以上所称甲类卷烟是指每标准条卷烟的出厂调拨价格（不含增值税）等于或大于70元；乙类卷烟是指每标准条卷烟的出厂调拨价格（不含增值税）小于70元。其中，每标准条卷烟是指每条10包，每包20支，每标准条卷烟200支。每标准箱卷烟5件，每件50条，每标准箱卷烟共计250标准条、50 000支（250×200）。按每支0.003元从量加征的定额消费税计算，每标准条卷烟的定额消费税为0.6元（0.003×200），每标准箱卷烟定额消费税为150元（0.003×50 000）。

卷烟出厂调拨价格，是指卷烟生产企业通过卷烟交易市场与购货方签订的卷烟交易价格，即卷烟生产企业将卷烟出售给商业企业（烟草局或烟草公司）的价格。卷烟调拨价格由国家税务总局按照中国烟草交易中心和各省烟草交易（定货）会不同年份、各牌号、规格卷烟的调拨价格确定，并作为卷烟消费税的计税价格定期对外公布。

（3）纳税人生产或委托加工的下列卷烟，一律按甲级卷烟56%的税率计征比例消费税，再按每支0.003元从量加征定额消费税。

①纳税人生产的白包卷烟、手工卷烟；

②自产自用没有同牌号、规格调拨价格的卷烟；

③委托加工没有同牌号、规格调拨价格的卷烟；

④未经国务院批准纳入计划的企业和个人生产的卷烟。

（4）纳税人批发销售的卷烟（不区分甲类、乙类卷烟），在卷烟批发环节按复合税率加征一次批发环节消费税，适用比例税率为11%，定额消费税税率为每支加征0.005元。

2.雪茄烟税目的适用税率

纳税人生产、进口或委托加工的雪茄烟，消费税税率为36%。

3.烟丝税目的适用税率

纳税人生产、进口或委托加工的烟丝，消费税税率为30%。

（二）酒的税目及税率

应税消费品酒下设白酒、黄酒、啤酒、其他酒4个税目，并按税目分别设置税率。

1.白酒税目的适用税率

纳税人生产、进口或委托加工的白酒，适用复合税率计征消费税。其中，比例税率为20%，另按每500克（或500毫升）加征0.5元的定额消费税。

2.黄酒税目的适用税率

纳税人生产、进口或委托加工的黄酒，适用定额税率从量计征消费税，单位税额为每吨240元。

3.啤酒的税目税率

啤酒下设甲类啤酒和乙类啤酒两个子目，适用定额税率从量计征消费税。纳税人生产、进口或委托加工的甲类啤酒，消费税单位税额为每吨250元；乙类啤酒消费税单位税额为每吨220元。

甲类啤酒是指每吨出厂价（不含增值税）在3 000元（含）以上的啤酒；乙类啤酒是指每吨出厂价（不含增值税）在3 000元以下的啤酒。娱乐业和饮食业自制啤酒，按甲类啤酒征收消费税。

4.其他酒税目的适用税率

纳税人生产、进口或委托加工的其他酒（含葡萄酒）从价计征消费税，税率为10%。

企业以蒸馏酒或食用酒精为酒基，生产具有国家相关部门批准的国食健字或卫食健字文号、酒精度低于38度（含）的配制酒，以及以发酵酒为酒基、酒精度低于20度（含）的配制酒（露酒），按“其他酒”适用10%的税率征收消费税。除此之外的其他配制酒，按消费税税目及税率表“白酒”适用税率征收消费税。

露酒是指以发酵酒、蒸馏酒或食用酒精为酒基，加入可食用或药食两用的辅料或食品添加剂，进行调配、混合或再加工制成的，改变了其原酒基风格的饮料酒。

（三）高档消费品的税目及税率

高档消费品包括高档化妆品、高档手表、贵重首饰及珠宝玉石，分别按每类消费品设置税目及税率，从价计征消费税。

1.高档化妆品税目的适用税率

纳税人生产、进口或委托加工的高档化妆品，消费税适用税率为15%。

2.高档手表税目的适用税率

纳税人生产、进口或委托加工的高档手表，消费税税率为20%。

3.贵重首饰及珠宝玉石的税目及税率

贵重首饰及珠宝玉石下设2个税目，分别适用比例税率从价计征消费税。具体规定如下：

（1）金银首饰、铂金首饰和钻石及钻石饰品为一个税目，税率为5%。金银首饰消费税由生产环节征收改在零售环节征收。

（2）纳税人生产、进口或委托加工的其他贵重首饰（非金银首饰）和珠宝玉石为一个税目，税率为10%。

纳税人既生产金银首饰又生产非金银首饰的，应分别核算销售额，按适用税率分别计税。凡划分不清或不能分别核算销售额的，在生产环节纳税的，一律从高适用税率；在零售环节纳税的，一律全额按金银首饰征收消费税。

（四）成品油、摩托车和小汽车的税目税率

1.成品油的税目税率

成品油下设汽油、柴油、航空煤油、石脑油、溶剂油、润滑油、燃料油等7个税目，按固定税额从量征收消费税。具体规定如下：

（1）汽油、石脑油、溶剂油、润滑油4个税目，适用税额均为每升1.52元。

（2）柴油、航空煤油和燃料油3个税目，适用税额均为每升1.20元。其中航空煤油继续暂缓征收。

2.摩托车的税目及税率

摩托车以气缸容量（排气量）为标准分设两个税目，适用比例税率从价计征消费税。具体规定如下：

（1）纳税人生产、进口或委托加工的气缸容量（排气量）250毫升（含）的摩托车，税率为3%（气缸容量小于250毫升不征收消费税）。

（2）纳税人生产、进口或委托加工的气缸容量250毫升（不含）以上的摩托车，税率为10%。

3.小汽车的税目税率

小汽车下设乘用车、中轻型商用客车和超豪华小汽车3个税目，分别适用比例税率从价计征消费税。具体规定如下：

（1）乘用车按气缸容量划分为7个档次，税率为1%～40%。排气量越大，税率越高。例如：①气缸容量（排气量）在1.0升（含）以下的乘用车，消费税税率为1%；②气缸容量在4.0升以上的乘用车，消费税税率为40%。

（2）中轻型商用客车税目，适用5%的比例税率从价计征消费税。

（3）每辆零售价格130万元（不含增值税）及以上的超豪华小汽车（包括乘用车和中轻型商用客车），在零售环节加征一次比例消费税，税率为10%。

根据现行政策，目前在零售环节加征消费税的应税消费品，仅限于卷烟和超豪华小汽车。纳税人生产、进口或委托加工的应税消费品，改在零售环节征收消费税的，仅限于金银首饰。

（五）鞭炮、焰火等其他应税消费品的税目及税率

鞭炮、焰火，高尔夫球及球具，游艇，木制一次性筷子，实木地板，电池，涂料等7类应税消费品，以每类应税消费品为一个税目，分别适用比例税率。具体规定如下：

（1）鞭炮、焰火，消费税税率为15%；

（2）高尔夫球及球具，消费税税率为10%；

（3）游艇，消费税税率为10%；

（4）木制一次性筷子，消费税税率为5%；

（5）实木地板，消费税税率为5%；

（6）电池，消费税税率为4%；

（7）涂料，消费税税率为4%。

纳税人兼营适用不同税率的应税消费品，应分别核算销售额，按其各自适用的税率征税，若不能分别核算的，按全部销售额和兼营不同税率应税消费品中的最高税率征税。纳税人将适用不同税率的应税消费品成套销售的，根据成套销售全额按成套销售应税消费品中的最高税率计征消费税。

消费税的税目及税率见表2-1。

表2-1　　消费税的税目及税率表

税目	税率
一、烟	
1.卷烟	
（1）甲类卷烟	56%　加征0.003元/支
（2）乙类卷烟	36%　加征0.003元/支
（3）批发卷烟	11%　加征0.005元/支
2.雪茄烟	36%
3.烟丝	30%
二、酒	
1.白酒	20%　加征0.5元/500克（或者500毫升）
2.黄酒	240元/吨
3.啤酒	
（1）甲类啤酒	250元/吨
（2）乙类啤酒	220元/吨
4.其他酒（含葡萄酒）	10%
三、高档化妆品	15%
四、贵重首饰及珠宝玉石	
1.金银首饰、铂金首饰和钻石及钻石饰品	5%
2.其他贵重首饰和珠宝玉石	10%
五、鞭炮、焰火	15%
六、成品油	
1.汽油	1.52元/升
2.柴油	1.20元/升
3.航空煤油	1.20元/升
4.石脑油	1.52元/升
5.溶剂油	1.52元/升
6.润滑油	1.52元/升
7.燃料油	1.20元/升
七、摩托车	
1.气缸容量（排气量）等于250毫升的	3%（排气量小于250毫升不征消费税）
2.气缸容量在250毫升以上的	10%（排气量大于250毫升）
八、小汽车	
1.乘用车	
（1）气缸容量在1.0升（含1.0升）以下的	1%
（2）气缸容量在1.0升以上至1.5升（含1.5升）的	3%
（3）气缸容量在1.5升以上至2.0升（含2.0升）的	5%
（4）气缸容量在2.0升以上至2.5升（含2.5升）的	9%
（5）气缸容量在2.5升以上至3.0升（含3.0升）的	12%
（6）气缸容量在3.0升以上至4.0升（含4.0升）的	25%
（7）气缸容量在4.0升以上的	40%
2.中轻型商用客车	5%
3.超豪华小汽车（零售环节征收）	10%
九、高尔夫球及球具	10%
十、高档手表	20%
十一、游艇	10%
十二、木制一次性筷子	5%
十三、实木地板	5%
十四、电池	4%
十五、涂料	4%

第三节　消费税的计税方法与计税依据

一、消费税的计税方法

中华人民共和国境内单位和个人，生产、委托加工或进口应税消费品应纳消费税的计算，分别采用从价计征、从量计征和复合征收三种不同的计税方法。

（一）从价计征方法

从价计征的消费税又称为比例消费税。根据《中华人民共和国消费税暂行条例》和有关政策的规定，雪茄烟、烟丝、其他酒、化妆品、贵重首饰及珠宝玉石、鞭炮及焰火、摩托车、小汽车、高尔夫球及球具、高档手表、游艇、木制一次性筷子、实木地板、电池、涂料等应税消费品适用比例税率，采用从价计征方法计算消费税应纳税额。计算公式如下：

应纳税额（比例消费税）=销售额×消费税比例税率

销售额按人民币计价。取得以人民币以外的货币结算的销售额，可以选择销售额发生当天或者当月1日的人民币汇率中间价折算为按人民币计价的销售额。

（二）从量计征方法

从量计征消费税又称为定额消费税。根据《中华人民共和国消费税暂行条例》和有关政策的规定，黄酒、啤酒、成品油等应税消费品适用定额税率（单位税额），采用从量计征方法计算消费税应纳税额。计算公式如下：

应纳税额（定额消费税）=销售数量×消费税定额税率

（1）销售数量分别按以下规定确认：

①纳税人生产的应税消费品以实际销售数量为销售数量。

②纳税人自产自用的应税消费品，以移送使用数量为销售数量。

③纳税人进口的应税消费品，以海关审定的进口数量为销售数量。

（2）销售数量的计量单位按以下规定执行：

①纳税人生产销售的成品油，以升数为销售数量的计量单位。

②纳税人生产销售的黄酒、啤酒，以吨数为销售数量的计量单位。

（3）纳税人生产、进口或委托加工的黄酒、啤酒、成品油的计量单位换算标准，按以下规定执行：

①黄酒1吨=962升；

②啤酒1吨=988升；

③汽油1吨=1 388升；

④柴油1吨=1 176升；

⑤航空煤油1吨=1 246升；

⑥石脑油1吨=1 385升；

（2）没有同类应税消费品销售价格的，按组成计税价格计算消费税。消费税属于价内税，组成计税价格由成本、利润和消费税三个要素组成。组成计税价格的计算公式如下：

组成计税价格=生产成本×（1+成本利润率）÷（1−消费税税率）

组成计税价格的计算公式，由“组成计税价格=成本+利润+消费税”的公式推导而来。公式中的成本利润率，按国家规定的应税消费品的全国平均成本利润率执行。

按复合计征方法征收消费税的卷烟和白酒的组成计税价格，待后面阐述。

（3）如果改在零售环节征收消费税的金银首饰发生视同销售行为，需要按组成计税价格计税的，其组成计税价格按以下公式计算：

组成计税价格=金银首饰购进原价×（1+成本利润率）÷（1−金银首饰消费税税率）

【例2-3】某生产金银首饰的企业（一般纳税人）2018年5月以特制的黄金首饰用于职工奖励，该批首饰无同类产品的销售价格，已知生产该批首饰的生产成本为95万元。要求计算该企业以特制黄金首饰用于职工奖励应纳消费税的税额。金银首饰的成本利润率国家统一规定为6%。

计算如下：

组成计税价格=95×（1+6%）÷（1−5%）=106（万元）

应纳消费税税额=106×5%=5.3（万元）

（五）消费税计税依据的其他规定

（1）纳税人销售应税消费品的计税价格明显偏低并无正当理由的，由主管税务机关核定销售额（计税价格），并以核定的销售额为依据计算消费税应纳税额。

（2）纳税人进口应税消费品由海关代征消费税，以海关审定的组成计税价格为计税依据（具体审定方法待后面详细阐述）。

（3）生产企业销售卷烟和白酒消费税的最低计税价格，由国家统一核定并定期发布。

（4）销售包装物按以下规定进行税务处理：

①纳税人销售应税消费品连同包装物一并销售的，无论包装物是否单独计价以及在会计上如何核算，均应并入应税消费品的销售额计算缴纳增值税和消费税。

②纳税人为销售货物而出租、出借包装物收到的押金并单独记账核算的，不并入销售额征税（不征收增值税和消费税）。但对因逾期（超过12个月）未收回包装物不再退还的押金，按所包装货物的适用税率计算增值税和消费税。

③酒厂销售除啤酒、黄酒以外的其他酒类而收取的包装物押金，无论是否返还以及会计上如何核算，均应并入当期销售额计算缴纳增值税和消费税。

④纳税人销售啤酒、黄酒收取的包装物押金，没有单独记账核算的，应当并入销售额征税；单独记账核算的，不并入销售额征税，但对逾期未收回包装物不再退还的押金，应按所包装货物的适用税率计算增值税和消费税。

三、卷烟、白酒消费税最低计税价格核定方法

（一）卷烟消费税最低计税价格核定方法

为了保全税基，生产企业销售卷烟缴纳的消费税实行最低计税价格制度。最低计税价格由国家税务总局核定并发布。

1.核定卷烟最低计税价格的计算公式

根据国家税务总局关于《卷烟消费税计税价格信息采集和核定管理办法》的规定，自2012年1月1日起，国家税务总局按照卷烟批发环节销售价格扣除卷烟批发环节批发毛利的方法核定卷烟最低计税价格，并予以发布，以此作为卷烟生产企业销售卷烟消费税的计税价格。卷烟最低计税价格按以下公式计算核定：

某牌号、规格卷烟的计税价格=批发环节销售价格×（1-批发毛利率）

公式中的卷烟批发环节销售价格，是指对税务机关采集的所有卷烟批发企业在价格采集期内销售的该牌号、规格卷烟的数量、销售额进行加权平均计算的价格。

公式中的批发毛利率，是指批发销售卷烟的毛利额占销售收入额的百分比。所称毛利，是指收入与营业成本之间的差额。卷烟批发毛利率具体标准由国家统一规定。

根据国家税务总局《关于调整卷烟消费税计税价格有关问题的通知》（税总函〔2015〕408号）的规定，自2015年5月10日起，卷烟批发毛利率标准调整如下：

①不含税调拨价格满146.15元的一类卷烟，批发毛利率由31%调整为34.91%。

②其他一类卷烟，批发毛利率由27%调整为31.13%。

③二、三类卷烟，批发毛利率由23%调整为27.36%。

④四类卷烟，批发毛利率由20%调整为24.53%。

⑤五类卷烟，批发毛利率由15%调整为19.78%。

新牌号、新规格卷烟和价格调整的卷烟其计税价格的核定，仍按照《卷烟消费税计税价格信息采集和核定管理办法》（国家税务总局令第26号）的有关规定执行。

2.各牌号规格卷烟消费税计税价格目录

根据国家税务总局发布的《关于调整卷烟消费税计税价格有关问题的通知》（税总函〔2015〕408号）的规定，自2015年5月10日起，纳税人销售不同牌号、规格卷烟的最低计税价格按照“各牌号、规格卷烟消费税计税价格目录”的规定执行。该通知（附件一）列举了939种不同牌号卷烟每标准条消费税的最低计税价格（不含增值税）。其中：

（1）安徽中烟工业有限责任公司生产的卷烟，规定了包括“黄山”牌和“都宝”牌等53种卷烟的最低计税价格。例如，黄山牌卷烟每标准条最低计税价格为501.25元。

（2）川渝中烟工业有限责任公司生产的卷烟，规定了包括“娇子”牌和“天下秀”牌等86种卷烟的最低计税价格。例如，娇子（通仙）牌卷烟每标准条最低计税价格为253.57元。

（3）福建中烟工业有限责任公司生产的卷烟，规定了包括“七匹狼”牌和“万

宝路”牌等48种卷烟的最低计税价格。例如，七匹狼（新盛典）牌卷烟每标准条最低计税价格为324.34元。

（4）广东中烟工业有限责任公司生产的卷烟，规定了包括“双喜”牌和“红玫”牌等41种卷烟的最低计税价格。

（5）广西中烟工业有限责任公司生产的卷烟，规定了包括“真龙”牌和“甲天下”牌等33种卷烟的最低计税价格。

（6）贵州中烟工业有限责任公司生产的卷烟，规定了包括“贵烟”牌和“黄果树”牌等37种卷烟的最低计税价格。

（7）河北中烟工业有限责任公司生产的卷烟，规定了包括“钻石”牌和“大丰收”牌等41种卷烟的最低计税价格。

（8）河南中烟工业有限责任公司生产的卷烟，规定了包括“黄金叶”牌和“红旗渠”牌等40种卷烟的最低计税价格。

（9）红塔烟草（集团）有限责任公司生产的卷烟，规定了包括“玉溪”牌和“红塔山”牌等43种卷烟的最低计税价格。

（10）红云红河烟草（集团）有限责任公司生产的卷烟，规定了包括“云烟”牌和“红河”牌等68种卷烟的最低计税价格。

（11）湖北中烟工业有限责任公司生产的卷烟，规定了包括“黄鹤楼”牌和“红金龙”牌等89种卷烟的最低计税价格。

（12）湖南中烟工业有限责任公司生产的卷烟，规定了包括“白沙”牌和“芙蓉王”牌等41种卷烟的最低计税价格。

（13）江苏中烟工业有限责任公司生产的卷烟，规定了包括“南京”牌和“苏烟”牌等46种卷烟的最低计税价格。

（14）江西中烟工业有限责任公司生产的卷烟，规定了包括“金圣”牌和“庐山”牌等40种卷烟的最低计税价格。

（15）山东中烟工业有限责任公司生产的卷烟，规定了包括“泰山”牌和“将军”牌等44种卷烟的最低计税价格。

（16）陕西中烟工业有限责任公司生产的卷烟，规定了包括“好猫”牌和“猴王”牌等22种卷烟的最低计税价格。

（17）上海烟草集团有限责任公司生产的卷烟，规定了包括“中华”牌和“红双喜”牌等51种卷烟的最低计税价格。

（18）浙江中烟工业有限责任公司生产的卷烟，规定了包括“利群”牌和“雄狮”牌等27种卷烟的最低计税价格。

（19）中国烟草实业发展中心生产的卷烟，规定了包括“冬虫夏草”牌和“长白山”牌等89种卷烟的最低计税价格。

国家税务总局〔2017〕222号又规定了部分卷烟最低计税价格。

3.最低计税价格的运用

在实际工作中，要确认不同卷烟企业生产的不同品牌、不同规格卷烟消费税的最低计税价格，可查询“各牌号、规格卷烟消费税计税价格目录”。如果发生实际销售价格与最低计税价格不一致的情况，依照孰高原则确定卷烟计税价格。具体规定如下：

（1）如果生产企业销售卷烟的实际销售价格高于已由国家税务总局公示的卷烟消费税计税价格，依照孰高原则以实际销售价格为卷烟消费税的计税价格。

（2）如果生产企业销售卷烟的实际销售价格低于已由国家税务总局公示的卷烟消费税计税价格，依照孰高原则按国家税务总局公示的卷烟消费税最低计税价格计征消费税。

（二）白酒消费税最低计税价格核定方法

1.设立销售公司的白酒生产企业销售给销售单位的白酒最低计税价格核定办法

根据国家税务总局的规定，设立销售公司的白酒生产企业适用《白酒消费税最低计税价格核定管理办法（试行）》。进行白酒消费税最低计税价格核定管理的主要目的是保全税基。

根据《白酒消费税最低计税价格核定管理办法》的规定，设立销售公司的白酒生产企业销售给销售单位的白酒，分别按以下规定确认计税价格：

（1）白酒生产企业销售给销售单位的白酒，如果白酒生产企业消费税计税价格低于销售单位对外销售价格（不含增值税）70%以下的，税务机关应核定消费税最低计税价格。假如，某白酒生产企业将生产的白酒以每吨32 000元（不含税）销售给白酒销售公司，销售公司对外销售白酒的不含税价格为每吨50 000元，白酒生产企业消费税计税价格低于销售单位对外销售价格（不含增值税）70%以下，税务机关应核定消费税的最低计税价格。

（2）白酒生产企业销售给销售单位的白酒，如果白酒生产企业消费税计税价格高于销售单位对外销售价格70%（含70%）以上的，税务机关暂不核定白酒消费税的最低计税价格。

（3）已核定最低计税价格的白酒，销售单位对外销售价格持续上涨或下降时间达到3个月以上、累计上涨或下降幅度在20%（含）以上的，税务机关重新核定白酒消费税的最低计税价格。

所称销售单位是指销售公司、购销公司以及委托境内其他单位或个人包销本企业生产白酒的商业机构。其中销售公司、购销公司，是指专门购进并销售白酒生产企业生产的白酒，并与该白酒生产企业存在关联性质；所称包销是指销售单位依据协定价格从白酒生产企业购进白酒，同时承担大部分包装材料等成本费用，并负责销售白酒。

2.将委托加工收回的白酒销售给销售单位最低计税价格核定办法

根据国家税务总局发布的《关于白酒消费税最低计税价格核定问题的公告》（2015年第37号）的规定，自2015年6月1日起纳税人将委托加工收回的白酒销售给销售单位，消费税计税价格低于销售单位对外销售价格（不含增值税）70%以下的，属于《中华人民共和国消费税暂行条例》第十条（纳税人应税消费品的计税价格明显偏低并无正当理由的，由主管税务机关核定其计税价格）规定的情形，应该

购进的、从国外进口的或委托加工收回的应税消费品为原料连续生产新的应税消费品的，其已纳消费税准予从纳税人当期消费税应纳税额中扣减。②纳税人从境内商业企业购进的应税消费品用于连续生产应税消费品的，已纳消费税不得抵扣。③纳税人将自产应税消费品用于连续生产应税消费品的，其中间产品不纳税，因而不存在抵扣已纳消费税的问题。

其次，从外购已纳消费税应税消费品的扣税凭证条件上看，允许抵扣已纳的消费税必须取得有效的扣税凭证。具体包括以下凭证：

①纳税人从增值税一般纳税人（仅限生产企业）处购进应税消费品的抵扣凭证为增值税专用发票（含销货清单）。

②纳税人从增值税小规模纳税人（仅限生产企业）处购进应税消费品的抵扣凭证为主管税务机关代开的增值税专用发票。

③委托加工收回应税消费品的抵扣凭证为受托方交来的“代扣代收税款凭证”。

④进口应税消费品的抵扣凭证为海关开具的“海关进口消费税专用缴款书”。

四、抵扣已纳消费税税额的计算

由于我国对生产、进口或委托加工的卷烟和白酒实行复合计征消费税的方法，而以外购、进口或委托加工的卷烟和白酒为原料生产的卷烟和白酒不属于已纳消费税的抵扣范围。从计税方法来看，当期抵扣已纳消费税包括当期抵扣已纳比例消费税和当期抵扣已纳定额消费税。从抵扣已纳消费税金额来看，当期准予抵扣已纳消费税是按当期生产实际领用原料数量计算的消费税税额。

（一）外购应税消费品抵扣已纳消费税的计算

纳税人以从工业企业购进的已纳消费税的应税消费品为原料生产新的应税消费品，当期准予扣除的已纳消费税，按已纳比例消费税和已纳定额消费税分别计算。

1.抵扣已纳比例消费税的计算

当期抵扣外购应税消费品已纳比例消费税，应根据当期生产领用的外购应税消费品的买价和外购应税消费品适用的比例税率计算。计算公式如下

$$\text{当期抵扣已纳比例消费税}=\frac{\text{当期生产领用外购}}{\text{应税消费品买价}}\times\text{外购应税消费品税率}$$

公式中外购应税消费品的买价，是指外购应税消费品取得增值税专用发票上注明的不含增值税的价款。当期外购应税消费品的买价按以下公式计算：

$$\frac{\text{当期生产领用外购}}{\text{应税消费品买价}}=\frac{\text{期初库存外购}}{\text{应税消费品买价}}+\frac{\text{当期外购应税}}{\text{消费品买价}}-\frac{\text{期末库存外购应税}}{\text{消费品买价}}$$

公式中的外购应税消费品的期初库存买价、当期购进买价和期末库存买价，均是指会计上按不含税价格核算的金额。

【例2-17】某卷烟厂（一般纳税人）2018年3月销售以外购烟丝为原料生产销售卷烟共400标准箱，开具的增值税专用发票上注明的价款合计为720万元、增值

税合计为122.4万元。已知期初库存外购烟丝买价25万元，当期外购烟丝买价420万元，期末库存外购烟丝买价15万元。此外，本月该卷烟厂还以外购已税乙级卷烟（不含税买价15万元）贴本厂商标后出售，开具的增值税专用发票上注明的价款为20万元，增值税税额为3.4万元。要求计算该企业本月销售卷烟的应纳消费税税额。

分析：根据规定，该卷烟厂本月以外购烟丝为原料生产销售卷烟对外销售，其外购烟丝已纳消费税准予从当期消费税应纳税额中扣除。以外购已税卷烟贴商标后对外出售，计算最终出售卷烟应纳消费税税额时，不得扣除购进卷烟已纳消费税（抵扣范围不包括外购卷烟）。

计算如下：

当期抵扣已纳消费税=（250 000+4 200 000−150 000）×30%

=4 300 000×30%

=1 290 000（元）

每标准条卷烟销售价格=7 200 000÷（400×250）=72（元）

每标准条卷烟销售价格（72元）大于70元，适用的比例税率为56%。

销售卷烟应纳消费税= 7 200 000×56%+400×50 000×0.003

=4 032 000+60 000

=4 092 000（元）

实际应纳消费税税额=4 032 000−1 290 000=2 742 000（元）

2.抵扣已纳定额消费税的计算

当期抵扣外购应税消费品已纳定额消费税，按照当期准予抵扣外购已纳定额消费税的消费品数量和外购应税消费品的消费税单位税额计算。计算公式如下：

$$\text{当期准予抵扣已纳定额消费税}=\text{当期准予抵扣外购已纳定额消费税的消费品数量}\times\text{外购应税消费品单位税额}$$

公式中的“当期准予抵扣外购已纳定额消费税的消费品数量”，按以下公式计算：

$$\text{当期准予抵扣外购已纳定额消费税的消费品数量}=\text{该消费品期初库存数量}+\text{该消费品当期购进数量}-\text{该消费品期末库存数量}$$

公式中“该消费品当期购进数量”，是指外购应税消费品取得增值税专用发票（抵扣联）和复印件（含销货清单）注明的销售数量。

企业以外购的已纳定额消费税的石脑油、溶剂油、润滑油等应税消费品为原料生产新的应税消费品，以及企业以外购的汽油、柴油用于连续生产甲醇汽油、生物柴油的，准予从消费税应纳税额中扣除原料已纳消费税。

【例2-18】某化工生产企业（一般纳税人）2018年3月销售以外购柴油为原料生产的生物柴油300吨，每吨单价为1 176元。已知本期外购柴油的期初余额为10吨，本期外购柴油220吨，期末库存外购柴油20吨。要求计算该企业本月销售以外购柴油为原料生产的生物柴油应纳消费税。

计算如下：

当期准予抵扣已纳消费税的消费品数量=10+220−20=210（吨）

当期准予抵扣已纳定额消费税税额=210×1 176×1.20=296 352（元）

应纳消费税税额=300×1 176×1.2=423 360（元）

实际应纳税额=423 360−296 352=127 008（元）

（二）委托加工应税消费品抵扣已纳消费税的计算

企业以委托加工收回的应税消费品为原料连续生产新的应税消费品，其委托加工应税消费品已纳的消费税（由受托方代收代缴）准予从当期应纳消费税税额中扣除。当期准予扣除的已纳消费税税额按以下公式计算：

$$\text{当期准予抵扣已纳消费税税额}=\text{期初库存委托加工应税消费品已纳税额}+\text{当期收回委托加工应税消费品已纳税额}-\text{期末库存委托加工应税消费品已纳税额}$$

委托加工应税消费品的已纳税额，为代收代缴税额凭证上注明的受托方代收代缴的消费税。企业委托个人加工的应税消费品收回后用于连续生产应税消费品的，已由企业支付的消费税，为缴税凭证上注明的消费税税额。

（三）进口应税消费品抵扣已纳消费税的计算

企业以进口的应税消费品为原料连续生产新的应税消费品由海关代扣代缴的消费税，符合抵扣范围和抵扣条件的，当期准予抵扣的已纳消费税按以下公式计算：

$$\text{当期准予抵扣已纳消费税税额}=\text{期初库存进口应税消费品已纳税额}+\text{当期进口应税消费品已纳税额}-\text{期末库存进口应税消费品已纳税额}$$

进口应税消费品已纳消费税税额，是指海关进口消费税专用缴款书上注明的进口环节消费税。

【例2-19】某高尔夫球具生产企业，2018年3月销售以进口已纳消费税的高尔夫球杆的杆头、杆身和握把为原料生产的高尔夫球杆一批，开具的增值税专用发票上注明的价款为500万元，增值税为85万元。已知期初库存进口应税消费品已纳消费税的余额为5万元，本期进口应税消费品已纳消费税30万元，期末库存进口应税消费品已纳消费税的余额为2万元。进口应税消费品已纳消费税均为海关进口消费税专用缴款书上注明的消费税。要求计算该企业本月销售高尔夫球杆应纳消费税。

计算如下：

当期准予抵扣已纳消费税=5+30-2=33（万元）

销售高尔夫球杆应纳消费税=500×10%=50（万元）

抵扣已纳消费税后实际应纳税额=50-33=17（万元）

（四）外购、进口葡萄酒抵扣已纳消费税的计算

根据国家税务总局制定的《关于修订葡萄酒消费税管理办法（试行）》（国家税务总局公告2015年第15号）的规定，自2015年5月1日起，葡萄酒消费税管理按以下规定执行：

（1）纳税人在中华人民共和国生产、委托加工、进口葡萄酒的消费税适用“酒”税目下设的“其他酒”子目。

（2）纳税人从葡萄酒生产企业购进（以下简称外购）、进口葡萄酒连续生产应税葡萄酒的，准予从葡萄酒消费税应纳税额中扣除所耗用应税葡萄酒已纳消费税税款。纳税人应分别依据“海关进口消费税专用缴款书”、增值税专用发票，按照现行政策规定计算扣除应税葡萄酒已纳消费税税款。

（3）本期消费税应纳税额不足抵扣的，余额留待下期抵扣。

（4）葡萄酒生产企业之间销售葡萄酒，开具增值税专用发票时，须将应税葡萄酒销售行为单独开具增值税专用发票。

（5）纳税人应建立“葡萄酒消费税抵扣税款台账”，作为申报扣除外购、进口应税葡萄酒已纳消费税税款的备查资料。

第七节 出口应税消费品消费税退（免）税办法

一、出口应税消费品消费税退（免）税政策

根据财政部、国家税务总局发布的《关于出口货物劳务增值税和消费税政策的通知》（财税〔2012〕39号文件）的规定，出口应税消费品退（免）消费税在政策上分为以下三种情况：

（一）出口免税并退税

有出口经营权的外贸企业购进应税消费品直接出口，以及外贸企业受其他外贸企业委托代理出口应税消费品，适用出口免税并退税政策，即出口应税消费品在出口环节免征消费税，并退还以前环节已缴纳的消费税。

（二）出口免税但不退税

有出口经营权的生产性企业自营出口或生产企业委托外贸企业代理出口自产的应税消费品，适用出口免税但不退税政策。出口免税是指对生产性企业按其实际出

本期增值税销项税额=96+51.2+311.22÷（1+16%）×16%

=153.2+ 268.3×16%

=153.2+42.93=196.13（万元）

本期应纳增值税税额=196.13−66.8=129.33（万元）

（2）销售小轿车应纳消费税的计算。

分析：企业直接向消费者销售排气量为4.2升的小轿车2台，取得不含税销售额268.3万元，单台价格134.15万元（268.3÷2）超过130万元，属于销售超豪华型小汽车，应加征零售环节消费税。销售小轿车应纳消费税的计算如下：

本期应纳消费税=600×5% +320×12% +268.3×（40%+10%）

=30+38.4+134.15=202.55（万元）

（3）相关业务的会计处理。

①购进原材料时：

借：原材料　3 000 000

　应交税费——应交增值税（进项税额）　480 000

　贷：银行存款　3 480 000

②支付水电费及咨询服务费时：

借：管理费用　300 000

　应交税费——应交增值税（进项税额）　20 000

　贷：银行存款　320 000

③销售排气量为2.0升和3.0升小汽车时：

借：银行存款　10 732 000

　贷：主营业务收入　9 200 000

　　应交税费——应交增值税（销项税额）　1 532 000

④直接向消费者销售排气量为4.2升的小轿车时：

借：银行存款　3 112 300

　贷：主营业务收入　2 683 000

　　应交税费——应交增值税（销项税额）　429 300

⑤本月销售小轿车计提消费税时：

借：税金及附加　2 025 500

　贷：应交税费——应交消费税　2 025 500

（二）进口应税消费品关税、增值税、消费税计算及账务处理

【例2-26】某外贸公司（一般纳税人）2018年11月进口气缸容量为3.0升的小汽车一批，在国外的买价为160万元人民币，运抵我国输入地点起卸前发生的运

费、保险费及手续费合计20万元人民币，已取得海关出具的完税凭证。该货物进口后在本月全部销售，开具的增值税专用发票上的累计销售额为300万元，增值税税额为48万元。进口小汽车的关税税率为25%，增值税税率为16%，消费税税率为12%。要求计算进口该批小汽车应纳进口关税、进口环节增值税和消费税（计算结果保留到元），并对相关业务进行会计处理。

（1）进口关税的计算。

关税完税价格=购买价格+进口费用=1 600 000+200 000=1 800 000（元）

应纳关税税额=关税完税价格×关税税率=1 800 000×25%=450 000（元）

（2）进口环节增值税和消费税的计算。

组成计税价格=（1 800 000+450 000）÷（1−12%）=2 556 818（元）

应纳进口环节增值税税额=2 556 818×16%=409 091（元）

应纳进口环节消费税税额=2 556 818×12%=306 818（元）

（3）相关业务的会计处理。

①进口小汽车支付价款时：

借：商品采购	1 800 000	
贷：银行存款		1 800 000

②支付进口关税时：

借：商品采购（关税）	450 000	
贷：银行存款		450 000

③支付进口环节增值税、消费税时：

借：应交税费——应交增值税（进项税额）	409 091	
税金及附加——消费税	306 818	
贷：银行存款		715 909

（三）外贸企业出口应税消费品退增值税、消费税计算及账务处理

【例2-27】某外贸公司（一般纳税人）2018年11月从某生产企业购进货物一批，取得的增值税专用发票上注明的价款为200万元，税金为32万元，当月全部报关出口。已知该批货物在生产环节已按10%的税率缴纳了消费税20万元。要求计算该公司出口应税消费品应退增值税和消费税税额（增值税出口退税率为15%），并对相关业务进行会计处理。

（1）出口应税消费品应退增值税和消费税的计算。

出口应退增值税税额=2 000 000×15%=300 000（元）

出口应退消费税税额=2 000 000×10%=200 000（元）

（2）相关业务的会计处理。

①购进货物时：

借：库存商品　　2 000 000

　　应交税费——应交增值税（进项税额）　　320 000

　贷：银行存款　　2 320 000

②申请应收出口退税（出口退增值税、消费税）时：

借：应收出口退税（增值税）　　300 000

　　应收出口退税（消费税）　　200 000

　贷：主营业务成本（消费税）　　200 000

　　　应交税费——应交增值税（出口退税）　　300 000

③收到出口货物退回的增值税、消费税时：

借：银行存款　　500 000

　贷：应收出口退税（增值税）　　300 000

　　　应收出口退税（消费税）　　200 000

④转出未退增值税时：

分析：外贸企业增值税进项税额大于出口已退增值税税额的部分应予转出，计入销售成本。应转出增值税进项税额计算如下：

应转出进项税额=320 000-300 000=20 000（元）

转出进项税额的会计分录如下：

借：主营业务成本　　20 000

　贷：应交税费——应交增值税（进项税额转出）　　20 000

第九节　城建税、教育费附加及文化事业建设费征收办法

城市维护建设税（简称城建税）和教育费附加以及地方教育附加，本质上都属于附加征收的税费，即以纳税人实际缴纳的增值税和消费税的税额为依据计算征收。考虑逻辑上的连贯性，将这部分内容（包括按照从事娱乐业、广告业的销售额计征的文化事业建设费）放在本章最后一节。

一、城市维护建设税征收办法

为了加强城市的维护建设，扩大和稳定城市维护建设资金的来源，我国于1985年2月8日由国务院发布《中华人民共和国城市维护建设税暂行条例》（国发〔1985〕19号），自1985年度起开始施行，各省、自治区、直辖市人民政府可以根据本条例，制定实施细则，并送财政部备案。

（一）城市维护建设税的纳税人

根据《中华人民共和国城市维护建设税暂行条例》的规定，凡缴纳消费税、增值税、营业税的单位和个人，都是城市维护建设税的纳税义务人，都应当依照规定

缴纳城市维护建设税。营业税改征增值税后，城市维护建设税的纳税义务人为缴纳增值税、消费税的单位和个人。

（二）城市维护建设税的计税依据

根据《中华人民共和国城市维护建设税暂行条例》的规定，“城市维护建设税，以纳税人实际缴纳的消费税、增值税、营业税税额为计税依据，分别与消费税、增值税、营业税同时缴纳”。营业税改征增值税后，城市维护建设税以纳税人实际缴纳的消费税、增值税税额为计税依据，分别与消费税、增值税同时缴纳。纳税人违反“二税”有关规定而被加收的滞纳金和罚款，不作为城市维护建设税的计税依据。

（三）城市维护建设税的税率

城市维护建设税按纳税人所在地行政级别不同，分别设置三档比例税率。具体规定如下：

（1）纳税人所在地为市区的，税率为7%；

（2）纳税人所在地为县城、镇的，税率为5%；

（3）纳税人所在地不是市区、县城或镇的，税率为1%。

由受托方代扣代缴增值税、消费税的，其代扣代缴的城市维护建设税按受托方所在地的适用税率执行；流动经营等无固定纳税地点的企业，在经营地缴纳“二税”的，其应纳城市维护建设税按经营地的适用税率执行。

（四）城市维护建设税应纳税额的计算

城市维护建设税以纳税人实际缴纳的增值税和消费税“二税”的税额之和为计税依据，按规定的比例税率计征。城市维护建设税应纳税额的计算公式如下：

应纳城市维护建设税=（实缴增值税+实缴消费税）×适用税率

企业因偷、漏税而被税务机关补征“二税”的，应按查补“二税”的税额计算应补交的城市维护建设税，并征收滞纳金和罚款。

纳税人应纳城市维护建设税分别与增值税、消费税同时缴纳，并随增值税、消费税“二税”的减免而减免，原则上城市维护建设税不单独减免。

进口货物由海关代征进口环节增值税、消费税的，不缴纳城市维护建设税；出口货物退还增值税、消费税的，已缴纳的城市维护建设税不予退回。

二、教育费附加及地方教育附加征收办法

（一）教育费附加征收办法

我国自1986年7月1日起开始征收教育费附加。1990年6月、2005年8月和2011年1月国务院分别对《征收教育费附加的暂行规定》进行修订。征收教育费附加是为了加快发展地方教育事业，扩大地方教育经费的资金来源。

教育费附加，以各单位和个人实际缴纳的增值税、消费税“二税”的税额为计征依据，教育费附加率为3%，分别与增值税、消费税同时缴纳。应纳教育费附加按以下公式计算：

（五）文化事业建设费的征收管理

文化事业建设费由国家税务局在征收娱乐业、广告业增值税时一并征收。文化事业建设费的缴费义务发生时间，为缴费人收讫营业收入款项或者取得索取营业收入款项凭证的当天。文化事业建设费的缴纳期限与缴费人缴纳增值税的期限相同，或者由主管税务机关根据缴费人应缴费额的大小核定。缴费人应当在提供娱乐业、广告业劳务的发生地，向发生地的主管税务机关申报缴纳文化事业建设费。

第三章

资源税实务

资源税是以各种应税自然资源为课税对象而征收的一种税。自然资源是生产资料或生活资料的天然来源，包括矿产资源、土地资源、水资源、动植物资源等。目前我国资源税征税范围较窄，仅选择了部分级差收入差异较大和资源较为普遍的煤炭、原油、天然气、矿产品原矿、原盐和水征收资源税。

第一节　资源税制度的建立与修订

一、资源税制度的建立与修订概况

1984年我国开始试行征收资源税。先行对纳税人开采的原油、天然气和煤炭等应税产品征收资源税，金属矿产品和其他非金属矿产品暂缓征收。自1994年1月1日起，在全国正式征收资源税。根据《中华人民共和国资源税暂行条例》的规定，在中华人民共和国境内开采原油、天然气、煤炭、其他非金属原矿、黑色金属原矿、有色金属原矿矿产品，以及生产盐征收资源税，并实行从量定额征收办法。

2011年10月28日，国务院修订了《中华人民共和国资源税暂行条例》（以下简称《资源税暂行条例》），同时财政部公布了修订后的《中华人民共和国资源税暂行条例实施细则》（以下简称《资源税暂行条例实施细则》）。修订后的《资源税暂行条例》及其实施细则自2011年11月1日起施行。修订后的资源税税目税率表见表3-1。

表3-1　资源税税目税率表

税目		税率
一、原油		销售额的5%~10%
二、天然气		销售额的5%~10%
三、煤炭	焦煤	每吨8~20元
	其他煤炭	每吨0.3~5元
四、其他非金属矿原矿	普通非金属矿原矿	每吨或者每立方米0.5~20元
	贵重非金属矿原矿	每千克或者每克拉0.5~20元
五、黑色金属矿原矿		每吨2~30元
六、有色金属矿原矿	稀土矿	每吨0.4~60元
	其他有色金属矿原矿	每吨0.4~30元
七、盐	固体盐	每吨10~60元
	液体盐	每吨2~10元

（三）煤炭

煤炭是古代植物埋藏在地下经历了复杂的生物化学和物理化学变化逐渐形成的固体可燃性矿物。煤炭是地球上蕴藏量最丰富、分布地域最广的化石燃料。构成煤炭有机质的元素主要有碳、氢、氧、氮和硫等，此外，还有极少量的磷、氟、氯和砷等元素。煤炭是18世纪以来人类世界使用的主要能源之一。

我国征收资源税的煤炭，包括原煤和以未税原煤加工的洗选煤。

①原煤是指开采出的毛煤经过简单选矸（矸石直径50mm以上）后的煤炭，以及经过筛选分类后的筛选煤等。

②以未税原煤加工的洗选煤，是指以未征收资源税的自采原煤经过筛选、破碎、水洗、风洗等物理化学工艺，去灰去矸后的煤炭产品，包括精煤、中煤、煤泥等，但不包括煤矸石。煤矸石是一种在成煤过程中与煤层伴生的一种含碳量较低、比煤坚硬的黑灰色的煤伴生废石，具有低发热值。

（四）金属矿

金属矿，一般指经冶炼可以从中提取金属元素的矿产。根据金属的颜色和性质等特征，可将金属矿分为黑色金属矿和有色金属矿。多数金属矿产的共同特点主要表现在质地比较坚硬、有光泽等方面。其中，黑色金属主要指铁、锰、铬、钒、钛等用作钢铁工业原料的矿产。除黑色金属矿以外的一切金属矿统称为有色金属矿，包括铜、铅、锌、镍、钴、钨、锡、铋、钼、锑、汞等矿产。有色金属又分为有色重金属、有色轻金属、稀有金属、贵金属及半金属5类。

①有色重金属是指比重大于4.5的有色金属，有铜、铅、锌、镍、钴、锡、锑、汞、镉、铋等。

②有色轻金属是指比重小于4.5的有色金属，有铝、镁、钠、钙、锶、钡等。

③稀有金属是指在地壳中含量少又比较分散的有色金属，有锂、铍、稀土等。稀有金属又可分为高熔点的，如钛、锆、钒、铌、钽、钼、钨等；质量轻的，如锂、铷、铯、铍等；分散的，如镓、铟、铊、锗、铪、铼等；稀土的，如钪、钇、镧及镧系元素等；放射性的，如锕系元素（钍、钋、铀等）等。其中，稀土元素在冶金、燃料电池、玻璃和制陶染色以及磁体生产等领域都有广泛的应用。

④贵金属包括金、银和铂族（锇、铱、铂、钌、铑、钯）金属矿产，它们在地壳中的数量很少，是比重大（10.4~22.4）、熔点高、价格贵的有色金属，多数具有很好的化学稳定性和延展性。

⑤半金属矿是指介于金属和非金属之间的有色金属，如硅、硒、碲、硼等。

我国征收资源税的金属矿主要包括铁矿、金矿、铜矿、铝土矿、铅锌矿、镍矿、锡矿、钨矿、钼矿和未列举名称的其他金属矿原矿。其中，铝土矿包括耐火级矾土、研磨级矾土等高铝粘土。未列举名称的其他金属矿原矿，是指除资源税暂行规定列举上述应税金属矿之外的金属矿原矿。

（五）非金属矿

非金属矿是与金属矿相对而言的矿产，主要有金刚石、石墨、水晶、刚玉、石棉、云母、石膏、萤石、宝石、玉石、玛瑙、石灰岩、白云岩、石英岩、陶瓷土、耐火粘土、大理岩、花岗岩、盐矿、磷矿等90多种。

我国征收资源税的非金属矿，是指除原油、天然气、煤炭之外的非金属矿，主要包括石墨、硅藻土、高岭土、萤石、石灰石、稀土矿、硫铁矿、磷矿、氯化钾、硫酸钾、井矿盐、湖盐、提取地下卤水晒制的盐、煤层（成）气、粘土、砂石和未列举名称的其他非金属矿原矿。

（1）石墨是一种质软、色黑、有光泽的碳素矿物，产状有六方晶体，也有叶片状或粒状块体，具有导电性；用于制造铅笔、坩埚、电解的阳电极、润滑剂、原子能发电厂的慢化剂（又称中子减速剂，是热中子反应堆内用作降低快中子能量的材料）等。

（2）硅藻土是一种生物成因的硅质沉积岩，主要由古代硅藻的遗骸所组成。我国硅藻土储量3.2亿吨，远景储量达20多亿吨，主要集中在华东及东北地区。硅藻是一类具有色素体的单细胞植物，是一类最重要的浮游植物，分布极其广泛，在海洋、淡水、汽水、泥土及潮湿的表面上均可发现，大部分生活在开阔的远洋水域。

（3）高岭土是一种以高岭石族粘土矿物为主的粘土和粘土岩。因呈白色而又细腻，又称白云土。因江西省景德镇高岭村而得名。高岭土用途十分广泛，主要用于造纸、陶瓷和耐火材料。

（4）萤石又称氟石、氟石粉、萤石粉，是一种矿物，主要成分是氟化钙（CaF_2）。自然界中的萤石常显鲜艳的颜色，部分萤石可发出荧光。但这种光相对微弱，白天看不见，夜里看很亮。世界萤石产量的一半用以制造氢氟酸。在航空、航天工业中，氢氟酸主要用来生产喷气机液体推进剂、导弹喷气燃料推进剂。萤石也广泛应用于玻璃、陶瓷、水泥等建材工业中。电冰箱里的冷却剂（氟利昂）要用萤石。

（5）石灰石是一种岩石，主要成分碳酸钙（$CaCO_3$）。石灰和石灰石是大量用于建筑材料、工业的原料。碳酸钙可直接加工成石料和烧制成生石灰（CaO），生石灰吸潮或加水就成为熟石灰，主要成分是氢氧化钙（$Ca(OH)_2$）。熟石灰经调配可成为石灰浆、石灰膏、石灰砂浆等，用作涂装材料和砖瓦黏合剂。水泥是由石灰石和粘土等混合，经高温煅烧制得。玻璃由石灰石、石英砂、纯碱（碳酸钠）等混合，经高温熔融制得。炼铁用石灰石做熔剂除去脉石，用生石灰做造渣材料除去硫、磷等有害杂质。

（6）井矿盐是井盐和矿盐的合称，是指钻井汲取地下天然卤水制成的盐和开采地下岩盐经加工制成的盐。其中，①井盐是运用凿井法汲取地表浅部或地下天然卤水（盐类含量大于5%的液态矿产）加工制成的盐；②矿盐是指开采岩盐矿床经炼制而成的盐。由于岩盐矿床有时与天然卤水盐矿共存，开采时主要采用钻井水溶法，故将井盐、矿盐合称为井矿盐。

（7）湖盐又称“池盐”，是指开采盐湖中沉淀湖底的盐类物质而生产的盐。湖盐的生产，主要通过采盐机或采盐船直接从咸水湖内捞取（采掘法）。我国湖盐多产于青海、新疆、西藏、内蒙古、甘肃等地区。

(8) 煤层(成)气是指赋存于煤层中以甲烷为主要成分、以吸附在煤基质颗粒表面为主、部分游离于煤孔隙中或溶解于煤层水中的烃类气体，俗称“瓦斯”，其主要成分是CH_4(甲烷)。煤层气是煤的伴生矿产资源，属于非常规天然气。

(9)“未列举名称的其他非金属矿原矿”，是指上列产品和井矿盐以外的非金属矿原矿。

(六) 海盐

海盐是指由海水经自然蒸发而晒制出来的盐(不包括提取地下卤水晒制的盐)。我国东部沿海一带适合晒盐业的发展，目前我国海盐产量居世界首位。

我国对海盐征收资源税，以氯化钠初级产品为征税对象。氯化钠初级产品是指海盐原盐、井矿盐、湖盐原盐和提取地下卤水晒制的盐，包括固体和液体形态(卤水)的初级产品。

二、资源税的纳税人与扣缴义务人

(一) 资源税的纳税人

在中华人民共和国领域及管辖海域内开采或者生产资源税应税产品的单位和个人，为资源税的纳税义务人。其中：单位包括企业、行政单位、事业单位、军事单位、社会团体及其他单位；个人是指个体工商户和其他个人。开采海洋石油、天然气资源的企业，是指在中华人民共和国内海、领海、大陆架及其他属于中华人民共和国行使管辖权的海域内依法从事开采海洋石油、天然气资源的企业。

在中华人民共和国领域及管辖海域内，是指在中华人民共和国的领土、领海和领空内以及在中华人民共和国管辖的内水、领海、专属经济区、大陆架及其他海域内。其中：①内水是一国领陆范围以内的河流、湖泊和领海基线向陆一面的内海、海湾、海港和海峡内的水域。内水完全处于一国主权管辖之下，非经该国许可，他国船舶不得驶入。②领海是指沿海国主权管辖下与其海岸或内水相邻的一定宽度的海域(12海里领海权)。③专属经济区是指在中华人民共和国领海以外并邻接领海的区域(从测算领海宽度的基线量起延至200海里)。④大陆架是指一国领海以外依本国陆地领土的全部自然延伸，扩展到大陆边外缘的海底区域的海床和底土。在国际法上，大陆架是一国陆地领土在海水下的自然延伸，这是沿海国对大陆架享有某些主权权利的理论根据。

资源税的纳税人应当向矿产品的开采地或盐的生产地缴纳资源税。纳税人跨省、自治区、直辖市开采矿产品或者生产盐，其下属生产单位与核算单位不在同一省、自治区、直辖市的，在开采地或者生产地纳税。

(二) 资源税扣缴义务人

代扣代缴资源税的适用范围，仅限定在除原油、天然气、煤炭以外的税源小、零散、不定期开采等难以在采矿地申报缴纳资源税的矿产品。对已纳入开采地正常税务管理或者在销售矿产品时开具增值税专用发票的纳税人，不采用代扣代缴的征管方式。根据《中华人民共和国资源税暂行条例实施细则》的规定，资源税扣缴义

第三节 资源税税目税率与计税依据

一、资源税的税目税率

资源税共设置30个税目，其中有28个税目采用正列举法规定，另外2个税目采用概括法规定。采用正列举法规定的税目主要包括：原油、天然气、煤炭、稀土、钨、钼、铁矿、金矿、铜矿、铝土矿、铅锌矿、镍矿、锡矿、石墨、硅藻土、高岭土、萤石、石灰石、硫铁矿、磷矿、氯化钾、硫酸钾、井矿盐、湖盐、提取地下卤水晒制的盐、海盐、煤层（成）气、粘土及砂石等。采用概括法规定的2个税目，分别是“未列举名称的其他金属矿产品”和“未列举名称的其他非金属矿产品”。除粘土及砂石税目适用定额税率，其他税目适用比例税率，包括单一比例税率和幅度比例税率。

（一）原油、天然气、煤炭的税目税率

原油、天然气、煤炭三种应税产品，以每种应税产品为一个税目，分别适用比例税率。具体规定如下：

（1）原油税目，税率为6%。

（2）天然气税目，税率为6%。

（3）煤炭税目，适用2%～10%的幅度税率。各省级人民政府根据实际情况，在幅度内确定本地区煤炭的具体适用税率。

（二）稀土、钨、钼的税目税率

应税稀土、钨和钼，共设置4个税目，其中稀土分设2个税目，钨和钼各为一个税目。稀土、钨、钼税目税率的具体规定如下：

（1）稀土分设轻稀土和中重稀土两个税目，分别规定比例税率。

①轻稀土税目，按地区不同适用不同税率，如内蒙古为11.5%，四川为9.5%，山东为7.5%。中国轻稀土主要集中在华北地区。

②中重稀土税目，税率为27%。重稀土广泛应用于钢铁、玻璃、陶瓷、电子、石油等各种行业，被称为“工业味精”。重稀土主要分布在南方地区。

（2）钨，设置1个税目，税率为6.5%。钨在冶金和金属材料领域中属高熔点稀有金属。高比重钨基合金，可用于反坦克和反潜艇的穿甲弹头。我国钨矿储量丰富，主要有黑钨矿（钨锰铁矿）和白钨矿（钨酸钙矿）两种。

（3）钼，设置1个税目，税率为11%。钼作为生产各种合金钢的添加剂，可以提高其高温强度、耐磨性和抗腐性。

以上所述原油、天然气、煤炭和稀土、钨、钼6种应税产品资源税税目税率表，见表3-2。

务人是指“独立矿山、联合企业及其他收购未税矿产品的单位”。其中，独立矿山是指只有采矿或只有采矿和选矿，其生产的原矿和精矿主要用于对外销售，且独立核算、自负盈亏的单位。联合企业是指采矿、选矿、冶炼（或加工）连续生产的企业或采矿、冶炼（或加工）连续生产的企业。其他单位是指独立矿山或联合企业的二级或二级以下的核算单位。

资源税扣缴义务人代扣代缴的资源税，在未税矿产品收购地纳税。扣缴义务人应当主动向主管税务机关办理扣缴税款登记，依法代扣代缴资源税。

三、纳税环节与纳税义务发生时间

（一）资源税的纳税环节

资源税实行一次课征制，在应税产品销售或者自用环节计算缴纳。具体规定如下：

（1）纳税人开采或生产的应税矿产品，在销售环节纳税。

（2）纳税人以自采原矿加工精矿产品销售的，在原矿移送使用时不缴纳资源税，在精矿销售或自用时缴纳资源税。

（3）纳税人以自采金矿原矿加工金锭的，在金锭销售或自用时缴纳资源税。纳税人销售自采原矿或者自采原矿加工的金精矿、粗金，在原矿或者金精矿、粗金销售时缴纳资源税，在移送使用时不缴纳资源税。

（4）纳税人以自采原矿直接加工为非应税产品或者以自采原矿加工的精矿连续生产非应税产品的，在原矿或者精矿移送环节计算缴纳资源税。

（5）纳税人以应税矿产品用于投资、分配、抵债、赠与、以物易物等，视同销售处理，在应税产品所有权转移时计算缴纳资源税。

（6）收购未税矿产品的单位，在收购环节代扣代缴资源税。

（二）资源税的纳税义务发生时间

纳税人销售开采的应税矿产品或生产的原盐，以收讫销售款或者取得索取销售款凭据的当天为纳税义务发生时间。资源税纳税义务发生时间的特殊规定如下：

（1）纳税人采取分期收款结算方式的，以销售合同规定的收款日期的当天为纳税义务发生时间。

（2）纳税人采取预收货款结算方式的，以发出应税产品的当天为纳税义务发生时间。

（3）纳税人采取其他结算方式的，以收讫销售款或者取得索取销售款凭据的当天为纳税义务发生时间。

（4）纳税人自产自用应税产品的，以货物移送使用的当天为纳税义务发生时间。

（5）扣缴义务人代扣代缴税款的扣缴义务发生时间，为支付首笔货款或者首次开具应支付货款凭据的当天（国税函〔2002〕1037号）。

表3-2　　原油、天然气、煤炭和稀土、钨、钼资源税税目税率表

税目	税率
1.原油	6%
2.天然气	6%
3 煤炭	2% ~ 10%
4.稀土	
（1）轻稀土	内蒙古 11.5% 四川 9.5% 山东 7.5%
（2）中重稀土	27%
5.钨	6.5%
6.钼	11%

（三）金属矿产品和非金属矿产品的税目税率

1.金属矿产品和非金属矿产品的税目

根据财政部、国家税务总局《关于全面推进资源税改革的通知》（财税〔2016〕53号）的规定，除原油、天然气、煤炭和稀土、钨、钼等6种应税产品之外的应税矿产品，主要划分为金属矿和非金属矿。其中，金属矿设置8个税目，非金属矿设置15个税目，海盐单独设置一个税目，共设置24个税目。

（1）金属矿共设置8个税目，分别是铁矿、金矿、铜矿、铝土矿、铅锌矿、镍矿、锡矿和未列举名称的其他金属矿产品税目。其中：①金矿税目以金锭为征收对象。②铝土矿税目以铝土矿原矿为征收对象。铝土矿包括耐火级矾土、研磨级矾土等高铝粘土。③未列举名称的其他金属矿产品税目，以原矿或精矿为征收对象。

（2）非金属矿及海盐共设置16个税目，分别是石墨、硅藻土、高岭土、萤石、石灰石、硫铁矿、磷矿、氯化钾、硫酸钾、井矿盐、湖盐、提取地下卤水晒制的盐、煤层（成）气、粘土及砂石、未列举名称的其他非金属矿产品，以及海盐税目。其中：

①石墨、硅藻土、萤石、硫铁矿、氯化钾、硫酸钾等6个税目，以精矿为征税对象；

②高岭土、石灰石、磷矿、煤层（成）气、粘土及砂石5个税目，以原矿为征税对象；

③井矿盐、湖盐、提取地下卤水晒制的盐及海盐4个税目，以氯化钠初级产品为征税对象；

④未列举名称的其他非金属矿产品税目，以原矿或精矿为征税对象。

2.金属矿和非金属矿的税率

金属矿和非金属矿以及海盐共设置24个税目，分别适用幅度比例税率。不同地区资源税的具体适用税率，由各省级人民政府充分考虑本地区资源禀赋、企业承受能力和清理收费基金等因素，按照改革前后税费平移原则，以近几年企业缴纳资

依照规定计征资源税。

纳税人发生视同销售情形的，分别按以下规定确认计税依据（销售额或销售数量）：

（1）从价计征资源税的，按纳税人当期同类产品的销售价格确认视同销售应税产品的销售额；无同类产品销售价格的，或者申报的应税产品销售价格明显偏低且无正当理由的，税务机关应按下列顺序确定其应税产品的计税价格：

①按纳税人最近时期同类产品的平均销售价格确定。

②按其他纳税人最近时期同类产品的平均销售价格确定。

③按应税产品组成计税价格确定。组成计税价格计算公式如下：

组成计税价格=成本×（1+成本利润率）÷（1−资源税税率）

④按后续加工非应税产品销售价格，减去后续加工环节成本利润确定。

⑤按其他合理方法确定。

（2）从量计征资源税的，按实际使用的数量确认计税销售量。

（二）有关费用的资源税处理

1.关联企业之间业务往来费用的税务处理

纳税人与其关联企业之间的业务往来，应当按照独立企业之间的业务往来收取或者支付价款、费用。不按照独立企业之间的业务往来收取或者支付价款、费用，而减少其计税销售额的，税务机关可以按照《中华人民共和国税收征收管理法》及其实施细则的有关规定进行合理调整。

2.同时符合规定条件运杂费用的税务处理

对同时符合以下条件的运杂费用，纳税人在计算应税产品计税销售额时，可予以扣减：

（1）包含在应税产品销售收入之中的运杂费用。

（2）属于纳税人销售应税产品环节发生的运杂费用，具体是指运送应税产品从坑口或者洗选（加工）地到车站、码头或者购买方指定地点的运杂费用。

（3）取得相关运杂费用发票或者其他合法有效凭据。

（4）将运杂费用与计税销售额分别进行核算。

纳税人扣减的运杂费用明显偏高导致应税产品价格偏低且无正当理由的，主管税务机关可以合理调整计税价格。

（三）外购已税产品的税务处理

纳税人以自采未税产品和外购已纳资源税产品用于混合销售，或者混合加工为应税产品销售的，在计算资源税应税产品计税依据（销售额）时，准予扣减已单独核算的外购已税产品的购进金额。已税产品购进金额当期不足扣减的可结转下期扣减。外购已纳资源税产品未单独核算的，不得扣减已税产品购进金额，应一并计算缴纳资源税。

纳税人外购原矿或者精矿形态的已税产品与本产品征税对象不同的，在计算应税产品计税销售额时，应对混合销售额或者外购已税产品的购进金额进行换算或者折算。

纳税人核算并扣减当期外购已税产品购进金额，应依据外购已税产品的增值税发票、海关进口增值税专用缴款书或者其他合法有效凭据。

第四节　资源税应纳税额计算及税收优惠

一、原油、天然气资源税应纳税额计算及税收优惠

（一）原油、天然气资源税应纳税额计算

原油、天然气资源税以销售额为计税依据，依照6%的税率计算应纳税额。计算公式如下：

原油、天然气资源税应纳税额=销售额×税率（6%）

销售额是指销售原油、天然气向买方收取的全部价款和价外费用，不包括向买方收取的增值税（销项税额）。

（二）原油、天然气资源税优惠形式

原油、天然气资源税优惠，包括免税和减税两种形式。具体规定如下：

1.免征资源税

纳税人在油田范围内运输（管道运输）稠油过程中，用于加热的原油、天然气，免征资源税。稠油具有密度大、黏度高的特点，一般采用加热输送方法。通过加热输送方法提高稠油的流动温度，以降低稠油黏度，从而减少管路摩阻损失。

2.减征资源税

（1）稠油、高凝油和高含硫天然气资源税减征40%。应纳税额的计算公式如下：

应纳税额=销售额×税率（6%）×（1-40%）

稠油是指地层原油黏度大于或等于50毫帕/秒或原油密度大于或等于0.92克/立方厘米的原油；高凝油是指凝固点大于40℃的原油；高含硫天然气，是指硫化氢含量大于或等于30克/立方米的天然气。

（2）三次采油资源税减征30%。应纳税额的计算公式如下：

应纳税额=销售额×税率（6%）×（1-30%）

三次采油是指二次采油后继续以聚合物驱、复合驱、泡沫驱、气水交替驱、二氧化碳驱、微生物驱等方式进行采油，即主要通过气体注入、化学注入、超声波刺激、微生物注入或热回收等方法来实现三次采油，其目的是提高油田原油的采收率。

（3）低丰度油气田资源税暂减征20%。应纳税额的计算公式如下：

续表

序号	油气田企业	所在省份	综合减征率	实际征收率
12	中国石油天然气股份有限公司青海油田分公司	甘肃、青海	0.004	0.056
13	中国石油天然气股份有限公司新疆油田分公司	新疆	0.0044	0.0556
14	中国石油天然气股份有限公司塔里木油田分公司	新疆	0.0005	0.0595
15	中国石油天然气股份有限公司吐哈油田分公司	甘肃、新疆	0.0053	0.0547
16	中国石油化工股份有限公司胜利油田分公司	山东、新疆	0.0144	0.0456
17	中国石油化工股份有限公司中原油田分公司	内蒙古、山东、河南	0.012	0.048
18	中国石油化工股份有限公司河南油田分公司	河南	0.0157	0.0443
19	中国石油化工股份有限公司江汉油田分公司	湖北、重庆	0.0061	0.0539
20	中国石油化工股份有限公司江苏油田分公司	江苏、安徽	0.0034	0.0566
21	中国石油化工股份有限公司西北油田分公司	新疆	0.0216	0.0384
22	中国石油化工股份有限公司西南油气分公司	广西、四川、贵州、云南	0.012	0.048
23	中国石油化工股份有限公司华东分公司	江苏、重庆	0.0097	0.0503
24	中国石油化工股份有限公司华北分公司	内蒙古、陕西、甘肃、宁夏	0.012	0.048
25	中国石油化工股份有限公司东北油气分公司	吉林、辽宁	0.0053	0.0547
26	中国石油化工股份有限公司中原油田普光分公司	四川	0.024	0.036
27	中国石油化工股份有限公司河南油田分公司新疆勘探开发中心	新疆	0	0.06

注：(1) 陆上油气田企业原油、天然气资源税的综合减征率和实际征收率表中未列举的中石油、中石化陆上对外合作油气田及全资和控股陆上油气田企业，比照表3-4的中石油、中石化中所列同一区域油气田企业的综合减征率和实际征收率执行。

(2) 其他陆上油气田企业的综合减征率和实际征收率，暂比照表3-4中石油、中石化中邻近油气田企业的综合减征率和实际征收率执行。

(3) 海上油气田开采符合资源税优惠规定的原油、天然气，由主管税务机关据实计算资源税减征额。

【例3-2】中国石油天然气股份有限公司辽河油田分公司某油气田2018年5月销售原油，开具增值税专用发票上注明的价款400万元，增值税64万元；销售三次采油原油开具增值税专用发票上注明的价款150万元，增值税24万元。在油田范围内运输稠油过程中，用于加热的自产原油100吨。要求计算该油气田本月应纳资源税税额。

国家规定的辽河油田分公司的实际征收率为0.0456（查表3-4：陆上油气田企业原油、天然气资源税综合减征率和实际征收率表第3行）。

分析：

该油气田在油田范围内运输稠油过程中，用于加热的自产原油100吨，免征资源税。销售的各种原油，采用征收率法计算资源税应纳税额。

计算如下：

总销售额=400+150=550（万元）

应纳资源税=550×0.0456=25.08（万元）

二、煤炭资源税应纳税额计算及税收优惠

征收资源税的应税煤炭，包括原煤和以自采未税原煤加工的洗选煤。原煤是指开采出的毛煤经过简单选矸（矸石直径50mm以上）后的煤炭，以及经过筛选分类后的筛选煤等。洗选煤是指经过筛选、破碎、水洗、风洗（使用压缩空气洗煤也称干洗）等物理化学工艺，去灰去矸后的煤炭产品。煤矸石是指采煤过程和洗煤过程中排放的固体废物，是一种在成煤过程中与煤层伴生的含碳量较低、比煤坚硬的黑灰色岩石。煤矸石不属于应税煤炭的范围。煤炭资源税从价计征，税率为2%~10%，各省级人民政府根据实际情况在税率幅度内确定本地的具体适用税率。对衰竭期煤矿和充填开采的煤炭资源税给予减征一定比例税额的优惠政策。

（一）销售原煤资源税应纳税额计算

煤炭资源税以原煤为课税对象。纳税人销售原煤，以取得的原煤销售额（不含税）为资源税的计税销售额。计算公式如下：

销售原煤应纳资源税=原煤销售额×适用税率

（二）销售洗选煤应纳资源税税额计算

1.洗选煤应纳资源税税额的计算公式

煤炭资源税以原煤为课税对象，但包括以自采未税原煤加工的洗选煤。纳税人将其开采的原煤连续加工为洗选煤销售的，应将洗选煤销售额折算为原煤销售额，按折算的原煤销售额计算应纳税额。计算公式如下：

销售洗选煤应纳资源税税额=洗选煤销售额×洗选煤折算率×适用税率

由于煤炭资源税是以原煤为课税对象，并以原煤销售额为计税依据的，纳税人将其开采的原煤加工为洗选煤销售，其销售额包含了洗选环节的成本和利润，所以应将洗选煤销售额折算为原煤销售额。洗选煤折算率本质上是原煤销售额占洗选煤销售额的比重（按销售价格计算的比重）。

例如，某独立核算的煤矿2018年5月销售原煤取得收入500万元，销售以自采原煤连续生产的洗选煤取得收入800万元，均开具增值税专用发票。已知洗选煤折算率为90%。煤炭资源税的计税销售额为1 220万元（500+800×90%）。

2.洗选煤折算率的计算

洗选煤折算率可采用成本法或市场法计算。

（1）采用成本法计算洗选煤的折算率，是指用洗选煤销售额扣除洗选环节成本、利润后的余额（折算后的原煤销售额）除以洗选煤的平均销售额。洗选煤折算率的计算公式如下：

$$\text{洗选煤折算率}=\left(\text{洗选煤平均销售额}-\text{洗选环节平均成本}-\text{洗选环节平均利润}\right)\div\text{洗选煤平均销售额}\times100\%$$

洗选煤平均销售额、洗选环节平均成本、洗选环节平均利润，可按照上年当地行业平均水平测算确定。例如，一袋洗选煤的平均售价为100元，洗选环节的平均

成本为15元，平均利润为5元。洗选煤折算率=（100−15−5）÷100×100%=80%。其含义是指每100元的洗选煤销售额可折算为80元的原煤销售额。

（2）采用市场法计算洗选煤的折算率，是指通过洗选煤市场价格与其所用同类原煤市场价格的差额及综合回收率计算洗选煤折算率。计算公式如下：

洗选煤折算率=原煤平均销售额÷（洗选煤平均销售额×综合回收率）×100%

原煤平均销售额、洗选煤平均销售额可按照上年当地行业平均水平测算确定。综合回收率是指洗选煤数量占入洗前原煤数量的比重。因为影响洗选煤折算率的因素不仅有价格因素，还有回收数量因素。综合回收率按以下公式计算：

综合回收率=洗选煤的数量÷入洗前原煤数量×100%

例如，生产1吨洗选煤需要1.02吨原煤，综合回收率=1÷1.02×100%=98.04%。其含义是1吨原煤可生产0.9804吨洗选煤。假如，上年当地煤炭行业原煤平均销售额为每吨500元，洗选煤平均销售额为每吨600元，综合回收率为98.04%，则：

洗选煤折算率=500÷（600×98.04%）×100%=85%

显然，影响洗选煤折算率的因素包括价格和综合回收率（数量变化比率）。

在实际工作中，洗选煤折算率由省、自治区、直辖市财税部门或其授权的地市级财税部门根据煤炭资源区域分布、煤质煤种等情况统一规定。

【例3-3】某煤炭开采企业（一般纳税人）2018年5月销售原煤开具增值税专用发票上注明的价款600万元，增值税96万元；销售洗选煤开具增值税专用发票上注明的价款300万元，增值税48万元。省级政府规定的煤炭资源税适用税率为7%，洗选煤折算率75%。要求计算该企业本月应纳资源税税额。

计算如下：

销售原煤应纳资源税=600×7%=42（万元）

销售洗选煤应纳资源税=300×75%×7%=15.75（万元）

该企业本期应纳资源税合计=42 +15.75=57.75（万元）

（三）混合销售原煤应纳资源税计算

混合销售原煤是指纳税人将自采原煤与外购原煤（包括煤矸石）进行混合销售。纳税人发生混合销售原煤情形的，应当准确核算外购原煤的数量、单价及运费，在确认资源税计税依据时，允许扣减外购原煤的购进金额。混合销售原煤资源税的计税依据按以下公式计算：

混合销售原煤计税依据=当期混合销售原煤销售额－当期外购原煤的购进金额

当期外购原煤的购进金额，按当期用于混售的外购原煤的购进数量和单价计算。计算公式如下：

外购原煤购进金额=原煤购进数量×单价

纳税人扣减当期原煤购进金额，应当以增值税专用发票、普通发票或者海关报关单作为扣减凭证。

纳税人将自采原煤与外购原煤（包括煤矸石）进行混合销售，资源税应纳税额按以下公式计算：

混合销售原煤应纳税额=（当期混销原煤销售额－原煤的购进金额）×适用税率

适用税率是指由省级政府规定的煤炭资源税税率。

（四）混洗混售洗选煤应纳资源税计算

纳税人以自采原煤和外购原煤混合加工洗选煤销售的，简称为混洗混售洗选煤。根据资源税政策的规定，纳税人发生混洗混售洗选煤情形的，应当准确核算外购原煤的数量、单价及运费，在确认资源税计税依据时，可以扣减外购原煤的购进金额。混洗混售洗选煤资源税按以下公式计算：

混合销售加工洗选煤应纳税额=（当期洗选煤销售额×折算率－原煤的购进金额）×适用税率

纳税人同时销售应税原煤和洗选煤的，应当分别核算原煤和洗选煤的销售额，未分别核算或者不能准确提供原煤和洗选煤销售额的，一并按销售原煤计算缴纳资源税；纳税人同时销售应税原煤和以自采未税原煤与外购已税原煤加工洗选煤的，应当分别核算原煤销售额和混洗混售洗选煤的销售额，未分别核算的，按销售洗选煤销售额计算缴纳资源税。

【例3-4】某省一家煤炭开采企业（一般纳税人）2018年5月销售以自采原煤和外购原煤混合加工洗选煤，开具增值税专用发票上注明的价款为400万元，增值税64万元；当期用于混洗混售的外购原煤取得增值税专用发票上注明的价款为200万元，增值税32万元。已知，本省规定的资源税适用税率为7%，洗选煤折算率为80%。要求计算该企业本月销售混合加工洗选煤应纳资源税税额。

计算如下：

计税依据=400×80%－200=120（万元）

应纳资源税=120×7%=8.4（万元）

（五）衰竭期煤矿和充填开采煤炭资源税优惠政策

根据财政部、国家税务总局《关于实施煤炭资源税改革的通知》（财税〔2014〕72号）的规定，衰竭期煤矿和充填开采的煤炭，享受以下资源税优惠政策：

（1）对衰竭期煤矿开采的煤炭，资源税减征30%。应纳税额计算公式如下：

应纳资源税=原煤销售额×适用税率×（1－30%）

②采用市场法将原矿销售额换算为精矿销售额，按以下公式计算：

精矿销售额=原矿销售额×换算比

一般情况下，精矿的销售价格要高于原矿的销售价格，所以换算比通常是大于1的系数。换算比按以下公式计算：

换算比=同类精矿单位价格÷（原矿单位价格×选矿比）

公式中的选矿比，是指加工精矿耗用的原矿数量与精矿数量的比值。选矿比的计算公式如下：

选矿比=加工精矿耗用的原矿数量÷精矿数量

（5）考虑到我国黄金企业多为销售金锭，所以资源税规定以金锭为征税对象，以金锭的销售额为计税依据。对少部分销售金原矿或金精矿的，应将其换算为金锭销售额，据以征收资源税。换算公式如下：

金锭销售额=金精矿或金原矿销售额×换算比

（6）对同一种应税产品征税对象为原矿的，纳税人以自采原矿加工精矿销售的，应将精矿销售额折算为原矿销售额，据以计算资源税。铝土矿、高岭土、石灰石、磷矿、煤层（成）气、粘土及砂石等以原矿为征税对象。将精矿销售额折算为原矿销售额的计算公式如下：

原矿销售额=精矿销售额×折算率

按简便可行、公平合理的原则，换算比或折算率由省级财税部门确定，并报财政部、国家税务总局备案。换算比为大于1的系数；折算率为小于1的系数。例如，广东省规定铁矿的换算比为1.28，高岭土的折算率为0.67。

（7）纳税人以未税产品和外购已税产品混合销售或者混合加工为应税产品销售的，应当准确核算已税产品的购进金额，在计算加工后的应税产品销售额时，准予扣减已税产品的购进金额；未分别核算的，一并计算缴纳资源税。纳税人用已纳资源税的应税产品进一步加工应税产品销售的，不再缴纳资源税。

（二）销售金属矿和非金属矿资源税应纳税额计算

（1）纳税人销售以原矿为征税对象的矿产品，应纳税额按以下公式计算：

应纳资源税税额=原矿销售额×适用税率

（2）纳税人将以原矿为征税对象的矿产品加工成精矿销售的，应纳税额按以下公式计算：

应纳资源税税额=精矿销售额×折算率×适用税率

（3）纳税人销售以精矿为征税对象的矿产品，应纳税额按以下公式计算：

应纳资源税= 精矿销售额×适用税率

（4）纳税人销售以精矿为征税对象的原矿，应纳税额按以下公式计算：

应纳资源税=原矿销售额×换算比×适用税率

（三）矿产资源税的优惠政策

纳税人开采的矿产资源，符合以下资源税政策要求的，享受资源税优惠政策：

（1）依法在建筑物下、铁路下、水体下通过充填开采方式采出的应税矿产品，资源税减征50%。

充填开采是指随着回采工作面的推进，向采空区或离层带等空间充填废石、尾矿、废渣、建筑废料以及专用充填合格材料等采出矿产品的开采方法。

（2）实际开采年限在15年以上的衰竭期矿山开采的矿产资源，资源税减征30%。

衰竭期矿山是指剩余可采储量下降到原设计可采储量的20%（含）以下或剩余服务年限不超过5年的矿山，以开采企业下属的单个矿山为单位确定。

（3）纳税人开采销售共伴生矿，暂不征收资源税。但共伴生矿与主矿产品销售额应分开核算，未分开核算的，共伴生矿按主矿产品的税目和适用税率计征资源税。

共伴生矿是共生矿和伴生矿的合称。共生矿是指在同一矿区（矿床）内有两种或两种以上都达到各自单独的品位要求和储量要求、各自达到矿床规模的矿产。伴生矿是指主矿体（矿层、矿脉）中，伴生其他有用矿物、组分、元素，但在技术经济上不具有单独开采价值，须与主要矿产综合开采、回收利用的矿产。

（4）对鼓励利用的低品位矿、废石、尾矿、废渣、废水、废气等提取的矿产品，由省级人民政府根据实际情况确定是否给予减税或免税。

五、资源税其他计征方法和会计处理

（一）资源税其他计征方法

1.资源税的从量计征方法

从量计征的资源税，以应税产品的销售数量为计税依据，依照规定的资源税单位税额计算应纳税额。计算公式如下：

应纳资源税税额=计税销售数量×单位税额

2.代扣代缴资源税的计征方法

扣缴义务人代扣代缴资源税，按以下公式计算：

代扣代缴资源税税额=未税矿产品收购金额（收购数量）×比例税率（单位税额）

扣缴义务人适用税率（额）标准按以下规定执行：

（1）独立矿山、联合企业收购与本单位矿种相同的未税矿产品，适用本单位相同矿种的适用税率。

（2）独立矿山、联合企业收购与本单位矿种不同的未税矿产品，以及其他收购单位收购的未税矿产品，适用收购地相应矿种规定的适用税率；收购地没有相同品种矿产品的，适用收购地主管税务机关核定的税率。

（二）资源税的会计处理

（1）企业发生资源税应税行为，按规定计提（计算）应纳资源税税额时：

借：税金及附加

贷：应交税费——应交资源税

（2）企业实际缴纳资源税时：

借：应交税费——应交资源税

贷：银行存款

（3）月末，结转“税金及附加”时：

借：本年利润

贷：税金及附加

（4）纳税人将资源税应税产品用于对外投资，依据所开具的增值税专用发票上注明的价款和税金，作如下会计分录：

借：长期股权投资

贷：主营业务收入（不含增值税）

应交税费——应交增值税（销项税额）

计提资源税时：

借：税金及附加

贷：应交税费——应交资源税

（5）纳税人将资源税应税产品用于职工福利或捐赠时，作如下会计分录：

借：应付职工薪酬或营业外支出

贷：主营业务收入

应交税费——应交增值税（销项税额）

计提资源税时：

借：税金及附加

贷：应交税费——应交资源税

第五节　扩大水资源税改革试点实施办法

根据财政部、国家税务总局、水利部《关于印发〈水资源税改革试点暂行办法〉的通知》（财税〔2016〕55号文件）的规定，自2016年7月1日起在河北省实施水资源税改革试点，并在总结试点经验的基础上，由财政部、国家税务总局选择其他地区逐步扩大试点范围，条件成熟后在全国推开。为推进资源全面节约和循环利用，推动形成绿色发展方式和生活方式，财政部、税务总局、水利部发布《关于印发〈扩大水资源税改革试点实施办法〉的通知》（财税〔2017〕80号文件），自2017年12月1日起在北京市、天津市、山西省、内蒙古自治区、河南省、山东省、四川省、陕西省、宁夏回族自治区（以下简称试点省份）扩大水资源税改革试点。

一、水资源税的征收对象与纳税人

（一）水资源税的征收对象

水资源税以地表水和地下水为征收对象。地表水是陆地表面上动态水和静态水的总称，包括江、河、湖泊（含水库）、雪山融水等水资源。地下水是埋藏在地表以下各种形式的水，是水资源的重要组成部分。地下水赋存于地面以下岩石空隙中，在重力作用下能自由运动。泉水、井水和矿坑涌水都是地下水。

下列情形不缴纳水资源税：

①农村集体经济组织及其成员从本集体经济组织的水塘、水库中取用水的；

②家庭生活和零星散养、圈养畜禽饮用等少量取用水的；

③水利工程管理单位为配置或者调度水资源取水的；

④为保障矿井等地下工程施工安全和生产安全必须进行临时应急取用（排）水的；

⑤为消除对公共安全或者公共利益的危害临时应急取水的；

⑥为农业抗旱和维护生态与环境必须临时应急取水的。

不缴纳水资源税是指不征收水资源税，即不属于水资源税的征税范围。

（二）水资源税的纳税人

水资源税以直接取用地表水、地下水的单位和个人为纳税人。水资源税的相关纳税人应当按照《中华人民共和国水法》《取水许可和水资源费征收管理条例》等规定申领取水许可证。纳税人取用水资源的当日，为水资源税的纳税义务发生时间。

水资源税按季或者按月征收，由主管税务机关根据实际情况确定。对超过规定限额的农业生产取用水水资源税可按年征收。不能按固定期限计算纳税的，可以按次申报纳税。纳税人应当自纳税期满或者纳税义务发生之日起15日内申报纳税。除跨省（区、市）水力发电取用水外，纳税人应当向生产经营所在地的税务机关申报缴纳水资源税。

二、水资源税最低平均税额和具体适用税额

水资源税最低平均税额，以及各试点省份省级人民政府制定的本地区的适用税额，是指单位税额。实际取用水数量以立方米为计量单位，实际发电量以千瓦小时为计量单位。水资源税的单位税额为元／立方米或元／千瓦小时。

（一）水资源税最低平均税额

根据《扩大水资源税改革试点实施办法》的规定，水资源税实行从量计征。国家统一规定试点省份水资源税地表水和地下水的最低平均税额。最低平均税额是各试点省份分类确定取水口所在地的具体适用税额的基础。最低平均税额表见表3-5。

（二）水资源税的具体适用税额

各试点省份省级人民政府统筹考虑本地区水资源状况、经济社会发展水平和水资源节约保护要求，在《试点省份水资源税最低平均税额表》规定的最低平均税额基础上，分类确定取水口所在地的具体适用税额。试点省份的中央直属和跨省（区、市）水力发电取用水税额为每千瓦时0.005元。跨省（区、市）界河水电站水

力发电取用水的水资源税税额，与涉及的非试点省份水资源费征收标准不一致的，按较高一方标准执行。

表3-5　　　　　　　　　　**水资源税最低平均税额表**

省(区、市)	地表水最低平均税额	地下水最低平均税额
北京	1.6	4
天津	0.8	4
山西	0.5	2
内蒙古	0.5	2
山东	0.4	1.5
河南	0.4	1.5
四川	0.1	0.2
陕西	0.3	0.7
宁夏	0.3	0.7

试点省份省级人民政府确定本地区具体适用税额时，应遵循以下原则：

（1）地表水、地下水区别对待，严格控制地下水过量开采。基本要求如下：

①对取用地下水，从高确定税额。

②同一类型取用水，地下水税额要高于地表水；水资源紧缺地区地下水税额要大幅高于地表水。

③超采地区地下水的税额，要高于非超采地区；严重超采地区的地下水税额要大幅高于非超采地区。在超采地区和严重超采地区取用地下水的具体适用税额，由试点省份省级人民政府按照非超采地区税额的2~5倍确定。所称地下水超采区，是指在开采条件下，一定时间段内的地下水的开采量大于年或多年平均补给量，而破坏了地下水的采、补平衡的地段。

④在城镇公共供水管网覆盖地区取用地下水的，其税额要高于城镇公共供水管网未覆盖地区，原则上要高于当地同类用途的城镇公共供水价格。城市公共供水，是指城市自来水供水企业以公共供水管道及其附属设施向单位和居民的生活、生产和其他各项建设提供用水。

⑤除特种行业和农业生产取用水外，对其他取用地下水的纳税人，原则上应当统一税额。试点省份可根据实际情况分步实施到位。

（2）不同用途的取用水以及超计划取用水区别对待。基本要求如下：

①对特种行业取用水，从高确定税额。特种行业取用水，是指洗车、洗浴、高尔夫球场、滑雪场等取用水。

②对超计划（定额）取用水，从高确定税额。纳税人超过水行政主管部门规定的计划（定额）取用水量，在原税额基础上加征1~3倍，具体办法由试点省份省级人民政府确定。

③对超过规定限额的农业生产取用水，以及主要供农村人口生活用水的集中式饮水工程取用水，从低确定税额。我国对直接从江河、湖泊或者地下取用水资源从事农业生产的，实行限额用水制度。农业生产取用水，是指种植业、畜牧业、水产养殖业、林业等取用水。供农村人口生活用水的集中式饮水工程，是指供水规模在1 000立方米/天或者供水对象1万人以上，并由企事业单位运营的农村人口生活用水供水工程。

④对回收利用的疏干排水和地源热泵取用水，从低确定适用税额。疏干排水也称采矿排水，是指用人工排水措施，降低有关含水层的水位（或水压），使某个采矿水平（或中段）的地下水部分或全部被排除，以及使底板承压含水层的水头降至低于安全水头的过程。疏干的目的是减少开采巷道的涌水量，防止井下突水，以保证采矿工作正常进行。地源热泵系统是一种利用地下浅层地热资源（也称地能，包括地下水、土壤或地表水等）的既可供热又可制冷的高效节能的空调系统。系统通过输入少量的电能实现低温位热能向高温位转移，地能分别在冬季作为热泵供暖的热源和夏季空调的冷源，是一种理想的“绿色空调”。

三、水资源税应纳税额的计算

（1）除水力发电和火力发电贯流式（不含循环式）冷却取用水特殊规定外，其他取用水资源税应纳税额，按以下公式计算：

应纳税额=实际取用水量（立方米）×适用税额（元／立方米）

其中，城镇公共供水企业实际取用水量，应当考虑合理损耗因素；疏干排水的实际取用水量，按照排水量确定。疏干排水是指在采矿和工程建设过程中破坏地下水层、发生地下涌水的活动。

纳税人应当安装取用水计量设施。纳税人未按规定安装取用水计量设施或者计量设施不能准确计量取用水量的，按照最大取水（排水）能力或者省级财政、税务、水行政主管部门确定的其他方法核定取用水量。

（2）水力发电和火力发电贯流式（不含循环式）冷却取用水资源税应纳税额，按以下公式计算：

应纳税额=实际发电量（千瓦小时）×适用税额（元／千瓦小时）

火力发电贯流式冷却取用水，是指火力发电企业从江河、湖泊（含水库）等水源取水，并对机组冷却后将水直接排入水源的取用水方式。火力发电循环式冷却取用水，是指火力发电企业从江河、湖泊（含水库）、地下等水源取水并引入自建冷却水塔，对机组冷却后返回冷却水塔循环利用的取用水方式。

（3）下列情形，予以免征或者减征水资源税：

①规定限额内的农业生产取用水，免征水资源税；

②取用污水处理再生水，免征水资源税；

③除接入城镇公共供水管网以外，军队、武警部队通过其他方式取用水的，免

征水资源税；

④抽水蓄能发电取用水，免征水资源税；

⑤采油排水经分离净化后在封闭管道回注的，免征水资源税；

⑥财政部、税务总局规定的其他免征或者减征水资源税情形。

第四章

环境保护税实务

我国从1979年开始确立排污收费制度，选择对大气、水、固体、噪声等四类污染物征收排污费。2016年12月25日第十二届全国人民代表大会常务委员会第二十五次会议通过《中华人民共和国环境保护税法》（以下简称《环境保护税法》），自2018年1月1日起施行，同时不再征收排污费。2018年3月30日，财政部、税务总局、生态环境部发布《关于环境保护税有关问题的通知》（财税〔2018〕23号），进一步明确环境保护税征收中有关应税大气污染物和水污染物排放量的监测计算问题、应税水污染物污染当量数的计算问题、应税固体废物排放量计算和应税噪声应纳税额的计算等问题。《环境保护税法》是我国第一部专门体现“绿色税制”的单行税法。开征环境保护税有利于保护和改善环境，减少污染物排放，推进生态文明建设，推动经济和社会的可持续发展。

从环境保护税与排污收费制度的关系来看，目前开征的环境保护税实际上是将排污收费改为征收环境税，税收负担也基本上是从费到税的平移。

第一节　环境保护税的征税范围与纳税人

一、环境保护税的征税范围

根据《中华人民共和国环境保护税法》的规定，在中华人民共和国领域和中华人民共和国管辖的其他海域，直接向环境排放的大气污染物、水污染物、固体废物和噪声（简称应税污染物），属于环境保护税的征税范围。

（一）应税大气污染物

大气就是包围地球的空气，是指在地球周围聚集的一层很厚的大气分子，也被称为大气圈。像鱼类生活在水中一样，人类生活在地球大气的底部，并且一刻也离不开大气。大气为地球生命的繁衍、人类的发展，提供了理想的环境。它的状态和变化，时时刻刻影响着人类的生存与活动。

大气污染物，是指由于人类活动或自然过程排入大气的并对人类和环境产生有害影响的那些物质。大气中危害人类健康的有害物质主要通过三种途径侵入人体：一是通过人的直接呼吸进入人体；二是附着在食物上或溶于水中，使之随饮食侵入人体；三是通过接触或刺激皮肤进入人体。其中，通过呼吸侵入人体是主要途径，其危害也最大。大气污染物的种类很多，主要可以分为两类，即天然污染物和人为污染物。引起危害的往往是人为污染物，它们主要来源于燃料燃烧和大规模的工矿企业生产。

根据《中华人民共和国大气污染防治法》，防治大气污染应当以改善大气环境质量为目标，坚持源头治理，规划先行，转变经济发展方式，优化产业结构和布局，调整能源结构；应当加强对燃煤、工业、机动车船、扬尘、农业等大气污染的综合防治，推行区域大气污染联合防治，对颗粒物、二氧化硫、氮氧化物、挥发性有机物、氨等大气污染物和温室气体实施协同控制。

根据《中华人民共和国环境保护税法》的规定，应税大气污染物包括一般性粉尘、烟尘、甲醛、硫化氢、二氧化硫、二氧化碳等44种。应税大气污染物的具体项目请参看《中华人民共和国环境保护税法》附件二第五部分“大气污染物污染当量值”表中所列举的大气污染物。

（二）应税水污染物

水是生命的源泉，是人体组织的重要部分，同时也是社会经济发展的必要条件。水污染物，是指造成水体水质、水中生物群落以及水体底泥质量恶化的各种有害物质（或能量）。水污染物种类繁多，大致可以从物理、化学、生物等方面进行分类。

物理方面主要是指影响水体的颜色、浊度、温度、悬浮物含量和放射性水平等的污染物；化学方面主要是指排入水体的各种化学物质，包括无机无毒物质（酸、碱、无机盐类等）、无机有毒物质（重金属、氰化物、氟化物等）、耗氧有机物及有机有毒物质（酚类化合物、有机农药、多环芳烃、多氯联苯、洗涤剂等）；生物方面主要包括污水排放中的细菌、病毒、原生动物、寄生蠕虫及藻类大量繁殖等。

以上所称耗氧有机物主要是指动、植物残体和生活工业产生的碳水化合物、脂肪、蛋白质等易分解的有机物，它们在分解过程中要消耗水中的溶解氧，故称为耗氧有机物。耗氧污染物的危害主要是使水体溶解氧减少，影响鱼类和其他水生生物的正常生活，破坏生态平衡。

根据《中华人民共和国环境保护税法》的规定，应税水污染物分四大类，共71种。应税水污染物的具体项目，见《环境保护税法》附件二的前四部分。

（三）应税固体废物

固体废物是指在生产、生活和其他活动中产生的丧失原有利用价值或者虽未丧失利用价值但被抛弃或者放弃的固态、半固态和置于容器中的气态的物品、物质以及法律、行政法规规定纳入固体废物管理的物品、物质。固体废物按其组成可分为有机废物和无机废物；按其形态可分为固态废物、半固态废物和液态（气态）废物；按其污染特性可分为危险废物和一般废物；按其来源可分为矿业的废物、工业的废物、城市生活的废物、农业的和放射性的废物等。此外，固体废物还可分为有毒和无毒两大类。有毒有害固体废物是指具有毒性、易燃性、腐蚀性、反应性、放射性和传染性的固体、半固体废物。固体废物是环境的污染源，除了直接污染外，还经常以水、大气和土壤为媒介污染环境。

根据《中华人民共和国环境保护税法》的规定，应税固体废物包括煤矸石、尾矿、危险废物、冶金废渣、粉煤灰、炉渣和其他固体废物（含半固态、液态废物）。应税固体废物的具体范围如下：

①煤矸石是采煤过程和洗煤过程中排放的固体废物，是一种在成煤过程中与煤层伴生的一种含碳量较低、比煤坚硬的黑灰色岩石，包括巷道掘进过程中的掘进矸石、采掘过程中从顶板、底板及夹层里采出的矸石以及洗煤过程中挑出的洗矸石。

②尾矿是指选矿中分选作业的产物中有用目标组分含量较低而无法用于生产的部分。专家认为，我国矿业循环经济当前的任务就是要开发利用长期搁置的大量尾矿。尾矿并不是完全无用的废料，可以综合利用。同时，实现无废料排放也是矿产资源得到充分利用和保护生态环境的需要。不同种类和不同结构构造的矿石，需要不同的选矿工艺流程。按照选矿工艺流程，尾矿可分为手选尾矿、重选尾矿、磁选尾矿、浮选尾矿、化学选矿尾矿、电选及光电选尾矿。随着经济的发展，对矿产品需求大幅度增加，矿业开发规模随之加大，产生的选矿尾矿数量将不断增加，这必然会产生污染问题。因此，尾矿属于固体废物的应税范围。

③危险废物是指列入国家危险废物名录或者根据国家规定的危险废物鉴别标准和鉴别方法认定的具有危险特性的废物。2008年6月6日环境保护部、国家发展和改革委员会发布《国家危险废物名录》，2016年3月30日由环境保护部部务会议修订通过《国家危险废物名录》，自2016年8月1日起施行。根据修订后的《国家危险废物名录》第二条的规定，危险废物是指：具有腐蚀性、毒性、易燃性、反应性或者感染性等一种或者几种危险特性的固体废物（包括液态废物），或者是不排除具有危险特性，可能对环境或者人体健康造成有害影响，需要按照危险废物进行管理的固体废物（包括液态废物）。

④冶金废渣是指冶金工业生产过程中产生的各种固体废弃物。其主要包括炼铁炉中产生的高炉渣；钢渣；有色金属冶炼产生的各种有色金属渣，如铜渣、铅渣、锌渣、镍渣等；从铝土矿提炼氧化铝排出的赤泥以及轧钢过程产生的少量氧化铁渣等。

⑤粉煤灰，是从煤燃烧后的烟气中收捕下来的细灰，是燃煤电厂排出的主要固体废物。粉煤灰外观类似水泥，颜色在乳白色到灰黑色之间变化。粉煤灰的颜色在一定程度上也可以反映粉煤灰的细度，颜色越深粉，煤灰粒度越细，含碳量越高。

（四）应税噪声（工业噪声）

噪声是指发声体做无规则振动时发出的声音。声音由物体的振动产生，以波的形式在一定的介质（如固体、液体、气体）中进行传播。通常所说的噪声污染是指人为造成的，包括交通噪声、工业噪声、建筑噪声和社会噪声（社会活动和家用电器、音响设备发出的噪声）。

根据《中华人民共和国环境保护税法》的规定，应税噪声主要指工业噪声。所称工业噪声，主要是指机械设备运转时产生的噪声，即由机械撞击、摩擦、转动而产生，如破碎机、球磨机、电锯、机床等发出的噪声。

噪声在空气中传播时并未给周围环境留下什么毒害性的物质，对环境的影响不积累、不持久，传播的距离也有限，一旦声源停止发声，噪声也就消失。因此，对工业噪声征收环境保护税，可减少噪声对人类产生的感觉公害。

（五）其他应税行为

根据《环境保护税法》的规定，以下情形应缴纳环境保护税：

（1）依法设立的城乡污水集中处理、生活垃圾集中处理场所超过国家和地方规定的排放标准向环境排放应税污染物的，应当缴纳环境保护税。所称城乡污水集中处理场所，是指为社会公众提供生活污水处理服务的场所，不包括为工业园区、开发区等工业聚集区域内的企业事业单位和其他生产经营者提供污水处理服务的场所，以及企业事业单位和其他生产经营者自建自用的污水处理场所。

（2）企业事业单位和其他生产经营者贮存或者处置固体废物不符合国家和地方环境保护标准的，应当缴纳环境保护税。

（3）达到省级人民政府确定的规模标准并且有污染物排放口的畜禽养殖场，应当依法缴纳环境保护税。

（4）企业、事业单位和其他生产经营者直接向环境排放应税污染物。根据《环境保护税法》第二十六条的规定，直接向环境排放应税污染物的企业、事业单位和其他生产经营者，除依法缴纳环境保护税外，还应当对所造成的损害依法承担责任。

根据《环境保护税法》的规定，以下情形不属于直接向环境排放污染物，不缴纳相应污染物的环境保护税：

（1）企业、事业单位和其他生产经营者向依法设立的污水集中处理、生活垃圾集中处理场所排放应税污染物的，不缴纳相应污染物的环境保护税。

（2）企业、事业单位和其他生产经营者在符合国家和地方环境保护标准的设施、场所贮存或者处置固体废物的，不属于直接向环境排放污染物，不缴纳相应污染物的环境保护税。

（3）依法对畜禽养殖废弃物进行综合利用和无害化处理的，不属于直接向环境排放污染物，不缴纳环境保护税。

二、环境保护税的纳税人

根据《环境保护税法》的规定，在中华人民共和国领域和中华人民共和国管辖的其他海域，直接向环境排放应税污染物的企业、事业单位和其他生产经营者为环境保护税的纳税人，应当依法缴纳环境保护税。个人不缴纳环境保护税。具体而言，环境保护税纳税人包括以下两种应税污染物的排放主体：一是向环境排放应税污染物的企业、事业单位；二是向环境排放应税污染物的其他生产经营者。

三、环境保护税纳税义务发生时间

纳税人以排放应税污染物的当日为纳税义务发生时间。纳税人应当向应税污染物排放地的税务机关申报缴纳环境保护税。纳税人应当依法如实办理纳税申报，对申报的真实性和完整性承担责任。纳税人跨区域排放应税污染物，税务机关对税收征收管辖有争议的，由争议各方按照有利于征收管理的原则协商解决；不能协商一致的，报请共同的上级税务机关决定。

所称应税污染物排放地是指：

（1）应税大气污染物、水污染物排放口所在地。

（2）应税固体废物产生地。

（3）应税噪声产生地。

第二节　环境保护税的计税依据

应税大气污染物和水污染物，以污染物排放量折合的污染当量数为环境保护税的计税依据。应税固体废物以排放量为计税依据。工业噪声依照差别税额按月征收。首先要弄清一个概念，什么是当量。当量就是指某些性质不同的物质之间存在的一种联系。例如，1匹马的力量相当于2头驴，如果以1匹马作为一个标准当量，那么1头驴的当量值就是1/2（0.5）。如果以1头驴作为一个标准当量，那么1匹马的当量值就是2。

另一个重要概念是污染当量。当单位量的A污染物与一定量的B污染物排入相同区域环境中，对环境的有害程度、生物体的毒性以及处理的技术经济性相当，则A、B彼此之间相当的量称为污染当量。它是根据各种污染物或污染排放活动对环境的有害程度、生物体的毒性以及处理的技术经济性而规定的有关污染物或污染排放活动的一种相对数量关系。污染当量是有害当量、毒性当量和费用当量的一种综合关系的体现。我国征收的环境保护税，实行从量计征方法，按月计算，按季申报缴纳。

一、应税大气污染物和水污染物的计税依据

对应税大气污染物和水污染物征收环境保护税，以污染物排放量折合的污染当量数为计税依据。首先确定污染物排放量，其次将其折算为污染当量数，即对应税大气污染物和水污染物征收环境保护税的计税依据。

（一）应税大气污染物和水污染物排放量的计算

1.排放量的计算方法和顺序

应税大气污染物和水污染物的排放量，按照下列方法和顺序计算：

（1）纳税人安装使用符合国家规定和监测规范的污染物自动监测设备的，排放量按照污染物自动监测数据计算。

（2）纳税人未安装、使用污染物自动监测设备的，排放量按照监测机构出具的符合国家有关规定和监测规范的监测数据计算。

（3）因排放污染物种类多等原因不具备监测条件的，排放量按照国务院环境保护主管部门规定的排污系数、物料衡算方法计算。其中，排污系数是指在正常技术经济和管理条件下，生产单位产品所应排放的污染物量的统计平均值。当污染物直排时，排污系数与产污系数相同。所称物料衡算，是指根据物质质量守恒定律对生

第三部分：pH值、色度、大肠菌群数、余氯量污染当量值

污染物		污染当量值
1.pH值	1.0~1，13~14	0.06吨污水
	2.1~2，12~13	0.125吨污水
	3.2~3，11~12	0.25吨污水
	4.3~4，10~11	0.5吨污水
	5.4~5，9~10	1吨污水
	6.5~6	5吨污水
2.色度		5吨水·倍
3.大肠菌群数（超标）		3.3吨污水
4.余氯量（用氯消毒的医院废水）		3.3吨污水

说明：1.大肠菌群数和总余氯只征收一项。

2.pH 5~6指大于等于5小于6；pH 9~10指大于9小于等于10，其余以此类推。

第四部分：禽畜养殖业、小型企业和第三产业污染当量值

类型		污染当量值
禽畜养殖场	1.牛	0.1头
	2.猪	1头
	3.鸡、鸭等家禽	30羽
4.小型企业		1.8吨污水
5.饮食娱乐服务业		0.5吨污水
6.医院	消毒	0.14床
		2.8吨污水
	不消毒	0.07床
		1.4吨污水

说明：1.本表仅适用于计算无法进行实际监测或物料衡算的禽畜养殖业、小型企业和第三产业等小型排污者的污染当量数。

2.仅对存栏规模大于50头牛、500头猪、5 000羽鸡鸭等的禽畜养殖场征收。

3.医院病床数大于20张的按本表计算污染当量。

第五部分：大气污染物污染当量值

污染物	污染当量值（千克）
1. 二氧化硫	0.95
2. 氮氧化物	0.95
3. 一氧化碳	16.7
4. 氯气	0.34
5. 氯化氢	10.75
6. 氟化物	0.87
7. 氰化氢	0.005
8. 硫酸雾	0.6
9. 铬酸雾	0.0007

续表

污染物	污染当量值（千克）
10.汞及其化合物	0.0001
11.一般性粉尘	4
12.石棉尘	0.53
13.玻璃棉尘	2.13
14.碳黑尘	0.59
15.铅及其化合物	0.02
16.镉及其化合物	0.03
17.铍及其化合物	0.0004
18.镍及其化合物	0.13
19.锡及其化合物	0.27
20.烟尘	2.18
21.苯	0.05
22.甲苯	0.18
23.二甲苯	0.27
24.苯并（a）芘	0.000002
25.甲醛	0.09
26.乙醛	0.45
27.丙烯醛	0.06
28.甲醇	0.67
29.酚类	0.35
30.沥青烟	0.19
31.苯胺类	0.21
32.氯苯类	0.72
33.硝基苯	0.17
34.丙烯腈	0.22
35.氯乙烯	0.55
36.光气	0.04
37.硫化氢	0.29
38.氨	9.09
39.三甲胺	0.32
40.甲硫醇	0.04
41.甲硫醚	0.28
42.二甲二硫	0.28
43.苯乙烯	25
44.二硫化碳	20

（三）应税大气污染物和水污染物污染当量数的计算

应税大气污染物和水污染物的污染当量数，是计算应税大气污染物和水污染物环境保护税的计税依据。污染当量数以某种应税污染物的排放量除以该污染物的污染当量值计算。计算公式如下：

某种污染物污染当量数=该污染物的排放量（千克）÷该污染物的污染当量值（千克）

例如，向水体直接排放第一类水污染物总汞100千克，污染物的污染当量值为0.0005千克，则总汞的污染当量数=100÷0.0005=200 000。

二、色度和畜禽养殖业水污染物污染当量数的计算

根据财政部、税务总局、生态环境部《关于环境保护税有关问题的通知》（财税〔2018〕23号文件）的规定，色度的污染当量数和畜禽养殖业水污染物的污染当量数，分别按以下规定计算：

1.色度污染当量数的计算

色度污染当量数，以污水排放量乘以色度超标倍数，再除以适用的污染当量值计算。计算公式如下：

色度污染当量数=污水排放量（吨）×色度超标倍数÷污染当量值（吨·倍）

色度对环境的影响，有三个决定因素：一是排放量；二是超标倍数；三是污染当量值。

大家知道，颜色是由亮度和色度共同表示的，色度是不包括亮度在内的颜色的性质，它反映的是颜色的色调和饱和度。具体到水质色度是指对天然水或处理后的各种水进行颜色定量测定时的指标。天然水经常显示出浅黄、浅褐、黄绿等不同颜色。颜色的产生是由溶于水的腐殖质、有机物或无机物质造成的。当水体受到工业废水的污染时也会呈现不同的颜色。这些颜色分为真色和表色，真色是由水中溶解性物质引起的，也就是除去水中悬浮物后的颜色，而表色是没有除去水中悬浮物时产生的颜色。这些颜色的定量程度就是色度。

根据原环境保护部公布的《水质色度的测定》（GB119023—89）的标准，测定色度的方法有两种，即铂钴标准比色法和稀释倍数法。前者适用于污染较轻的污水，后者适用于污染较重的污水。

举例：某污水处理厂排放污水1 000吨，色度为150度，色度标准为50度，则：

色度超标倍数=实测色度/标准色度-1=150÷50-1=2（倍）

污染当量数=污水排放量（1 000吨）×色度超标倍数（2倍）÷污染当量值（5吨·倍）=400

2.畜禽养殖业水污染物污染当量数的计算

畜禽养殖业水污染物的污染当量数，以该畜禽养殖场的月均存栏量除以适用的污染当量值计算。计算公式如下：

额与房地产开发成本两项之和的20%计算加计扣除费用。加计扣除费用按以下公式计算：

加计扣除费用=（取得土地使用权支付金额+房地产开发成本）×20%

本项优惠政策仅限于从事房地产开发企业，非房地产开发企业不享受加计费用扣除政策。从事房地产开发企业，对取得土地使用权后投入资金，将生地变为熟地转让的，或建设商品房转让的，允许加计扣除20%的费用。取得土地或房地产使用权后，未进行开发就转让的，不享受加计费用扣除政策。

【例5-3】某房地产开发公司出售新建写字楼取得销售收入6 000万元（不含税），取得土地使用权支付地价款及相关费用200万元，房地产开发成本为900万元，财务费用中包含的利息支出300万元由本项目分摊，并能够提供金融机构证明，转让环节缴纳的城建税、教育费附加及印花税等合计为20万元，房地产开发费用的扣除比例为5%。要求计算扣除项目金额和土地增值额。

计算如下：

$$\text{扣除项目金额}=\text{取得土地使用权所支付的金额}+\text{房地产开发成本}+\text{房地产开发费用}+\text{与转让房地产有关的税金}+\text{加计扣除费用}$$

$$=200+900+[300+(200+900)\times 5\%]+20+(200+900)\times 20\%$$

$$=1\,695\text{（万元）}$$

土地增值额=应税收入额−扣除项目金额=6 000−1 695=4 305（万元）

土地增值税以纳税人房地产成本核算的最基本的核算项目或核算对象为单位计算。纳税人成片受让土地使用权后，分期分批开发、转让房地产的，其扣除项目金额的确定可按转让土地使用权的面积占总面积的比例计算分摊，或按建筑面积计算分摊，也可按税务机关确认的其他方式计算分摊。

二、销售购置不动产和转让旧房的增值额

（一）销售购置不动产的增值额

纳税人销售或转让其购置的不动产或受让的土地使用权，以全部收入（不含税）减去不动产或土地使用权的购置或受让原价后的余额，为土地增值税的增值额（计税依据）。计算公式如下：

土地增值额=销售购置不动产全部收入−购置或受让原价

公式中的购置或受让原价，以发票或合法有效凭证为确认依据。

（二）转让旧房的增值额

纳税人转让旧房（销售已使用过不动产），以取得的全部收入（不含税）减去扣除项目金额后的余额为增值额（计税依据），计算公式如下：

转让旧房土地增值额=销售已使用过不动产全部收入−扣除项目金额

公式中的扣除项目金额，是纳税人转让旧房准予扣除的项目金额，包括转让旧房及建筑物的成本评估价格、取得土地使用权所支付的金额和转让环节缴纳的城市维护建设税、教育费附加、印花税等税费。

转让旧房及建筑物成本评估价格，是指按政府批准设立的房地产评估机构所评定的重置成本和评估的成新度计算的旧房及建筑物准予扣除的成本。转让旧房成本评估价格的计算公式如下：

旧房成本评估价格=重置成本×成新度

公式中的重置成本，是指采用与评估对象相同的材料、建筑或制造标准、设计、规格及技术等，以现时价格水平重新购建与评估对象相同的全新资产所发生的费用。

公式中的成新度是指房屋的新旧程度，即房屋的完好、损坏程度。一般将十、九、八成新的房屋称为完好房；将七、六成新的房屋称为基本完好房；将五、四成新的房屋称为一般损坏房；将三成新以下的房屋称为严重损坏房及危险房。

纳税人有下列情形之一的，按照房地产评估价格计算征收：

（1）隐瞒、虚报房地产成交价格的，应由评估机构参照同类房地产的市场交易价格进行评估，税务机关根据评估价格确定转让房地产的收入。所称的隐瞒、虚报房地产成交价格，是指纳税人不报或有意低报转让土地使用权、地上建筑物及其附着物价款的行为。

（2）提供扣除项目金额不实的，应由评估机构按照房屋重置成本价乘以成新度折扣率计算的房屋成本价和取得土地使用权时的基准地价进行评估，税务机关根据评估价格（成本价）确定扣除项目金额。所称提供扣除项目金额不实的，是指纳税人在纳税申报时不据实提供扣除项目金额的行为。

（3）转让房地产的成交价格低于房地产评估价格，又无正当理由的，由税务机关参照房地产评估价格确定转让房地产的收入。所称转让房地产的成交价格低于房地产评估价格，又无正当理由的，是指纳税人申报的转让房地产的实际成交价低于房地产评估机构评定的交易价，纳税人又不能提供凭据或无正当理由的行为。

【例5-4】某企业将8年前建造的一个库房对外转让，取得销售收入2 000万元（不含税），缴纳转让环节城建税及教育费附加10万元、印花税1万元。已知为建造库房买地支付的成本为800万元，评估的重置成本为1 000万元，成新度为5成。要求计算准予抵扣的项目金额和增值额。

计算如下：

旧房成本评估价格=1 000×50%= 500（万元）

扣除项目金额=500+800+（10+1）= 1 311（万元）

土地增值额=2 000−1 311=689（万元）

三、土地增值税的四级超率累进税率

为体现对企业或个人转让国有土地使用权、地上建筑物及其附着物所获得超额利润的税收调节，土地增值税实行四级超率累进税率。其含义是指：按照增值额占扣除项目金额的比率（增值率）分档设计税率，增值率低的适用较低的税率，增值率高的适用较高的税率。土地增值税的四级超率累进税率的具体规定如下：

（1）增值率未超过50%（含）的部分，税率为30%。

（2）增值率超过50%未超过100%（含）的部分，税率为40%。

（3）增值率超过100%未超过200%（含）的部分，税率为50%。

（4）增值率超过200%的部分，税率为60%。

根据土地增值税税率的特点，纳税人确定适用税率时，应首先计算增值额，然后计算增值率，最后根据增值率选择适用的税率。

土地增值率，是指土地增值额占扣除项目金额的比率。计算公式如下：

土地增值率=土地增值额÷扣除项目金额×100%

例如，土地增值税的应税收入额为500万元，扣除项目金额为300万元，土地增值额为200万元，则土地增值率为66.67%（200÷300×100%），对应的税率为40%。

为了简便计算，将土地增值税的四级超率累进税率设计为速算税率表，见表5-1。

表5-1 **速算税率表**

级数	计税依据	适用税率	速算扣除率
1	增值额未超过扣除项目金额50%的部分	30%	0
2	增值额超过扣除项目金额50%、未超过100%的部分	40%	5%
3	增值额超过扣除项目金额100%、未超过200%的部分	50%	15%
4	增值额超过扣除项目金额200%的部分	60%	35%

表5-1中的速算扣除率的计算公式是：

本级速算扣除率=上一级最高系数×（本级税率－上一级税率）+上一级速算扣除率

土地增值税各级速算扣除率的计算如下：

（1）增值额未超过扣除项目金额50%的部分，税率为30%，本级速算扣除率=0。

（2）增值额超过扣除项目金额50%、未超过扣除项目金额100%的部分，税率为40%，本级速算扣除率=50%×（40%−30%）+0=5%。

（3）增值额超过扣除项目金额100%、未超过扣除项目金额200%的部分，税率为50%，本级速算扣除率=100%×（50%−40%）+5%=15%。

（4）增值额超过扣除项目金额200%的部分，税率为60%，本级速算扣除系数= 200%×（60%−50%）+15%=35%。

第三节　土地增值税应纳税额计算与会计处理

一、土地增值税应纳税额的计算

（一）应纳税额的计算公式

土地增值税以增值额为计税依据，按照四级超率累进税率计算应纳税额。在实际工作中，根据土地增值额和土地增值税速算税率表计算应纳税额。计算公式如下：

应纳税额=增值额×适用税率-扣除项目金额×速算扣除率

公式中的适用税率是指全部增值额对应的较高档的税率。扣除项目金额是指依照《土地增值税暂行条例》的规定计算的扣除项目金额。速算扣除率又称速算扣除系数。

土地增值税的具体计算方法如下：

（1）增值额未超过扣除项目金额50%的，土地增值税的应纳税额按以下公式计算：

应纳税额=土地增值额×税率（30%）

（2）增值额超过扣除项目金额50%，未超过100%的，土地增值税的应纳税额按以下公式计算：

应纳税额=土地增值额×税率（40%）-扣除项目金额×速算扣除系数（5%）

（3）增值额超过扣除项目金额100%，未超过200%的，土地增值税的应纳税额按以下公式计算：

应纳税额=土地增值额×税率（50%）-扣除项目金额×速算扣除系数（15%）

（4）增值额超过扣除项目金额200%的，土地增值税的应纳税额按以下公式计算：

应纳税额=土地增值额×税率（60%）-扣除项目金额×速算扣除系数（35%）

（二）应纳税额的计算步骤

根据土地增值税的性质及特点，土地增值税应纳税额的计算包括以下几个步骤：

第一步，计算应税收入额和扣除项目金额；

第二步，计算土地增值额及增值率；

第三步，根据增值率确认适用税率和速算扣除系数；

第四步，根据应纳税额的计算公式，计算土地增值税应纳税额。

【例5-5】某房地产开发企业2018年3月销售开发的商品房一批，取得销售收入2 300万元（不含税），建造该批商品房支付地价款及相关费用400万元，会计上核算的开发成本为500万元，开发费用为300万元，其中财务费用中包含的该批商品房分摊的利息支出为200万元。销售该批商品房缴纳的城市维护建设税、教育费附加、印花税等税金15万元。当地政府规定的准予扣除房地产开发费用的比例为5%。要求计算该企业本月销售商品房应纳土地增值税的税额。

计算如下：

（1）计算应税收入和扣除项目金额

应税收入=2 300万元

计算扣除项目金额：

支付地价款及相关费用=400万元

开发成本=500万元

房地产开发费用=项目分摊利息+（取得土地使用权支付金额+房地产开发成本）×5%

=200+（400+500）×5%=245（万元）

加计扣除费用=（400+500）×20%=180（万元）

准予扣除的税金=15万元

扣除项目金额合计=400+500+245+180+15=1 340（万元）

（2）计算土地增值额及增值率：

土地增值额=2 300−1 340=960（万元）

增值额占扣除项目金额的比例（增值率）=960÷1 340×100%=71.64%

（3）根据增值率确定适用税率：

增值额超过扣除项目金额71.64%，适用第二级40%的税率，速算扣除率5%。

（4）计算土地增值税应纳税额。

土地增值税应纳税额=增值额×适用税率−扣除项目金额×速算扣除率（5%）

=960×40% −1 340×5%=317（万元）

二、土地增值税免税项目与税款缴纳方法

（一）土地增值税的免税项目

1.销售符合规定的普通标准住宅免征

根据《土地增值税暂行条例》的规定，纳税人建造普通标准住宅出售，增值额未超过扣除项目金额20%的，免征土地增值税；增值额超过扣除项目金额20%的，

按适用税率计算缴纳土地增值税。

所称普通标准住宅，是指按所在地一般民用住宅标准建造的居民住宅。高级公寓、别墅、度假村等不属于普通标准住宅。普通标准住宅必须同时满足以下三个条件：

（1）住宅小区建筑容积率在1.0以上。建筑容积率是指项目规划建设用地范围内全部建筑面积占规划建设用地面积的比率。全部建筑面积含附属建筑物的建筑面积；规划建设用地面积是指项目用地红线范围内的土地面积，一般包括建设区内的道路面积、绿地面积、建筑物（构筑物）、运动场地等所占用的面积。

（2）单套建筑面积在120平方米以下。单套住房的建筑面积（套型建筑面积），包括套内建筑面积和分摊的共有建筑面积。

（3）实际成交价格低于同级别土地上平均交易价格1.2倍以下，即根据划分的不同地段的土地级别公布住房平均交易价格的1.2倍计算普通住宅的交易价格上限，每年公布一次。

各省、自治区、直辖市政府可制定本地区普通标准住宅适用的具体标准，但向上浮动的比例不得超过上述标准的20%。

2.国家征用、收回的房地产免征

根据《土地增值税暂行条例》第八条的规定，因国家建设需要依法征用、收回的房地产或收回土地使用权而得到的补偿收入，免征土地增值税。因城市实施规划、国家建设的需要而搬迁，由纳税人自行转让原房地产的，比照因国家建设需要依法征用、收回的房地产免征土地增值税。

3.个人销售住房免征

根据财政部、国家税务总局《关于调整房地产交易环节税收政策的通知》（财税〔2008〕137号文件），对个人销售住房暂免征收土地增值税。

4.转让旧房免征

根据《财政部　国家税务总局关于棚户区改造有关税收政策的通知》（财税〔2013〕101号文件），转让旧房作为保障性住房且增值额未超过扣除项目金额20%的，免征土地增值税。

根据《财政部　国家税务总局关于公共租赁住房税收优惠政策的通知》（财税〔2015〕139号文件），转让旧房作为公共租赁住房房源，且增值额未超过扣除项目金额20%的免征土地增值税。

符合上述免税规定的单位和个人，须向房地产所在地税务机关提出免税申请，经税务机关审核后，免予征收土地增值税。

（二）土地增值税税款缴纳方法

纳税人应当自转让房地产合同签订之日起7日内向主管税务机关办理纳税申报，同时提交土地使用权、房屋及建筑物产权证书、土地转让与房地产买卖合同、房地产评估报告及其他与转让房地产有关的资料，并在税务机关核定的期限内缴纳土地增值税。土地增值税以转让房地产的所在地为纳税地点。纳税人应向房地产坐落地的主管税务机关申报纳税。

企业是在项目全部竣工结算前转让房地产而取得收入，由于涉及成本确定及其他原因而无法据以计算土地增值税的，可先预缴土地增值税，待项目全部竣工、办理结算后再进行清算，多退少补。土地管理部门、房产管理部门应当向税务机关提供有关资料，并协助税务机关依法征收土地增值税。纳税人未按照规定缴纳土地增值税的，土地管理部门、房产管理部门不得办理有关的权属变更手续。

三、土地增值税的核算

土地增值税通过“税金及附加”科目核算。

（1）企业计算应纳土地增值税时，作以下会计分录：

借：税金及附加

　贷：应交税费——应交十地增值税

（2）企业实际缴纳土地增值税时，作以下会计分录：

借：应交税费——应交土地增值税

　贷：银行存款

（一）房地产企业土地增值税的核算

房地产企业和兼营房地产企业对土地增值税的核算方法不同。房地产企业对土地增值税的核算又分为现货房地产销售业务核算和商品房预售业务核算等不同情况。

1.现货房地产销售业务土地增值税的核算

房地产企业在现货销售情况下，应在房款收讫、房地产已经移交使用、发票结算账单提交买主时，确认销售实现，作以下会计分录：

借：银行存款

　贷：主营业务收入

　　应交税费——应交增值税（销项税额）

同时，根据计算的应由当期的应税收入负担的土地增值税，作以下会计分录：

借：税金及附加

　贷：应交税费——应交土地增值税

2.商品房预售业务土地增值税的核算

房地产企业在预售商品房情况下，商品房交付使用前采取一次性收款或分次收款的，收到购房款时，作以下会计分录：

借：银行存款

　贷：预收账款

待该商品房交付使用后，开出发票结算账单交给买主时，确认销售实现时，作以下会计分录：

借：预收账款

　贷：主营业务收入

　　应交税费——应交增值税（销项税额）

计算应由当期的应税收入负担的土地增值税时，作以下会计分录：

借：税金及附加

　贷：应交税费——应交土地增值税

待该项目全部竣工、办理结算后进行清算，企业收到退回多交的土地增值税时，作以下会计分录：

借：银行存款

　贷：应交税费——应交土地增值税

（二）兼营房地产企业土地增值税的核算

兼营房地产企业，在转让房地产时，应分情况进行会计处理：

（1）兼营房地产企业转让开发的房地产，应将计算的土地增值税应纳税额计入其他业务成本，会计分录如下：

借：其他业务成本（土地增值税）

　贷：应交税费——应交土地增值税

（2）兼营房地产企业转让国有土地使用权，是以支付土地出让金等方式取得的，并在获取时已记入“无形资产”科目核算的，在计算应纳土地增值税时，应将土地增值税应纳税额记入“其他业务成本”科目，会计分录如下：

借：其他业务成本（土地增值税）

　贷：应交税费——应交土地增值税

（3）兼营房地产企业转让的国有土地使用权，在取得时连同地上建筑物及其附着物一并在“固定资产”科目核算的，在计算应纳土地增值税时，应将土地增值税应纳税额记入“固定资产清理”科目，会计分录如下：

借：固定资产清理

　贷：应交税费——应交土地增值税

（4）兼营房地产企业转让以行政划拨方式取得的国有土地使用权，计算转让房地产应纳土地增值税时，作如下会计分录：

借：其他业务成本

　贷：应交税费——应交土地增值税

（5）兼营房地产企业在项目全部竣工结算前转让房地产取得的收入，应分别按预缴税款、竣工清算税款进行会计处理。

①按税法规定预缴土地增值税时，作如下会计分录：

借：应交税费——应交土地增值税

　贷：银行存款

②待该房地产应税收入实现并计提土地增值税时，作如下会计分录：

借：税金及附加

　贷：应交税费——应交土地增值税

③当该项目全部竣工结算后进行清算收到返回多交的土地增值税时，作如下会计分录：

借：银行存款

　贷：应交税费——应交土地增值税

④当该项目全部竣工结算后进行清算计算应补交的土地增值税时，作如下会计分录：

借：税金及附加

　贷：应交税费——应交土地增值税

第四节　土地增值税的清算

土地增值税清算，是指纳税人在符合土地增值税清算条件后，依照税收法律、法规及土地增值税有关政策规定，计算房地产开发项目应缴纳的土地增值税税额，并填写“土地增值税清算申报表”，向主管税务机关提供有关资料，办理土地增值税清算手续，结清该房地产项目应缴纳土地增值税税款的行为。纳税人应当如实申报应缴纳的土地增值税税额，保证清算申报的真实性、准确性和完整性。主管税务机关应及时对纳税人清算申报的收入、扣除项目金额、增值额、增值率以及税款计算等情况进行审核，依法征收土地增值税。

一、土地增值税的清算单位与清算条件

（一）土地增值税清算单位

土地增值税的清算单位是指被清算对象。土地增值税清算应该以国家有关部门审批的房地产开发项目为单位进行。对于分期开发的项目，以分期项目为清算单位。开发项目中同时包含普通住宅和非普通住宅的，应分别计算增值额。对于房地产开发公司开发的商品房有别墅、高层、多层住宅、商铺等不同类型的项目，应分期、分项目、分类型房作为清算单位。

（二）土地增值税清算条件

按照清算条件不同，土地增值税清算可分为主动清算和被动清算两种情况。

1.主动清算

主动清算，是指符合主动清算条件的房地产开发企业的自行清算。符合下列条件之一的，纳税人应进行土地增值税的主动清算：

（1）房地产开发项目全部竣工、完成销售的。

（2）整体转让未竣工决算房地产开发项目的。

（3）直接转让土地使用权的。

对于符合主动清算条件的，纳税人应当在满足条件之日起90日内到主管税务机关办理清算手续。

2.被动清算

被动清算，是指符合被动清算条件的房地产开发企业根据主管税务机关的要求进行的自行清算。符合以下条件之一的，主管税务机关可要求纳税人进行土地增值税清算（被动清算）：

（1）已竣工验收的房地产开发项目，已转让的房地产建筑面积占整个项目可售建筑面积的比例在85%以上，或该比例虽未超过85%，但剩余的可售建筑面积已经出租或自用的。

（2）取得销售（预售）许可证满3年仍未销售完毕的。

（3）纳税人申请注销税务登记但未办理土地增值税清算手续的（应在办理注销登记前进行土地增值税清算）。

（4）省（自治区、直辖市、计划单列市）税务机关规定的其他情况。

对于符合被动清算条件的，税务机关确定需要进行清算的项目，由主管税务机关下达清算通知，纳税人应当在收到清算通知之日起90日内办理清算手续。

二、土地增值税应税收入的清算

根据国家税务总局《关于土地增值税清算有关问题的通知》（国税函〔2010〕220号文件）的规定，土地增值税清算时，就以下情况分别按规定确认清算的收入：

（1）已全额开具商品房销售发票的，按照发票所载金额（不含税）确认收入。开发产品销售收入，若会计处理均通过“预收账款”科目核算，则“预收账款”各年度该项目累计发生额即为收入总额。此种情况下，商品房确权面积及结算价款已经确认，结算发票应全部开具，依据发票所载金额确认收入。此外，未在“预收账款”科目核算的价外收费，也应计入收入总额。

对于开发商在项目开发过程中按照县级及县级以上人民政府要求代收的各项费用，如果代收费用是计入房价中向购买方一并收取的，可作为转让房地产所取得的收入计税；如果代收费用未计入房价中，而是在房价之外单独收取的，可以不作为转让房地产的收入。对于代收费用作为转让收入计税的，在计算扣除项目金额时，可予以扣除，但不允许作为加计20%扣除的基数；对于代收费用未作为转让房地产的收入计税的，在计算增值额时，不允许扣除代收费用。因此，若房地产开发企业不是按照县级以上人民政府的规定要求代收的费用，则要作为开发产品的收入征税。

（2）未开具发票或未全额开具发票的，以交易双方签订的销售合同所载的售房金额及其他收益确认收入（不含税）。销售合同所载商品房面积与有关部门实际测量面积不一致，在清算前已发生补、退房款的，应在计算土地增值税时予以调整。

房地产开发企业将开发产品用于职工福利、奖励、对外投资、分配给股东或投资人、抵偿债务、换取其他单位和个人的非货币性资产等，在发生所有权转移时，应视同销售房地产，其收入按本企业在同一地区、同一年度销售的同类房地产的平均价格确定，或者由主管税务机关参照当地当年同类房地产的市场价格或评估价值确定。房地产开发企业将开发的部分房地产转为企业自用或用于出租等商业用途时，如果产权未发生转移的，不征收土地增值税。在税款清算时，不列入收入，不扣除相应的成本、费用。

（3）未签订销售合同的情形也要清算收入。房地产开发企业将开发产品用于职工福利、奖励、对外投资、分配给股东或投资人、抵偿债务、换取其他单位和个人的非货币性资产等已经交付使用的特殊情形，清算时则可依据国税发〔2006〕187号文件第三条第一款的规定，确认土地增值税清算收入（不含税），即按本企业在同一地区、同一年度销售的同类房地产的平均价格确定，或由主管税务机关参照当地当年同类房地产的市场价格或评估价值确定。

三、土地增值税扣除项目金额的清算

房地产开发企业在办理土地增值税清算时，计算与清算项目有关的扣除项目金额，应按税法规定扣除取得土地使用权时所支付的金额、房地产开发成本、房地产开发费用、与转让房地产有关的税金，但应提供合法有效凭证。前期工程费、建筑安装工程费、基础设施费、开发间接费的凭证或资料不符合清算要求或不实的，由税务机关核定。其他情况按以下规定执行：

1.质量保证金扣除金额的确定

房地产开发企业在工程竣工验收后，根据合同约定，扣留建筑安装施工企业一定比例的工程款，作为开发项目的质量保证金，在计算土地增值税时，建筑安装施工企业就质量保证金对房地产开发企业开具发票的，按发票所载金额予以扣除；未开具发票的，扣留的质保金不得计算扣除。

2.房地产开发费用的扣除规定

房地产开发费用按土地成本和房地产开发成本金额之和的5%或10%以内计算扣除，即能够提供金融机构证明的利息支出的，房地产开发费用按以上两个成本的5%扣除；不能提供金融机构证明的利息支出的，最高可以按两个成本的10%扣除。对于房地产开发企业未发生利息支出的，房地产开发费用可按照两个成本的5%扣除。房地产开发企业逾期开发缴纳的土地闲置费不得扣除。

3.多个项目共同成本费用的扣除规定

房地产开发企业进行多个项目滚动开发或者分期开发时存在成本分摊问题，不同的分摊方法会对增值额产生不同的影响，特别是在土地成本的划分上影响更大。因此，在进行成本分摊时，既要考虑分摊方法的合理性，又要兼顾对本区域内各企业的公平性。纳税人分期开发项目或者同时开发多个项目的，或者同一项目中建造不同类型房地产的，应按照受益对象，采用合理的分配方法，分摊共同的成本费用。

（1）土地成本应按可转让的土地面积进行分摊。在土地开发中，因道路、绿化等公共设施用地是不能转让的，在计算分摊时应剔除不能转让的土地面积。本期分摊土地成本按以下公式计算：

$$本期土地成本=\frac{本期可转让土地面积}{可转让土地总面积}\times 实际支付的土地金额$$

（2）属于多个房地产项目共同的成本费用，应按清算项目可售建筑面积占多个项目可售总面积的比例或其他合理方法计算与确定清算项目的扣除金额。房地产开发成本原则上按可售建筑面积分摊。某项目应分摊的共同成本费用按以下公式计算：

$$\text{某项目应负担的共同成本费用}=\frac{\text{该项目可售建筑面积}}{\text{多个项目可售建筑面积}}\times\text{实际发生的房地产开发成本}$$

（3）纳税人成片受让土地使用权后，分期分批开发、转让房地产的，其扣除项目金额的确定，可按转让土地使用权的面积占总面积的比重计算分摊，或按建筑面积计算分摊，也可按税务机关确认的其他方式计算分摊。总面积是指可转让土地使用权的土地总面积。

（4）房地产开发企业建造的与清算项目配套的居委会和派出所用房、会所、停车场（库）、物业管理所、变电站、热力站、水厂、文体场馆、学校、幼儿园、托儿所、医院、邮电通信等公共设施，建成后产权属于全体业主所有的，其成本费用可以扣除；建成后无偿移交给政府、公用事业单位用于非营利性社会公共事业的，其成本费用可以扣除；建成后有偿转让的，应计算应税收入，并准予扣除成本费用。

（5）转让车库或停车位的具体扣除规定。根据房地产相关法律、法规等有关规定，开发项目建筑区划内，规划用于停放汽车的车位、车库的归属，由当事人通过出售、附赠或者出租等方式约定。

①如果房地产开发企业与购房人签订销售合同，约定将上述车库、车位的所有权出售给购房人的，所取得的收入并入非普通住房转让收入，相应的成本可以扣除。

②如果房地产开发企业与购房人签订合同，将利用地下基础设施形成的停车场在法律法规规定期限内将其使用权转移给购房人的，向购房人取得的收入视同房地产转让收入，并入非普通住房转让收入，相应的成本可以扣除。

③附赠的车库、车位因未取得转让收入，按出售开发产品计算销售收入。

④房地产开发企业与购房人签订车库、车位一定期限租赁使用权合同，其取得的租赁收入，不计入房地产转让收入，其相应的成本也不得扣除。

4.装修费扣除的规定

房地产开发企业销售已装修的房屋，其装修费可以计入房地产开发成本准予扣除。房地产开发企业的预提费用，除另有规定的以外，不得作为土地增值税的扣除项目。

纳税人在符合土地增值税清算条件后，依照税收法律、法规及土地增值税有关政策的规定，计算房地产开发项目应缴纳的土地增值税税额，并填写“土地增值税清算纳税申报表”，向主管税务机关提供有关资料，办理土地增值税清算手续，结清该房地产项目应缴纳土地增值税税款。

第六章

车辆购置税实务

1985年我国开始征收专项用于国家公路建设的政府性基金——车辆购置附加费。2000年10月22日国务院公布《中华人民共和国车辆购置税暂行条例》，自2001年1月1日起在全国正式征收车辆购置税，同时取消车辆购置附加费。2018年12月29日第十三届全国人民代表大会常务委员会第七次会议审议通过《中华人民共和国车辆购置税法》，自2019年7月1日起施行。

第一节 车辆购置税的征税范围与纳税人

一、车辆购置税的征税范围

车辆购置税以列举的车辆作为征税对象，未列举的车辆不纳税。根据《中华人民共和国车辆购置税法》规定，在中华人民共和国境内购置汽车、汽车挂车、有轨电车和排气量超过150毫升的摩托车（简称应税车辆），属于车辆购置税的征收范围。所称购置，是指以购买、进口、自产、受赠、获奖或者其他方式取得并自用应税车辆的行为。

车辆购置税应税车辆的具体范围如下：

（一）汽车

应税汽车包括乘用车和商用车两类。

（1）乘用车是指包括驾驶员座位在内，乘用车最多不超过9个座位，主要车型有普通乘用车、活顶乘用车、高级乘用车、小型乘用车、敞篷车、舱背乘用车等、旅行车、多用途乘用车、短头乘用车、越野乘用车、专用乘用车等。

（2）商用车是指在设计和技术特性上用于运送人员和货物，并且可以牵引挂车，主要有客车、半挂牵引车、货车等，但乘用车不包括在内。

（二）汽车挂车

应税汽车挂车按照挂车与牵引汽车的连接方式不同，分为全挂车和半挂车。

（1）全挂车是指由牵引车牵引且其全部质量由本身承受的车辆，或者说本身无动力，独立承载，依靠其他车辆牵引行驶的车辆。全挂车主要用于码头、工厂、港口等场区内运输。

（2）半挂车是指由牵引车牵引且其部分质量由牵引车承受的挂车，即半挂车是无动力设备，与牵引车共同承载，由牵引车辆牵引行驶的车辆。

（三）有轨电车

应税有轨电车，是指以电能为动力、在轨道上行驶的公共车辆。

（四）摩托车

应税摩托车，是指排气量超过150毫升的摩托车。包括排气量超过150毫升的轻便摩托车、二轮摩托车、三轮摩托车。

二、车辆购置税的免税范围

根据《中华人民共和国车辆购置税法》第九条规定，下列车辆免征车辆购置税：

1.依照法律规定应当予以免税的外国驻华使馆、领事馆和国际组织驻华机构及其有关人员自用的车辆；

2.中国人民解放军和中国人民武装警察部队列入装备订货计划的车辆；

3.悬挂应急救援专用号牌的国家综合性消防救援车辆；

4.设有固定装置的非运输专用作业车辆；

5.城市公交企业购置的公共汽电车辆。

所称设有固定装置的非运输专用作业车辆，是指用于特种用途的专用作业车辆，须设有为实现该用途并采用焊接、铆接或者螺栓连接等方式固定安装在车体上的专用设备或装置。例如：电力工程车（带移动照明、视频监测等固定装置）、救险车（带黄色的警灯、LGD屏等）、高空作业车（带液压升降装置）、随车吊车（带起重臂）等等。

三、车辆购置税的纳税人与纳税义务发生时间

（一）车辆购置税的纳税人

根据《中华人民共和国车辆购置税法》规定，在中华人民共和国境内购置汽车、有轨电车、汽车挂车、排气量超过150毫升的摩托车的单位和个人，为车辆购置税的纳税人。车辆购置税的纳税人具有两个特征：一是应税车辆的购置者为纳税人；二是购置的应税车辆为自用车辆。车辆购置税纳税人，具体包括以下几种类型：

1.在境内购买自用应税车辆的单位和个人；

2.在境内进口自用应税车辆的单位和个人；

3.在境内自产自用应税车辆的单位和个人；

4.在境内受赠、获奖或者以其他方式取得并自用应税车辆的单位和个人。

（二）纳税义务发生时间

车辆购置税的纳税义务发生时间为纳税人购置应税车辆的当日。纳税人应当自纳税义务发生之日起六十日内申报缴纳车辆购置税。纳税人应当在向公安机关交通管理部门办理车辆注册登记前，缴纳车辆购置税。

（三）车辆购置税的纳税地点

1.纳税人购置应税车辆，应当向车辆登记地的主管税务机关申报缴纳车辆购置税。

2.购置不需要办理车辆登记的应税车辆的，应当向纳税人所在地的主管税务机关申报缴纳车辆购置税。

第二节　车辆购置税的纳税环节与税率

一、车辆购置税的纳税环节

车辆购置税在应税车辆的购置环节纳税，实行一次性征收。已税的车辆发生转让、赠送等行为时，不再征收车辆购置税。车辆购置税的纳税环节如下：

1.购买自用应税车辆的，在购买环节缴纳车辆购置税。

2.进口自用应税车辆的，在进口环节缴纳车辆购置税。

3.自产自用应税车辆的，在自用环节缴纳车辆购置税。

4.因受赠、获奖或者以其他方式取得并自用应税车辆的，在取得并自用环节缴纳车辆购置税。

二、车辆购置税的税率

车辆购置税实行比例税率。根据《中华人民共和国车辆购置税法》第四条规定，车辆购置税的税率为百分之十（10%）。

三、车辆购置税的完税凭证

车辆购置税的完税凭证，是指由税务机关开出的、证明纳税人已缴纳车辆购置税的完税证明。根据《中华人民共和国车辆购置税法》规定，公安机关交通管理部门办理车辆注册登记，应当根据税务机关提供的应税车辆完税或者免税电子信息对纳税人申请登记的车辆信息进行核对，核对无误后依法办理车辆注册登记；纳税人没有完税证明的，公安机关车辆管理机构不得办理车辆登记注册手续。

车辆购置税的完税证明不得转借、涂改、买卖或者伪造。车辆购置税的完税证明，按车核发，每车一证。完税证明分正本和副本，正本由车主保管，副本用于办理车辆登记注册。

第三节　车辆购置税的计税价格

一、购买自用应税车辆的计税价格

根据《中华人民共和国车辆购置税法》规定，纳税人购买自用应税车辆的计税价格，为纳税人实际支付给销售者的全部价款，不包括增值税税款。

购买自用应税车辆的计税价格，包括两个要点：一是纳税人实际支付给销售者的全部价款；二是不含税价款，即纳税人实际支付给销售者的全部价款不包括增值税税款。

二、进口自用应税车辆的计税价格

根据《中华人民共和国车辆购置税法》规定，纳税人进口自用应税车辆的计税价格，为关税完税价格加上关税和消费税。计算公式如下：

计税价格=关税完税价格＋进口关税＋消费税

（1）公式中的关税完税价格，由海关按到岸价格（CIF）核定。到岸价格是指货物运抵我国输入地点起卸前所发生的各项费用，包括货物买价、运费、保险费、手续费等。

（2）公式中的进口关税，是指以关税完税价格为计税依据乘以进口关税税率计算的关税税额。计算公式如下：

应纳关税＝关税完税价格×关税税率

（3）公式中的消费税，是指进口应税车辆（应税消费品）由海关代征的进口环节消费税。计算公式如下：

应纳消费税＝［（关税完税价格+关税）÷（1−消费税税率）］×消费税税率

三、其他情形应税车辆的计税价格

其他情形应税车辆计税价格的确定，包括以下几种方法：

1.纳税人自产自用应税车辆的计税价格，按照纳税人生产的同类应税车辆的销售价格确定，不包括增值税税款。

2.纳税人以受赠、获奖或者其他方式取得自用应税车辆的计税价格，按照购置应税车辆时相关凭证载明的价格确定，不包括增值税税款。

3.免税、减税车辆因转让、改变用途等原因不再属于免税、减税范围的，纳税人应当在办理车辆转移登记或者变更登记前缴纳车辆购置税。计税价格以免税、减税车辆初次办理纳税申报时确定的计税价格为基准，每满一年扣减百分之十。计算公式如下：

计税价格=车辆初次纳税的计税价格×（1−已享受免税年限×10%）

举例说明：某个人支付18万元购买一辆已使用6年的免税（免征车辆购置税）小汽车，已知该车辆初次办理纳税申报时确定的计税价格为50万元，该个人应缴纳车辆购置税的计税价格=50×（1−6×10%）=20（万元）。

4.纳税人申报的应税车辆计税价格明显偏低，又无正当理由的，由税务机关依照《中华人民共和国税收征收管理法》的规定核定其应纳税额。

5.纳税人以外汇结算应税车辆价款的，按照申报纳税之日的人民币汇率中间价折合成人民币计算缴纳税款。

第四节　车辆购置税应纳税额的计算

一、购买自用应税车辆应纳税额的计算

购买自用的应税车辆，以纳税人实际支付给销售者的不含增值税的全部价款为计税依据，按照10%的税率计算车辆购置税的应纳税额。计算公式如下：

应纳税额=支付的不含税全部价款×税率（10%）

举例说明：某单位从当地一家4S店购买一辆小汽车自用，实际支付给销售者的不含增值税的全部价款为250 000元，应缴纳车辆购置税=250 000×10%=25 000（元）。

二、进口自用应税车辆应纳税额的计算

纳税人进口自用应税车辆，应缴纳的车辆购置税按以下公式计算：

应纳税额=（关税完税价格+关税+消费税）×税率（10%）

举例说明：某进出口公司从某国进口自用气缸容量为2.0升的乘用车8辆，经海关审定该批车辆的关税完税价格为1 560万元。已知关税税率为15%，消费税税率为5%，该批车辆应纳车辆购置税税额计算如下：

应纳关税＝关税完税价格×关税税率=150×15%=22.5（万元）

应纳消费税＝（150+22.5）÷（1−5%）×5%=9.08（万元）

应纳车辆购置税=（150＋22.5＋9.08）×10%=18.458（万元）

三、购买免税条件消失车辆应纳税额的计算

免税、减税车辆因转让、改变用途等原因不再属于免税、减税范围的，属于免税条件消失车辆。纳税人购买免税条件消失车辆，按以下公式计算车辆购置税应纳税额：

应纳税额=车辆初次购买的计税价格×（1−已享受免税年限×10%）×税率

举例说明：某单位购买某国际组织驻华机构某工作人员自用的已使用三年的轿车1辆，已知车辆初次购买的计税价格为34万元，该单位应纳车辆购置税税额=340 000×（1−3×10%）×10% =23 800（元）。

四、退回已税车辆应退税额的计算

纳税人将已征车辆购置税的车辆退回车辆生产企业或者销售企业的，可以向主管税务机关申请退还车辆购置税。退税额以已缴税款为基准，自缴纳税款之日至申请退税之日，每满一年扣减百分之十。

税务机关和公安、商务、海关、工业和信息化等部门应当建立应税车辆信息共享和工作配合机制，及时交换应税车辆和纳税信息资料。

五、车辆购置税的会计处理

（一）缴纳车辆购置税的会计处理

车辆购置税可不进行计提的会计处理，在实际支付时作以下会计分录：

借：税金及附加

　贷：银行存款

（二）退回车辆购置税的会计处理

纳税人将已征车辆购置税的车辆退回车辆生产企业或者销售企业的，收到退税

额时作以下会计分录：

借：银行存款

贷：税金及附加

第七章

财产、行为类税收实务

第一节 耕地占用税实务

耕地占用税是对在中华人民共和国境内占用耕地建设建筑物、构筑物或者从事非农业建设的单位和个人征收的一种税。根据2007年12月1日国务院公布的《中华人民共和国耕地占用税暂行条例》，我国自2008年1月1日起开始征收的耕地占用税。为了合理利用土地资源，加强土地管理，保护耕地，2018年12月29日第十三届全国人民代表大会常务委员会第七次会议通过《中华人民共和国耕地占用税法》，自2019年9月1日起施行。

一、耕地占用税的征税范围与纳税人

（一）耕地占用税的征税范围

1.根据《中华人民共和国耕地占用税法》规定，单位和个人在中华人民共和国境内建设建筑物、构筑物或者从事非农业建设占用的耕地，属于耕地占用税的征税范围，应当依法缴纳耕地占用税。

耕地，是指用于种植农作物的土地，包括农业上栽培的粮食作物、经济作物（油料作物、蔬菜作物、花、草、树木）、工业原料作物、饲料作物、药材作物等各种植物的土地。

从事非农业建设，是指占用耕地用于农业之外的一切工程建设，包括将应税土地作为城镇建设用地、工矿企业用地、集镇和农村居民点用地、交通运输用地，以及农村居民在获准占用的宅基地内不建住宅而建猪圈、牛栏、鸡舍等其他建设设施。

2.占用园地、林地、草地、农田水利用地、养殖水面、渔业水域滩涂以及其他农用地建设建筑物、构筑物或者从事非农业建设的，依照《中华人民共和国耕地占用税法》的规定缴纳耕地占用税。

（1）园地是指果园、茶园、其他园地（其他园地指种植桑树、橡胶、可可、咖啡、油棕、胡椒、药材等其他多年生作物的园地）。

（2）草地是指用于农业生产并已由相关行政主管部门发放使用权证的草地。

（3）苇田是指用于种植芦苇并定期进行人工养护管理的苇田。

（4）农田水利用地，包括农田排灌沟渠及相应附属设施用地。

（5）养殖水面，包括人工开挖或者天然形成的用于水产养殖的河流水面、湖泊水面、水库水面、坑塘水面及相应附属设施用地。

（6）渔业水域滩涂，包括专门用于种植或者养殖水生动植物的海水潮浸地带和滩地。

3.占用园地、林地、草地、农田水利用地、养殖水面、渔业水域滩涂以及其他农用地建设直接为农业生产服务的生产设施的，不缴纳耕地占用税。

直接为农业生产服务的生产设施，是指直接为农业生产服务而建设的建筑物和构筑物。例如，储存农用机具和种子、苗木、木材等农业产品的仓储设施；培育、生产种子、种苗的设施；畜禽养殖设施；木材集材道、运材道；农业科研、试验、示范基地；野生动植物保护、护林、森林病虫害防治、森林防火、木材检疫的设施；专为农业生产服务的灌溉排水、供水、供电、供热、供气、通信基础设施；农业生产者从事农业生产必需的食宿和管理设施；其他直接为农业生产服务的生产设施等。

4.占用耕地建设农田水利设施的，不缴纳耕地占用税。农田水利设施是指修建为农田服务的水利设施，包括灌溉、排水、除涝和防治盐、渍灾害等水利设施。其中，渍灾害是指土壤中水分过多，不能及时排出，影响农作物生长造成的灾害。

5 纳税人因建设项目施工或者地质勘查临时占用耕地，应当依照《中华人民共和国耕地占用税法》的规定缴纳耕地占用税。纳税人在批准临时占用耕地期满之日起一年内依法复垦，恢复种植条件的，全额退还已经缴纳的耕地占用税。

（二）耕地占用税的纳税人

根据《中华人民共和国耕地占用税法》规定，耕地占用税以在中华人民共和国境内建设建筑物、构筑物或者从事非农业建设占用的耕地的单位和个人为耕地占用税的纳税人，应当依法缴纳耕地占用税。

（三）耕地占用税的纳税义务发生时间

耕地占用税的纳税义务发生时间为纳税人收到自然资源主管部门办理占用耕地手续的书面通知的当日。纳税人应当自纳税义务发生之日起三十日内申报缴纳耕地占用税。

自然资源主管部门凭耕地占用税完税凭证或者免税凭证和其他有关文件发放建设用地批准书。

二、耕地占用税的计税依据与税率

（一）耕地占用税的计税依据

根据《中华人民共和国耕地占用税法》规定，耕地占用税以纳税人实际占用的耕地面积为计税依据。实际占用的耕地面积，也称应税土地面积。应税土地面积一般以农用地转用审批文件中标明的用地面积为标准。如果纳税人实际占用的耕地面积大于审批文件中标明的用地面积，或者未经批准占用耕地的，按纳税人实际占用的耕地面积计税。应税土地面积以平方米为计量单位，亩（市亩）与平方米的换算关系为：1亩（市亩）=666.67平方米。

（二）耕地占用税的税率

耕地占用税的税率采用地区差别税额，人均耕地面积越少，税额标准越高。其中的地区，以县、自治县、不设区的市、市辖区为单位。耕地占用税的税额标准如下：

（1）人均耕地不超过一亩的地区，税额标准为每平方米为十元至五十元（10～50元）；

（2）人均耕地超过一亩但不超过二亩的地区，每平方米为八元至四十元（8～40元）；

（3）人均耕地超过二亩但不超过三亩的地区，每平方米为六元至三十元（6～30元）；

（4）人均耕地超过三亩的地区，每平方米为五元至二十五元（5～25元）。

各地区耕地占用税的适用税额，由省、自治区、直辖市人民政府根据人均耕地面积和经济发展等情况，在上述的税额幅度内提出，报同级人民代表大会常务委员会决定，并报全国人民代表大会常务委员会和国务院备案。各省、自治区、直辖市耕地占用税适用税额的平均水平，不得低于《中华人民共和国耕地占用税法》所附《各省、自治区、直辖市耕地占用税平均税额表》（见表7-1）规定的平均税额。

表7-1 各省、自治区、直辖市耕地占用税平均税额表

省、自治区、直辖市	平均税额（元／平方米）
上海	45
北京	40
天津	35
江苏、浙江、福建、广东	30
辽宁、湖北、湖南	25
河北、安徽、江西、山东、河南、重庆、四川	22.5
广西、海南、贵州、云南、陕西	20
山西、吉林、黑龙江	17.5
内蒙古、西藏、甘肃、青海、宁夏、新疆	12.5

（三）适用税额的特殊规定

1.在人均耕地低于零点五亩的地区，省、自治区、直辖市可以根据当地经济发展情况，适当提高耕地占用税的适用税额，但提高的部分不得超过耕地占用税法第四条第二款确定的适用税额（每平方米为八元至四十元）的百分之五十。

2.占用基本农田的，应当按照耕地占用税法第四条第二款或者本法第五条确定的当地适用税额，加按百分之一百五十征收。

基本农田，是指中国按照一定时期人口和社会经济发展对农产品的需求，依据

使用税5年至10年。

（7）由财政部另行规定免税的能源、交通、水利设施用地和其他用地。

根据财政部、国家税务总局《关于石油天然气生产企业城镇土地使用税政策的通知》（财税〔2015〕76号文件）的规定，下列石油天然气生产建设用地暂免征收城镇土地使用税：

（1）地质勘探、钻井、井下作业、油气田地面工程等施工临时用地。

（2）企业厂区以外的铁路专用线、公路及输油（气、水）管道用地。

（3）油气长输管线用地。

此外，通知还规定：①在城市、县城、建制镇以外工矿区内的消防、防洪排涝、防风、防沙设施用地，暂免征收城镇土地使用税；②享受上述税收优惠的用地，用于非税收优惠用途的，不得享受本通知规定的税收优惠。

（三）城镇土地使用税的纳税人

城镇土地使用税以在城市、县城、建制镇、工矿区范围内使用土地的单位和个人为纳税人。拥有土地使用权的纳税人不在土地所在地的，以代管人或实际使用人为纳税人。土地使用权未确定或权属纠纷未解决的，以实际使用人为纳税人。土地使用权共有的，以共有各方为纳税人，按各自实际使用面积占总面积的比重分别计算纳税。

所称单位包括国有企业、集体企业、私营企业、股份制企业、外商投资企业、外国企业及其他企业和事业单位、社会团体、国家机关、军队以及其他单位；所称个人包括个体工商户以及其他个人。

（四）城镇土地使用税的纳税义务发生时间

城镇土地使用税的纳税义务发生时间，分别按以下规定确认：

（1）新征用的耕地，自批准征用之日起满一年时，开始缴纳城镇土地使用税。因为第一年缴纳了耕地占用税，所以应在自批准征用之日起满一年以后缴纳城镇土地使用税。

（2）纳税人新征用的非耕地，自批准征用次月起，缴纳城镇土地使用税。

（3）纳税人自建、委托施工及开发涉及的城镇土地使用税的纳税义务发生时间，由纳税人从取得土地使用权合同约定交付土地时间的次月起缴纳城镇土地使用税；合同未约定交付土地时间的，由受让方从合同签订的次月起缴纳城镇土地使用税。

二、城镇土地使用税的计税依据和税率

（一）城镇土地使用税的计税依据

城镇土地使用税按纳税人实际使用的计税土地面积（平方米）为计税依据。

计税土地面积以省级政府确定的测量单位测定的土地面积为准。尚未测量的，以土地使用证上注明的面积为计税土地面积；尚未核发土地使用证的，据实申报纳税，待测定后按测定面积调整；纳税单位与免税单位共同使用多层建筑的，按纳税单位的计税土地面积占总建筑面积的比例确定。

（二）城镇土地使用税的税率

城镇土地使用税采用有幅度的差别税额，按大、中、小城市和县城、建制镇、工矿区分别规定每平方米用地的单位税额，每年征收一次，因此又称年税额。城镇土地使用税的具体税额标准如下：

（1）大城市每平方米1.5元至30元。

（2）中等城市每平方米1.2元至24元。

（3）小城市每平方米0.9元至18元。

（4）县城、建制镇、工矿区每平方米0.6元至12元。

各地具体适用的单位年税额，由各省、自治区、直辖市人民政府根据本地区的具体情况制定。

三、城镇土地使用税应纳税额的计算与会计处理

（一）城镇土地使用税应纳税额的计算

城镇土地使用税的应纳税额，按以下公式计算：

年应纳税额=计税土地面积×单位税额

纳税人因房产、土地的实物或权利状态发生变化而依法终止房产税、城镇土地使用税纳税义务的，其应纳税额的计算应终止到房产、土地的实物或权利状态发生变化的当月末。

（二）城镇土地使用税的会计处理

城镇土地使用税实行按年计征、分期缴纳的征收方法。纳税人可采取预提或分期摊销的办法进行应纳城镇土地使用税的会计处理。为了准确反映城镇土地使用税的计提和解缴情况，企业应在“应交税费”账户下设置“应交土地使用税”明细账户进行核算。在计算应缴纳的土地使用税时，借记“税金及附加”科目，贷记“应交税费——应交土地使用税”科目。

1.企业采用全年一次性纳税方式的会计核算

企业采用全年一次性纳税方式，在计算缴纳土地使用税时，借记“税金及附加”科目，贷记“银行存款”科目。

【例7-3】某市一家商场坐落在市中心的繁华地段，经省级政府确定的测量单位测量的占地面积为14 000平方米，该地区适用的单位税额为15元/平方米。企业采用全年一次性纳税方式。要求：计算全年应纳城镇土地使用税，并进行相应的会计处理。

（1）计算税额：

全年应纳城镇土地使用税=14 000×15=210 000（元）

（2）会计处理：

借：税金及附加——城镇土地使用税	210 000	
贷：银行存款		210 000

2.企业采用预提方式的会计核算

企业按月预提城镇土地使用税时，按预提的税额，借记“税金及附加——城镇土地使用税”科目，贷记“其他应付款”科目；定期上交税款时，借记“其他应付款”科目，贷记“银行存款”科目。例如，某企业经计算，每月应预提城镇土地使用税9 000元，每半年缴纳一次。其会计分录为：

（1）按月预提城镇土地使用税时：

借：税金及附加——城镇土地使用税　　9 000

　贷：其他应付款　　9 000

（2）每半年缴纳一次城镇土地使用税时：

借：应交税费——城镇土地使用税　　54 000

　贷：银行存款　　54 000

（3）结转城镇土地使用税时：

借：其他应付款　　54 000

　贷：应交税费——应交城镇土地使用税　　54 000

3.企业采用分期摊销方式的会计核算

企业采用分期摊销方式的，在计算应纳城镇土地使用税税额时，应借记“预付账款”科目，贷记“应交税费——应交城镇土地使用税”科目；实际缴纳时，借记“应交税费——应交城镇土地使用税”科目，贷记“银行存款”账户；分期摊销时，借记“税金及附加——城镇土地使用税”科目，贷记“应交税费——应交城镇土地使用税”科目。例如，某企业采用分期摊销方式，按季度计算缴纳城镇土地使用税。经计算，该企业第一季度应纳城镇土地使用税为24 000元，已于季度初用银行存款缴纳。其会计处理为：

（1）计算出第一季度应纳的城镇土地使用税时：

借：预付账款　　24 000

　贷：应交税费——应交城镇土地使用税　　24 000

（2）实际上缴税金时：

借：应交税费——应交城镇土地使用税　　24 000

　贷：银行存款　　24 000

（3）按月分摊税金时：

借：税金及附加——城镇土地使用税　　8 000

　贷：预付账款　　8 000

第三节　房产税实务

我国自1986年10月1日起征收房产税。目前，房产税仅限于对城市、县城、建制镇和工矿区内的房产征收，因而房产税也称城镇房产税。

一、房产税的征税范围与纳税人

（一）房产税的征税范围

房产税以房产为征税对象。根据《中华人民共和国房产税暂行条例》的规定，城市、县城、建制镇和工矿区内的房产，属于房产税的征税范围。

（1）城市的房产，是指坐落在经国务院批准设立的市内的房产，包括市区内、郊区内和市辖县县城内的房产。

（2）县城的房产，是指未设立建制镇的县人民政府所在地内的房产。

（3）建制镇的房产，是指经省、自治区、直辖市人民政府批准设立的建制镇内的房产。

（4）工矿区的房产，是指工商业比较发达、人口比较集中、符合国务院规定的建制镇标准但尚未设立建制镇的大中型工矿企业所在地内的房产。

（二）房产税的减免税范围

1.房产税的法定免税范围

根据《中华人民共和国房产税暂行条例》的规定，下列房产免纳房产税：

（1）国家机关、人民团体、军队自用的房产。

（2）由国家财政部门拨付事业经费的单位自用的房产。

（3）宗教寺庙、公园、名胜古迹自用的房产。

（4）个人所有非营业用的房产。

（5）人民银行总行（含国家外汇管理局）所属分支机关自用的房产。

（6）高校后勤实体的房产。

（7）老年服务机构自用的房产。

（8）经有关部门鉴定的企业破损不堪使用的房屋和危险房屋。

（9）经税务机关批准的企业停产、撤销而闲置不用的房产。

（10）经税务机关批准的企业大修停用半年以上的房产。

（11）房地产开发企业建造的出售前的商品房（但出售前已使用或出租、出借的商品房，应按规定纳税）。

2.房产税的减免税政策

根据财政部、国家税务总局《关于体育场馆房产税和城镇土地使用税政策的通知》（财税〔2015〕130号文件）的规定，自2016年1月1日起，体育场馆自用的房产和土地有关房产税和城镇土地使用税按以下政策执行：

（1）国家机关、军队、人民团体、财政补助事业单位、居民委员会、村民委员会拥有的体育场馆，用于体育活动的房产、土地，免征房产税和城镇土地使用税。

（2）经费自理事业单位、体育社会团体、体育基金会、体育类民办非企业单位拥有并运营管理的体育场馆，同时符合下列条件的，其用于体育活动的房产、土地，免征房产税和城镇土地使用税：

①向社会开放，用于满足公众体育活动需要；

②体育场馆取得的收入主要用于场馆的维护、管理和事业发展；

商用车客车，是指核定载客人数9人以上的车辆，包括电车。商用货车，是指载货车辆，包括半挂牵引车、三轮汽车和低速载货汽车等。

（3）其他商用车，包括挂车、专用作业车、轮式专用机械车、摩托车等，年基准税额分别为：

①挂车按照货车税额的50%计算。

②专用作业车按整备质量每吨年基准税额16元至120元。

③轮式专用机械车按整备质量每吨年基准税额16元至120元。

④摩托车每辆年基准税额36元至180元。

（三）应税船舶年基准税额

1.应税船舶年幅度基准税额

根据《中华人民共和国车船税法》的规定，应税船舶的年基准税额为幅度税额。

（1）机动船舶，以净吨位为计税单位，年基准税额为每吨3元至6元。

（2）拖船、非机动驳船，分别按照机动船舶年基准税额的50%计算。

（3）游艇的年基准税额为艇身长度每米600元至2 000元。

2.机动船舶和游艇的具体税额标准

（1）根据《中华人民共和国车船税法实施条例》的规定，机动船舶的具体适用税额标准如下：

①净吨位不超过200吨的，每吨3元。

②净吨位超过200吨但不超过2 000吨的，每吨4元。

③净吨位超过2 000吨但不超过10 000吨的，每吨5元。

④净吨位超过10 000吨的，每吨6元。

拖船按照发动机功率每1千瓦折合净吨位0.67吨计算征收车船税。

（2）根据《中华人民共和国车船税法实施条例》的规定，游艇的具体适用税额标准如下：

（1）艇身长度不超过10米的，每米600元。

（2）艇身长度超过10米但不超过18米的，每米900元。

（3）艇身长度超过18米但不超过30米的，每米1 300元。

（4）艇身长度超过30米的，每米2 000元。

（5）辅助动力帆艇，每米600元。

三、车船税应纳税额的计算与征收管理

（一）车船税应纳税额的计算

1.应税车辆应纳车船税的计算

（1）乘用车、商用客车、摩托车的车船税，按应税车辆的数量（辆）和适用的单位年基准税额计算。计算公式如下：

应纳税额=应税车辆数量（辆）×年基准税额（元/辆）

（2）商用货车、挂车、专用作业车、轮式专用机械车等的车船税，以应税车辆的整备质量为计税依据，按每吨适用的年基准税额计算。计算公式如下：

应纳税额=应税车辆整备质量（吨）×年基准税额（元/吨）

应税车辆整备质量，是指整车装备质量，也就是人们常说的一辆汽车的自重，包括汽车按出厂技术条件装备完整（如备胎、工具等安装齐备）和各种油水添满后的重量。

2.应税船舶应纳车船税的计算

应税船舶的车船税，以净吨位为计税依据，按每吨适用的年基准税额计算。计算公式如下：

应纳车船税=应税船舶净吨位（吨）×年基准税额（元/吨）

船舶净吨位是指船舶有效容积，即扣除不能用来载货或载客的处所后得到的船舶可营运容积。

3.应税游艇应纳车船税的计算

应税游艇的车船税，以艇身长度为计税依据，按每米的适用税额计算。计算公式如下：

应纳车船税=应税游艇长度（米）×单位税额（元/米）

4.购置新车船当年应纳车船税的计算

纳税人购置的新车船，购置当年应纳车船税的税额，按计算的年应纳税额除以12再乘以应纳税月份数。应纳税月份数从购置当月起按月计算。

车船税纳税义务发生时间为取得车船所有权或者管理权的当月，具体以购买车船的发票或者其他证明文件所载日期的当月为准。

例如，某海运企业2017年8月10日购置货轮一艘，净吨位为50 000吨，则购置当年应纳车船税计算如下：

$$应纳税额=50\,000\times6\times\frac{5}{12}=125\,000（元）$$

（二）车船税的会计处理

企业按规定计算应纳车船税时，借记“税金及附加——车船税”科目，贷记“应交税费——应交车船税”科目；实际缴纳时，借记“应交税费——应交车船税”科目，贷记“银行存款”科目。

（三）车船税的缴纳方式及纳税地点

车船税是按年申报，分月计算，一次性缴纳。具体申报纳税期限由各省、自治区、直辖市人民政府规定。车船税有两种缴纳方式：一种方式是纳税人自行向主管税务机关申报缴纳车船税；另一种方式是纳税人在办理机动车交通事故责任强制保险时由保险机构代收代缴车船税。纳税人自行向主管税务机关申报缴纳车船税的，纳税地点为车船登记地；依法不需要办理登记的车船，纳税地点为车船的所有人或者管理人的所在地。由保险机构代收代缴车船税的，纳税地点为保险机构所在地。需要注意的是，由于从事机动车交通事故责任强制保险业务的保险机构为机动车车船税扣缴义务人，因此，纳税人在办理机动车交通事故责任强制保险业务时，应当一并缴纳车船税；如果已经自行申报缴纳了车船税，应当提供机动车的完税证明。

（四）车船税的管理

车船税由税务机关负责征收。税务机关可以在车船登记管理部门、车船检验机构的办公场所集中办理车船税征收事宜。公安、交通运输、农业、渔业等车船登记管理部门、船舶检验机构和车船税扣缴义务人的行业主管部门应当在提供车船有关信息等方面，协助税务机关加强车船税的征收管理。公安机关交通管理部门在办理车辆相关登记和定期检验手续时，经核查，对没有提供依法纳税或者免税证明的，不予办理相关手续。

在一个纳税年度内，已完税的车船被盗抢、报废、灭失的，纳税人可以凭有关管理机关出具的证明和完税凭证，向纳税所在地的主管税务机关申请退还自被盗抢、报废、灭失月份起至该纳税年度终了期间的税款。已办理退税的被盗抢车船失而复得的，纳税人应当从公安机关出具相关证明的当月起计算缴纳车船税。已缴纳车船税的车船在同一纳税年度内办理转让过户的，不另纳税。

第六节　船舶吨税实务

船舶吨税是海关对自中华人民共和国境外港口进入境内港口的船舶（以下称应税船舶）征收的一种税（简称吨税）。1952年9月29日，经中华人民共和国政务院财政经济委员会批准，中国海关总署发布了《中华人民共和国海关船舶吨税暂行办法》，开始征收船舶吨税。2011年12月5日国务院发布《中华人民共和国船舶吨税暂行条例》，自2012年1月1日起施行。2017年12月27日第十二届全国人民代表大会常务委员会第三十一次会议通过《中华人民共和国船舶吨税法》（以下简称《船舶吨税法》），自2018年7月1日起施行，《中华人民共和国船舶吨税暂行条例》同时废止。至此，《船舶吨税法》是继《车船税法》之后我国现行地方税制体系中第二个由全国人民代表大会制定的税收法律。

一、船舶吨税的征税范围与纳税人

（一）船舶吨税的征税范围

船舶吨税以应税船舶为征税对象。根据《中华人民共和国船舶吨税法》第一条的规定，自中华人民共和国境外港口进入境内港口的船舶为应税船舶，应当依照《船舶吨税法》缴纳吨税。应税船舶具体包括以下四种情形：

（1）在中国港口行驶的外国籍船舶。

（2）外商租用的中国籍船舶。

（3）中外合营的海运企业自有或租用的中、外籍船舶。

（4）中国租用（包括国外华商所有的和租用的）航行国外及兼营国内沿海贸易的外国籍船舶。

（二）船舶吨税的免税范围

根据《中华人民共和国船舶吨税法》第九条的规定，下列船舶免征吨税：

（1）应纳税额在人民币50元以下的船舶。

（2）自境外以购买、受赠、继承等方式取得船舶所有权的初次进口到港的空载船舶。

（3）吨税执照期满后24小时内不上下客货的船舶。

（4）非机动船舶（不包括非机动驳船）。

（5）捕捞、养殖渔船。

（6）避难、防疫隔离、修理、改造、终止运营或者拆解，并不上下客货的船舶。

（7）军队、武装警察部队专用或者征用的船舶。

（8）警用船舶。

（9）依照法律规定应当予以免税的外国驻华使领馆、国际组织驻华代表机构及其有关人员的船舶。

（10）国务院规定的其他船舶（但应由国务院报全国人民代表大会常务委员会备案）。

符合上述（5）至（9）项规定的船舶，以及避难、防疫隔离、修理、改造，并不上下客货和军队、武装警察部队征用的船舶，应当提供海事部门、渔业船舶管理部门或者出入境检验检疫部门等部门、机构出具的具有法律效力的证明文件或者使用关系证明文件，申明免税或者延长吨税执照期限的依据和理由。

非机动船舶，是指自身没有动力装置，依靠外力驱动的船舶。

非机动驳船，是指在船舶登记机关登记为驳船的非机动船舶，其特点为设备简单、吃水浅、载货量大，与拖船或顶推船组成驳船船队，可航行于狭窄水道和浅水航道，并可根据货物运输要求而随时编组，适合内河各港口之间的货物运输（少数增设了推进装置的机动驳船具有一定的自航能力）。

捕捞、养殖渔船，是指在中华人民共和国渔业船舶管理部门登记为捕捞船或者养殖船的船舶。

拖船，是指专门用于拖（推）动运输船舶的专业作业船舶。拖船的特点是结构牢固、稳定性好、船身小、主机功率大、牵引力大、操纵性能良好，但它本身没有装卸能力。

（三）船舶吨税的纳税人

船舶吨税以拥有或租用进出中国港口的国际航行船舶的单位和个人为纳税人。应税船舶进入港口的当日为吨税纳税义务发生时间，纳税人应当按照规定依法履行吨税纳税义务。

应税船舶在进入港口办理入境手续时，应当向海关申报纳税领取吨税执照，或者交验吨税执照（或者申请核验吨税执照电子信息）。应税船舶在离开港口办理出境手续时，应当交验吨税执照（或者申请核验吨税执照电子信息）。

应税船舶到达港口前，经海关核准先行申报并办结出入境手续的，应税船舶负责人应当向海关提供与其依法履行吨税缴纳义务相适应的担保；应税船舶到达港口后，依照税法规定向海关申报纳税。

下列财产、权利可以用于担保：

（1）人民币、可自由兑换货币。

（2）汇票、本票、支票、债券、存单。

（3）银行、非银行金融机构的保函。

（4）海关依法认可的其他财产、权利。

应税船舶负责人应当自海关填发吨税缴款凭证之日起15日内向指定银行缴清税款。未按期缴清税款的，自滞纳税款之日起，按日加收滞纳税款0.5‰的滞纳金。

（四）吨税执照

吨税执照是应税船舶负责人缴纳吨税或者提供担保后，海关按照其申领的执照期限填发的吨税完税证明。应税船舶负责人申领吨税执照时，应当向海关提供船舶国籍证书或者海事部门签发的船舶国籍证书收存证明、船舶吨位证明等文件。应税船舶因不可抗力在未设立海关地点停泊的，船舶负责人应当立即向附近海关报告，并在不可抗力原因消除后，依照《中华人民共和国船舶吨税法》规定向海关申报纳税。

吨税执照期限，按照公历年、日计算。吨税执照期限分1年期、90天期与30天期三种。缴纳期限由应税船舶负责人或其代理人自行选择。应税船舶在吨税执照期满后尚未离开港口的，应当申领新的吨税执照，自上一次执照期满的次日起续缴吨税。在吨税执照期限内，应税船舶发生下列情形之一的，海关按照实际发生的天数批注延长吨税执照期限：

（1）避难、防疫隔离、修理，并不上下客货。

（2）军队、武装警察部队征用。

应税船舶在吨税执照期满后尚未离开港口的，应当申领新的吨税执照，自上一次执照期满的次日起续缴吨税。

应税船舶在吨税执照期限内，因修理、改造导致净吨位变化的，吨税执照继续有效。应税船舶办理出入境手续时，应当提供船舶经过修理、改造的证明文件。

应税船舶在吨税执照期限内，因税目税率调整或者船籍改变而导致适用税率变化的，吨税执照继续有效。因船籍改变而导致适用税率变化的，应税船舶在办理出入境手续时，应当提供船籍改变的证明文件。

吨税执照在期满前毁损或者遗失的，应当向原发照海关书面申请核发吨税执照副本，不再补税。

二、船舶吨税的计税依据与税率

（一）船舶吨税的计税依据

船舶吨税实行从量计征，以船舶注册净吨位为计税依据。

船舶净吨位是指由船籍国（地区）政府授权签发的船舶吨位证明书上标明的船舶运载客货的有效容积，即扣除不能用来载货或载客的处所后得到的船舶可营运容积。不能用来载货或载客的处所，包括船员的生活起居处所、船舶机械和装置处所、航行设备处所、安全设备处所和压载处所等。

（二）船舶吨税的税率

根据《中华人民共和国船舶吨税》的规定，船舶吨税依照船舶净吨位和吨税执照期限不同分别设置差别税额（元／吨）。同时，根据国际惯例及对等原则，船舶吨税税率又划分为优惠税率和普通税率。中华人民共和国籍的应税船舶，船籍国（地区）与中华人民共和国签订含有相互给予船舶税费最惠国待遇条款的条约或者协定的应税船舶，适用优惠税率。其他应税船舶，适用普通税率。

1.普通税率

（1）吨税执照1年期的税额标准如下：

①净吨位不超过2 000吨，税额为每吨12.6元；

②净吨位超过2 000吨，但不超过10 000吨的，税额为每吨24元；

③净吨位超过10 000吨，但不超过50 000吨的，税额为每吨27.6元；

④净吨位超过50 000吨的，税额为每吨31.8元。

（2）吨税执照90天期的税额标准如下：

①净吨位不超过2 000吨，税额为每吨4.2元；

②净吨位超过2 000吨，但不超过10 000吨的，税额为每吨8元；

③净吨位超过10 000吨，但不超过50 000吨的，税额为每吨9.2元；

④净吨位超过50 000吨的，税额为每吨10.6元。

（3）吨税执照30天期的税额标准如下：

①净吨位不超过2 000吨，税额为每吨2.1元；

②净吨位超过2 000吨，但不超过10 000吨的，税额为每吨4元；

③净吨位超过10 000吨，但不超过50 000吨的，税额为每吨4.6元；

④净吨位超过50 000吨的，税额为每吨5.3元。

2.优惠税率

（1）吨税执照1年期的税额标准如下：

①净吨位不超过2 000吨，税额为每吨9元；

②净吨位超过2 000吨，但不超过10 000吨的，税额为每吨17.4元；

③净吨位超过10 000吨，但不超过50 000吨的，税额为每吨19.8元；

④净吨位超过50 000吨的，税额为每吨22.8元。

（2）吨税执照90天期的税额标准如下：

①净吨位不超过2 000吨，税额为每吨3元；

②净吨位超过2 000吨，但不超过10 000吨的，税额为每吨5.8元；

③净吨位超过10 000吨，但不超过50 000吨的，税额为每吨6.6元；

④净吨位超过50 000吨的，税额为每吨7.6元。

（3）吨税执照30天期的税额标准如下：

①净吨位不超过2 000吨，税额为每吨1.5元；

②净吨位超过2 000吨，但不超过10 000吨的，税额为每吨2.9元；

③净吨位超过10 000吨，但不超过50 000吨的，税额为每吨3.3元；

④净吨位超过50 000吨的，税额为每吨3.8元。

吨税税目税率的具体规定见表7–2。

表7–2 **吨税税目税率表**

税目（按船舶净吨位划分）	税率（元/净吨）						备注
	普通税率（按执照期限划分）			优惠税率（按执照期限划分）			
	1年	90日	30日	1年	90日	30日	
不超过2 000净吨	12.6	4.2	2.1	9.0	3.0	1.5	1. 拖船按照发动机功率每千瓦折合净吨位0.67吨。 2. 无法提供净吨位证明文件的游艇，按照发动机功率每千瓦折合净吨位0.05吨。 3. 拖船和非机动驳船分别按相同净吨位船舶税率的50%计征税款。
超过2 000净吨，但不超过10 000净吨	24.0	8.0	4.0	17.4	5.8	2.9	
超过10 000净吨，但不超过50 000净吨	27.6	9.2	4.6	19.8	6.6	3.3	
超过50 000净吨	31.8	10.6	5.3	22.8	7.6	3.8	

三、船舶吨税应纳税额的计算与征收管理

（一）船舶吨税应纳税额的计算

吨税按照船舶净吨位和吨税执照期限征收。应税船舶负责人在每次申报纳税时，可以按照“吨税税目税率表”选择申领一种期限的吨税执照。吨税的应纳税额按照船舶净吨位乘以适用税率计算。计算公式如下：

吨税应纳税额=船舶净吨位×适用税额

其中，拖船应纳税额按以下公式计算：

拖船应纳税额=拖船发动机功率（千瓦）×0.67吨／每千瓦×适用税额×50%

吨税税款、滞纳金、罚款以人民币计算。

（二）吨税的征收管理

吨税由海关负责征收。海关发现少征或者漏征税款的，自应税船舶应当缴纳税款之日起一年内，补征税款。但因应税船舶违反规定造成少征或者漏征税款的，海关可以自应当缴纳税款之日起三年内追征税款，并自应当缴纳税款之日起按日加征少征或者漏征税款万分之五的税款滞纳金。

海关发现多征税款的，应当在二十四小时内通知应税船舶办理退还手续，并加算银行同期活期存款利息。应税船舶发现多缴税款的，可以自缴纳税款之日起三年内以书面形式要求海关退还多缴的税款并加算银行同期活期存款利息；海关应当自受理退税申请之日起三十日内查实并通知应税船舶办理退还手续。

应税船舶有下列行为之一的，由海关责令限期改正，处二千元以上三万元以下的罚款；不缴或者少缴应纳税款的，处不缴或者少缴税款百分之五十以上五倍以下的罚款，但罚款不得低于二千元：

（1）未按照规定申报纳税、领取吨税执照。

（2）未按照规定交验吨税执照（或者申请核验吨税执照电子信息）以及提供其他证明文件。

第七节　印花税实务

印花税是对经济活动和经济交往中书立、领受具有法律效力的凭证的行为所征收的一种税。因采用在应税凭证上粘贴印花税票作为完税的标志而得名。中华人民共和国成立后，由于税收不统一，中央政府于1950年1月30日公布了《全国税政实施要则》，于12月公布了《印花税暂行条例》，并于1951年1月公布了《印花税暂行条例施行细则》，从此统一了印花税法。1958年全国施行税改，中央取消了印花税并将其并入工商统一税。1988年8月6日中华人民共和国国务院11号令发布《中华人民共和国印花税暂行条例》，规定重新在全国统一开征印花税。

一、印花税的征税范围与纳税人

（一）印花税的征税范围

根据《中华人民共和国印花税暂行条例》的规定，单位和个人在中华人民共和国境内书立、使用、领受具有法律效力的凭证，属于征收印花税的应纳税凭证，主要包括经济合同，产权转移书据，营业账簿，权利、许可证照，以及经财政部门确定征税的其他凭证。

1.经济合同

经济合同及具有合同性质的凭证属于印花税的应税合同。其中，经济合同包括当事人签订的购销合同、加工承揽合同、建设工程勘查设计合同、建筑安装工程承包合同、财产租赁合同、货物运输合同、仓储保管合同、借款合同、财产保险合同、技术合同等。具有合同性质的凭证，是指具有合同效力的协议、契约、合约、单据、确认书及其他各种名称的凭证。

2.产权转移书据

产权转移书据是指单位和个人产权的买卖、继承、赠与、交换、分割等所立的书据，即在产权的买卖、交换、继承、赠与、分割等产权主体变更过程中，由产权出让人与受让人之间所订立的民事法律文书。征收印花税的产权转移书据，包括财产所有权、版权、商标专用权、专利权、专有技术使用权共5项产权的转移书据。

另外，商品房销售合同按照产权转移书据征收印花税。

3.营业账簿

营业账簿，是指单位或者个人记载生产经营活动的财务会计核算账簿。征收印花税的营业账簿，包括记载资金的账簿和其他账簿。记载资金的账簿，是指载有固定资产原值和自有流动资金的总分类账簿，或者专门设置的记载固定资产原值和自有流动资金的账簿。其他账簿，是指除上述账簿以外的账簿，包括日记账簿和各明细分类账簿。

4.权利、许可证照

根据《中华人民共和国印花税暂行条例》的规定，征收印花税的权利、许可证照，包括政府部门发放的房屋产权证、工商营业执照、商标注册证、专利证、土地使用证。

（二）印花税的免税范围

（1）根据《中华人民共和国印花税暂行条例》的规定，以下凭证免征印花税：

一是已缴纳印花税凭证的副本或抄本免征印花税；

二是财产所有人将财产赠送给政府、社会福利单位、学校所书立的书据免征印花税；

三是国家指定部门与农民书立的农产品收购合同免征印花税；

四是无息、贴息贷款合同免征印花税；

五是国家政府及国家金融机构接受外国政府或国际金融机构提供优惠贷款所书立的合同免征印花税；

六是农牧业保险合同免征印花税；

七是军事物资、抢险救灾物资运输凭证免征印花税。

（2）2018年4月25日国务院总理李克强主持召开国务院常务会议，决定再推出7项减税措施。其中第6项减税措施为：从2018年5月1日起，将对纳税人设立的资金账簿按实收资本和资本公积合计金额征收的印花税减半，对按件征收的其他账簿免征印花税。

（三）印花税的纳税人

根据《中华人民共和国印花税暂行条例》的规定，凡是在中华人民共和国境内书立、领受应税凭证的单位和个人，都是印花税的纳税义务人，应依法缴纳印花税。印花税和契税的纳税人比较特殊：契税以承受方（买方）为纳税人，而印花税的纳税人包括单方纳税人和多方纳税人两类。

1.单方纳税人

以下情形为单方纳税人：

（1）在中华人民共和国境内建立营业账簿的，以立账簿人为纳税人。所称立账簿人，是指订立账簿的单位或个人，通常情况下就是建立会计账簿的单位。

（2）在中华人民共和国境内领取权利、许可证照的，以领受人为纳税人。所称领受人，是指证照上记载的权利所有人，如土地使用证、房产证等证件上记载的产权所有人。

（3）在国外书立、领受但在国内使用的应纳税凭证，以使用人为纳税人。

（4）在上海证券交易所、深圳证券交易所进行证券（股票）交易的，以卖方为纳税人。

在上海证券交易所、深圳证券交易所、全国中小企业股份转让系统买卖、继承、赠与优先股所书立的股权转让书据，以出让方为纳税人。

2.多方纳税人

由两方或两方以上当事人共同签订应税凭证的，以当事人各方为纳税人。具体规定如下：

（1）书立的经济合同，以立合同人的各方为纳税人。立合同人是指订立合同双方，即合同的甲方、乙方。

（2）订立的各种产权转移书据，以立据人的各方为纳税人。立据人一般是指订立产权转移书据的双方。

（3）以电子形式签订的各类应税凭证，以合同的各方当事人为纳税人。

二、印花税的税目税率与计税依据

（一）印花税的税目税率

根据《中华人民共和国印花税暂行条例》的规定，印花税共设定13个税目。其中，经济合同类设置10个税目，具体包括购销合同、加工承揽合同、建设工程勘查设计合同、建筑安装工程承包合同、财产租赁合同、货物运输合同、仓储保管合同、借款合同、财产保险合同、技术合同。另外3个税目分别是产权转移书据税目、营业账簿税目，以及权利、许可证照税目。

印花税实行比例税率和定额税率两种税率形式。其中营业账簿中其他账簿和权利、许可证照实行定额税率，每件贴花5元。除按定额税率征税之外的应税凭证，均适用比例税率。

印花税的税目税率表见表7-3。

表7-3 印花税税目税率表

税目	范围	税率	纳税义务人	说明
1.购销合同	包括供应、预购、采购、购销结合及协作、调剂、补偿、易货等合同	按购销金额0.3‰贴花	立合同人	
2.加工承揽合同	包括加工、定做、修缮、修理、印刷、广告、测绘、测试等合同	按加工或承揽收入0.5‰贴花	立合同人	
3.建设工程勘查设计合同	包括勘查、设计合同	按收取费用0.5‰贴花	立合同人	
4.建筑安装工程承包合同	包括建筑、安装工程承包合同	按承包金额0.3‰贴花	立合同人	
5.财产租赁合同	包括租赁房屋、船舶、飞机、机动车辆、机械、器具、设备等合同	按租赁金额1‰贴花。税额不足1元的按1元贴花	立合同人	

续表

税目	范围	税率	纳税义务人	说明
6.货物运输合同	包括民用航空运输、铁路运输、海上运输、内河运输、公路运输和联运合同	按运输费用0.5‰贴花	立合同人	单据作为合同使用的，按合同贴花
7.仓储保管合同	包括仓储、保管合同	按仓储保管费用1‰贴花	立合同人	仓单或栈单作为合同使用的，按合同贴花
8.借款合同	银行及其他金融组织和借款人（不包括银行同业拆借）所签订的借款合同	按借款金额0.05‰贴花	立合同人	单据作为合同使用的，按合同贴花
9.财产保险合同	包括财产、责任、保证、信用等保险合同	按收取保险费1‰贴花	立合同人	单据作为合同使用的，按合同贴花
10.技术合同	包括技术开发、转让、咨询、服务等合同	按所记载金额0.3‰贴花	立合同人	
11.产权转移书据	包括财产所有权和版权、商标专用权、专利权、专有技术使用权等转移书据，土地使用权出让合同、土地使用权转让合同、商品房销售合同	按所记载金额0.5‰贴花	立据人	
12.营业账簿	生产、经营用账册	记载资金的账簿，按实收资本和资本公积的合计金额0.5‰贴花。其他账簿按件贴花5元	立账簿人	
13.权利、许可证照	包括政府部门发给的房屋产权证、工商营业执照、商标注册证、专利证、土地使用证	按件贴花5元	领受人	

根据财政部、国家税务总局《关于转让优先股有关证券（股票）交易印花税政策的通知》（财税〔2014〕46号文件）的规定，自2014年6月1日起对在上海证券交易所、深圳证券交易所、全国中小企业股份转让系统买卖、继承、赠与优先股所书立的股权转让书据，均依书立时实际成交金额，由出让方按1‰的税率计算缴纳证券（股票）交易印花税，即将优先股的买卖、继承、赠与所书立的股权转让书据列为印花税的一个税目。

所称优先股是指依照《中华人民共和国公司法》，在一般规定的普通种类股份之外，另行规定的其他种类股份，其股份持有人优先于普通股股东分配公司利润和剩余财产，但参与公司决策管理等权利受到限制。其中，优先分配利润，是指优先股股东按照约定的票面股息率，优先于普通股股东分配公司利润，公司在以现金形式完全支付约定的股息之前，不得向普通股股东分配利润；优先分配剩余财产，是指公司因解散、破产等进行清算时，公司财产在按照《公司法》和《破产法》有关规定进行清偿后的剩余财产，应当优先向优先股股东支付未派发的股息和公司章程约定的清算金额，不足以支付的按照优先股股东持股比例分配；参与公司决策管理等权利受到限制，是指优先股股东不出席股东大会会议，所持股份没有表决权。

（二）印花税的计税依据

1.从量计征的计算依据

营业账簿中除记载资金账簿以外的其他账簿以及权利、许可证照，从量计征印花税，以应纳税凭证的数量（件）为计税依据。

2.从价计征的计税依据

在印花税中，除了其他账簿和权利、许可证照从量计征外，其他应税凭证均采用从价计税方法。

（1）购销合同，包括供应、预购、采购、购销结合及协作、调剂、补偿、易货等合同，立合同人（各方）以购销合同记载的购销金额（不含税）为计税依据。如果采取以货易货的方式进行商品交易所签订的购销合同，属于购销双重经济行为合同，应以购和销的合计金额为计税依据。

（2）加工承揽合同，包括加工、定做、修缮、修理、印刷、广告、测绘、测试等合同，立合同人以合同上所记载的加工或承揽收入额为计税依据，其中，由委托方提供主要材料或原料的，受托方只提供辅助材料的加工合同，均以辅助材料与加工费的合计数（不含税）为计税依据。在合同中未分别记载加工费、原材料金额的，以全部金额为计税依据。

（3）建设工程勘查设计合同，包括勘查、设计合同，立合同人以收取的费用为计税依据。

（4）建筑安装工程承包合同，包括建筑、安装工程承包合同，立合同人以承包金额为计税依据。如果施工单位将自己承包的部分工程项目分包、转包给其他施工单位所签订的分包、转包合同，以合同所载的分包、转包金额为计税依据。

（5）财产租赁合同，包括租赁房屋、船舶、飞机、机动车辆、机械、器具、设备等合同，立合同人以租赁金额为计税依据。

（6）货物运输合同，包括民用航空运输、铁路运输、海上运输、内河运输、公路运输和联运合同，立合同人以运输费用为计税依据。运输费用不包括所运货物金额、装卸费和保险费。其中：以单据作为合同使用的，按合同贴花；在起运地统一结算全程运费的，起运地运费结算双方均以全程运费为计税依据；分程结算的，由办理运费结算的各方分别以分程运费为计税依据；由我国企业承担的国际货运业务，不论在我国境内、境外起运或中转分程运输，均以本程运费为计税依据；托运方所持的一份运费结算凭证，以全程运费为计税依据；由外国运输企业运输货物出口的，托运方所持的一份运费结算凭证，以全程运费为计税依据，承运方（外国运输企业）免征印花税。

（7）仓储保管合同，包括仓储、保管合同，立合同人以仓储保管费用为计税依据。仓单或栈单作为合同使用的，按合同贴花。

（8）借款合同，包括银行及其他金融组织和借款人（不包括银行同业拆借）所签订的借款合同，立合同人以借款金额为计税依据。单据作为合同使用的，按合同贴花。特殊情况规定如下：

①一项信贷业务既签订借款合同，又一次或分次填开借据的，只以借款合同所载金额为计税依据；凡只填开借据并作为合同使用的，以借据所载金额为计税依据。

②按年（期）签订的、有最高限额的、周转性流动资金借款合同，借款人在规定期限和最高限额内随借随还的，以合同规定的最高限额为计税依据（在限期内随借随还且不签订合同的，不再贴花）。

③借款方以财产作抵押与贷款方签订的抵押贷款合同，按借款合同贴花；若借款方无力归还借款而将抵押财产转移给贷款方时，应再以双方书立的产权转移书据所载金额为计税依据，缴纳“产权转移书据”印花税。

④融资租赁合同以合同所载租金总额为计税依据（暂按借款合同计税贴花）。

⑤与多家银行签订的银团借款合同，其合同由借款方与银团各方共同书立，则借款方与银团各方应分别以所执合同正本上所载的借款金额为计税依据。

⑥在基本建设贷款中，往往是按用款计划分年签订借款合同，在最后一年按总概算签订借款总合同（包含各年的分借款合同的借款金额）的，分别以各分合同所载借款金额为计税依据；总借款合同以扣除各分合同借款金额后的余额为计税依据。

（9）财产保险合同，包括财产、责任、保证、信用等保险合同，立合同人以支付（收取）的保险费为计税依据，按1‰的税率计算贴花。单据作为合同使用的，按合同贴花。

（10）技术合同，包括技术开发、转让、咨询、服务等合同，立合同人以合同所记载金额（价款、报酬或使用费）为计税依据。如果是技术开发合同，仅以报酬金额为计税依据，而不包括研究开发经费；若根据合同约定按研究开发经费一定比例作为报酬的，以一定比例的报酬为计税依据。

（11）产权转移书据，包括财产所有权和版权、商标专用权、专利权、专有技术使用权等转移书据、土地使用权出让合同、土地使用权转让合同、商品房销售合同，立据人以产权转移书据所记载金额为计税依据。企业因转让股权所书立的书据，以书据所载金额为计税依据；股票与基金的购买、转让、赠与所书立的产权转移书据，以书立当日证券市场的实际成交价为计税依据；网上交易无纸质转移书据，以成交金额为计税依据。

（12）营业账簿中记载资金的账簿，立账簿人以“实收资本”和“资本公积”两项的合计数为计税依据，其他账簿按件贴花五元。根据《财政部　税务总局关于对营业账簿减免印花税的通知》（财税〔2018〕50号文件）的规定，自2018年5月1日起，对按万分之五税率贴花的资金账簿减半征收印花税，对按件贴花五元的其他账簿免征印花税。

实收资本包括以现金、实物、无形资产和材料物资投入的资本。其中：现金按实际收到或存入纳税人开户银行的金额确定；实物按评估确认的价值或合同、协议约定的价格确定；无形资产和材料物资按评估确认的价值确定。

资本公积包括接受捐赠、法定财产重估增值、资本折算差额、资本溢价等形成的资本。其中，实物捐赠应按同类资产的市场价格或有关凭据确定。

3.计税依据的特殊规定

（1）若同一凭证载有两个或两个以上经济事项的，应分别以每个经济事项的金额为计税依据。

（2）因修改合同而增加金额的，按增加的金额补缴印花税。

（3）合同上只注明数量未有金额的，以按数量和市场价格计算的金额为计税依据。

（4）银行等金融企业根据业务管理需要设置的各种登记簿，如空白重要凭证登记簿、有价单证登记簿、现金收付登记簿等，仅用于内部备查，不属于缴纳印花税的营业账簿。

（5）根据国税函〔2009〕9号文件通知的规定，对于企业集团内具有平等法律地位的主体之间自愿订立、明确双方购销关系、据以供货和结算、具有合同性质的凭证，应按规定征收印花税。对于企业集团内部执行计划使用的、不具有合同性质的凭证，不征收印花税。

三、印花税的纳税环节、税额计算与完税方法

（一）印花税的纳税环节

印花税纳税环节的具体规定如下：

（1）各类应税合同，在合同签订时纳税。

（2）产权转移书据，在书据订立时纳税。

（3）营业账簿，在账簿启用时纳税。

（4）权利、许可证照，在领受时纳税。

（5）股票证券交易，在转让环节纳税。

（6）优先股买卖、继承、赠与，在书立股权转让书据时纳税。

（二）印花税应纳税额的计算与减免税

1.印花税应纳税额的计算

纳税人应按规定据实计算、缴纳印花税。印花税根据应税凭证不同，分别采用从量计征和从价计征方法计算应纳税额。

（1）从量计征印花税，以应税凭证的数量（件）为计税依据，乘以单位税额计算。计算公式如下：

应纳税额=计税凭证数量（件）×单位税额

（2）从价计征印花税，以应税凭证上记载的金额为计税依据，按适用的比例税率计算应纳税额。计算公式如下：

应纳税额=计税金额×税率

2.印花税的减免税

（1）根据财政部、税务总局《关于对营业账簿减免印花税的通知》（财税

〔2018〕50号文件）的规定，自2018年5月1日起，对按万分之五税率贴花的资金账簿减半征收印花税，对按件贴花五元的其他账簿免征印花税。

（2）根据财政部、税务总局《关于保险保障基金有关税收政策问题的通知》（财税〔2018〕41号）的规定，自2018年1月1日起至2020年12月31日止，对保险保障基金公司下列应税凭证，免征印花税：

①新设立的资金账簿；

②在对保险公司进行风险处置和破产救助过程中签订的产权转移书据；

③在对保险公司进行风险处置过程中与中国人民银行签订的再贷款合同；

④以保险保障基金自有财产和接收的受偿资产与保险公司签订的财产保险合同；

对与保险保障基金公司签订上述产权转移书据或应税合同的其他当事人照章征收印花税。

为了规范保险保障基金的筹集、管理和使用，保障保单持有人的合法权益，促进保险业健康发展，维护金融稳定，中国保险监督管理委员会、财政部、中国人民银行共同制定了《保险保障基金管理办法》，于2008年9月11日公布并开始施行。根据《保险保障基金管理办法》的规定，保险保障基金分为财产保险保障基金和人身保险保障基金。财产保险保障基金由财产保险公司缴纳形成。人身保险保障基金由人身保险公司缴纳形成。设立国有独资的中国保险保障基金有限责任公司（以下简称保险保障基金公司），依法负责保险保障基金的筹集、管理和使用。

3.印花税的会计处理

印花税通过“税金及附加”科目和“应交税费”科目核算。

（1）企业按照规定计算印花税应纳税额时，作以下会计分录：

借：税金及附加

（2）企业购买并一次贴足印花税票或按期汇总缴纳时，作以下会计分录：

  贷：银行存款

（三）印花税的完税方法

（1）纳税人书立、领受或者使用《印花税暂行条例》列举的应纳税凭证和经财政部确定征税的其他凭证时，即发生纳税义务，应当根据应纳税凭证的性质，分别按《印花税暂行条例》所附“印花税税目税率表”对应的税目、税率，自行计算应纳税额，购买并一次贴足印花税票（以下简称“贴花”）。纳税人自行购买印花税票、自行贴花、自行注销的缴纳办法，简称“三自纳税法”。具体方法是：纳税人将购买的印花税票粘贴在应纳税凭证上，并由纳税人在每枚税票的骑缝处盖戳注销或者划销（在骑缝处划双横线），已贴用的印花税票不得重用。这种办法通常适用于应纳税凭证较少或贴花次数较少的纳税人。

印花税票由国家税务局监制，票面金额以人民币为单位，分别为1角、2角、5角、1元、2元、5元、10元、50元、100元等。印花税票不同于其他税收票证，它必须由纳税人向税务机关购买，纳税人购买印花税票的金额，并不一定就是其应纳印花税金额，只有纳税人将购买的印花税票按应纳税额一次足额粘贴在应纳税凭证上，并由纳税人在每一枚税票的骑缝处盖戳注销或划销时，才表明纳税人已足额完税，这时，粘贴在应纳税凭证上的印花税票才起完税证明作用。

（2）一份凭证应纳税额超过500元的，纳税人可以采取将税收缴款书、完税证明其中一联粘贴在凭证上或者由税务机关在凭证上加注完税标记代替贴花。

（3）同一种类应纳税凭证，需频繁贴花的，可由纳税人根据实际情况自行决定是否采用按期汇总申报缴纳印花税的方式。经税务机关同意，纳税人可按月汇总应纳税凭证的金额，按汇总金额计算缴纳印花税。汇总申报缴纳的期限不得超过一个月。采用按期汇总申报缴纳方式的，一年内不得改变。

四、印花税的法律责任

纳税人有下列行为之一的，由税务机关根据情节轻重，予以处罚：

（1）纳税人在应纳税凭证上未贴或者少贴印花税票的，税务机关除责令其补贴印花税票外，可处以应补贴印花税票金额20倍以下的罚款。

（2）纳税人已粘贴在应纳税凭证上的印花税票未注销或未划销的，税务机关可处以未注销或者划销印花税票金额10倍以下的罚款。

（3）纳税人已粘贴在应纳税凭证上的印花税票未注销而揭下重用的，税务机关可处以重用印花税票金额30倍以下的罚款。

（4）纳税人以汇缴的方式按期缴纳印花税的，超过纳税期限未交、少交税款的，由税务机关追缴其未交或少交的税款、滞纳金，并处以未交或少交税款50%以上5倍以下的罚款；情节严重的，同时撤销其汇缴许可证。

（5）纳税人以汇总方式缴纳印花税的凭证，未加注税务机关指定的汇缴戳记、未按编号装订成册、未将已贴印花或缴款书的一联粘附册后、未按规定盖章注销、未按规定期限保管备查的，由税务机关责令限期改正，可处以2 000元以下的罚款；情节严重的，处以2 000元以上1万元以下的罚款。

（6）纳税人伪造印花税票的，由税务机关提请司法机关依法追究刑事责任。

第八章

企业所得税实务

第一节　企业所得税的纳税人与纳税义务

企业所得税是对企业的所得征收的一种税。根据《中华人民共和国企业所得税法》(以下简称《企业所得税法》)第一条的规定，在中华人民共和国境内的企业和其他取得收入的组织（统称企业），为企业所得税的纳税义务人，应依法缴纳企业所得税。按照国际通行做法，《中华人民共和国企业所得税法》分别采用“注册登记地”和“控制与管理中心”两个复合标准，将企业所得税纳税人划分为居民企业纳税人与非居民企业纳税人，并分别赋予不同的纳税义务。

一、居民企业纳税人与纳税义务

（一）居民企业纳税人的标准

根据《中华人民共和国企业所得税法》第二条的规定，依法在中国境内成立，或者依照外国（地区）法律成立但实际管理机构在中国境内的企业为居民企业。但不包括依法在中国境内成立的个人独资企业和合伙企业。

1.依法在中国境内成立的居民企业纳税人

依法在中国境内成立的企业，同时具备以下两个基本条件的，为居民企业纳税人：一是依据中国法律、法规成立，这是居民企业成立的法律依据；二是在中国境内成立，这是居民企业成立的地域范围。

依法在中国境内成立的居民企业是《企业所得税法》的主要适用对象。依法在中国境内成立的其他取得收入的组织属于居民企业纳税人，主要包括：依据《事业单位登记管理暂行条例》的规定成立的事业单位；依据《社会团体登记管理条例》的规定成立的社会团体；依据《民办非企业单位登记管理暂行条例》的规定成立的民办非企业单位；依据《基金会登记管理条例》的规定成立的基金会；依据《外国商会管理暂行规定》的规定成立的外国商会；依据《中华人民共和国农民专业合作社法》的规定成立的农民专业合作社等取得收入的其他组织。

依法在中国境内成立的个人独资企业和合伙企业，不是企业所得税纳税人，不缴纳企业所得税。原因是：个人独资企业依照《中华人民共和国个人独资企业法》在中国境内设立的经济实体，企业本身没有独立的财产和所得，财产为投资人个人所有，出资人的生产经营所得本质上属于个人所得，投资人以其个人财产对企业的债务承担无限连带责任，属于非法人企业。因而，对其生产经营所得，不征收企业所得税，而应比照个体工商户依法缴纳个人所得税。合伙企业是自然人、法人和其他组织依照《中华人民共和国合伙企业法》在中国境内设立的由两个或两个以上的个人联合经营的企业，由各合伙人订立合伙协议，共同出资、合伙经营、共享收益、共担风险，企业本身没有独立财产和所得，属于非法人企业。所以，合伙企业不缴纳企业所得税，而是以每一个合伙人为纳税义务人，就其各自分得的所得分别纳税。其中，合伙人是自然人的，缴纳个人所得税；合伙人是法人和其他组织的，缴纳企业所得税。

2.依据外国法律成立的居民企业纳税人

依照外国法律成立的企业，同时具备以下两个基本条件的，为居民企业纳税人：一是依据外国（地区）的法律法规成立；二是在中国境外成立，但实际管理机构在中国境内。实际管理机构是指对企业的生产经营、人员、账务、财产等实施实质性全面管理和控制的机构。

（二）居民企业纳税人的纳税义务

依据居民税收管辖权原则，居民企业纳税人承担无限纳税义务。无限纳税义务，亦称“全面纳税义务”，是指纳税人就其来源于全球范围内的所得对其所在国负有纳税义务，即纳税人不仅就其来源于境内所得承担纳税义务，对其来源于境外所得也要承担纳税义务。根据《企业所得税法》的规定，居民企业承担无限纳税义务，就其来源于中国境内和境外的全部收入所得依法缴纳企业所得税。

二、非居民企业纳税人与纳税义务

（一）非居民企业纳税人的标准

非居民企业纳税人是与居民企业纳税人相对应的概念。根据《企业所得税法》的规定，非居民企业是指依照外国（地区）法律成立且实际管理机构不在中国境内，但在中国境内设立机构、场所的，或者在中国境内未设立机构、场所，但有来源于中国境内所得的企业及其他取得收入的组织。非居民企业纳税人包括以下两种情况：

1.在中国境内设立机构、场所的非居民企业纳税人

依照外国（地区）法律成立，且实际管理机构不在中国境内，但在中国境内设立机构、场所的企业及其他取得收入的组织，认定为非居民企业纳税人。在中国境内设立机构、场所，是指在中国境内设立从事生产经营活动的机构、场所及其他从事生产经营活动的机构、场所。

非居民企业纳税人应同时满足以下三个条件：一是依照外国（地区）法律成立；二是实际管理机构不在中国境内；三是在中国境内设立机构、场所，或是在中国境内未设立机构、场所，但有来源于中国境内所得。

设立机构，是指设立管理机构、营业机构、办事机构。其中，管理机构是指对企业生产经营活动进行管理决策的机构；营业机构是指企业开展日常生产经营活动的固定场所，如商场等；办事机构是指企业在当地设立的从事联络和宣传等活动的

机构，如外国企业在中国设立的代表处等。

设立场所，是指设立农场、工厂，以及开采自然资源的场所、提供劳务的场所、工程作业的场所等。其中，农场是指从事农、林、牧、渔业等农业生产经营活动的场所；工厂是指工业企业的生产厂房、车间所在地；开采自然资源的场所主要是指采掘业的生产经营活动场所，如采矿场所、采油场所等；提供劳务的场所包括从事交通运输、仓储租赁、咨询经纪、科学研究、技术服务、教育培训、餐饮住宿、中介代理、旅游、娱乐、加工以及其他劳务服务活动的场所；工程作业的场所包括从事建筑、安装、装配、修理、勘探等工程作业的场所，如建筑工地、港口码头、地质勘探场地等。

2.视同在中国境内设立机构、场所的非居民企业纳税人

根据国际惯例，对非居民企业委托营业代理人在中国境内从事生产经营活动的，包括委托单位和个人经常代其签订合同，或者储存、交付货物等，视同在中国境内设立机构、场所，认定为非居民企业纳税人。

视同在中国境内设立机构、场所的营业代理人，应同时具备以下三个条件：

一是受托的营业代理人必须与外国企业签订委托代理类协议，受托方包括中国境内的单位和个人；二是代理活动必须是经常性的行为，而不是偶然发生的或是短期发生的行为；三是进行了具体的代理活动，包括代表委托人与他人签订协议或者合同、储存属于委托人的产品或者商品、代表委托人向他人交付其产品或者商品。

只要上述代理活动经常性发生了，即使营业代理人和委托人之间没有签订书面的委托代理合同，也应认定其存在法律上的代理人和被代理人的关系。

（二）非居民企业纳税人的纳税义务

非居民企业承担有限纳税义务。有限纳税义务是无限纳税义务的对称，指纳税人只就其来源国的所得向所得来源国负有纳税义务。非居民企业承担有限纳税义务，是指按照属地原则确立的税收管辖权。在实行地域管辖权国家里，所考虑的不是收入者的居住地（即纳税人的身份），而是以纳税人的收入来源地为依据确定是否征税。它一般只对跨国纳税人来自本国境内的收入所得行使税收管辖权，而对跨国纳税人来源于国境以外的收入不征税。

根据《企业所得税法》的规定，在中国境内设立机构、场所的非居民企业，其来源于中国境内的所得，以及发生在中国境外但与其设在中国境内的机构、场所有实际联系的所得，应依法缴纳企业所得税；在中国境内未设立机构、场所，或者虽设立机构、场所但取得的所得与其所设机构、场所没有实际联系的企业，仅就其来源于中国境内的所得依法缴纳企业所得税。在中国香港特别行政区、澳门特别行政区以及中国台湾地区登记注册的企业，视同非居民企业，仅就其来源于中国内地（大陆）的所得缴纳企业所得税。

（三）企业所得税的源泉扣缴义务人

（1）非居民企业在中国境内未设立机构、场所的，或者虽设立机构、场所但取得的所得与其所设机构、场所没有实际联系的，应当就其来源于中国境内的所得缴

纳企业所得税，并实行源泉扣缴法，以支付人为扣缴义务人。税款由扣缴义务人在每次支付或者到期应支付时，从支付或者到期应支付的款项中扣缴。

（2）对非居民企业在中国境内取得工程作业和劳务所得应缴纳的所得税，税务机关可以指定工程价款或者劳务费的支付人为扣缴义务人。

以上两种情况的扣缴义务人未依法扣缴或者无法履行扣缴义务的，由纳税人在所得发生地缴纳。纳税人未依法缴纳的，税务机关可以从该纳税人在中国境内其他收入项目的支付人应付的款项中，追缴该纳税人的应纳税款。

扣缴义务人每次代扣的税款，应当自代扣之日起7日内缴入国库，并向所在地的税务机关报送扣缴企业所得税报告表。

三、非境内注册居民企业的纳税义务与扣缴义务

（一）非境内注册居民企业的纳税义务

非境内注册居民企业亦称境外注册中资控股企业，简称非境内注册居民企业，是指由中国内地（大陆）企业或者企业集团作为主要控股投资者，在中国内地（大陆）以外国家或地区（含中国香港、澳门、台湾）注册成立的企业。因其实际管理机构在中国境内而被认定为中国居民企业，而又是在境外注册的中资控股企业，所以称为非境内注册居民企业。非境内注册居民企业，应当按照《企业所得税法》及其实施条例和相关管理规定，履行居民企业所得税纳税义务。

非境内注册居民企业应当自收到居民身份认定书之日起30日内向主管税务机关提供以下资料申报办理税务登记：①居民身份认定书；②境外注册登记证件；③税务机关要求提供的其他资料。非境内注册居民企业经税务总局确认终止居民身份的，应当自收到主管税务机关书面通知之日起15日内向主管税务机关申报办理注销税务登记。履行扣缴义务的非境内注册居民企业，应当自扣缴义务发生之日起30日内，向主管税务机关申报办理扣缴税款登记。

非境内注册居民企业按照分季预缴、年度汇算清缴方法申报缴纳所得税。若发生终止生产经营或者居民身份变化情形的，应当自停止生产经营之日或者税务总局取消其居民企业之日起60日内，向其主管税务机关办理当期企业所得税汇算清缴。非境内注册居民企业需要申报办理注销税务登记的，应在注销税务登记前，就其清算所得向主管税务机关申报缴纳企业所得税。非境内注册居民企业应当以人民币计算缴纳企业所得税；所得以人民币以外的货币计算的，应当按照《企业所得税法》及其实施条例有关规定折合成人民币计算并缴纳企业所得税。

（二）非境内注册居民企业的扣缴义务

非境内注册居民企业应在向非居民企业支付《企业所得税法》第三条第三款规定的款项时，依法代扣代缴企业所得税（预提所得税），税率为20%，减按10%征收。《企业所得税法》第三条第三款规定的款项，是指“在中国境内未设立机构、场所的，或者虽设立机构、场所但取得的所得与其所设机构、场所没有实际联系的，应当就其来源于中国境内的所得缴纳企业所得税”。

第二节　企业所得税的征收对象和应纳税所得额

一、企业所得税征收对象与所得来源地的判定

企业所得税以企业取得的各项所得为征税对象。从理论上讲，课税所得一般应符合三个条件：一是课税所得必须是国家法律所允许并受法律保护的合法来源所得；二是课税所得一般是从收入额中扣除相关成本费用后的净收入或称纯收益；三是课税所得必须是能增加纳税人赋税能力的所得。根据《企业所得税法》的规定，企业所得税的应税所得包括销售货物所得、提供劳务所得、转让财产所得、股息及红利等权益性投资所得、利息所得、租金所得、特许权使用费所得、接受捐赠所得和其他所得等。由于居民企业和非居民企业的纳税义务不同，因而对企业来源于中国境内、境外的所得要进行收入来源地的判定。

（一）销售货物所得及来源地的判定

销售货物是指有偿转让货物的所有权，能从购买方取得货币、货物或其他经济利益。企业销售货物所得，包括销售商品、产品、原材料、包装物、低值易耗品以及其他存货取得的所得。

企业销售货物所得以交易活动发生地为所得来源地的判断标准。交易活动发生地在境内的，属于来源于境内的所得；交易活动发生地在境外的，属于来源于境外的所得。

（二）提供劳务和服务所得及来源地的判定

提供劳务和服务所得，是指企业从事建筑安装、修理修配、交通运输、仓储租赁、金融保险、邮电通信、咨询经纪、文化体育、科学研究、技术服务、教育培训、餐饮住宿、中介代理、卫生保健、社区服务、旅游、娱乐、加工以及其他服务活动取得的所得。

企业提供劳务和服务所得以劳务服务发生地为判断标准。所提供劳务服务行为发生地在境内的，属于来源于境内所得；所提供劳务服务行为发生地在境外的，属于来源于境外所得。例如，境外机构为中国境内居民提供保险服务，向境内居民收取的保险费，应认定为来源于中国境内所得。

（三）转让财产所得及来源地的判定

财产是指拥有的金钱、物资、房屋、土地等物质财富，大体上包括三种类型：动产、不动产和知识财产（即知识产权）。其中，动产和不动产属于有形财产，知识产权属于无形财产。财产所有人（包括自然人和法人）依法对自己的财产享有占有、使用、收益和处分的权利。根据《企业所得税法》的规定，转让财产所得是指企业转让固定资产、生物资产、无形资产、股权、债权等财产所有权而取得的所得。企业有偿转让固定资产、无形资产以及其他财产的，以转让资产的收入减去转让资产净值后的余额为应纳税所得额。计算公式如下：

转让财产所得=转让资产收入-转让资产净值

资产净值，是指转让资产的计税基础扣除已经按照规定计提的折旧、摊销、折耗等后的余额。如果企业不能提供财产取得或持有时的支出及税前扣除情况的有效凭证，税务机关有权采用合理的方法估定其资产净值。

企业转让财产所得的来源地，分别按以下标准判定：

（1）不动产转让所得，按照不动产所在地确定。转让的不动产在中国境内的，其转让所得判定为来源于中国的所得；若企业转让的不动产在中国境外，其转让所得判定为来源于境外所得。

（2）动产转让所得，按照转让动产的企业或者机构、场所所在地确定。如中国居民企业将境内一项大型专用设备转让给境外一家企业，其取得的财产转让所得属于来源于中国境内所得。企业持有的交易性金融资产在境内进行处置（出售、转让等）时，以处置交易性金融资产实际收到的价款减去购买成本（初始价值）之后的余额为应纳税所得额，并确认为来源于中国境内所得。

（3）权益性投资资产转让所得，按照被投资企业所在地确定。股权投资转让所得，是指转让股权投资所取得的收入减除股权投资成本后的余额。例如，境外企业转让其购买的由中国居民企业发行的股票所取得的股权投资转让所得，属于来源于中国境内的所得。

（四）权益性投资所得及来源地的判定

权益性投资是指为获取其他企业的权益或净资产所进行的投资。权益性投资所得是指企业因权益性投资从被投资方取得的股息、红利等投资收益所得。其中，股息是指投资者（股东）定期按一定的比率从被投资企业分取的盈利；红利则是指被投资企业分派股息之后按持股比例向投资者（股东）股东分配的剩余利润。

根据《企业所得税法》的规定，企业取得的股息、红利等权益性投资所得，以被投资企业所在地为所得来源地。企业因购买被投资方的股票而产生的股息、红利，是被投资方向投资方企业支付的投资回报，所以，以被投资方所在地作为所得来源地。

（五）利息、租金、特许权使用费所得及来源地的判定

利息所得，是指企业将资金提供他人使用但不构成权益性投资，或者因他人占用本企业资金取得的所得，包括存款利息、贷款利息、债券利息、欠款利息等所得。租金所得，是指企业出让资产使用权而取得的报酬，包括企业提供固定资产、包装物或者其他资产的使用权而取得的所得。特许权使用费所得，是指企业提供专利权、非专利技术、商标权、著作权以及其他特许权的使用权而取得的所得。

利息、租金和特许权使用费是企业借贷、出租和提供特许权的使用权而获得的收益，从理论上讲可以按照提供方（贷款人、出租方、提供方）所在地确认所得来源地，也可以按照使用方（借款人、承租人、使用方）所在地确认所得来源地。税法采取后者标准。根据《企业所得税法》的规定，利息所得、租金所得、特许权使

用费所得，按照负担、支付所得的企业或者机构、场所所在地确定所得来源地，或者按照负担、支付所得的个人的住所地确定所得来源地。

（六）接受捐赠所得及来源地的判定

捐赠是指无偿赠与，即没有索求地把有价值的东西给予别人。企业接受捐赠所得，属于企业所得税的征收对象。根据《企业所得税法》的规定，接受捐赠所得是指企业（受赠人）接受来自其他企业、组织或者个人无偿给予的货币性资产，以及无偿给予的非货币性资产按公允价值确定的收入所得。接受捐赠所得，以受赠企业所在地为所得来源地，并按实际收到捐赠资产的日期确认收入实现。

此外，《企业所得税法》规定的其他所得，是指除上述所得外，尚未穷尽列举的其他种类的所得（属于兜底条款）。其他所得包括企业资产盈余所得、逾期未还包装物押金所得、确实无法偿付的应付款项、已作坏账损失处理后又收回的应收款项、债务重组所得、补贴所得、违约金所得、汇兑收益等。在会计上，其他所得通过“营业外收入”科目核算。其他所得的来源地由国务院财政、税务主管部门确定。

二、应纳税所得额的法定含义和收入实现的确认

（一）企业所得税应纳税所得额的法定含义

企业所得税应纳税所得额也称计税所得，是企业所得税的计税基础。应纳税所得额不同于企业的利润总额。应纳税所得额是《企业所得税法》上的概念，而利润总额是会计上的概念。根据《企业所得税法》的规定，企业所得税应纳税所得额，是指企业每一纳税年度的收入总额扣除税法规定的不征税收入、免税收入、准予扣除成本费用支出额和允许弥补以前年度亏损后的余额。

计算应纳税所得额的逻辑是：首先，依法计算收入总额，即将企业在纳税年度内取得的各项收入汇总，这是计算应纳税所得额的基础。收入总额包括企业在纳税年度内实际取得的销售货物收入、提供劳务收入、转让财产收入、股息及红利等权益性投资收益、利息收入、租金收入、特许权使用费收入、接受捐赠收入、不征税收入、免税收入、其他收入，以及按照税法规定确认的视同销售收入等。企业以非货币形式取得的收入，包括企业以存货、固定资产、生物资产、无形资产、股权投资、债权投资、劳务以及有关权益等非货币形式取得的收入，应按照税法规定确认的金额计入收入总额。企业债务被债权人豁免的，相应债务消除，相当于企业获得了一笔收入，应计入收入总额。

其次，依据《企业所得税法》的规定，分别确认不征税收入、免税收入、准予扣除成本费用支出以及允许弥补以前年度亏损等的金额，并逐项从收入总额中扣除，其余额即为应纳税所得额。

以上所称纳税年度，是指按照税法规定纳税人计算企业所得税应纳税所得额的起止期限。企业所得税的纳税年度为1月1日起至12月31日止的公历年度，与会计年度、财政年度是一致的。如果纳税人在一个纳税年度的中间开业，或者由于改组、合并、破产关闭等使该纳税年度的实际经营期限不足12个月的，应当以其实际经营期限为一个纳税年度。纳税人清算时，应当以清算期间作为一个纳税年度。

（二）企业在纳税年度内取得各种收入实现的确认

企业在纳税年度内取得各种收入，应遵循权责发生制原则和实质重于形式原则确认收入的实现。根据权责发生制原则，凡是企业当期已实现的收入，无论款项是否收到，都应当确认为当期的收入；凡是不属于当期的收入，即使款项已经收到，也不应当确认为当期的收入。实质重于形式的原则是指企业应当按照交易或事项的经济实质进行会计核算，而不应当仅仅以它们的法律形式作为会计核算的依据。实质重于形式的原则是作为权责发生制原则的补充。例如，根据税法规定，企业接受捐赠不以签订的捐赠合同为确认收入的法律依据，而在实际收到捐赠资产时确认收入。再如，企业采取融资租赁方式而租入的设备，从法律形式上看，承租企业不拥有该项设备的所有权，但从经济实质上看，在承租期内承租企业能够控制该项设备创造的未来经济利益并承担持有该设备的一切风险。所以，按照实质重于形式的原则，将该项设备视同企业自有固定资产计价入账，同时确认相应的负债。

1.商品销售收入实现的确认

（1）商品销售收入实现条件的确认。遵循权责发生制原则和实质重于形式原则，企业销售商品同时满足下列条件的，应确认收入的实现：

一是商品销售合同已经签订，企业已将与商品所有权相关的主要风险和报酬转移给购货方。

二是企业对已售出的商品既没有保留通常与所有权相联系的继续管理权，也没有实施有效控制。

三是收入的金额能够可靠地计量。

四是已发生或将发生的销售方的成本能够可靠地核算。

（2）商品销售收入实现时间的确认。采取下列商品销售方式的，应按以下规定确认收入实现时间：

一是销售商品采用托收承付方式的，在办妥托收手续时确认收入。

二是销售商品采取预收款方式的，在发出商品时确认收入。

三是销售商品需要安装和检验的，在购买方接受商品以及安装和检验完毕时确认收入，如果安装程序比较简单，可在发出商品时确认收入。

四是销售商品采用支付手续费方式委托代销的，在收到代销清单时确认收入。

（3）商品销售收入实现金额的确认。企业应当按照从购货方已收或应收的合同或协议价款来确认销售货物收入实现的金额。所称已收货物价款，包括实际已取得的货物价款和已取得索取价款证明的价款。取得索取价款凭据一般是指书面合同。企业采取售后回购、以旧换新、商业折扣、现金折扣、销售折让等其他销售方式销售货物的，应分别按以下规定确认收入额：

一是采用售后回购方式销售商品的，按销售商品的售价确认收入。回购的商品作为购进商品处理。有证据表明不符合销售收入确认条件的，如以销售商品方式进行融资，收到的款项应确认为负债，回购价格大于原售价的，差额应在回购期间确认为利息费用。

二是采用以旧换新方式销售商品的，应当按照销售商品收入确认条件确认收入，回收的商品作为购进商品处理。

三是企业为促进商品销售而在商品价格上给予的价格扣除（大批量购买优惠），属于商业折扣，应当按照扣除商业折扣后的金额确定销售商品收入金额（即在确认收入时，商业折扣准予从销售收入中扣除）。

四是债权人为鼓励债务人在规定的期限内付款而向债务人提供的债务扣除（提前付款优惠），属于现金折扣，应当按扣除现金折扣前的金额确定销售商品收入金额（即在确认收入时，现金折扣不允许从销售收入中扣除），现金折扣在实际发生时作为财务费用扣除。

五是企业因售出商品的质量不合格等而在售价上给的减让，属于销售折让；企业因售出商品质量、品种不符合要求等而发生的退货，属于销售退回；企业已经确认销售收入的售出商品发生销售折让和销售退回，应当在发生当期冲减当期销售商品收入。

2.非货币性资产交换和组合销售方式收入实现的确认

（1）非货币性资产交换收入实现的确认。企业发生的非货币性资产交换，是指交易双方主要以存货、固定资产、无形资产和长期股权投资等非货币性资产进行的交换。一般不涉及或只涉及少量的货币性资产（即补价）。非货币性资产交换必须同时满足以下两个条件才能作为收入进行确认：一是该项交换具有商业实质；二是换入资产或换出资产的公允价值能够可靠地计量。

实践中，非货币性资产交换的典型事例是以股权换股权（股权置换）、以债权换债权等，其所得是对方等价的资产。根据税法的规定，企业因销售货物或通过应税劳务而取得的非货币形式的收入，按公允价值确定实现的收入额。企业采取产品分成方式的，按分得产品的公允价值确定收入额。这是权责发生制原则的一个例外。

（2）采取组合销售方式收入实现的确认。企业以买一赠一等方式组合销售本企业商品的，不属于捐赠，应将总的销售金额按各项商品的公允价值的比例来分摊确认各项销售收入。

3.提供劳务服务收入实现的确认

企业提供劳务服务所取得的收入，包括企业从事建筑安装、修理修配、交通运输、仓储租赁、金融保险、邮电通信、咨询经纪、文化体育、科学研究、技术服务、教育培训、餐饮住宿、中介代理、卫生保健、社区服务、旅游、娱乐、加工以及其他劳务服务活动取得的收入。企业在各个纳税期期末，提供劳务交易的结果能够可靠估计的，应采用完工进度（完工百分比）法确认提供劳务收入。其中，提供劳务交易的结果能够可靠估计，是指同时满足下列条件：一是收入的金额能够可靠地计量；二是交易的完工进度能够可靠地确定；三是交易中已发生和将发生的成本能够可靠地核算。企业提供劳务完工进度，可选用已完工作的测量、已提供劳务占劳务总量的比例、发生成本占总成本的比例等方法进行确定。

（1）提供劳务服务收入实现时间的确认。企业提供劳务收入实现的时间，按照从接受劳务方已收或应收的合同或协议价款的时间确认收入实现的时间。提供下列劳务，满足收入确认条件的，按规定确认收入实现：

①安装费应根据安装完工进度确认收入。如果安装工作是商品销售附带条件的，其安装费在确认商品销售实现时确认收入。

②宣传媒介收费应在相关的广告或商业行为出现于公众面前时确认收入。广告制作费应根据制作广告的完工进度确认收入。

③为特定客户开发软件的收费，应根据开发的完工进度确认收入。

④包含在商品售价内可区分的服务费，在提供服务的期间分期确认收入。

⑤艺术表演、招待宴会和其他特殊活动的收费，应在相关活动发生时确认收入。收费涉及几项活动的，预收的款项应合理分配给每项活动，分别确认收入。

⑥申请入会或加入会员，只允许取得会籍，所有其他服务或商品都要另行收费的会员费，在取得该会员费时确认收入；申请入会或加入会员后，会员在会员期内不再付费就可得到各种服务或商品，或者以低于非会员的价格销售商品或提供服务的，该会员费应在整个受益期内分期确认收入。

⑦属于提供设备和其他有形资产的特许权使用费，在交付资产或转移资产所有权时确认收入；属于提供初始及后续服务的特许权费，在提供服务时确认收入。

⑧长期为客户提供重复的劳务收取的劳务费，在相关劳务活动发生时确认收入。

（2）提供劳务服务收入实现金额的确认。企业应按照从接受劳务方已收或应收的合同或协议价款确定劳务收入总额，根据纳税期期末提供劳务收入总额乘以完工进度扣除以前纳税年度累计已确认提供劳务收入后的金额，确认为当期劳务收入。对于企业以非货币形式取得的收入，应当按照市场的公允价值确认收入额，使其具有客观性和公平性。所称公允价值，是指在公平交易中，熟悉情况的交易双方自愿进行资产交换或者债务清偿的金额。

企业从事建筑、安装、装配工程业务或者提供劳务的持续时间超过12个月的（如企业受托加工制造大型机械设备、船舶、飞机等持续时间往往超过12个月），应采用完工进度（完工百分比）法确认本期提供劳务收入应实现的收入。完工进度可以选用“已完工作的测量”、“已经提供的劳务占应提供劳务总量的比重”和“已经发生的成本占估计总成本的比重”等方法来计算。按“完工进度”确定本期劳务收入的具体步骤：在纳税年度结束时，按照提供劳务收入总额乘以完工进度，确定本年度实际完成应取得的劳务收入，再从中扣除以前会计期间累计已确认提供劳务收入，以其扣除后的金额确认为当期提供的劳务收入。计算公式如下：

本期应结转收入=劳务收入总额×完工进度−累计已确认收入

同时，应结转当期劳务成本。方法是：按照提供劳务估计总成本乘以完工进度，再从中扣除以前会计期间累计已确认的劳务成本金额，其余额为当期应结转的劳务成本。计算公式如下：

本期应结转成本=提供劳务估计总成本×完工进度-累计已确认成本

如果企业提供劳务不能按照纳税年度内完工进度或者完成的工作量确认收入的，应当分别按照下列情况进行处理：

一是若已经发生的劳务成本预计能够得到补偿的，按照已经发生的劳务成本金额确认提供劳务收入，并按相同金额结转劳务成本。

二是若已经发生的劳务成本预计不能够得到补偿的，可暂不确认提供劳务收入，但也不得将已经发生的劳务成本计入当期损益，待已经发生的劳务成本确定不能得到补偿时，再经主管税务机关核定作为损失扣除。

4.转让财产等项收入实现的确认

企业取得的转让财产收入、租金收入、特许权使用费收入、股息及红利收入、利息收入、接受捐赠收入及其他等项收入的实现，分别按以下方法确认：

（1）转让财产收入的确认。转让财产收入包括企业转让固定资产、生物资产、无形资产、股权、债权等财产取得的收入。企业取得转让财产的收入，同时满足以下三个条件的，应当确认为收入实现：一是企业获得已实现经济利益或潜在的经济利益的控制权；二是与交易相关的经济利益能够流入企业；三是相关的收入和成本能够合理地计量。

企业转让财产收入的金额，应当按照财产转让方从财产受让方已收或应收的合同或协议价款来确定。

生物资产是指企业拥有的有生命的动植物资产，包括消耗性生物资产、生产性生物资产和公益性生物资产。企业转让生物资产的收入，应计入收入总额。

无形资产是指企业拥有或者控制的没有实物形态的非货币性资产，只有在单独或者与相关合同、资产或负债一起用于出售、转移、授予许可、租赁或者交换时，才能实现其经济价值。无形资产主要包括知识产权和企业商誉两大类。知识产权是指受法律保护的智力成果，包括专利权、商标权和著作权（版权）以及非专利技术等。知识产权除了以特许权使用的方式授予他人使用外，还可以依法转让，改变其权利主体，为出让人带来收入。商誉是指企业长期生产经营积累的良好声誉和信用，可折价作为财产出资入股或者转让、出租给他人以及为他人提供担保。

股权是指企业因投资其他企业而享有的以其出资额（认购股份）为限的收益分配和参与经营决策的权利。股权既有财产权的性质，也有表决权、人身权的性质，但其投资收益是主要目的，因此可以作为财产转让，转让股权的收入应计入收入总额。

债权是指特定的当事人之间依据合同约定或者法律规定而发生的特定权利义务关系。债包括合同之债、侵权之债、不当得利之债、无因管理之债等，而债权是基于债的关系而产生的对特定相对人的财产等请求权。债权还可以通过债券的形式表现，由特定主体发行的、约定在一定期限内还本付息的有价证券，包括国债、企业债券、公司债券、金融债券等。债券提高了债权的流通性，极大地方便了债权通过转让实现其经济价值，因而企业转让债权的收入应计入收入总额。

(2) 租金收入的确认。根据《企业所得税法》第六条的规定，计入收入总额的租金收入，包括企业提供固定资产、包装物或者其他有形资产的使用权取得的收入。

租金收入应按照合同约定的承租人应付租金的日期确认收入的实现。承租人应当按照租赁合同约定的租金支付时间履行支付租金的义务，因为自合同约定支付租金之日起，该笔租金在法律上就属于出租人所有。租金收入金额应当按照有关租赁合同或协议约定的金额全额确定收入额。

(3) 特许权使用费收入的确认。特许权是指特许人授予受许人的某种权利，受许人可以在约定的条件下使用这种权利。特许权使用费收入应当按照合同约定的特许权使用人应付特许权使用费的日期确认收入的实现。这样处理，可使特许权使用费收入与许可他人使用该特许权所付出的成本和费用在此期间内相互对应，从而反映出企业收入的真实成本，便于计算应纳税所得额。特许权使用费收入金额，应当按照有关使用合同或协议约定的金额全额确定。

(4) 股息、红利收入的确认。股息、红利收入是企业为取得对另一企业净资产的所有权而进行股权投资的权益性投资收益。从被投资企业来看，股息、红利是企业经营利润中用于分配给股东的投资回报；从投资企业来看，股息、红利是企业所取得的权益性投资收益。股息与红利又存在区别：股息是指按投资者所持股份的固定比例分配的利润；红利是指按剩余利润的多少进行的分红。从分配形式上看，股息、红利可分为现金股利和股票股利。现金股利又称派股，是指企业以现金形式分配给股东的股利；股票股利又称送红股，是指企业以增发股份的方式代替现金方式向股东派息，以保证股东所分配的利润能够继续用于企业投资。

(5) 企业取得的各种形式的利息收入属于债权性投资收益，应计入企业收入总额。根据《企业所得税法》第六条的规定，利息收入包括存款利息、贷款利息、债券利息、欠款利息等收入。利息收入，按照合同约定的债务人应付利息的日期确认收入的实现。

(6) 接受捐赠收入的确认。捐赠是无偿给予的资产，基本特征在于它的无偿性。根据《企业所得税法》的规定，企业接受捐赠的收入应计入收入总额计征所得税。在很多情况下，捐赠不存在收入与成本相互对应的问题，因而不需要采取权责发生制原则，而是按照收付实现制原则来确认收入的实现。企业接受捐赠的货币性资产，按实际收到的金额确认收入金额；企业接受捐赠的非货币性资产，按照捐赠资产的公允价值确定收入金额。

(7) 企业取得的其他收入，是指除上述收入之外的收入，如企业资产溢余收入、逾期未退包装物押金收入、确实无法偿付的应付款项、损失收回的收入、债务重组收入（债权人对债务人的偿债义务做出一定程度的让步）、财政性补贴收入、违约金收入、汇兑收益等。企业取得的其他收入，一般按本期的实际发生额确认收入。

5.视同销售确认收入的原则

企业将货物、财产、劳务用于捐赠、偿债、赞助、集资、广告、样品、职工福利和利润分配等用途的，属于视同销售行为，应按规定计算缴纳增值税、消费税（限于应税消费品）、资源税（限于应税资源）等。但在计算企业所得税应纳税所得额时是否确认收入，分别按以下原则处理：

（1）资产所有权属未发生转移的，不确认企业所得税的应税收入。

根据国家税务总局《关于企业处置资产所得税处理问题的通知》（国税函〔2008〕828号文件）的规定，货物在同一法人实体内部之间的转移，不再作为视同销售处理，即企业发生的处置资产（除将资产转移至境外以外），如果资产所有权属在形式和实质上均不发生改变，可作为内部处置资产，不视同销售确认收入，相关资产的计税基础延续计算。

内部处置资产是指：①将资产用于生产、制造、加工另一产品；②改变资产形状、结构或性能；③改变资产用途（如自建商品房转为自用或经营）；④将资产在总机构及其分支机构之间转移；⑤上述两种或两种以上情形的混合；⑥其他不改变资产所有权属的用途。

（2）资产所有权属发生转移的，确认企业所得税的应税收入。

如果企业改变资产所有权属的，应视同销售处理并确认企业所得税的应税收入。以下6种情况应视同销售处理，确认企业所得税的应税收入：

①企业将资产用于市场推广或销售；

②企业将资产用于交际应酬；

③企业将资产用于职工奖励或福利；

④企业将资产用于股息分配；

⑤企业将资产用于对外捐赠；

⑥其他改变资产所有权属的用途。

视同销售的收入金额按以下方法确认：

①自制资产视同销售的，按企业同类资产同期对外销售价格确认；

②外购资产视同销售的，可按照购入价格确认。

三、准予从收入总额中扣除的收入和成本费用项目

根据《企业所得税法》的规定，在计算企业所得税应纳税所得额时，准予从收入总额中扣除的项目，包括不征税收入、免税收入、准予扣除成本费用支出和允许弥补以前年度亏损等项目。

（一）从收入总额中扣除的不征税收入

不征税收入是指按照《企业所得税法》的规定不予征税的收入，它不属于企业所得税的征收对象，不包括在征税范围之内。因此，应从收入总额中扣除。根据《企业所得税法》的规定，不征税收入包括企业取得的财政拨款（财政资金）、行政事业性收费、政府性基金及其他不征税收入。

1.财政拨款

财政拨款，是指各级政府对纳入预算管理的事业单位、社会团体等组织拨付的财政资金。根据财政部、国家税务总局《关于专项用途财政性资金企业所得税处理问题的通知》（财税〔2011〕70号文件）的规定，企业从县级以上各级人民政府财政部门及其他部门取得的财政性资金，凡同时符合以下条件的，可以作为不征税收入，在计算应纳税所得额时从收入总额中减除：

一是企业能够提供规定资金专项用途的资金拨付文件；

二是财政部门或其他拨付资金的政府部门对该资金有专门的资金管理办法或具体管理要求；

三是企业对该资金以及以该资金发生的支出单独进行核算。

2.行政事业性收费

行政事业性收费，是指企业根据法律、法规等有关规定，依照国务院规定程序批准，在实施社会公共管理，以及在向公民、法人或者其他组织提供特定公共服务的过程中，向特定对象收取并纳入财政管理的费用，如鉴定类收费、考试类收费、培训类收费、高等教育收取的学费等。事业单位因提供服务收取的经营服务性收费不属于行政事业性收费。

3.政府性基金

根据财政部《政府性基金管理暂行办法》（财综〔2010〕80号文件）的规定，政府性基金，是指各级人民政府及其所属部门根据法律、行政法规和中共中央、国务院文件规定，为支持特定公共基础设施建设和公共事业发展，向公民、法人和其他组织无偿征收的具有专项用途的财政资金。政府性基金实行中央一级审批制度，遵循统一领导、分级管理的原则。政府性基金属于政府非税收入，全额纳入财政预算管理。

4.其他不征税收入

其他不征税收入，是指企业取得的由国务院财政、税务主管部门报国务院批准的有专门用途的财政性资金。例如，符合条件的软件企业取得的即征即退增值税款，由企业专项用于软件产品研发和扩大再生产并单独进行核算，可以作为不征税收入从收入总额中减除（财税〔2011〕100号文件）。

由于不征税收入准予从收入总额中扣除，因而不征税收入用于支出所形成的费用，不得在计算应纳税所得额时扣除；企业的不征税收入用于支出所形成的资产，其计算的折旧、摊销不得在计算应纳税所得额时扣除。

（二）从收入总额中扣除的免税收入

免税收入是指按照《企业所得税法》的规定免于征税的收入，包括国债利息收入，符合条件的居民企业之间的股息、红利等权益性投资收益和符合条件的非营利组织的收入。根据《企业所得税法》的规定，在计算企业所得税应纳税所得额时，准予从收入总额中扣除免税收入。

认扣除。其中，“除本条例和国务院财政、税务主管部门另有规定的除外”，意味着某些费用支出并不是以权责发生制为原则确认扣除。如企业参加财产保险，按照规定实际缴纳的保险费准予扣除，强调的是实际支付时确认扣除。

（2）配比性原则。在会计上，配比性原则是指某个会计期间或某个会计对象所取得的收入应与为取得该收入所发生的费用、成本相匹配，以正确计算在该会计期间、该会计主体所获得的净损益。收入与费用之间的配比方式主要有两种：一是根据收入与费用之间因果关系进行直接配比；二是根据收入与费用项目之间存在的时间上的一致关系进行间接配比。配比原则以权责发生制为基础，并与权责发生制共同作用来确定本期损益，最终受持续经营与会计分期两个前提的制约。税前扣除项目所遵循的配比原则与会计上的配比原则是一致的，即纳税人发生的费用支出应在应配比或应分配的当期申报扣除，不得提前或滞后申报扣除。

（3）相关性原则，是指纳税人可扣除的费用从性质和根源上必须与取得应税收入相关。根据《企业所得税法》的规定，企业实际发生的与取得收入有关的支出准予在税前扣除，这是相关性原则的要求。所称有关的支出是指与取得收入直接相关的支出，即企业实际发生的能直接带来经济利益（或可预期经济利益）流入的支出。例如，生产性企业为生产产品而购买原材料所支付的费用，服务性企业为收取服务费用而雇用员工所支付的费用等，属于能直接给企业带来现实经济利益的、与取得收入直接相关的支出。有些支出并不直接或者即时地表现为相应现实经济利益的流入，但是根据社会一般经验或者判断，如果这种支出所对应的收益是可预期的，那么这类支出就属于“与取得收入直接相关的支出”。例如，企业的广告费支出，虽然这些支出并不能即时地带来企业经济利益的流入，但是根据社会上对一般理性人的理解，这类广告将提高企业及其产品或者服务的知名度，提高其在消费者之间的认同度等，进而推动消费者购买它们的产品或者服务，提升或者加大企业的获利空间，因而属于与取得收入直接相关的支出。

（4）合理性原则，是建立在税前扣除真实性和合法性原则基础上的要求。所谓合理支出，是指符合经营活动常规应计入资产成本或当期损益的必要与正常的支出。符合经营活动常规的支出，应根据企业的性质、规模、业务范围、活动目的以及可预期效果等多种因素加以综合考虑与判断。

（5）划分收益性与资本性支出原则。企业发生的支出应当区分为收益性支出和资本性支出。收益性支出是指企业支出的效益仅及于本纳税年度的支出，即受益期不超过一年或一个营业周期的支出。资本性支出是指企业支出的效益及于本纳税年度和以后纳税年度的支出，即受益期超过一年或一个营业周期的支出。根据《企业所得税法》及其实施条例的规定，企业发生支出中确认为收益性支出的部分，在发生当期（纳税年度）直接扣除；企业发生的资本性支出不允许在税前一次性扣除。例如，企业为购置、建造固定资产、无形资产和经过12个月以上的建造才能达到预定可销售状态的存货而发生的借款费用，因为其受益期超过一年或一个营业周期，应作为资本性支出计入有关资产的成本。有关资产竣工结算并交付使用后或达到预定可销售状态后发生的借款费用，可在发生当期扣除。

（四）税前扣除的税金和资产损失支出

1.准予税前扣除的税金支出

根据《企业所得税法》第八条的规定，企业实际发生的除企业所得税和允许抵扣的增值税以外的与取得收入有关的各项税金及其附加，准予在税前扣除。各项税金及附加是指企业通过“税金及附加”科目核算的税金及附加，包括消费税、资源税、土地增值税、房产税、车船税、城镇土地使用税、印花税、城市维护建设税、教育费附加、地方教育附加和广告与娱乐业缴纳的文化事业建设费等。

企业缴纳的进口关税、耕地占用税、车辆购置税、契税、烟叶税等，如果不通过“税金及附加”科目核算，而是在会计上分别计入相关资产成本的，随同成本、折旧或费用摊销等方式得以在税前扣除的，不得重复扣除。

2.准予税前扣除的资产损失

根据《企业所得税法》第八条的规定，企业在生产经营活动中发生的各项损失，包括货币资产损失与非货币资产损失，准予在税前扣除。其中，货币资产损失包括现金损失、银行存款损失和应收及预付款项损失等；非货币资产损失包括存货损失、固定资产损失、无形资产损失、在建工程损失、生产性生物资产损失等。

弥补以前年度亏损的最长期限不得超过5年，在5年内仍未弥补完的，不再允许税前扣除。5年弥补期是连续的，在弥补期内又发生新的亏损，弥补期不得连续计算，对新的亏损应另行计算弥补期。如果企业有境外营业机构的，在汇总计算缴纳企业所得税时，其境外营业机构的亏损不得抵减境内营业机构的盈利。境外营业机构的亏损，以境外营业机构以后年度的盈利弥补，最长期限不得超过5年。

企业在境外同一国家（地区）设立不具有独立纳税地位的分支机构的亏损，不得抵减其境内或他国（地区）的应纳税所得额，但可以用同一国家（地区）其他项目或以后年度的所得弥补。

（五）不得在税前扣除的支出项目

根据《企业所得税法》第十条的规定，在计算应纳税所得额时，企业发生的以下各项支出不得在税前扣除：

（1）企业所得税税款、税收滞纳金、各种行政性罚款，不得在税前扣除。

企业所得税是国家参与企业利润分配的一种形式，所以企业缴纳的所得税税款不得在税前扣除。

税收滞纳金是按照税法的规定，对延误期限缴纳税款的纳税人所加收的款项。税收滞纳金是对违反税法的纳税人的一种经济制裁方式，因而不得在税前扣除。

企业缴纳的各种罚款、罚金以及被没收财物的损失，不得在税前扣除，应由违反法律、法规的责任主体自身承担。

（2）企业向投资者支付的股息、红利等权益性投资收益款项，属于税后利润分配，因而不得在税前扣除。

（3）超过规定标准的支出，不得在税前扣除。例如，对于公益性捐赠支出、职工福利费支出、职工教育费支出、工会经费支出等，《企业所得税法》都规定了支出标准，超过标准的支出部分，不得在税前扣除。

（4）未经核定的准备金支出，不得在税前扣除。会计核算上，基于资产的真实性和谨慎性原则考虑，对预计各项资产可能发生的损失，提取准备金，如原坏账准备金、存货跌价准备金、短期投资跌价准备金、长期投资减值准备金、风险准备金等。根据《企业所得税法》的规定，企业发生的未经核定的准备金支出，在计算应纳税所得额时不得扣除。只有在损失实际发生时，才允许在税前扣除。但对于一些特殊企业（如金融、保险企业等）提取的准备金，经国务院财政、税务主管部门核定的，准予在税前扣除。

（5）赞助支出以及与取得收入无关的其他支出，不得在税前扣除。赞助支出是指企业发生的与生产经营活动无关的各种非广告性质支出。与取得收入无关的其他支出，相当于一个“兜底条款”。

四、居民企业来源于境外所得的确认及亏损弥补

（一）居民企业来源于境外分支机构所得的确认

居民企业境外分支机构，是居民企业在境外投资设立不具有独立纳税地位的分支机构。居民企业来源境外分支机构所得，以境外收入总额扣除与取得境外收入有关的各项合理支出后的余额为应纳税所得额。由于分支机构不具有分配利润职能，所以居民企业在境外设立不具有独立纳税地位的分支机构取得的各项境外所得，无论是否汇回中国境内，均应当计入所属年度的企业应纳税所得额。

居民企业在确认境外分支机构应纳税所得额时，以境外收入总额扣除与取得境外收入有关的各项合理支出，必须符合《企业所得税法》的相关规定。根据《企业所得税法实施条例》第二十七条的规定，确定与取得境外收入有关的合理的支出，应主要考察发生支出的确认和分摊方法是否符合一般经营常规和我国税收法律规定的基本原则。境外分支机构合理支出范围通常包括境外分支机构发生的人员工资、资产折旧、利息、相关税费和应分摊的总机构用于管理分支机构的管理费用等。

以上所称不具有独立纳税地位，是指根据企业设立地法律不具有独立法人地位或者按照税收协定规定不认定为对方国家（地区）的税收居民。企业居民身份的判定，一般以国内法为准。如果一个企业同时被中国和其他国家认定为居民（即双重居民），应按中国与该国之间税收协定（或安排）的规定执行。不具有独立纳税地位的境外分支机构包括企业在境外设立的分公司、代表处、办事处、联络处，以及在境外提供劳务、被劳务发生地国家（地区）认定为负有企业所得税纳税义务的营业机构和场所等。

（二）居民企业来源于境外其他所得的确认

居民企业来源于境外的其他所得，包括股息、红利等权益性投资收益以及利息、租金、特许权使用费、转让财产收入等，应扣除按照《企业所得税法》及其实施条例等规定计算的与取得该项收入有关的各项合理支出后的余额为应纳税所得额。

居民企业来源于境外的股息、红利等权益性投资收益，应按被投资方作出利润分配决定的日期确认收入实现；来源于境外的利息、租金、特许权使用费、转让财产等收入，应按有关合同约定应付交易对价款的日期确认收入实现。从境外收到的股息、红利、利息等境外投资性所得一般表现为毛所得，应对在计算企业总所得额时已做统一扣除的成本费用中与境外所得有关的部分，在该境外所得中对应调整扣除后，才能作为计算境外税额抵免限额的境外应纳税所得额。

企业来源于境外的股息、红利等权益性投资收益所得，若实际收到所得的日期与境外被投资方作出利润分配决定的日期不在同一纳税年度的，应按被投资方作出利润分配日所在的纳税年度确认境外所得。企业来源于境外的利息、租金、特许权使用费、转让财产等收入，若未能在合同约定的付款日期当年收到上述所得，仍应按合同约定付款日期所属的纳税年度确认境外所得。

居民企业有来源于境外所得的，应以境内、境外的总额所得为应纳税所得额。其中，来源于境外所得如果是税后所得（在境外已被征预提所得税），应将其换算为税前所得再计入应纳税所得额总额。例如，某居民企业从境外应分得一笔股息，在境外被扣缴10%的预提所得税，实际所得22.5万元，企业汇总纳税应计入总所得额的股息收入=22.5÷（1-10%）=25（万元）。

（三）境内外所得发生的共同支出的分配

企业为取得境内、境外所得而在境内、境外发生的共同支出，与取得境外应税所得有关的、合理的部分，应在境内、境外（分国别（地区））应税所得之间，按照合理比例进行分摊后扣除。所称共同支出，是指与取得境外所得有关但未直接计入境外所得应纳税所得额的成本费用支出，通常包括未直接计入境外所得的营业费用、管理费用和财务费用等支出。

共同支出的分配，可按境外每一国别（地区）的数额占企业全部数额的比重来计算分摊，如资产比例、收入比例、员工工资支出比例、其他合理比例，也可以按几种比例的综合比例计算。①按资产比例要素分配的，需提供总机构、分支机构当年度的资产负债表；②按收入比例要素分配的，需提供总机构、分支机构当年度的利润表；③按员工工资支出比例要素分配的，需提供总机构、分支机构当年度的工资发放情况；④按其他合理比例要素分配的，需提供总机构、分支机构当年度按相关办法分配的有关数据的财务会计资料。

（四）境外分支机构亏损的弥补

企业在境外同一国家（地区）设立不具有独立纳税地位的分支机构，按照《企业所得税法》及其实施条例的有关规定计算的亏损，不得抵减其境内或他国（地区）的应纳税所得额，但可以用同一国家（地区）其他项目或以后年度的所得按规定弥补。对在不同国家的分支机构发生的亏损不得相互弥补，以避免出现同一笔亏损重复弥补等问题。

企业在同一纳税年度的境内外所得加总为正数的，其境外分支机构发生的亏损，由于上述结转弥补的限制而发生的未予弥补的部分（称为非实际亏损额），今后在该分支机构的结转弥补期限不受5年期限制。即：如果企业当期境内外所得盈利额与亏损额加总后和为零或正数，则其当年度境外分支机构的非实际亏损额可无限期向后结转弥补；如果企业当期境内外所得盈利额与亏损额加总后和为负数，则以境外分支机构的亏损额超过企业盈利额部分的实际亏损额，按《中华人民共和国企业所得税法》第十八条规定的期限进行亏损弥补，未超过企业盈利额部分的非实际亏损额仍可无限期向后结转弥补。

例如，中国居民A企业2017年度境内外净所得为160万元。其中，境内所得的应纳税所得额为300万元；设在甲国的分支机构当年度应纳税所得额为100万元；设在乙国的分支机构当年度应纳税所得额为-300万元；A企业当年度从乙国取得利息所得的应纳税所得额为60万元。调整计算该企业当年度境内、外所得的应纳税所得额如下：

A企业当年度境内外净所得为160万元，但依据境外亏损不得在境内或他国盈利中抵减的规定，其发生在乙国分支机构的当年度亏损额为300万元，仅可以用从该国取得的利息60万元弥补，未能弥补的非实际亏损额为240万元，不得从当年度企业其他盈利中弥补。因此，相应调整后A企业当年境内、境外应纳税所得额为：境内应纳税所得额300万元；甲国应纳税所得额=100万元；乙国应纳税所得额=-240万元；A企业当年度应纳税所得总额=400万元（300+100）。A企业当年度境外乙国未弥补的非实际亏损共240万元，允许A企业以其来自乙国以后年度的所得无限期结转弥补。

第三节　成本费用支出的税前扣除标准

一、工资支出税前扣除标准

根据《企业所得税法实施条例》第三十四条的规定，企业发生的合理的工资薪金支出，准予在税前据实扣除。

（一）工资薪金支出合理性的认定

根据国家税务总局发布的《关于企业工资薪金及职工福利费扣除问题的通知》（国税函〔2009〕3号）的规定，合理的工资薪金支出是指企业按照股东大会、董事会、薪酬委员会或相关管理机构制定的工资薪金制度规定，且实际发放给员工的工资薪金。税务机关可按以下原则对工资薪金的合理性进行确认：

一是企业制定了较为规范的员工工资薪金制度；

二是企业所制定的工资薪金制度符合行业及地区水平；

三是企业在一定时期所发放的工资薪金是相对固定的，工资薪金的调整是有序进行的；

四是企业对实际发放的工资薪金，已依法履行了代扣代缴个人所得税义务；

五是有关工资薪金的安排，不以减少或逃避税款为目的。

（二）工资薪金支出税前扣除范围

准予税前扣除的工资薪金支出包括纳税人每一纳税年度支付给在本企业任职或

与其有雇佣关系的员工的所有现金或非现金形式的劳动报酬，具体包括基本工资、奖金、津贴、补贴、年终加薪、加班工资，以及与任职或者受雇有关的其他支出。在本企业任职或与其有雇佣关系的员工，包括固定职工、合同工、临时工，但不包括应从提取的职工福利费中列支的医务室、职工浴室、理发室、幼儿园、托儿所人员和已领取养老保险金、失业救济金的离退休职工、下岗职工、待岗职工。

企业已列入本企业员工工资薪金制度、固定与工资薪金一起发放的福利性补贴，包括地区补贴、物价补贴和误餐补贴等支出，可作为企业发生的工资薪金支出，按规定在税前扣除。

企业在年度汇算清缴结束前（春节期间）向员工实际支付的上一年度年终奖或年薪，准予在汇缴年度企业所得税时税前扣除（国家税务总局公告2015年第34号）。

企业接受外部劳务派遣用工所实际发生的费用，应分两种情况在税前扣除：一是按照协议（合同）约定直接支付给劳务派遣公司的费用，应作为劳务费支出在税前扣除；二是直接支付给员工个人的费用，应作为工资薪金支出和职工福利费支出。其中属于工资薪金支出的费用，准予计入企业工资薪金总额，作为计算“五险一金”等其他各项相关费用扣除的依据（国家税务总局公告2015年第34号）。

企业实际发生的安置残疾人员的工资支出，实行加计扣除原则。根据《中华人民共和国企业所得税法实施条例》第九十六条的规定，企业安置的残疾人员，按照实际支付给残疾职工工资的100%在税前加计扣除，即在会计上仍按安置残疾人员实际发生的工资支出额进行核算，在年度纳税申报时按应加计扣除的工资调减应纳税所得额。如某企业安置残疾人员实际发生的工资支出额为100万元，年度纳税申报时加计扣除100万元，准予税前扣除额合计为200万元。

企业依照税法的规定按工资总额一定比例支付或拨付的职工福利费、职工教育经费和工会经费，以及根据中央或省级政府规定按工资总额一定比例支付或缴存的基本养老保险费、医疗保险费、失业保险费、工伤保险费、生育保险费等社会保障性缴款和住房公积金（简称五险一金），不计入工资薪金总额。

二、五险一金、三项费用税前扣除标准

（一）企业五险一金支出的税前扣除标准

企业按照工资总额的一定比例为本企业的员工缴纳基本养老保险费、基本医疗保险费、失业保险费、工伤保险费、生育保险费和职工住房公积金，统称为“五险一金”。其中，基本养老保险费、基本医疗保险费、失业保险费和职工住房公积金（简称“三险一金”），由企业和个人共同承担（但承担比例不同）；工伤保险费和生育保险费全部由企业缴费。由企业负担的部分，以工资总额为计算基数，按照省、自治区、直辖市人民政府规定的缴费比例计算并支付。就每个职工而言，以其个人每月的工资额为基数，按规定的缴费比例（负担率）计算。各省、自治区、直辖市人民政府规定的缴费比例不尽相同。例如，某省五险一金的缴存比例为：基本养老保险费个人缴费比例为8%，企业缴费比例为20%；基本医疗保险费个人缴费比例为2%，企业缴费比例为10%；失业保险费个人负担0.2%，企业负担1%；工伤保险费全部由企业负担，缴费比例为1%；生育保险费全部由企业负担，缴费比例为0.8%；职工住房公积金个人和企业分别负担的比例均为12%。

根据《企业所得税法》的规定，企业为其员工缴纳基本养老保险费、基本医疗保险费、失业保险费、工伤保险费、生育保险费和职工住房公积金，由企业负担的部分准予在税前扣除，但不能超过按省、自治区、直辖市人民政府规定的缴费比例支付的部分。超过规定标准由企业支付并由企业负担的部分，不得在税前扣除。其中，企业为职工支付的住房公积金超过工资总额12%的部分，要扣缴个人所得税。

（二）企业年金支出的税前扣除标准

年金，是指定期或不定期的时间内一系列的现金流入或流出。企业年金不是社会保险，也不是商业保险，而是一项福利制度，是一种激励性和补偿性制度安排，是社会保障体系的重要组成部分。根据《企业所得税法实施条例》第三十五条的规定，企业为投资者或者职工支付的补充养老保险费、补充医疗保险费（统称企业年金），在国务院财政、税务主管部门规定的范围和标准内，准予扣除。

根据财政部、国家税务总局《关于补充养老保险费、补充医疗保险费有关企业所得税政策问题的通知》（财税〔2009〕27号文件）的规定，企业根据国家有关政策的规定，为在本企业任职或者受雇的全体员工支付的补充养老保险费、补充医疗保险费，分别在不超过职工工资总额5%标准内的部分，准予在税前扣除；超过的部分不予在税前扣除。

例如，某企业2017年工资总额为800万元，计提补充养老保险费48万元，计提补充医疗保险费42万元。根据税法规定，准予税前扣除的补充养老保险费为40万元（800×5%），补充医疗保险费为40万元（800×5%），超过标准的部分10万元（8+2）不允许在税前扣除。

（三）企业三项费用支出的税前扣除标准

企业按工资总额的一定比例支付或划拨的职工福利费、职工教育经费和工会经费，简称“三项费用”，不超过税法规定标准计算的部分准予在税前扣除，超过规定比例的部分不得在税前扣除。

1.职工福利费支出的税前扣除标准

根据《企业所得税法实施条例》第四十条的规定，企业发生的职工福利费不超过工资薪金总额的14%的，准予在税前扣除；超过工资薪金总额14%的部分不允许在税前扣除。

职工福利费，是指企业按工资一定比例提取或支付的专门用于职工医疗、补助以及其他福利事业的经费。其包括：尚未实行分离办社会职能的企业，其内设福利部门所发生的设备、设施和人员费用，包括职工食堂、职工浴室、理发室、医务所、托儿所、疗养院等集体福利部门的设备、设施及维修保养费用和福利部门工作人员的工资薪金、社会保险费、住房公积金、劳务费等；为职工卫生保健、生活、住房、交通等所发放的各项补贴和非货币性福利；按照其他规定发生的其他职工福利费，包括丧葬补助费、抚恤费、安家费、探亲假路费等。

2.职工教育经费支出的税前扣除标准

职工教育经费，是指企业按工资总额的一定比例提取用于职工教育事业的一项费用，是企业为职工学习先进技术和提高文化水平而支付的费用。

根据《企业所得税法实施条例》第四十二条的规定，除国务院财政、税务主管部门另有规定外，企业发生的职工教育经费支出，不超过工资薪金总额（实发工资薪金总额）2.5%的部分，准予在税前扣除；超过的部分，准予结转以后年度扣除。

为鼓励企业加大职工教育投入，财政部、税务总局发布的《关于企业职工教育经费税前扣除政策的通知》（财税〔2018〕51号文件）规定，自2018年1月1日起企业发生的职工教育经费支出，不超过工资薪金总额8%的部分，准予在计算企业所得税应纳税所得额时扣除；超过部分，准予在以后纳税年度结转扣除。

3.工会经费的税前扣除标准

工会经费是指工会依法取得并开展正常活动所需的费用，由企业按工资薪金总额的一定比例拨缴。根据《企业所得税法实施条例》第四十一条的规定，企业拨缴的工会经费，不超过工资薪金总额2%的部分准予在税前扣除；超过的部分不允许在税前扣除。

三、公益性捐赠、业务招待费税前扣除标准

（一）公益性捐赠支出的税前扣除标准

公益性捐赠支出是指用于慈善活动、公益事业的捐赠支出。企业实际发生的公益性捐赠支出在会计核算上是从“营业外支出”中全额列支的，但企业所得税的税前扣除有限制性的规定。

根据《企业所得税法》和财政部、国家税务总局《关于公益性捐赠支出企业所得税税前结转扣除有关政策的通知》（财税〔2018〕15号文件）的规定，企业通过公益性社会组织或者县级（含县级）以上人民政府及其组成部门和直属机构，用于慈善活动、公益事业的捐赠支出，在年度利润总额12%以内的部分，准予在计算应纳税所得额时扣除；超过年度利润总额12%的部分，准予结转以后3年内在计算应纳税所得额时扣除。政策要点分析如下：

（1）企业当年发生及以前年度结转的公益性捐赠支出，准予在当年税前扣除的部分，不能超过企业当年年度利润总额的12%。

（2）企业发生的公益性捐赠支出未在当年税前扣除的部分，准予向以后年度结转扣除，但结转年限自捐赠发生年度的次年起计算最长不得超过3年。

（3）企业在对公益性捐赠支出计算扣除时，应先扣除以前年度结转的捐赠支出，再扣除当年发生的捐赠支出。

所称公益性社会组织，应当依法取得公益性捐赠税前扣除资格。所称年度利润总额，是指企业依照国家统一会计制度的规定计算的大于零的数额。

例如，某企业2017年利润总额为800万元，发生公益性捐赠支出100万元。2017年准予税前扣除的公益性捐赠支出96万元（800×12%），超过限额部分4万元业间进行分摊，由相关成员企业分别计算加计扣除。

（4）企业为获得创新性、创意性、突破性的产品进行创意设计活动而发生的相关费用，可按照财税〔2015〕119号文件的规定进行税前加计扣除。其中，创意设计活动是指多媒体软件、动漫游戏软件开发，数字动漫、游戏设计制作；房屋建筑工程设计（绿色建筑评价标准为三星）、风景园林工程专项设计；工业设计、多媒体设计、动漫及衍生产品设计、模型设计等。

七、企业资产的计税基础

（一）资产计税基础的概念

企业资产的计税基础，是指企业在收回资产账面价值的过程中，计算应纳税所得额时，按照税法的规定可以在应税经济利益中抵扣的金额。企业持续使用过程中的长期资产，是以资产取得时确认的初始成本减去以前期间按照税法的规定已经在税前扣除的金额后的余额为计税基础。该余额代表的是按照税法规定所涉及的资产在未来期间计税时仍然可以在税前扣除的金额。例如，企业将一台使用过的设备对外销售取得收入100万元，该设备初始确认的计税基础为90万元，已累计计提折旧15万元，在计算转让财产所得时，准予在税前扣除的成本（计税基础）为该项财产的净值75万元（90-15）。

长期资产在某一资产负债表日的计税基础，是指其成本扣除按照税法的规定已在以前期间税前扣除的累计折旧额后的余额。某一资产负债表日的计税基础用以下公式表示：

某一资产负债表日的资产计税基础=初始成本-以前期间已税前扣除的金额

根据税法的规定，资产的计税基础遵循历史成本原则，除国务院财政、税务主管部门规定可以确认的损益外，无论何种原因所导致的资产的增值或减值，不得调整该资产按初始时确认的计税基础。历史成本原则是一般性原则，对特殊资产也允许按重置成本、公允价值和可变现净值确认计税基础。重置成本又称现行成本，是指按照当前的市场条件，重新取得同样一项资产所需支付的现金或现金等价物金额，如盘盈的固定资产。按公允价值确认计税基础的，如接受捐赠和投资的资产等。可变现净值是指在正常生产经营过程中，以预计售价减去进一步加工成本和预计销售费用以及相关税费后的净值，它通常用于存货资产减值情况下的后续计量。如根据《企业所得税法》的规定，企业销售的已使用过的固定资产，是按照可变现净值的原则来确认计税基础的。

（二）固定资产的计税基础

固定资产是指使用时间超过12个月的资产（长期资产），包括房屋、建筑物、机器、机械、运输工具以及其他与生产经营活动有关的设备、器具、工具等。企业拥有特定数量的固定资产，是其生产经营活动所必需的生产手段。根据《企业所得税法》的规定，企业不同来源的固定资产，按照历史成本计价原则确认计税基础，即以资产取得时的初始记账价值为计税基础，特殊情况按特殊原则处理。

（1）根据《企业所得税法实施条例》第五十八条的规定，企业外购的固定资产，以购买价款和支付的相关税费以及直接归属于使该资产达到预定用途发生的其他支出为计税基础。购买价款是固定资产计税基础的主体构成部分，是指企业通过货币形式，为购买固定资产所支付的价款（不含税）。支付的相关税费包括企业为购买固定资产而缴纳的行政事业性收费，以及使固定资产达到预定可使用状态而发生的可归属于该项资产的运输费、装卸费、安装费和专业人员服务费等。

（2）企业自行建造的固定资产，以竣工结算前发生的支出为计税基础，包括固定资产所需的原材料费用、人工费、管理费、缴纳的相关税费、应予资本化的借款费用等。会计准则规定，自行建造固定资产的入账价值由建造该项资产达到预定可使用状态前所发生的必要支出组成。而税法对预定可使用状态的把握，是以工程的竣工结算为标志。

（3）企业融资租入的固定资产，以租赁合同约定的付款总额和承租人在签订租赁合同过程中发生的相关费用为计税基础。根据《企业所得税法实施条例》第五十八条的规定，对于租赁合同未约定付款总额的，以该资产的公允价值和承租人在签订合同过程中发生的相关费用为计税基础。相关费用是指承租人在租赁谈判和签订租赁合同过程中发生的，可归属于租赁项目的手续费、律师费、差旅费、印花税等初始直接费用。

（4）企业改建的固定资产，除已足额提取折旧的固定资产和租入固定资产的改建支出按长期待摊费用摊销外，以改建过程中发生的改建支出增加计税基础；盘盈的固定资产，以同类固定资产的重置价值为计税基础；企业通过捐赠、投资、非货币性资产交换、债务重组等方式取得的固定资产，以该资产的公允价值和支付的相关税费为计税基础。

（三）生物资产的计税基础

生物资产是企业资产中有生命的动物和植物资产。生物资产具有生物转化性和自然增值性、生长的周期性和地域差异性等特征。有些生物资产具有流动性资产和长期性资产双重属性。例如，牛、羊等生物资产在人类以取得肉、皮等产品为目的时，价值一次性地转移，具有流动性资产的性质。当人类以取得毛、乳等产品为目的时，具有长期性资产的性质。

生物资产包括消耗性生物资产、生产性生物资产和公益性生物资产。①消耗性生物资产是指为出售而持有的，或在将来收获为农产品的生物资产，包括生长中的大田作物、蔬菜、用材林以及存栏待售的牲畜等。消耗性生物资产通常是一次性消耗并终止其服务能力或未来经济利益，因此在一定程度上具有存货的特征，应当作为存货在资产负债表中列报。②公益性生物资产是指以防护、环境保护为主要目的的生物资产，包括防风固沙林、水土保持林和水源涵养林等。公益性生物资产属于不可变现的资产，因公益性生物资产而发生的支出，作为费用支出直接在税前扣除。③生产性生物资产是指为产出农产品、提供劳务或出租等目的而持有的生物资产，包括经济林、薪炭林、产畜和役畜等。生产性生物资产采用历史成本计价

第2年折旧额=16 200×40%=6 480（元），年末账面净值=16 200−6 480=9 720（元）

第3年折旧额=9 720×40%=3 888（元），年末账面净值=9 720−3 888=5 832（元）

第4年折旧额=（5 832−3 000）÷2=1 416（元），年末账面净值=5 832−1 416

=4 416（元）

第5年折旧额=（5 832−3 000）÷2=1 416（元），年末账面净值=4 416−1 416

=3 000（元）

②年数总和法，是指以计算折旧当年年初固定资产尚可使用的年数作分子，以固定资产可使用年数的总和作分母，分别确定各年的折旧率，然后用各年的折旧率乘以固定资产的应计折旧总额计算出各年折旧额的一种方法。例如，某项设备的原值为27 000元，预计使用5年，预计净残值为3 000元。按年数总和法计算各年折旧率和各年折旧额如下：

年数总和=5+4+3+2+1=15（年）

应计提折旧总额=27 000−3 000=24 000（元）

第1年到第5年各年的折旧率分别为：5/15、4/15、3/15、2/15、1/15。

各年的折旧额如下：

第1年折旧额=24 000×5÷15=8 000（元）

第2年折旧额=24 000×4÷15=6 400（元）

第3年折旧额=24 000×3÷15=4 800（元）

第4年折旧额=24 000×2÷15=3 200（元）

第5年折旧额=24 000×1÷15=1 600（元）

累计折旧额=8 000+6 400+4 800+3 200+1 600=24 000（元）

净残值=27 000−24 000=3 000（元）

（3）根据财政部、国家税务总局发布的《关于完善固定资产加速折旧企业所得税政策的通知》（财税〔2014〕75号文件）和《关于固定资产加速折旧税收政策有关问题的公告》（国家税务总局公告2014年第64号）的规定，对生物药品制造业，专用设备制造业，铁路、船舶、航空航天和其他运输设备制造业，计算机、通信和其他电子设备制造业，仪器仪表制造业，信息传输、软件和信息技术服务业等六大行业的企业，自2014年1月1日后购进的固定资产（包括自行建造），允许按不低于《企业所得税法》规定折旧年限的60%缩短折旧年限，或选择采取双倍余额递减法、年数总和法进行加速折旧。

①对上述6个行业中的小型微利企业，自2014年1月1日后新购进的研发和生产经营共用的仪器、设备，单位价值不超过100万元的，允许一次性计入当期成本费用在计算应纳税所得额时扣除，不再分年度计算折旧；单位价值超过100万元的，可缩短折旧年限或采取加速折旧的方法。小型微利企业是指符合《中华人民共和国企业所得税法》第28条规定的小型微利企业。根据《中华人民共和国企业所得税法实施条例》第92条规定，符合条件的小型微利企业是指从事国家非限制和禁止行业，并符合下列条件的企业：

一是工业企业，年度应纳税所得额不超过30万元，从业人数不超过100人，资产总额不超过3 000万元；

二是其他企业，年度应纳税所得额不超过30万元，从业人数不超过80人，资产总额不超过1 000万元。

②对所有行业企业在2014年1月1日后新购进的专门用于研发的仪器、设备，单位价值不超过100万元的，允许一次性计入当期成本费用在计算应纳税所得额时扣除，不再分年度计算折旧；单位价值超过100万元的，允许按不低于《企业所得税法》规定折旧年限的60%缩短折旧年限（企业购置已使用过的固定资产，其最低折旧年限不得低于实施条例规定的最低折旧年限减去已使用年限后剩余年限的60%），或选择采取双倍余额递减法、年数总和法进行加速折旧。

③对所有行业企业持有的单位价值不超过5 000元的固定资产，允许一次性计入当期成本费用在计算应纳税所得额时扣除，不再分年度计算折旧。

（4）根据财政部、国家税务总局《关于进一步完善固定资产加速折旧企业所得税政策的通知》（财税〔2015〕106号文件）的规定，对轻工、纺织、机械、汽车等四个领域重点行业的企业在2015年1月1日后新购进的固定资产，可由企业选择缩短折旧年限或采取加速折旧的方法。其中，企业选择缩短折旧年限的，最低折旧年限不得低于《中华人民共和国企业所得税法实施条例》第六十条规定折旧年限的60%；采取加速折旧方法的，可采取双倍余额递减法或者年数总和法。对上述四个领域重点行业的小型微利企业在2015年1月1日后新购进的研发和生产经营共用的仪器、设备，单位价值不超过100万元的，允许一次性计入当期成本费用在计算应纳税所得额时扣除，不再分年度计算折旧；单位价值超过100万元的，可由企业选择缩短折旧年限或采取加速折旧的方法。

实行加速折旧政策的轻工、纺织、机械、汽车等四个领域重点行业的具体范围如下：

①轻工领域重点行业包括日用化学产品制造、医药制造业，农副食品加工业，食品制造业，木材加工和木、竹、藤、棕、草制品业，家具制造业，皮革、毛皮、羽毛及其制品和制鞋业，造纸和纸制品业，印刷和记录媒介复制业，文教、工美、

体育和娱乐用品制造业，塑料制品业。

②纺织领域重点行业包括纺织业，纺织服装、服饰业，化学纤维制造业。

③机械领域重点行业包括金属制品业、通用设备制造业、电气机械和器材制造业。

④汽车领域重点行业是汽车制造业，包括汽车整车制造，改装汽车制造，低速载货汽车制造，电车制造，汽车车身、挂车制造，汽车零部件及配件制造。

（二）生产性生物资产折旧税前扣除标准

生产性生物资产的存活或者使用期限也较长，不是一次性实现其效益，其成本应逐期分摊转移到它所生产的产品或者提供的劳务中去，这符合企业所得税中收入与支出配比原则的要求。根据《企业所得税法》的规定，企业对生产性生物资产按照直线法计提的折旧，准予在税前扣除。

1.生产性生物资产最低折旧年限

（1）林木类生产性生物资产，折旧的最低年限为10年。

由于这些植物的生命周期较长，使用年限也较长，其成本与预期收益的分摊时限也相对较长，折旧年限也较长，因此从林木类生产性生物资产的性质、使用情况和有关经济利益的预期实现方式等角度出发，结合企业生产经营活动的实际需要，将林木类生产性生物资产的最低折旧年限规定为10年。

（2）畜类生产性生物资产，折旧的最低年限为3年。

这主要是考虑到畜类生产性生物资产较之林木类生产性生物资产的使用寿命相对较短，其折旧年限也应相对缩短，所以规定畜类生产性生物资产的最低折旧年限为3年。

2.生产性生物资产折旧方法

《企业所得税法》对生产性生物资产规定的最低折旧年限是一个基本要求，它并不排除企业根据生产性生物资产的性质、使用情况和有关经济利益的预期实现方式来规定自己的折旧年限。所不同的是，在计算企业所得税应纳税所得额时，应按直线法计算的折旧额确认准予在税前扣除。

（三）无形资产与长期待摊费用摊销税前扣除标准

1.无形资产费用摊销的税前扣除标准

无形资产也具有使用年限，其成本也是通过一定的时间才完全体现为相应的效益，无形资产的成本也应分期摊销在税前扣除。根据《企业所得税法》及其实施条例的规定，企业对无形资产按照直线法计算的摊销费用，准予在税前扣除，摊销年限不得低于10年。企业外购商誉的支出，在企业整体转让或者清算时，准予扣除。企业自行开发的无形资产，其支出已计入成本费用的，不得在税前重复扣除；企业自创商誉，因其形成是长期的过程，价值构成复杂，形成的成本具有不可验性，所以不应确认为企业的无形资产，不得计算摊销费用扣除；与经营活动无关的无形资产，不得计算摊销费用扣除；企业的人力资源、知识资本、客户资源等其他无形资产，其价值不能准确计量，因而不得计算摊销费用扣除。

2. 长期待摊费用摊销的税前扣除标准

长期待摊费用是指企业已经支付但其影响不限于支付当期，而应由支付当期和以后各受益期间共同负担的，摊销期限在1年以上（不含1年）的各项费用。长期待摊费用是一种资本性支出，税法不允许企业将跨越一个以上纳税年度的费用支出一次性在税前扣除。

根据《企业所得税法》第十三条的规定，企业发生的已足额提取折旧的固定资产改建支出、租入固定资产改建支出、固定资产大修理支出，以及其他应当作为长期待摊费用的支出，按照规定期限摊销的，准予在税前扣除。具体扣除办法如下：

（1）已足额提取折旧的固定资产，其账面净值仅剩净残值，也意味着该项固定资产可利用价值已全部转移。在这以后发生的固定资产改建支出，不能计入固定资产的成本，因为此时固定资产的价值形式已经消失，后续支出已失去了可以附着的载体，所以应将其作为长期待摊费用，在固定资产的受益期限内平均摊销。此种情形的改建支出，是指改变房屋或者建筑物结构、延长使用年限等发生的支出，因为通过改变房屋或者建筑物的结构延续了其使用价值和年限，又能为企业带来一定的经济利益流入，所以应按照该被改建的资产预计尚可使用的年限分期摊销改建支出，而没有像一般状况下固定资产的折旧那样，有一个最低年限的限制。

（2）企业以经营租赁方式租入的固定资产发生的符合税法规定的改建支出，不能计入固定资产成本，只能计入长期待摊费用，在协议约定的租赁期内平均摊销，并准予在税前扣除；企业以融资租赁方式租入的固定资产，由于出租方实质上已将与该项资产所有权有关的全部风险和报酬转移给承租方，只保留了为了控制承租人偿还租金的风险而采取的一种形式所有权。所以，企业以融资租赁方式租入的固定资产发生的符合税法规定的改建支出，应该计入融资租入固定资产的成本，在其剩余使用年限内，以计提折旧的方式在税前扣除。

除上述两种情况外，企业对其所拥有的固定资产发生的改建支出，计入固定资产原值，按规定提取折旧扣除。同时，增加固定资产价值或者延长固定资产使用年限。

（3）按规定摊销的固定资产大修理支出，在计算应纳税所得额时准予扣除。固定资产大修理支出是指同时符合以下两个条件的支出：一是修理支出达到取得固定资产时的计税基础50%以上；二是修理后固定资产的使用年限延长2年以上。企业实际发生的符合固定资产改扩建确认条件的大修理支出，应当计入固定资产成本；不符合固定资产改扩建确认条件的大修理费用，应计入长期待摊费用，并在下一次大修理前的期限内平均摊销。固定资产的大修理支出，从费用发生的次月起分期摊销，摊销期不得少于3年。

（4）其他应作为长期待摊费用的支出，是指除固定资产的改建支出、大修理支出之外的长期待摊费用支出，是指企业除购建固定资产以外，所有筹建期间所发生的费用，包括筹建人员工资、办公费、培训费、差旅费、交际应酬费、咨询费、印刷费、注册登记费、开业典礼费等，以及不计入固定资产和无形资产成本的汇兑损益和利息等支出。企业发生的开办费支出与企业的整个生产经营密切相关，因而应先在长期待摊费用中归集，待企业开始生产经营后在税法规定的期限内平均摊销。企业可设置“长期待摊费用”科目进行核算。

第四节　企业所得税税率与应纳税额计算

一、居民企业与非居民企业的适用税率

根据《企业所得税法》第四条的规定，企业所得税实行比例税率，分别为25%和20%，分别适用居民企业和非居民企业。

（一）居民企业的适用税率

根据《企业所得税法》的规定，居民企业来源于中国境内、境外的所得，适用25%的税率计算企业所得税。居民企业承担无限纳税义务，其来源于国境内外所得适用25%的税率。

（二）非居民企业的适用税率

根据《企业所得税法》规定，非居民企业在中国境内设立机构、场所的，其来源于中国境内的所得，或发生在中国境外，但与非居民企业设在中国境内的机构、场所有实际联系的所得，适用25%的税率计算缴纳企业所得税；非居民企业在中国境内未设立机构、场所的，或者虽设立机构、场所但取得的所得与其所设机构、场所没有实际联系的，应当就其来源于中国境内的所得缴纳企业所得税，适用税率为20%（可减按10%的税率征收）。所得税由支付单位源泉扣缴，这种征税方式称为预提所得税。

根据税种政策规定，中国居民企业向境外H股（也称国企股，指注册地在内地、上市地在中国香港的外资股）非居民企业股东派发的股息，由支付企业统一按10%的税率代扣代缴企业所得税（国税函〔2008〕897号）；中国居民企业向合格的境外机构投资者（QFII）支付股息、红利、利息，由派发企业按10%的税率代扣代缴企业所得税（国税函〔2009〕47号）。

在QFII（Qualified Foreign Institutional Investors）制度下，合格的境外机构投资者（QFII）将被允许把一定额度的外汇资金汇入并兑换为当地货币，通过严格监督管理的专门账户投资当地证券市场，包括股息及买卖价差等在内的各种资本所得经审核后可转换为外汇汇出，实际上就是对外资有限度地开放本国证券市场。

二、企业所得税应纳税额的计算公式

企业所得税以应纳税额为计税依据，按照适用的比例税率计算应纳税额。计算公式如下：

企业所得税应纳税额=应纳税所得额×所得税税率

当企业存在依法享受减免所得税优惠时，其减免的所得税额应予扣除。此时，企业所得税应纳税额按以下公式计算：

企业所得税应纳税额=应纳税所得额×所得税税率−企业所得税减免税额

公式中的企业所得税减免税额，是指按照企业所得税法、税法实施条例以及有关税收政策规定计算的减免税额或抵免税额。如企业所得税法规定，企业购置用于环境保护、节能节水、安全生产等专用设备的投资额，可以按一定比例抵免税额。

当居民企业既有来源于境内所得又有来源于境外所得时，应以境内外总所得为计税依据，依照25%的税率计算企业所得税应纳税额，并扣除来源于境外所得已缴纳的境外所得税，但不能超过依照税法规定计算的税收抵免限额。既有来源于境内所得又有来源于境外所得的居民企业，应纳企业所得税税额按以下公式计算：

应纳税额=（境内所得+境外所得）×所得税税率−境外税收抵免额

公式中的境外所得税抵免额，是指居民企业来源于境外分支机构所得（如境外分支机构经营利润）以及居民企业从其直接或者间接控制的外国企业（如子公司）分得的来源于中国境外的股息、红利等权益性投资收益按规定计算的抵免税额。

三、应纳税额计算的直接法与间接法

企业所得税应纳税额的计算，可以采用直接计算法，也可以采用间接计算法。

（一）应纳税额的直接计算法

企业所得税的直接计算法，是指根据《企业所得税法》规定直接计算企业每一纳税年度的应纳税所得额，再依照税率计算应纳税额。从根本上讲，所称直接计算法是指根据税法规定直接计算应纳税所得额，再以应纳税所得额为计税依据，依照适用税率计算应纳税额。

采用直接计算法计算应纳税所得额，首先计算企业每一纳税年度的收入总额，然后再逐项计算税法规定的准予从收入总额中扣除的不征税收入、免税收入、准予扣除成本费用支出和允许弥补以前年度亏损，其余额为应纳税所得额。计算公式如下：

应纳税所得额=收入总额−不征税收入−免税收入−准予扣除成本费用支出−允许弥补以前年度亏损

其次，计算企业所得税应纳税额。计算公式如下：

应纳税额=应纳税所得额×所得税税率

直接计算法不够简便。在年度所得税纳税申报时，一般采用间接计算法。

（二）应纳税额的间接计算法

在实际工作中，通常是结合企业会计核算的财务成果调整计算应纳税所得额，再据以计算应纳税额。此种方法称为间接计算法，也称调整计算法。间接计算法的优点是计算简便。

1.调整计算法的基本原理

调整计算法以企业核算的纳税年度的利润总额（会计利润）为基础（或称起点），以《企业所得税法》关于应纳税所得额计算的具体规定为根据，对利润总额中不符合税法规定的部分进行逐项调整，以调整后的余额为应纳税所得额。用公式表示如下：

$$\text{调整后的应税利润额}=\text{利润总额}+\text{调整增加额}-\text{调整减少额}-\text{弥补以前年度亏损}+\text{境外所得额弥补境内亏损}$$

以会计利润为基础调整计算应纳税所得额的方法，其最大特点是充分利用会计核算资料，且突出税法的严肃性。这种方法的本质是调整会计利润与按所得税法规定计算应纳税所得额之间的差异。

在间接计算法下，企业所得税应纳税额按以下公式计算：

$$\text{应纳税额}=\text{调整后的应税利润额}\times\text{所得税税率}$$

在年度所得税纳税申报时，一般采用间接计算法。企业所得税年度纳税申报表（A表）也是按照间接计算法的原理设计的。

2.利润总额的计算公式

企业利润总额是根据会计准则或会计制度规定所核算的会计期间的财务成果，即以收入总额减去成本费用支出后的净额，也称会计利润或账面利润。利润总额的计算公式为：

$$\text{利润总额}=\text{营业利润}+\text{营业外收入}-\text{营业外支出}$$

（1）营业利润是指一定会计期间取得的营业收入扣除营业成本、税金及附加、期间费用、资产减值损失，再加上公允价值变动收益和投资收益后的金额。营业利润的计算公式为：

$$\text{营业利润}=\text{营业收入}-\text{营业成本}-\text{税金及附加}-\text{销售费用}-\text{管理费用}-\text{财务费用}-\text{资产减值损失}+\text{公允价值变动收益}+\text{投资收益}$$

（2）营业外收入是指企业发生的与其生产经营活动无直接关系的收入，如债务重组收益、罚没收入等。

（3）营业外支出是指企业发生的与其生产经营活动无直接关系的支出，如债务重组损失、罚款支出、捐赠支出等。

3.调整增加额的确认

纳税调整增加额（简称调增额），是指在利润总额的基础上，根据《企业所得税法》规定计算的应增加的应纳税所得额。纳税调整增加额包括两类情况：一是按财务会计制度核算的会计利润总额中，依照税法规定应计而未计或少计的收入额（简称少计收入）；二是依照税法规定不应在税前扣除而扣除或超标准扣除的支出额（简称多计支出）。按税法规定少计的收入和多计的支出，应调增应纳税所得额。

（1）企业因错记、漏记或不记收入而导致应税收入减少的部分，会直接减少利润总额。所以，以利润总额为基础调整计算应纳税所得额时，应将按照所得税法规定确认的少计的收入额，相应地调增应纳税所得额。例如，企业将货物、财产、劳务用于捐赠、偿债、赞助、股权投资、职工福利和利润分配等用途，未视同销售处理确认收入的，应调增应纳税所得额。货物在统一法人实体内部之间转移的（未发生权属转移），在计算所得税时不视同销售、不确认应税收入。

（2）企业在按照会计制度核算利润总额时，其成本费用支出中已包含了按照税法规定不应在税前扣除的项目金额或超标准扣除的金额。从税法意义上讲，相当于多计了支出，减少了应纳税所得额。所以，在以利润总额为基础调整计算应纳税所得额时，应将按照所得税法规定确认的多计的支出额，相应地调增应纳税所得额。

依照税法规定不应在税前扣除的项目主要有企业所得税税款、税收滞纳金、罚款、罚金、被没收财物的损失、支付的股息及红利（属于税后分配）、非公益性捐赠支出、赞助支出、未经核定的准备金支出，以及与取得收入无关的其他支出。

依照税法规定在税前超标准扣除的项目主要有：①“五险一金”超过按省、自治区、直辖市人民政府规定的缴费比例支付的部分；②为在本企业任职或者受雇的全体员工支付的补充养老保险费、补充医疗保险费，分别超过职工工资总额5%的部分；③企业按工资总额的一定比例支付或划拨的职工福利费、职工教育经费和工会经费，分别超过规定比例（14%、8%、2%）的部分；④用于公益事业的捐赠支出超过年度利润总额12%的部分；⑤业务招待费超过发生额60%或未超过60%但超过当年销售（营业）收入合计额5‰的部分；⑥企业实际发生的广告费和业务宣传费两项支出合计额超过当年销售（营业）收入15%的部分；⑦非金融企业向非金融企业借款的利息支出超过按照金融企业同期同类贷款利率计算的部分；⑧支付给个人的佣金超过服务金额5%的部分，等等。

此外，境外所得额弥补境内亏损额，属于应纳税所得额的调增项。根据《企业所得税法》的规定，纳税人在境外设立境外营业机构的，其境外营业机构的盈利可以弥补境内营业机构的亏损，但不得以境内所得弥补境外亏损。纳税人在计算缴纳企业所得税时，其境外营业机构的盈利可以弥补境内营业机构的亏损，但用于弥补境内亏损的部分最多不得超过企业当年的全部境外应纳税所得。具体要求是：当利润总额+（-）纳税调整额<0时，可以用境外所得弥补亏损；当利润总额+（-）纳税调整额≥0时，可以用境外所得弥补以前年度亏损。

4.调整减少额的确认

调整减少额（简称调减额），是指在利润总额的基础上，根据《企业所得税法》规定计算的应减少的应纳税所得额。调整减少额主要包括两类情况：一是按财务会计制度核算的会计利润总额中，依照税法规定不应计入而计入或多计的收入额（简称多计收入）；二是依照税法规定应该在税前扣除而未扣除或少扣除的支出额（简称少计支出）。按税法规定多计的收入额和少计的支出，应调减应纳税所得额。

（1）企业发生多计收入应调减应纳税所得额的情况有两种可能：一是企业因错记或重记等原因会导致多计收入，进而使利润总额增加；二是企业核算的会计利润未扣除免税收入、不征税收入或者综合利用资源产品应减计的收入，则导致利润总额大于应纳税所得额。所以，在以利润总额为基础调整计算应纳税所得额时，应将企业因错记或重记等原因导致会计上多计的收入，以及按照所得税法规定应从收入总额扣除而未扣除的免税收入、不征税收入、综合利用资源应减计的收入，相应地调减应纳税所得额。

（2）企业少计的支出应调减应纳税所得额。企业在计算利润总额时，其成本费用是按实际发生额据实扣除的，而未包括依照税法规定应加计扣除的项目金额，相对于多计了应纳税所得额，所以应调减应纳税所得额。根据《企业所得税法》规定，加计费用扣除的项目主要包括两项：一是企业发生的技术研发费用加计扣除50%；二是企业安置残疾人就业支付的工资加计扣除100%。

（3）其他调减应纳税所得额项目主要包括两个方面：一是根据税法规定应弥补以前年度亏损额，相应地调减应纳税所得额；二是根据税收法律、政策规定应抵减应纳税所得额的，相应地调减应纳税所得额。

【例8-1】假设某工业企业（居民企业）2017年度有关业务资料如下：

（1）主营业务收入12 000万元，主营业务成本8 000万元，缴纳增值税600万元。

（2）销售费用2 400万元，其中广告费和业务宣传费1 900万元。

（3）管理费用400万元，其中业务招待费80万元、新产品研究开发费200万元。

（4）财务费用293万元，其中含非金融机构借款利息支出100万元（借款金额1 000万元，年利率10%，银行同期贷款利率为6%）。

（5）“税金及附加”科目中核算的消费税、城市维护建设税、教育费附加，以及房产税、车船税、土地使用税、印花税等借方发生额合计为500万元。

（6）投资收益113万元，其中含国债利息收入20万元，从居民企业分得股息收入40万元。

（7）营业外收入45万元。

（8）营业外支出65万元，其中税收滞纳金10万元，环保罚款20万元，因发生自然灾害未得到保险赔偿的财产损失28万元，债务重组损失7万元。

（9）企业全年发生的工资支出400万元，其中安置残疾人员工资支出70万元。

（10）全年已计入成本费用的职工福利费支出60万元、拨缴工会经费8万元、职工教育经费支出14万元。

要求计算该公司本年度利润总额、纳税调整后应纳税所得额和企业所得税应纳税额。

计算如下：

（1）计算利润总额

营业利润=12 000−8 000−2 400−400−293−500+113=520（万元）

利润总额=520+45−65=500（万元）

（2）计算调整后的应纳税所得额

在利润总额500万元的基础上，根据税法规定进行调整计算应纳税所得额。

①销售费用中的广告和业务宣传费扣除限额=12 000×15%=1 800（万元）

实际支出额1 900万元，超过限额的部分100万元（1 900−1 800）不得在税前扣除，应调增应纳税所得额100万元。

②管理费用中的业务招待费扣除限额=12 000×5‰=60（万元）

按60%计算的部分=80×60%=48（万元）

实际支出额80万元，超过限额的部分32万元（80−48）不得在税前扣除，应调增应纳税所得额32万元。

③管理费用中的新产品研究开发费加计扣除额= 200×50%=100（万元）

应调减应纳税所得额100万元。

④财务费用中的支付非金融机构借款利息支出限额=1 000×6%=60（万元）

实际支出额100万元，超过限额的部分40万元（100−60）不得在税前扣除，应调增应纳税所得额40万元。

⑤投资收益中的国债利息收入20万元和从居民企业分得股息收入40万元享受免税待遇，应调减应纳税所得额60万元（20+40）。

⑥营业外支出中的税收滞纳金10万元、环保罚款20万元，根据税法规定不得在税前扣除，应调增应纳税所得额30万元（10+20）。

⑦安置残疾人员工资支出加计扣除额= 70×100%=70（万元）

应调减应纳税所得额70万元。

⑧职工福利费支出的扣除限额= 400×14%=56（万元）

实际支出60万元，超过限额的部分4万元（60−56）不得在税前扣除，应调增应纳税所得额4万元。

⑨工会经费拨付限额=400×2%=8（万元）

实际拨付8万元，未超限额，准予在税前扣除，不调整应纳税所得额。

⑩职工教育经费扣除限额=400×2.5%=10（万元）

实际支出为14万元，超过限额的部分4万元（14-10）不得在税前扣除，应调增应纳税所得额4万元（注：自2018年1月1日起，限定扣除比例提高到8%）。

应纳税所得额=500+100+32-100+40-60+30-70+4+4=480（万元）

（3）根据调整计算的应纳税所得额和税率计算企业所得税应纳税额

企业所得税应纳税额=480×25%=120（万元）

第五节　企业所得税的税收优惠

企业所得税的税收优惠有多种形式，包括税率优惠、鼓励农业发展减免优惠、特定项目所得减免税优惠、鼓励企业投资所得税优惠，等等。更加具体详细的企业所得税优惠政策与措施，请查阅2018年5月4日国家税务总局修订编制的《企业所得税优惠事项管理目录（2017年版）》（国家税务总局公告2018年第23号）。该管理目录编制了包含69项所得税优惠事项。

一、企业所得税的税率优惠

（一）小型微利企业的税率优惠

根据《企业所得税法》和财政部、国家税务总局《关于扩大小型微利企业所得税优惠政策范围的通知》（财税〔2017〕43号文件）规定，年应纳税所得额低于50万元（含50万元）的小型微利企业，其所得减按50%计入应纳税所得额，按20%的税率缴纳企业所得税。假设某小型微利企业的年应纳税所得额为50万元，企业所得税应纳税额=50×50%×20%=5（万元）。

（二）高新技术企业的税率优惠

根据《企业所得税法》的规定，国家需要重点扶持的高新技术企业，减按15%的税率计算缴纳企业所得税。国家重点扶持的高新技术企业，是指在《国家重点支持的高新技术领域》内，持续进行研究开发与技术成果转化，形成企业核心自主知识产权，并以此为基础开展经营活动，在中国境内（不包括中国港、澳、台地区）注册1年以上的居民企业。高新技术企业必须经过国家认定（通常为3年认定一次），并发给高新技术企业证书。

国家重点扶持的高新技术领域，包括电子信息技术、生物与新医药技术、航空航天技术、新材料技术、高技术服务业、新能源及节能技术、资源与环境技术、高新技术改造传统产业8大领域。

（三）技术先进型服务企业的税率优惠

根据财政部、税务总局、商务部、科技部、国家发展改革委《关于将技术先进型服务企业所得税政策推广至全国实施的通知》（财税〔2017〕79号文件）的规定，自2017年1月1日起，在全国范围内对技术先进型服务企业实行企业所得税优惠政策。

1.技术先进型服务企业优惠政策的基本内容

(1)对经认定的技术先进型服务企业,减按15%的税率征收企业所得税。

(2)经认定的技术先进型服务企业发生的职工教育经费支出,不超过工资薪金总额8%的部分,准予在计算应纳税所得额时扣除;超过部分,准予在以后纳税年度结转扣除。

2.技术先进型服务企业的基本条件

符合条件的技术先进型服务企业应向所在省级科技部门提出申请,由省级科技部门会同本级商务、财政、税务和发展改革部门联合评审后发文认定。技术先进型服务企业必须同时符合以下条件:

①在中国境内(不包括中国港、澳、台地区)注册的法人企业;

②从事《技术先进型服务业务认定范围(试行)》中的一种或多种技术先进型服务业务,采用先进技术或具备较强的研发能力;

③具有大专以上学历的员工占企业职工总数的50%以上;

④从事《技术先进型服务业务认定范围(试行)》中的技术先进型服务业务取得的收入占企业当年总收入的50%以上;

⑤从事离岸服务外包业务取得的收入不低于企业当年总收入的35%。

从事离岸服务外包业务取得的收入,是指企业根据境外单位与其签订的委托合同,由本企业或其直接转包的企业为境外单位提供《技术先进型服务业务认定范围(试行)》中所规定的信息技术外包服务(ITO)、技术性业务流程外包服务(BPO)和技术性知识流程外包服务(KPO),而从上述境外单位取得的收入。

3.技术先进型服务企业的认定范围

技术先进型服务企业的认定范围包括三个方面:一是信息技术外包服务(ITO);二是技术性业务流程外包服务(BPO);三是技术性知识流程外包服务(KPO)。

(1)信息技术外包服务(ITO)认定范围,包括软件研发及开发服务、软件技术服务、集成电路和电子电路设计,为软件、集成电路和电子电路的开发和运用提供测试平台、信息系统运营和维护服务、基础信息技术服务。

(2)技术性业务流程外包服务(BPO)认定范围,包括为企业内部管理服务、企业运营服务和企业供应链管理服务等提供的企业业务流程设计服务。

(3)技术性知识流程外包服务(KPO)认定范围,包括知识产权研究、医药和生物技术研发和测试、产品技术研发、工业设计、分析学和数据挖掘、动漫及网游设计研发、教育课件研发、工程设计等领域。

(四)西部地区鼓励类产业企业的税率优惠

根据《企业所得税法》第五十七条第三款的规定,国家已经确定的其他鼓励类企业,可以按照国务院规定享受减免税优惠。根据财政部、海关总署、国家税务总局发布的《关于深入实施西部大开发战略有关税收政策问题的通知》(以下简称《通知》)(财税〔2011〕58号)规定,自2011年1月1日至2020年12月31日,对设在西部地区的鼓励类产业企业减按15%的税率征收企业所得税。

西部地区包括重庆市、四川省、贵州省、云南省、西藏自治区、陕西省、甘肃省、宁夏回族自治区、青海省、新疆维吾尔自治区、新疆生产建设兵团、内蒙古自治区和广西壮族自治区。湖南省湘西土家族苗族自治州、湖北省恩施土家族苗族自治州、吉林省延边朝鲜族自治州，可以比照西部地区的税收政策执行。西部地区鼓励类产业企业，是指以《西部地区鼓励类产业目录》中规定的产业项目为主营业务，且其主营业务收入占企业收入总额70%以上的企业。

（五）非居民企业的税率优惠

（1）根据《企业所得税法》的规定，在中国境内未设立机构、场所的非居民企业来源于中国境内的所得，或者虽在中国设立机构、场所，但取得的来源于中国境内的所得与其所设机构、场所没有实际联系的，可减按10%的税率（法定税率20%）征收企业所得税。税款由支付单位源泉扣缴。这种征税方式称为预提所得税。

（2）根据国税函〔2008〕897号文件规定，中国居民企业向境外H股非居民企业股东派发的股息，由支付企业统一按10%的税率代扣代缴企业所得税。H股也称国企股，指注册地在内地、上市地在中国香港的以外币认购和买卖的股票。

（3）根据国税函〔2009〕47号文件规定，中国居民企业向QFII支付股息、红利、利息，由派发企业按10%的税率代扣代缴企业所得税。如果支付的是利息，则由企业在支付或到期应支付时按10%的税率代扣代缴企业所得税。

QFII是指合格的境外机构投资者，在QFII制度下，合格的境外机构投资者（QFII）将被允许把一定额度的外汇资金汇入并兑换为当地货币，通过严格监督管理的专门账户投资当地证券市场，包括股息及买卖价差等在内的各种资本所得经审核后可转换为外汇汇出，实际上就是对外资有限度地开放本国证券市场。

二、鼓励农业发展减免所得税优惠

农业是国民经济中的一个重要产业部门，其提供支撑国民经济建设与发展的基础产品。广义农业是指包括种植业、林业、畜牧业、渔业、副业五种产业形式，简称农、林、牧、渔副业。长期以来，我国对农业产品及其经营所得实施税收优惠政策。

（一）农林牧渔业所得免征所得税优惠

根据《企业所得税法实施条例》第八十六条的规定，企业从事农、林、牧、渔业项目取得的以下各项所得，免征企业所得税。

（1）从事蔬菜、谷物、薯类、油料、豆类、棉花、麻类、糖料、水果、坚果的种植所取得的所得。

（2）从事农作物新品种的培育所取得的所得。

（3）从事中药材的种植所取得的所得。

（4）从事林木的培育和种植所取得的所得。

（5）从事牲畜、家禽的饲养所取得的所得。

（6）从事林产品的采集所取得的所得。

（7）从事灌溉、农产品初加工、兽医、农技推广、农机作业和维修等项目所取得的所得。

（8）从事远洋捕捞所取得的所得。

以上所称农产品初加工，是指对农产品一次性的不涉及农产品内在成分改变的加工，包括种植业类、畜牧业类和渔业类农产品的初加工。

（二）从事花卉和养殖等减半征收所得税优惠

根据《企业所得税法实施条例》第八十六条的规定，企业从事农、林、牧、渔业项目取得的以下各项所得，减半征收企业所得税：

（1）企业从事花卉、茶以及其他饮料作物和香料作物所取得的所得，减半征收企业所得税。

（2）企业从事海水养殖、内陆养殖项目所取得的所得，减半征收企业所得税。

以上所称花卉是指有观赏价值的草本植物（卉是草类总称），广义的花卉除有观赏价值的草本植物外，还包括草本或木本的地被植物、花灌木、开花乔木以及盆景等；香料作物主要是指八角、肉桂、小茴、花椒、丁香等；海水养殖是利用浅海、滩涂、港湾、围塘等海域进行饲养和繁殖海产经济动植物的生产方式，主要养殖鱼类、虾蟹类、贝类、藻类以及海参等其他经济动物；内陆养殖是指在大陆的内部（不包括沿海地区）的养殖（动植物的培育和繁殖），包括家畜养殖、家禽养殖、水产养殖、特种养殖（如毒蛇）等几大类。

三、特定项目所得减免所得税优惠

（一）技术转让所得减免所得税优惠

1.税收优惠的基本规定

根据《企业所得税法》的规定，为了促进技术进步、鼓励企业转让技术，对居民企业在一个纳税年度内取得的符合条件的技术转让所得，不超过500万元的部分免征企业所得税；超过500万元的部分减半征收企业所得税。

例如，某居民企业2017年度应纳税所得额为3 000万元，其中包括符合减免税条件的技术转让所得800万元，依照税法规定该企业本年度的减免税额和应纳税额分别计算如下：

减免所得税税额=500×25%+（800−500）×25%×50%=162.5（万元）

企业所得税应纳税额=3 000×25%−162.5=587.5（万元）

2.享受减免企业所得税优惠的技术转让条件

根据国家税务总局《关于技术转让所得减免企业所得税有关问题的通知》（国税函〔2009〕212号）的规定，享受减免企业所得税优惠的技术转让应符合以下条件：

（1）享受优惠的技术转让主体是企业所得税法规定的居民企业。

（2）技术转让属于财政部、国家税务总局规定的范围。

（3）境内技术转让经省级以上科技部门认定。

（4）向境外转让技术经省级以上商务部门认定。

（5）国务院税务主管部门规定的其他条件。

3.技术转让所得的确认

根据国税函〔2009〕212号通知的规定，符合条件的技术转让所得应按以下方法计算：

技术转让所得=技术转让收入-技术转让成本-相关税费

技术转让收入是指当事人履行技术转让合同后获得的价款，不包括销售或转让设备、仪器、零部件、原材料等非技术性收入。不属于与技术转让项目密不可分的技术咨询、技术服务、技术培训等收入，不得计入技术转让收入。

技术转让成本是指转让的无形资产的净值，即该无形资产的计税基础减除在资产使用期间按照规定计算的摊销扣除额后的余额。

相关税费是指技术转让过程中实际发生的有关税费，包括除企业所得税和允许抵扣的增值税以外的各项税金及附加、合同签订费用、律师费等相关费用及其他支出。

享受技术转让所得减免企业所得税优惠的企业，应单独计算技术转让所得，并合理分摊企业的期间费用；没有单独计算的，不得享受技术转让所得企业所得税优惠。企业发生技术转让，应在纳税年度终了后至报送年度纳税申报表以前，向主管税务机关办理减免税备案手续。

（二）公共基础设施建设所得减免所得税优惠

根据《企业所得税法》第二十七条和《企业所得税法实施条例》第八十七条的规定，企业从事《公共基础设施项目企业所得税优惠目录》中规定的港口码头、机场、铁路、公路、城市公共交通、电力、水利等项目的投资经营所得，自该项目取得第一笔生产经营收入所属纳税年度起，第一年至第三年免征企业所得税，第四年至第六年减半征收企业所得税，简称“三免三减半”优惠。所称取得第一笔生产经营收入，是指公共基础设施项目已建成并投入运营后所取得的第一笔收入。

企业投资经营符合《公共基础设施项目企业所得税优惠目录》规定条件和标准的公共基础设施项目，采用一次核准、分批次（如码头、泊位、航站楼、跑道、路段、发电机组等）建设的，凡同时符合以下条件的，可以每一批次为单位计算所得，并享受企业所得税“三免三减半”优惠：

（1）不同批次在空间上相互独立。

（2）每一批次自身具备取得收入的功能。

（3）以每一批次为单位进行会计核算，单独计算所得，并合理分摊期间费用。

企业同时从事不在《公共基础设施项目企业所得税优惠目录》范围内的项目取得的所得，应与享受优惠的公共基础设施项目所得分开核算，并合理分摊期间费用；没有分开核算的，不得享受上述企业所得税优惠政策。

企业享受减免税优惠的基础设施建设项目，在减免期限内转让的，受让方自受让之日起，可以在剩余期限内享受规定的减免税优惠，减免税期限届满后转让的，受让方不得就该项目重复享受减免税优惠。企业承包经营、承包建设和内部自建自用公共基础设施项目，不得享受公共基础设施建设所得减免税优惠政策。

（三）环保节能等项目所得减免所得税优惠

根据《企业所得税法实施条例》第八十八条的规定，符合条件的环境保护、节能节水项目所得，自该项目取得第一笔生产经营收入所属纳税年度起，第一年至第三年免征企业所得税，第四年至第六年减半征收企业所得税，简称“三免三减半”优惠。

所称符合条件的环境保护、节能节水项目所得，包括公共污水处理、公共垃圾处理、沼气综合开发利用、节能减排技术改造、海水淡化等项目所得。项目的具体条件和范围由国务院财政、税务主管部门商国务院有关部门制定，报国务院批准后公布施行。如果企业将符合条件的环境保护、节能节水项目在减免税期限内对外转让的，受让方自受让之日起，可以在剩余期限内享受规定的减免税优惠；减免税期限届满后转让的，受让方不得就该项目重复享受减免税优惠。

根据财政部、国家税务总局《关于促进节能服务产业发展增值税、营业税和企业所得税政策问题的通知》（财税〔2010〕110号文件）的规定，自2011年1月1日起，对符合条件的节能服务公司实施合同能源管理项目，符合企业所得税税法有关规定的，自项目取得第一笔生产经营收入所属纳税年度起，第一年至第三年免征企业所得税，第四年至第六年按照25%的法定税率减半征收企业所得税，即享受“三免三减半”优惠。

所称节能服务公司，是指基于合同能源管理机制运作的提供用能状况诊断、节能项目设计、融资、改造（施工、设备安装、调试）、运行管理等服务的、以营利为目的的专业化公司。合同能源管理是一种基于市场运作的全新的节能新机制，不是简单地推销产品或技术，而是提供一种旨在降低能源费用的综合管理方法。所称“符合条件”是指同时满足以下两个条件：

①节能服务公司实施合同能源管理项目相关技术应符合国家质量监督检验检疫总局和国家标准化管理委员会发布的《合同能源管理技术通则》规定的技术要求。

②节能服务公司与用能企业签订“节能效益分享型”合同，其合同格式和内容，符合《合同法》和国家质量监督检验检疫总局和国家标准化管理委员会发布的《合同能源管理技术通则》等规定。

（四）软件产业和集成电路产业所得减免所得税优惠

根据财政部、税务总局、国家发展改革委员会、工业和信息化部《关于集成电路生产企业有关企业所得税政策问题的通知》（财税〔2018〕27号文件）的规定，为进一步支持集成电路产业发展，就有关企业所得税政策问题规定如下：

一是在2018年1月1日后投资新设的集成电路线宽小于130纳米，且经营期在10年以上的集成电路生产企业或项目，第一年至第二年免征企业所得税，第三年至第五年按照25%的法定税率减半征收企业所得税，即“二免三减半”优惠，并享受至期满为止。

二是在2018年1月1日后投资新设的集成电路线宽小于65纳米或投资额超过150亿元，且经营期在15年以上的集成电路生产企业或项目，第一年至第五年免征企业所得税，第六年至第十年按照25%的法定税率减半征收企业所得税，即“五免五减半”优惠，并享受至期满为止。

三是对于按照集成电路生产企业享受上述第一条、第二条税收优惠政策的，优惠期自企业获利年度起计算；对于按照集成电路生产项目享受上述优惠的，优惠期自项目取得第一笔生产经营收入所属纳税年度起计算。

四是享受第一条、第二条税收优惠政策的集成电路生产项目，其主体企业应符合集成电路生产企业条件，且能够对该项目单独进行会计核算、计算所得，并合理分摊期间费用。

五是在2017年12月31日前设立但未获利的集成电路线宽小于0.25微米或投资额超过80亿元，且经营期在15年以上的集成电路生产企业，自获利年度起第一年至第五年免征企业所得税，第六年至第十年按照25%的法定税率减半征收企业所得税，即“五免五减半”优惠，并享受至期满为止。

六是在2017年12月31日前设立但未获利的集成电路线宽小于0.8微米（含）的集成电路生产企业，自获利年度起第一年至第二年免征企业所得税，第三年至第五年按照25%的法定税率减半征收企业所得税，即“二免三减半”优惠，并享受至期满为止。

四、鼓励企业投资的所得税优惠

（一）鼓励向中小高新技术企业投资的所得税优惠

根据《企业所得税法》的规定，企业从事国家需要重点扶持和鼓励的创业投资，采取股权投资方式投资于未上市的中小高新技术企业2年（24个月）以上的，可以按照其投资额的70%在股权持有满2年的当年抵扣应纳税所得额。当年不足抵扣的，可以在以后纳税年度结转抵扣。应抵扣的所得额按以下公式计算：

当年应抵扣的应纳税所得额=创业投资额×70%

这项税收优惠政策的重要特征是，允许企业以一定比例的创业投资额抵扣应纳税所得额。

例如，某企业2017年度应纳税所得额为1 200万元，采取股权投资方式投资于未上市的中小高新技术企业的创业投资2 000万元，在本年度已满2年。则该企业2017年度准予从应纳税所得额中抵扣的投资额为1 400万元（2 000×70%），大于本年度应纳税所得额的部分为200万元（1 400-1 200），结转下一年度抵扣。本年度不缴纳企业所得税。

以上所称创业投资，是指向创业企业进行股权投资，以期所投资创业企业发育成熟或相对成熟后主要通过股权转让获得资本增值收益的投资方式。所称创业企业，系指在中华人民共和国境内注册设立的处于创建或重建过程中的成长性企业，但不含已经在公开市场上市的企业。所称中小高新技术企业，是指除取得高新技术企业资格外，还应符合职工人数不超过500人，年销售（营业）额不超过2亿元，资产总额不超过2亿元的条件。

（二）鼓励创业投资企业的所得税优惠

根据财政部、税务总局于2018年5月14日发布的《关于创业投资企业和天使投资个人有关税收政策的通知》（财税〔2018〕55号文件）的规定，自2018年1月1日起创业投资企业享受以下税收优惠政策：

（1）公司制创业投资企业采取股权投资方式直接投资于种子期、初创期科技型企业（以下简称初创科技型企业）满2年（24个月，下同）的，可以按照投资额的70%在股权持有满2年的当年抵扣该公司制创业投资企业的应纳税所得额；当年不足抵扣的，可以在以后纳税年度结转抵扣。

（2）有限合伙制创业投资企业（以下简称合伙创投企业）采取股权投资方式直接投资于初创科技型企业满2年的，该合伙创投企业的合伙人分别按以下方式处理：

一是法人合伙人可以按照对初创科技型企业投资额的70%抵扣法人合伙人从合伙创投企业分得的经营所得；当年不足抵扣的，可以在以后纳税年度结转抵扣。

二是个人合伙人可以按照对初创科技型企业投资额的70%抵扣个人合伙人从合伙创投企业分得的经营所得；当年不足抵扣的，可以在以后纳税年度结转抵扣。

享受本通知规定的税收政策的投资，仅限于通过向被投资初创科技型企业直接支付现金方式取得的股权投资，不包括受让其他股东的存量股权。所称投资额，按照创业投资企业或天使投资个人对初创科技型企业的实缴投资额确定。

以上所称初创科技型企业，应同时符合以下条件：

①在中国境内（不包括中国港、澳、台地区）注册成立、实行查账征收的居民企业；

②接受投资时，从业人数不超过200人，其中具有大学本科以上学历的从业人数不低于30%；资产总额和年销售收入均不超过3 000万元；

③接受投资时设立时间不超过5年（60个月）；

④接受投资时以及接受投资后2年内未在境内外证券交易所上市；

⑤接受投资当年及下一纳税年度，研发费用总额占成本费用支出的比例不低于20%。

享受本通知规定的税收政策的创业投资企业，应同时符合以下条件：

①在中国境内（不含中国港、澳、台地区）注册成立、实行查账征收的居民企业或合伙创投企业，且不属于被投资初创科技型企业的发起人；

②符合《创业投资企业管理暂行办法》（发展改革委等10部门令第39号）规定或者《私募投资基金监督管理暂行办法》（证监会令第105号）关于创业投资基金的特别规定，按照上述规定完成备案且规范运作；

③投资后2年内，创业投资企业及其关联方持有被投资初创科技型企业的股权比例合计应低于50%。

以上所称研发费用口径，按照《财政部 国家税务总局 科技部关于完善研究开发费用税前加计扣除政策的通知》（财税〔2015〕119号文件）等规定执行。

所称从业人数，包括与企业建立劳动关系的职工人员及企业接受的劳务派遣人员。从业人数和资产总额指标，按照企业接受投资前连续12个月的平均数计算，不足12个月的，按实际月数平均计算。所称销售收入，包括主营业务收入与其他业务收入；年销售收入指标，按照企业接受投资前连续12个月的累计数计算，不足12个月的，按实际月数累计计算。所称成本费用，包括主营业务成本、其他业务成本、销售费用、管理费用、财务费用。

（三）鼓励境外投资者以分配利润直接投资的所得税优惠

根据财税〔2017〕88号文件，为贯彻落实党中央、国务院决策部署，按照《国务院关于促进外资增长若干措施的通知》（国发〔2017〕39号文件）有关要求，进一步积极利用外资，促进外资增长，提高外资质量，鼓励境外投资者持续扩大在华投资，对境外投资者以分配利润直接投资暂不征收预提所得税。具体政策如下：

（1）对境外投资者从中国境内居民企业分配的利润，直接投资于鼓励类投资项目，凡符合规定条件的，实行递延纳税政策，暂不征收预提所得税。

（2）境外投资者暂不征收预提所得税须同时满足以下条件：

一是境外投资者以分得利润进行的直接投资，包括境外投资者以分得利润进行的增资、新建、股权收购等权益性投资行为，但不包括新增、转增、收购上市公司股份（符合条件的战略投资除外）。具体是指：

①新增或转增中国境内居民企业实收资本或者资本公积；

②在中国境内投资新建居民企业；

③从非关联方收购中国境内居民企业股权；

④财政部、税务总局规定的其他方式。

境外投资者采取上述投资行为所投资的企业统称为被投资企业。

二是境外投资者分得的利润属于中国境内居民企业向投资者实际分配已经实现的留存收益而形成的股息、红利等权益性投资收益。

三是境外投资者用于直接投资的利润以现金形式支付的，相关款项从利润分配企业的账户直接转入被投资企业或股权转让方账户，在直接投资前不得在境内外其他账户周转；境外投资者用于直接投资的利润以实物、有价证券等非现金形式支付的，相关资产所有权直接从利润分配企业转入被投资企业或股权转让方，在直接投资前不得由其他企业、个人代为持有或临时持有。

四是境外投资者直接投资鼓励类投资项目，是指被投资企业在境外投资者投资期限内从事符合以下规定范围的经营活动：

①属于《外商投资产业指导目录》所列的鼓励外商投资产业目录；

②属于《中西部地区外商投资优势产业目录》。

境外投资者通过股权转让、回购、清算等方式实际收回享受暂不征收预提所得税政策待遇的直接投资，在实际收取相应款项后7日内，按规定程序向税务部门申报补缴递延的税款。

（四）鼓励企业设备投资的所得税优惠

1.鼓励企业设备、器具投资的所得税优惠

根据财政部、税务总局《关于设备、器具扣除有关企业所得税政策的通知》（财税〔2018〕54号）的规定，为引导企业加大设备、器具投资力度，对企业在2018年1月1日至2020年12月31日期间新购进的设备、器具，单位价值不超过500万元的，允许一次性计入当期成本费用在计算应纳税所得额时扣除，不再分年度计算折旧；单位价值超过500万元的，仍按企业所得税法实施条例、《财政部 国家税务总局关于完善固定资产加速折旧企业所得税政策的通知》（财税〔2014〕75号）、《财政部 国家税务总局关于进一步完善固定资产加速折旧企业所得税政策的通知》（财税〔2015〕106号）等相关规定执行。

所称设备、器具，是指除房屋、建筑物以外的固定资产。

2.鼓励企业专用设备投资的所得税优惠

根据《企业所得税法》和财税〔2008〕48号文件的规定，企业购置并实际使用《环境保护专用设备企业所得税优惠目录》、《节能节水专用设备企业所得税优惠目录》和《安全生产专用设备企业所得税优惠目录》规定的环境保护、节能节水、安全生产等专用设备的，该专用设备投资额的10%可以从企业当年的应纳税额中抵免；当年不足抵免的，可以在以后5个纳税年度结转抵免。当年应抵免的企业所得税应纳税额按以下公式计算：

当年应抵免的应纳税额=专用设备投资额×10%

企业购置的享受上述税收优惠政策的专用设备在5年内转让、出租的，应当停止享受企业所得税优惠，并补缴已经抵免的企业所得税税款。转让的受让方可以按照该专用设备投资额的10%抵免当年企业所得税应纳税额，当年应纳税额不足抵免的，可以在以后5个纳税年度结转抵免。

所称专用设备投资额，是指购买专项设备取得的增值税专用发票上注明的不含税价款。为使主体设备正常运行所必备的专属附件的价值不包括在专用设备投资额内。

上述优惠政策只是反映我国企业所得税税收优惠中的部分重点内容，更为全面的企业所得税优惠政策，请参阅《企业所得税优惠事项管理目录（2017年版）》。为优化税收环境，有效落实企业所得税各项优惠政策，2018年4月25日国家税务总局发布修订后的《企业所得税优惠政策事项办理办法》（国家税务总局公告2018年第23号），进一步明确，对企业所得税优惠事项全面取消备案管理方式，改为采用“自行判别、申报享受、相关资料留存备查”的办理方式。此外，编制了包含69项所得税优惠事项的《企业所得税优惠事项管理目录（2017年版）》。23号公告明确规定："本办法适用于2017年度企业所得税汇算清缴及以后年度企业所得税优惠事项办理工作。《国家税务总局关于发布〈企业所得税优惠政策事项办理办法〉的公告》（国家税务总局公告2015年第76号）同时废止。"

第六节　居民企业来源于境外所得的税收抵免

由于经济的国际化和跨国经营活动的发生，所得税的分配也由单纯的国家分配关系逐步扩展为国家间的分配关系，因而会产生税收抵免问题。税收抵免是解决国际重复征税的一种税收方式。

一、税收抵免的一般方法

税收抵免是指居住国政府对居民企业来源于境内、境外的所得汇总征税时，对居民企业来源国外所得在国外已纳的所得税额，允许从汇总计算的税额中抵扣。税收抵免方法包括直接抵免法和间接抵免法两种。直接抵免法主要适用于跨国总、分机构之间的税收抵免；间接抵免法主要适用于跨国母、子公司之间的税收抵免。

（一）直接抵免法

直接抵免法一般适用于同一经济实体的总、分机构之间的税收抵免，是指居住国政府对其总公司所属的外国分公司所缴纳的外国公司所得税，允许总公司在应缴本国政府的公司所得税内给予抵免。直接抵免法又细分为全额抵免、普通抵免和补足差额抵免法三种具体方法。

1.全额抵免法

全额抵免法是指居住国政府将居民企业（或居民个人）来源于境内、境外的所得汇总计算征收所得税，允许居民企业（或居民个人）来源境外所得已向外国政府缴纳的所得税从汇总计算的税额中全额扣除。例如，某居民企业在某一纳税年度内从居住国取得的经营所得为4 000万元，来源于国外的所得为1 000万元。居住国和境外所得来源国的企业所得税税率均为30%。根据全额抵免法，居住国政府应征税额计算如下：

居住国政府应征税额=（4 000+1 000）×30%-1 000×30%=1 200（万元）

对居民企业来源于境内、境外所得征收所得税，并实行全额抵免法，体现了居住国政府的征税权力，但全额抵免法放弃了来源于国外所得的税收收入权利。

2.普通抵免法

普通抵免法是指居住国政府将本国居民企业来源境内、境外所得汇总计算所得税，允许居民企业将其来源于国外所得已向外国政府缴纳的所得税在应向本国缴纳的税额中抵免，但不能超过来源于国外所得按照本国税率计算的应纳税额，即普通抵免法是有抵免限额的抵免方法。例如，某居民企业在某一纳税年度内从居住国取得经营所得为5 000万元，来源于国外所得为2 000万元。居住国企业所得税税率为28%，境外所得来源国税率均为30%。根据普通抵免法：

允许抵免税额=2 000×28%=560（万元）

居住国政府应征税额=（5 000+2 000）×28%-2 000×28%=1 400（万元）

居住国不能抵免的税额=2 000×（30%-28%）=40（万元）

3.补足差额抵免法

补足差额抵免法，是指在国外税率低于本国税率的情况下，居住国政府只对居民企业来源于国外所得向来源国政府实际缴纳的所得税款给予抵免，并按境内、境外税率之差计算补缴税款。这是补足差额抵免法的基本特征。例如，某居民企业在某一纳税年度内从居住国取得经营所得4 000万元，来源于国外所得1 000万元。居住国税率为25%，境外所得来源国税率均为20%。根据补足差额抵免法：

允许抵免税额=来源于国外所得向外国政府实际缴纳的所得税=1 000×20%=200（万元）

向居住国补缴的所得税=1 000×（25%-20%）=50（万元）

基于上述分析可知：全额抵免法和补足差额抵免法基本上消除了国际重复征税问题，而普通抵免法只是在一定程度上起了缓和重复课税的作用，但普通抵免法有利于维护本国的经济权益。

（二）间接抵免法

间接抵免法适用于跨国母、子公司之间的税收抵免。母、子公司之间是一种参股或控股的不同经济实体之间的关系。作为母公司的投资回报，子公司要按控股比例向母公司支付股息。股息是子公司向其所在国缴纳所得税后的税后利润一部分，属于已税所得。母公司所在国要行使居民管辖权征税，自然要把包括收到子公司股息在内的来自各国的所得汇总计征所得税，股息部分因此而发生重复征税。居住国政府对本国居民来源于国外子公司的股息间接缴纳的外国所得税给予抵免时，应先将外国子公司支付的股息还原成税前的所得，再据此计算其所缴纳过的所得税和应抵免的税额，所以这种方法称为间接抵免法。

间接抵免按抵免层次不同，可分为一层间接抵免和多层间接抵免。一层间接抵免是指对母公司从其下属的一层附属子公司取得的股息所承担的外国所得税的抵免。多层间接抵免是指居住国对母公司来自外国子公司，并通过外国子公司来自其外国孙公司以及外国孙公司下属的外国重孙公司等多层外国附属公司的股息所应承担的外国所得税的税收抵免。一般来说，多层间接抵免最多不超过三层。

为了控制抵免范围和防止抵免被滥用，保护母、子公司间领导层公司所在居住国的经济利益，许多国家对允许享受间接抵免公司规定了一些严格的限定条件，包括必须拥有其下属外国公司一定比例的股权；必须是其下属公司的积极投资者等。

（三）税收抵免限额

如前所述，当居住国政府对本国居民企业来源于境内、境外所得汇总计算所得税时，对居民企业来源于国外所得已向外国政府缴纳的所得税给予税收抵免，但不能超过来源于国外所得按照本国税率计算的税额，这就是税收抵免限额。简单地说，税收抵免限额是指来源于国外所得按本国税率计算的税额。对跨国纳税人来源于国外所得在外国已纳税款未超过抵免限额的，允许全额抵免；超过限额的，按限额抵免，超过部分，不能抵免。抵免限额的计算方法主要有分国限额抵免、综合限额抵免和分项限额抵免三种。

1.分国限额抵免

分国限额抵免是综合限额抵免的对称，是指就纳税人从境外各国所取得的收入按不同国家分别计算抵免限额，然后按照其在该国缴纳税款数额与该国的抵免限额的关系，确定允许在居住国应纳税额中予以抵免的数额，从而分别计算出在居住国的实际应纳税数额的方法。

采用分国限额抵免的方法，纳税人在不同国家缴纳的所得税额要分别计算，抵免限额也是分别计算，不能彼此调剂使用。因而，当纳税人在一个税率较高国家缴纳的超过抵免限额的税额，无法在另一税率较低国家的剩余限额中进行抵扣。分国限额抵免的主要特点是，居民纳税人在不同的外国所纳税的抵免限额是相互独立的，不得相互补充调剂。

2.综合限额抵免

综合限额抵免是指对于纳税人来源于不同国家的所得汇总计算抵免限额，低于或等于抵免限额的那部分税额在向居住国缴纳的居民所得税款中扣除；对高于抵免限额的部分则不予抵免。综合限额抵免的抵免限额按以下公式计算：

$$\text{综合限额抵免的抵免限额}=\sum \text{来自所有非居住国应税所得}\times\text{居住国所得税税率}$$

3.分项限额抵免

分项限额抵免是指国际上一些采用综合限额抵免法的国家为了防止采用综合限额抵免后所发生的避税和偷税、漏税，在一国或多国直接抵免条件下，居住国政府将居民纳税人的某些外国所得项目与其他项目分开，单独计算其抵免限额。这样跨国纳税人就无法以低税率项目的不足限额去冲抵高税率项目的超限额，居住国政府因此可多征收一部分税款。其计算公式如下：

$$\begin{array}{c}\text{某一专项}\\\text{抵免限额}\end{array}=\left(\sum\begin{array}{c}\text{来自居住国和}\\\text{非居住国应税所得}\end{array}\times\begin{array}{c}\text{居住国}\\\text{所得税税率}\end{array}\right)\times\left(\frac{\begin{array}{c}\text{来自非居住国}\\\text{某一单项应税所得}\end{array}}{\sum\begin{array}{c}\text{来自居住国和}\\\text{非居住国应税所得}\end{array}}\right)$$

4.税收饶让抵免

饶让抵免亦称虚拟抵免，是指居住国政府对其居民企业（或居民个人）在国外得到减免税优惠的那一部分税额，视同已经缴纳，同样给予税收抵免待遇，不再按居住国税法规定的税率予以补征。税收饶让抵免的适用范围主要包括三类情况：一是对股息、利息和特许权使用费等预提税的减免税予以饶让抵免。二是对营业所得的减免税给予税收饶让抵免。三是对税收协定缔结以后，来源地国政府依据国内税法规定的新出台的税收优惠措施所做出的减免税，经缔约国双方一致同意，给予税收饶让抵免。

例如，甲国某总公司在乙国设立一个分公司，该分公司来源于乙国所得为2 000万元，乙国的所得税税率为30%。乙国为鼓励外来投资，对该分公司减按15%的税率征收所得税。这样，该分公司在乙国实际只缴纳300万元。甲国政府对该总公司征收所得税时，对其分公司在国外缴纳的所得税，不是按实际纳税额300万元进行抵免，而是按税法规定的税率计算的应纳税额600万元（2 000×30%）给予抵免。这种做法被称为饶让抵免。

饶让抵免是税收抵免内容的附加。税收抵免是纳税人在国外已纳过的税款允许在国内抵免，饶让抵免是指在允许税收抵免的基础上，对在国外享受的优惠政策而少交的税款也允许在国内进行抵免。饶让抵免与税收抵免的区别主要表现在：第一，饶让抵免是通过两国间的双边协定规定的，是双边税收措施；而税收抵免既可以是双边税收措施，也可以是单边税收措施。第二，饶让抵免属于虚拟抵免，即将纳税人在国外享受的减免税视同已经缴纳予以饶让抵免；而税收抵免是实在的，必须以纳税人在其所得来源国纳税为前提。第三，目的不同。饶让抵免属于税收优惠，以鼓励其在所得来源国投资；而税收抵免是为了避免对跨国纳税人的双重征税。

二、企业所得税的税收抵免方法

根据《企业所得税法》第二十三条关于境外税额直接抵免和第二十四条关于境外税额间接抵免的规定，居民企业（包括按境外法律设立但实际管理机构在中国，被判定为中国居民企业）可以就其取得的境外所得直接缴纳和间接负担的境外企业所得税性质的税额进行抵免。可抵免的境外税款，是指企业来源于中国境外所得依照外国税收法律以及相关规定应当缴纳并已实际缴纳具有所得税性质的税款，但不包括：（1）按照境外所得税法律及相关规定属于错缴或错征的境外所得税税款；（2）按照税收协定规定不应征收的境外所得税税款；（3）因少交或迟缴境外所得税而追加的利息、滞纳金或罚款；（4）境外所得税纳税人或者其利害关系人从境外征税主体得到实际返还或补偿的境外所得税税款；（5）按照《企业所得税法》及其实施条例的规定，已经免征我国企业所得税的境外所得负担的境外所得税税款；（6）按照国务院财政、税务主管部门的有关规定已经从企业境外应纳税所得额中扣除的境外所得税税款。企业所得税的税收抵免方法分为直接抵免法和间接抵免法。

（一）直接抵免法

直接抵免法，主要适用于居民企业来源于境外的营业利润所得在境外所缴纳的企业所得税的税收抵免，以及来源或发生于境外的股息、红利等权益性投资所得、利息、租金、特许权使用费、财产转让等所得在境外被源泉扣缴所得税的税收抵免。具体包括以下两层含义：

一是居民企业设在境外的分支机构取得的境外营业利润所得应与居民企业来源于境内所得汇总计算企业所得税，其分支机构取得的境外营业利润所得已向外国政府缴纳的所得税准予在我国应纳税额中抵免。

二是在中国境内设立机构、场所的非居民企业，可以就其取得的来源于或发生于境外的，但与非居民企业在中国境内设立的机构、场所有实际联系的股息、红利等权益性投资所得、利息、租金、特许权使用费、财产转让等所得在境外被源泉扣缴的预提所得税，准予在我国应纳税额中抵免。

所称实际联系，是指据以取得所得的权利、财产或服务活动由非居民企业在中国境内的分支机构拥有、控制或实施，如外国银行在中国境内分行以其可支配的资金向中国境外贷款，境外借款人就该笔贷款向其支付的利息，即属于发生在境外与该分行有实际联系的所得。

（二）间接抵免法

间接抵免法，主要适用于居民企业从其符合规定条件的境外子公司取得的股息、红利等权益性投资收益所得，在境外间接负担所得税的抵免。我国居民企业（母公司）的境外子公司在所在国（地区）缴纳企业所得税后，按规定分配给母公司的股息、红利部分在境外间接负担所得税，适用间接抵免法。境外子公司分配给母公司的股息、红利部分在境外间接负担所得税，在境外就其应税所得实际缴纳的企业所得税税额中，按母公司分得的所得股息、红利部分占境外子公司全部税后利润的比例乘以子公司在境外就其应税所得实际缴纳的企业所得税税额计算。

三、企业所得税的税收抵免限额

（一）企业所得税的税收抵免政策

根据税法规定：企业来源于中国境外所得依照《企业所得税法》规定的税率计算的应纳税额为税收抵免限额；居民企业来源于中国境外的应税所得和非居民企业在中国境内设立机构、场所，取得发生在中国境外但与该机构、场所有实际联系的应税所得，已在境外缴纳的所得税税额未超过抵免限额的，可以从当期计算的应纳税额中抵免；超过抵免限额的，按限额抵免；未得到抵免的税额，可以在以后5个年度内用每年度抵免限额抵免当年应抵税额后的余额进行抵补。

所称5个年度，是指从企业取得的来源于中国境外的所得，已经在境外缴纳的企业所得税性质的税额超过抵免限额的当年的次年起连续5个纳税年度。所称用每年度抵免限额抵免当年应抵免税额后的余额进行抵补，是指企业按照税法规定计算的抵免限额，首先用来抵免当年的应抵免税额，抵免后的当年抵免限额仍有余额的，可在余额内抵免以前年度未抵免的已交境外所得税。企业依法抵免税额时，应当提供境外税务机关填发的税款所属年度的纳税凭证。

例如，我国某居民企业结转上年超过抵免限额的税额为70万元，2017年度其设在境外某国的分支机构实现利润所得1 000万元，境外分支机构所在国所得税税率为20%，本年度的抵免限额=1 000×25%=250（万元），实际缴纳外国所得税=1 000×20%=200（万元），未超过抵免限额，准许在本年度的应纳税额中全部抵免。

抵免后，当年抵免限额仍有余额50万元（250-200），可从上年结转的未抵免限额余额70万元中继续抵免50万元，未得到结转抵扣的剩余部分20万元（70-50）可在下一年度的应纳税中继续结转抵免。该居民企业2017年度从汇总计算的应纳税额中合计抵免的税额为250万元（200+50）。

（二）企业所得税税收抵免限额的计算方法

1.分国限额抵免方法

根据《企业所得税法》的规定，除国务院财政、税务主管部门另有规定外，税收抵免限额应当分国（地区）不分项计算。所称分国计算，是指就纳税人从境外各国所取得的收入按不同国家分别计算抵免限额。所称不分项计算，是指纳税人从境外某国所取得的不同项目所得统一计算该国的税收抵免限额。这种方法的基本特征是：不同国家的抵免限额都是独立的，不能相互补充调剂。分国抵免限额按以下公式计算：

某国抵免限额=来源于某国的应税所得额×25%

【例8-2】某居民企业2017年度来源于境内所得800万元，设在A国的分支机构取得所得300万元，已向A国缴纳所得税90万元（持完税凭证）；设在B国的分支机构取得所得100万元，已向B国缴纳所得税20万元（持完税凭证）。要求计算本年度该企业的分国抵免税额和企业所得税应纳税额。

计算如下：

A国抵免限额=300×25%=75（万元）

已向A国缴纳所得税为90万元，超过抵免限额，按75万元抵免。

B国抵免限额=100×25%=25（万元）

已向B国缴纳所得税20万元，未超过抵免限额，按全额20万元抵免。

该居民企业抵免税额=75+20=95（万元）

该居民企业应缴本国所得税=（800+300+100）×25% -95=205（万元）

2.分国限额抵免方法的特殊规定

（1）根据财政部、税务总局《关于企业境外所得税收抵免有关问题的通知》（〔2009〕125号）的规定，属于下列情形的，经企业申请，主管税务机关核准，可以采取简易办法对境外所得已纳税额计算抵免。

一是企业从境外取得营业利润所得以及符合境外税额间接抵免条件的股息所得，虽有所得来源国（地区）政府机关核发的具有纳税性质的凭证或证明，但因客观原因无法真实、准确地确认应当缴纳并已经实际缴纳的境外所得税的，除就该所得直接缴纳及间接负担的税额在所得来源国（地区）的实际有效税率低于《企业所得税法》第四条第一款规定税率（25%）50%以上的外，可按境外应纳税所得额的

12.5%作为抵免限额。企业按该国（地区）税务机关或政府机关核发具有纳税性质凭证或证明的金额，不超过抵免限额的部分，准予抵免；超过的部分不得抵免。实际有效税率是指实际缴纳或负担的企业所得税税额与应纳税所得额的比率。

二是企业从境外取得营业利润所得以及符合境外税额间接抵免条件的股息所得，凡就该所得缴纳及间接负担的税额在所得来源国（地区）的法定税率且其实际有效税率明显高于我国的，可直接以按规定计算的抵免限额作为可抵免的已在境外实际缴纳的企业所得税税额。法定税率且实际有效税率明显高于我国（税率）的国家有美国、阿根廷、布隆迪、喀麦隆、古巴、法国、日本、摩洛哥、巴基斯坦、赞比亚、科威特、孟加拉国、叙利亚、约旦、老挝。

（2）根据财政部、国家税务总局《关于高新技术企业境外所得适用税率及税收抵免问题的通知》（财税〔2011〕47号文件），以境内、境外全部生产经营活动有关的研究开发费用总额、总收入、销售收入总额、高新技术产品（服务）收入等指标申请并经认定的高新技术企业，其来源于境外的所得可以享受高新技术企业所得税优惠政策，即对其来源于境外所得可以按照15%的优惠税率缴纳企业所得税，在计算境外抵免限额时，可按照15%的优惠税率计算境内外应纳税总额。

（3）中国一般不承担税收饶让抵免的义务，但如果缔约国双方都同意各自给予对方投资者的减免税视同已征税款予以抵免的待遇的，中国承担税收饶让抵免的义务。即居民企业从与我国政府订立税收协定（或安排）的国家（地区）取得的所得，按照该国（地区）税收法律享受了免税或减税待遇，且该免税或减税的数额按照税收协定规定应视同已缴税额在中国的应纳税额中抵免的，该免税或减税数额可作为企业实际缴纳的境外所得税税额用于办理税收抵免。

3.综合限额抵免方法

根据财政部、国家税务总局《关于完善企业境外所得税收抵免政策问题的通知》（财税〔2017〕84号）文件规定，企业可以选择按国（地区）别分别计算可抵免境外所得税税额和抵免限额（即“分国（地区）不分项”）；或者不按国（地区）别汇总计算（即“不分国（地区）不分项”）其来源于境外的应纳税所得额，并按照25%的税率分别计算其可抵免境外所得税税额和抵免限额。上述方式一经选择，5年内不得改变。

以【例8-2】为例，按综合限额抵免方法计算的税收抵免限额如下：

综合抵免限额=（300+100）×25%=100（万元）

已向A、B两国缴纳的国外所得税=90+20=110（万元），超过抵免限额，只能按限额100万元抵免。

四、来自单层或多层控股外国企业股息的税收抵免

根据《企业所得税法》第二十四条的规定，居民企业从其直接或者间接控制的外国企业分得的来源于中国境外的股息、红利等权益性投资收益，外国企业在境外实际缴纳的所得税税额中属于该项所得负担的部分，可以作为该居民企业的可抵免境外所得税税额，在限额内抵免。所称直接控制，是指居民企业直接持有外国企业20%以上的股份；所称间接控制，是指居民企业以间接持股方式持有外国企业20%以上的股份。例如，居民企业A持有某国B公司60%股份（A直接控制B），而B公司又持有国外另一家企业C公司40%的股权，则居民企业A间接持有C公司24%（60%×40%）的股份，则A间接控制C。居民企业直接或者间接控制的外国企业包括单层控股外国企业（子公司）和多层控制的外国企业（如子公司、孙公司、重孙公司等）。

（一）来自单层控股外国企业股息的税收抵免

单层控股外国企业也称一层控股外国企业，是指单一居民企业（母公司）直接持有20%以上股份的国外子公司。母公司从其下属的一层附属公司（子公司）取得的股息所承担的外国所得税的抵免，称为一层（单层）间接抵免。根据《企业所得税法》和有关法规的规定，境内母公司来源于直接持有20%以上股份的国外子公司的投资收益（股息）已缴纳外国所得税，可以从按国内、国外所得和本国税法规定的税率计算的应纳税总额中抵免。单层间接抵免的计算步骤如下：

第一步，计算母公司从国外子公司分得股息的税前所得。计算公式如下：

母公司来自子公司的所得=母公司分得子公司股息÷（1−子公司所得税税率）

例如，中国某居民公司A来源于国外子公司B分配的股息所得为160万元，子公司所在国的所得税税率为20%，则母公司从国外子公司分得股息的税前所得=160÷（1−20%）=200（万元）。

如果母公司从国外子公司分得的股息又被汇出方政府征收了预提所得税（税率一般为10%），此种情况下分得的股息为扣除预提所得税后的净股息。所以，在母公司计算来自子公司的所得时，应先将征收预提所得税后的净股息换算（还原）为征收预提所得税前的毛股息。将净股息换算为毛股息的计算公式如下：

母公司分得子公司股息=分得净股息÷（1−预提所得税税率）

第二步，计算母公司从国外子公司分得股息所得按本国税法规定应承担的所得税，即税收抵免限额。计算公式如下：

$$\text{母公司从国外子公司分得股息按本国税法规定应承担的所得税}=\text{母公司来自于子公司的所得}\times\text{母公司所得税税率}(25\%)$$

仍以上例为例，中国某居民公司A来源于国外子公司B分配的股息所得的税收抵免限额计算如下：

税收抵免限额=200×25%=50（万元）

第三步，计算母公司从国外子公司分得股息已间接缴纳的外国所得税。计算公式如下：

$$\text{分得股息已间接缴纳的外国所得税}=\text{子公司实际缴纳的税额}\times\frac{\text{子公司向母公司分配的股息红利}}{\text{子公司税后净利润}}$$

综合上例，中国某居民公司A来源于国外子公司B分配的股息所得为160万元，换算为税前所得为200万元，计算的税收抵免限额为50万元。子公司所在国的所得税税率为20%，子公司缴纳所得税税额为120万元，假定子公司税后净利润为440万元，则分得股息已间接缴纳外国所得税=120×160÷440=43.64（万元）。

第四步，根据孰小原则确定实际抵免税额。若母公司分得子公司股息实际间接负担的外国税款≤抵免限额时，按境外实际缴纳的税额进行抵免；若母公司分得子公司股息实际间接负担的外国税款＞抵免限额时，按限额抵免，超过抵免限额的部分当期不得抵扣，也不得列为费用支出，可用以后年度税收抵免限额的余额进行抵免，但结转抵免期限不得超过5年。

根据以上计算结果，分得股息已间接缴纳外国所得税43.64万元，税收抵免限额50万元，根据孰小原则确定实际抵免税额为43.64万元。

第五步，根据母公司来源于境内、境外所得总额和本国税法规定的税率计算的应纳税总额扣除抵免税额后的余额，为母公司实缴本国所得税。计算公式如下：

$$\text{母公司实缴本国所得税}=(\text{母公司境内所得}+\text{来源于境外所得})\times\text{母公司所在国的所得税税率}-\text{抵免税额}$$

【例8-3】我国居民企业甲公司2017年度在本国实现的所得为3 000万元，所得税税率为25%；同年甲公司在某外国的子公司缴纳公司所得税300万元，该国的所得税税率为15%，按股权比重向甲公司分配股息510万元。要求计算甲公司分得股息实际间接负担外国税款、抵免限额、实际抵免税额和甲公司本年度实缴本国所得税。

计算如下：

（1）母公司从国外子公司分得股息的税前所得=510÷（1−15%）=600（万元）

（2）抵免限额=600×25%=150（万元）

（3）甲公司分得股息实际间接负担的外国税款=600×15%=90（万元）

实际间接负担的外国税款90万元＜抵免限额150万元，实际抵免额为90万元。

（4）甲公司实缴本国所得税=（3 000+600）×25%−90=810（万元）

（二）来自多层控股外国企业股息的税收抵免

1.多层控股外国企业的概念

多层控股外国企业，是指由母公司直接或间接控制的设在国外的子公司、孙公司、重孙公司等外国企业。根据《中华人民共和国企业所得税法实施条例》第八十条规定，由居民企业直接或者间接持有20%以上股份的外国企业，限于符合以下持股方式的三层外国企业：

一是由单一居民企业（母公司）直接持有20%以上股份的外国企业（称为子公司层，属于母公司第一层控股）；

二是由单一第一层外国企业（国外子公司层）直接持有20%以上股份，且由单一居民企业（母公司）直接持有或通过一个或多个符合本条规定持股条件的外国企业间接持有总和达到20%以上股份的外国企业（称为孙公司层，属于母公司第二层控股）；

三是由单一第二层外国企业（国外孙公司层）直接持有20%以上股份，且由单一居民企业（母公司）直接持有或通过一个或多个符合本条规定持股条件的外国企业间接持有总和达到20%以上股份的外国企业（称为重孙公司层，属于母公司第三层控股）。

2.多层控股条件的综合判定

假设中国居民企业A分别控股了4家公司：甲国B1、甲国B2、乙国B3、乙国B4，持股比例分别为50%、50%、100%、100%；B1持有丙国C1公司30%股份，B2持有丙国C2公司50%股份，B3持有丁国C3公司50%股份，B4持有丁国C4公司50%股份；C1、C2、C3、C4分别持有戊国D公司20%、40%、25%、15%股份；D公司持有戊国E公司100%股份，如图8-1所示。

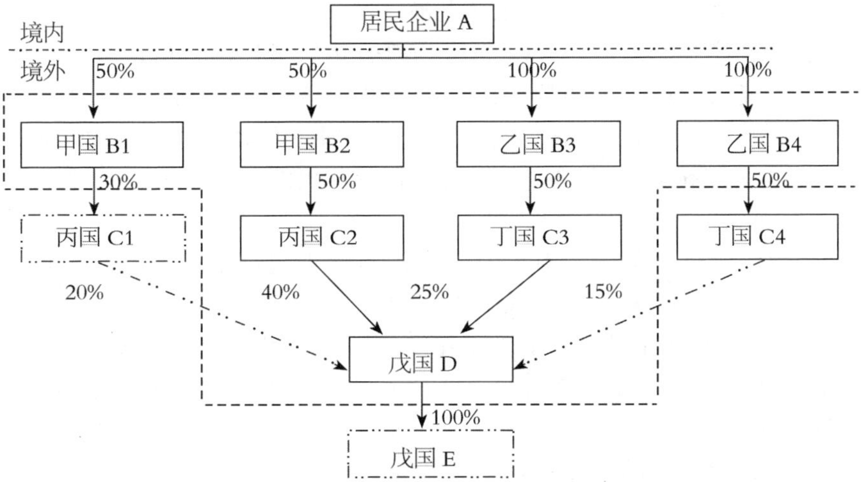

图8-1　中国居民企业A的控股图

综合判定分析如下：

（1）B层各公司间接抵免持股条件的判定。B层各公司包括B1、B2、B3、B4公司，均属于中国居民企业A的境外子公司，分别被A公司直接控股50%、50%、100%、100%，均符合间接抵免第一层公司的持股条件，即直接持有20%以上股份。所以，居民企业A来自甲国控制子公司B1、B2和来自乙国控制子公司B3、B4的股息所得，均属于直接控股20%的子公司，适用间接抵免。

（2）C层各公司间接抵免持股条件的判定。C层各公司（孙公司）包括丙国的

C1、C2，丁国的C3、C4公司。其中，C1公司虽然被符合条件的上一层公司B1控股30%，但居民企业A对C1公司间接控股比例为15%（50%×30%），未达到20%，是不符合间接抵免持股条件的公司。C2公司被符合条件的上一层公司B2控股50%，且被居民企业A间接控股达到25%（50%×50%），是符合间接抵免持股条件的公司。C3公司被符合条件的上一层公司B3控股50%，且被居民企业A间接控股达到50%（100%×50%），是符合间接抵免持股条件的公司。C4公司情形与C3公司相同，属于符合间接抵免持股条件的公司。

（3）D层公司间接抵免持股条件的判定。D层公司为戊国的一家公司，由C1、C2、C3、C4公司分别控股。其中：

D公司被C1控股达到了20%，但由于C1属于不符合持股条件的公司，所以，C1对D公司的20%持股也不得再计入D公司间接抵免持股条件的范围，来源于D公司20%部分的所得的已纳税额不能进入居民企业A的抵免范畴。

D公司被C2控股达到40%，但被A通过符合条件的B2、C2间接持股仅10%（50%×50%×40%），未达到20%，因此，还不能由此判定D是否符合间接抵免条件。

D公司被C3控股达到25%，且由A通过符合条件的B3、C3间接控股达12.5%，加上A通过B2、C2的间接控股10%，间接控股总和达到22.5%。因此，D公司符合间接抵免条件，其所纳税额中属于向C2和C3公司分配的65%（40%+25%）股息所负担的部分，可进入A公司的间接抵免范畴。

D公司被C4控股15%，虽然C4自身为符合持股条件的公司，但其对D公司的持股不符合直接控股达20%的持股条件。因此，该C4公司对D公司15%的持股，不能计入居民企业A对D公司符合条件的间接持股总和之中；同时，D公司所纳税额中属于向C4公司按其持股15%分配的股息所负担的部分，也不能进入居民企业A的间接抵免范畴。

居民企业A通过其他公司对E的间接控制由于超过了3层（居民企业A→B2（B3）→C2（C3）→D→E，E公司处于向下四层），因此，E公司不能被纳入A公司的间接抵免范畴；即使D公司和E公司在戊国实行集团合并（汇总）纳税，D公司就E公司所得所汇总缴纳的税额部分，也须在计算A公司间接负担税额时在D公司合并（汇总）税额中扣除。

3.多层间接抵免的计算方法

居住国对母公司来自其外国子公司，并通过外国子公司来自其外国孙公司以及外国孙公司下属的外国重孙公司等多层外国附属公司的股息所应承担的外国所得税的税收抵免，称为多层间接抵免。根据我国法律规定，多层间接抵免最多只限于母公司来源于国外子公司、孙公司和重孙公司3个层次控股外国企业的投资收益已纳的外国所得税的间接抵免。不满足间接持股总和达到20%以上条件的，不能享受间接税收抵免。

由于在多层控股外国企业中，母、子、孙、重孙等公司的关系呈现出层层控制的突出特征，在每一层公司向上一层公司支付的股息中，都含有收到的下一层公司支付的股息部分，也都包含了承担的本层公司和下一层公司的部分所得税额。所以，多层间接抵免的计算是从所涉及的最基层公司向上一层支付的股息所应承担的所得税额算起，逐层往上计算。即：首先，计算孙公司来自重孙公司的股息所应承担的所得税；其次，计算子公司来自孙公司的股息所应承担的所得税；最后，计算母公司（居民公司）来自子公司的股息所应承担的所得税。

假定以两层控股外国企业为例，按照母公司、子公司、孙公司股息收入发生的顺序，多层间接抵免的计算公式如下：

（1）由外国孙公司支付一部分股息给子公司，子公司收到的这部分股息应该承担孙公司缴纳的外国所得税，按以下公式计算：

$$子公司应承担孙公司的所得税=孙公司所得税\times（子公司股息\div孙公司税后所得）$$

子公司用其来自外国孙公司的股息加上这部分股息应分摊的孙公司所得税，即为这部分股息相应的税前利润（股息还原为孙公司税前所得）。计算公式如下：

$$子公司来自孙公司所得=来自孙公司股息+股息应承担的所得税$$

或：

$$\begin{matrix}子公司来自\\孙公司所得\end{matrix}=子公司股息+孙公司所得税\times（子公司股息\div孙公司税后所得）$$

（2）子公司本身（国内）的所得，加上来自外国孙公司的所得，为子公司的总所得，再扣除缴纳当地政府的所得税（其中已包括外国孙公司所得税的抵免），从其税后所得中按股票份额或比例分配一部分股息给母公司，母公司收到子公司的股息，应该承担子公司和孙公司缴纳的外国所得税，按以下公式计算：

$$\begin{matrix}母公司应承担的\\子、孙公司所得税\end{matrix}=\left(\begin{matrix}子公司\\所得税\end{matrix}+\begin{matrix}子公司承担的\\孙公司所得税\end{matrix}\right)\times\frac{母公司分得股息}{子公司税后所得}$$

根据上式所计算出来的应属母公司承担的外国子、孙公司所得税，在不超过抵免限额的条件下，可以允许母公司从其应缴居住国政府的所得税中进行扣除，否则应按限额扣除。与此相应的是，母公司在缴纳所得税时，应并入本身（国内）所得计算的外国子、孙公司所得的计算公式为：

$$母公司来自子、孙公司的所得=母公司股息+母公司应承担的子、孙公司所得税$$

此外，在各国对其公司汇出境外的股息课征预提所得税的情况下，还应考虑采用直接和间接相结合的方式进行税收抵免。根据上述计算方法及原理，对于其他三层以上的多层附属公司的外国税收间接抵免计算公式，可以此类推。

4.本层企业所纳税额属于由一家上一层企业负担的税额的计算

（1）本层企业，是指实际分配股息（红利）的境外被投资企业，如境外子公司等。

（2）本层企业实际承担的所得税，包括本层企业直接缴纳的所得税和由本层企业间接负担的税额。本层企业实际承担的所得税用公式表示如下：

本层企业实际承担的所得税=直接缴纳的所得税+间接负担的税额

所称直接缴纳的所得税，是指本层企业就利润和投资收益所实际缴纳的税额，即本层企业按所在国税法就利润缴纳的企业所得税和在被投资方所在国就分得的股息等权益性投资收益被源泉扣缴的预提所得税。

所称间接负担的税额，是指符合《企业境外所得税收抵免有关问题的通知》规定的由本层企业间接负担的税额，即该层企业由于从下一层企业分回股息（红利）而间接负担的由下一层企业就其利润缴纳的企业所得税税额。

每一层企业从其持股的下一层企业在一个年度中分得的股息（红利），若是由该下一层企业不同年度的税后未分配利润组成，则应按该股息（红利）对应的每一年度未分配利润分别计算就该项分配利润所间接负担的税额；按各年度计算的间接负担税额之和，即为取得股息（红利）的企业该一个年度中分得的股息（红利）所得所间接负担的所得税税额。

（3）本层企业向一家上一层企业分配的股息（红利），是指该层企业向上一层企业实际分配的扣缴预提所得税税前的股息（红利）数额（毛股息）。

（4）本层企业所纳税额属于由一家上一层企业负担的税额，以本层企业实际承担的所得税乘以本层企业向一家上一层企业分配的股息红利额占本层企业所得税后利润额的比重计算。计算公式如下：

$$\text{由上层企业负担的税额}=\text{本层企业实际承担的所得税}\times\frac{\text{向上层企业分配股息额}}{\text{本层企业所得税后利润额}}$$

本层企业所得税税后利润额，是指该层企业实现的利润总额减去就其利润实际缴纳的企业所得税后的余额。

【例8-4】中国居民企业A拥有设立在甲国的B企业60%的有表决权的股份，B同时拥有在乙国设立的C企业70%的有表决权股份。2017年A企业本部取得应纳税所得额为1 000万元，收到B企业分回股息90万元，A企业适用的企业所得税税率为25%。B企业本部实现应纳税所得额为500万元，收到C企业分回的股息85万元，适用20%的比例税率，预提所得税税率为10%。C企业实现的应纳税所得额为500万元，适用30%的比例税率，预提所得税税率为15%。假定B企业亦适用限额间接抵免的方式处理境外所得，B企业和C企业均按适用税率在当地已经实际缴纳了企业所得税，且A企业当年也无减免税和投资抵免。要求计算A企业2017年在中国缴纳多少企业所得税。

计算如下：

（1）计算B企业在甲国的应纳税额：

B企业从C企业实际分回净股息85万元，毛股息=85÷（1−15%）=100（万元）

B企业从C企业分回的净股息应负担的预提所得税=85÷（1−15%）×15%=15（万元）

B企业从C企业分回利润应由B企业承担的税款（从C企业分回股息实际负担的税额）计算如下：

①本层企业（C企业）实缴所得税=500×30%=150（万元）

②由本层企业（C企业）间接负担的税额=0（因为C企业没有下层企业）

③本层企业（C企业）向一家上一层企业（B企业）分配的股息=85+15=100（万元）

④本层企业（C企业）所得税税后利润=500×（1-30%）=350（万元）

将以上计算数据代入“本层企业所纳税额属于由一家上一层企业负担的税额”的计算公式，计算如下：

本层企业(C企业)所纳税额属于由一家上一层企业(B企业)负担的税额=（150+0）×100÷350=42.86（万元）

计算抵免额：

B企业从C企业分回股息的抵免限额=（85+15+42.86）×20%=28.572（万元）

C企业分配的股息实际负担税额42.86万元，大于抵免限额28.572万元，孰小原则，应按抵免限额28.572万元抵免。

B企业在甲国的应纳税额计算如下：

B企业从C企业分得股息的税前利润=100+42.86=142.86（万元）

B企业应纳税额=（500+142.86）×20%-28.572=100（万元）

（2）计算A企业在中国的应纳税额：

A企业从B企业实际分回净股息还原为毛股息=90÷（1-10%）=100（万元）

A企业从B企业分回净股息应承担的预提所得税=90÷（1-10%）×10%=10（万元）

A企业从B企业分回利润应由A企业承担的税款计算如下：

①B企业实际缴纳的所得税额=500×20%=100（万元）

②B企业间接负担C企业的所得税=15+42.86=57.86（万元）

③B企业向上一层企业（A企业）分配股息换算为毛股息=90÷（1-10%）=100（万元）

④B企业的税后利润=500×（1-20%）+85（从C企业分回净股息）=485（万元）

将计算数据代入“本层企业所纳税额属于由一家上一层企业负担的税额”的计算公式，计算如下：

$$\text{本层企业(B)所纳税额属于由一家上一层企业(A)负担的税额}=\left[100\left(\text{本层企业B实际缴纳的税额}\right)+57.86\left(\text{本层企业B间接负担C企业的税额}\right)\right]\times 100\left(\text{本层企业B向一家上一层企业A分配的毛股息}\right)\div 485\left(\text{本层企业B所得税后利润额}\right)$$

$$=32.55\text{(万元)}$$

计算抵免额：

①A企业从B企业分回股息的抵免限额=（分回净股息90+股息预提税10+股息负担的税额32.55）×A企业居住国税率25%=132.55×25%=33.14（万元）。

②B企业分配股息实际负担的税额=32.55+10（股息预提税）=42.55（万元），大于抵免限额33.14万元，按限额抵免。

③A企业2017年应向中国缴纳企业所得税计算如下：

企业所得税应纳税额=（1 000+100+32.55）×25%−33.14=250（万元）

第七节　企业重组与清算的所得税处理

一、企业重组业务的所得税处理

（一）企业重组的主要方式

企业重组，是指企业在日常经营活动以外发生的法律结构或经济结构重大改变的交易，是对企业的资金、资产、劳动力、技术、管理等要素进行重新配置，构建新的生产经营模式，使企业在变化中保持竞争优势的过程。企业在重组过程中涉及资产计税基础的确定、资产转让所得或者损失的确认等税务问题。根据财政部、国家税务总局颁布的《关于企业重组业务企业所得税处理若干问题的通知》（财税〔2009〕59号）规定，企业重组包括企业法律形式改变、债务重组、股权收购、资产收购、合并、分立等六种基本方式。

1.企业法律形式改变

企业法律形式改变，是指企业注册名称、住所以及企业组织形式等的简单改变，但符合本通知规定其他重组的类型除外。企业组织形式，是指企业财产及其社会化大生产的组织状态，它表明一个企业的财产构成、内部分工协作与外部社会经济联系的方式。具体的组织形式有有限责任公司、股份有限公司、个人独资公司、一人有限公司、合伙企业等。所称企业组织形式改变，是指将一种组织形式改变成另一种组织形式，如企业由法人转变为个人独资企业、合伙企业等非法人组织。

2.企业债务重组

债务重组，是指在债务人发生财务困难的情况下，债权人按照其与债务人达成的书面协议或者法院裁定书，就其债务人的债务做出让步的事项。例如：A公司因向B公司销售产品而拥有B公司100万元债权，合同期已届满，B公司因经营不善无力还款，于是双方达成书面协议，同意A公司的债权转为对B公司拥有的股权，即属于债务重组。这是企业重组中较常见的一种形式。

3.企业股权收购

股权收购，是指一家企业（收购企业）购买另一家企业（被收购企业）的股权，以实现对被收购企业控制的交易。收购企业支付对价的形式包括股权支付、非股权支付或两者的组合。所称股权支付，是指企业重组中购买、换取资产的一方支付的对价中，以本企业或其控股企业的股权、股份作为支付的形式；所称非股权支付，是指以本企业的现金、银行存款、应收款项、本企业或其控股企业股权和股份以外的有价证券、存货、固定资产、其他资产以及承担债务等作为支付的形式。例如：A公司与B公司达成协议，A公司收购B公司60%的股权，A公司支付B公司股东的对价为500万元银行存款以及A公司控股的C公司10%股权，A公司收购股权后实现了对B公司的控制。在该股权收购中A公司为收购企业，B公司为被收购企业。

4.企业资产收购

资产收购，是指一家企业（受让企业）购买另一家企业（转让企业）实质经营性资产的交易。受让企业支付对价的形式包括股权支付、非股权支付或两者的组合。例如：A公司与B公司达成协议，A公司购买B公司经营性资产（包括固定资产、存货等），该经营性资产的公允价值为1 000万元，A公司支付的对价为本公司10%股权、100万元银行存款以及承担B公司200万元债务。在该资产收购中A公司为受让企业，B公司为转让企业。

5.企业合并

合并，是指一家或多家企业（被合并企业）将其全部资产和负债转让给另一家现存或新设企业（合并企业），被合并企业股东换取合并企业的股权或非股权支付，实现两个或两个以上企业的依法合并。合并可分为吸收合并和新设合并两种方式。吸收合并是指两个以上的企业合并时，其中一个企业吸收了其他企业而存续（简称存续企业），被吸收的企业解散。例如：A公司系股东X公司投资设立的有限责任公司，现将全部资产和负债转让给B公司，B公司支付A公司股东X公司银行存款500万元作为对价，A公司解散。在该吸收合并中，A公司为被合并企业，B公司为合并企业，且为存续企业。新设合并是指两个以上企业并为一个新企业，合并各方解散。例如：现有A公司和B公司均为X公司控股下的子公司，现A公司和B公司将全部资产和负债转让给C公司，C公司向X公司支付30%股权作为对价。合并完成后，A公司和B公司均解散。在该新设合并中，A公司和B公司为被合并企业，C公司为合并企业。

6.企业分立

分立，是指一家企业（被分立企业）将部分或全部资产分离转让给现存或新设的企业（分立企业），被分立企业股东换取分立企业的股权或非股权支付，实现企业的依法分立。分立可以采取存续分立和新设分立两种形式。存续分立是指被分立企业存续，而其一部分分出设立为一个或数个新的企业。例如：A公司将部分资产剥离，转让给B公司，同时为A公司股东换取B公司100%股权，A公司继续经营。在该分立重组中，A公司为被分立企业，B公司为分立企业。新设分立是指被分立企业解散，分立出的各方分别设立为新的企业。例如，A公司将全部资产分离转让给新设立B公司，同时为A公司股东换取B公司100%股权，A公司解散。

（二）企业一般性重组业务的所得税处理

企业重组业务的所得税处理，包括一般性重组业务的所得税处理和特殊性重组业务的所得税处理。企业一般性重组业务的所得税处理主要包括以下内容：

1.企业法律形式改变的税务处理

企业法律形式改变，分别按以下规定进行所得税处理：

（1）企业由法人转变为个人独资企业、合伙企业等非法人组织，或将登记注册地转移至中华人民共和国境外（包括中国港、澳、台地区），应视同企业进行清算、分配，股东重新投资成立新企业。企业的全部资产以及股东投资的计税基础均应以公允价值为基础确定。

（2）企业发生其他法律形式简单改变的，可直接变更税务登记，除另有规定外，有关企业所得税纳税事项（包括亏损结转、税收优惠等权利和义务）由变更后企业承继，但因住所发生变化而不符合税收优惠条件的除外。

2.企业债务重组的所得税处理

（1）企业在债务重组中，发生以非货币性资产清偿债务，或者以非货币性资产购买股权的，应当分解为转让资产和清偿债务或投资两项业务，确认有关资产的转让所得或损失；发生债权转为股权业务（债转股）的，应当分解为债务的清偿和股权投资两项业务，确认有关债务重组的所得或损失。债务人应当按照支付的债务清偿额低于债务计税基础的差额，确认债务重组所得；债权人应当按照收到的债务清偿额低于债权计税基础的差额，确认债务重组损失。

【例8-5】某工业制造公司（增值税一般纳税人）欠乙企业购货款200万元，由于该公司暂时财务困难，经双方协商同意，该公司于2018年12月以产品抵债。已知该产品成本为120万元，市场公允价格为150万元（不含增值税），增值税税率为16%，余额不再偿还。

要求：计算该公司以产品抵债业务应纳税所得额，并对相关业务进行会计处理。

计算如下：

增值税（销项税额）=150×16%=24（万元）

债务重组利得=200-150-24=26（万元）

会计处理如下：

借：应付账款——乙公司　　　　2 000 000

贷：主营业务收入　　1 500 000
　　应交税费——应交增值税（销项税额）　　240 000
　　营业外收入——债务重组利得　　260 000

结转成本时：

借：主营业务成本　　1 200 000
　贷：库存商品　　1 200 000

期末结账时：

借：本年利润　　1 200 000
　贷：主营业务成本　　1 200 000

借：主营业务收入　　1 500 000
　贷：本年利润　　1 500 000

借：营业外收入——债务重组利得　　260 000
　贷：本年利润　　260 000

（2）企业在债务重组中，以固定资产抵债的，应当分解为转让资产和清偿债务或投资两项业务，确认有关资产的转让所得或损失。发生债权转为股权业务（债转股）的，应当分解为债务的清偿和投资两项业务，确认有关债务重组的所得或损失。债务人应当按照支付的债务清偿额低于债务计税基础的差额，确认债务重组所得；债权人应当按照收到的债务清偿额低于债权计税基础的差额，确认债务重组损失。

【例 8-6】甲企业与乙企业达成债务重组协议，甲企业将一辆小汽车（原价 100 000 元，累计折旧 40 000 元，公允价值 70 000 元）偿还乙企业的债务 80 000 元。假定以上资产未计提减值准备。要求：对甲企业以使用过车辆抵债业务进行所得税处理及会计处理。

①甲企业将资产作为抵债处理时的会计分录如下：

借：固定资产清理（100 000-40 000）　　60 000
　　累计折旧　　40 000
　贷：固定资产　　100 000

②甲企业计算债务重组收益：

债务重组收益=80 000-70 000=10 000（元）

资产转让收益=70 000-60 000=10 000（元）

③甲企业对抵债及收益进行会计处理时：

借：应付账款　　80 000
　贷：固定资产清理　　60 000
　　营业外收入——处置非流动资产收益　　10 000
　　　　　　　——债务重组利得　　10 000

3.企业整体资产置换的所得税处理

企业整体资产置换，即一家企业以其经营活动的全部或其独立核算的分支机构与另一家企业的经营活动的全部或其独立核算的分支机构进行整体交换，资产置换双方企业都不解散。

企业整体资产置换应遵循以下原则进行税务处理：

一是应在交易发生时将其分解为按公允价值销售全部资产和按公允价值购买另一方全部资产的经济业务进行所得税处理，并按规定计算、确认资产转让所得或损失。

二是作为资产置换交易补价（双方全部资产公允价值的差额）的货币性资产占换入总资产公允价值的比重不高于25%的，经税务机关审核确认，资产置换双方企业均不确认资产转让的所得或损失。

整体资产置换的交易双方换入资产的成本，应以换出资产原账面净值为基础确定。具体方法如下：

一是整体资产置换交易中的双方企业对各项换入资产成本的确定，按换入各项资产的公允价值占换入全部资产的公允价值总额的比例，对换出资产的原账面净值总额进行分配，据以确定各项换入资产的成本。

二是整体资产置换交易中支付补价的一方，应以换出资产原账面净值与支付的补价之和为基础，确定换入资产的成本。

三是整体资产置换交易中收到补价的一方，应以换出资产原账面净值扣除补价，作为换入资产成本确定的基础。

【例8-7】因企业重组，地处某城市的甲企业与乙企业进行整体资产置换。已知甲企业换出A项资产的原账面净值为500万元，换出B项资产的原账面净值为300万元，公允价值分别为A项资产600万元，B项资产400万元；乙企业换出资产的原账面净值分别为C项资产800万元，D项资产200万元，公允价值分别为C项资产700万元，D项资产200万元，同时向甲企业支付补价100万元。要求：确定甲、乙企业换入各项资产的成本。

分析如下：

（1）乙企业支付的补价100万元占换入总资产公允价值1 000万元的比重（10%）未超过25%，经主管税务机关审核同意，资产置换双方企业不确认资产转让所得或损失。

（2）交易双方换入资产的成本，应以换出资产的原账面净值为基础确定。本例题存在资产交易支付补价，根据规定，支付补价方应以换出资产的原账面净值与支付补价之和为基础确定换入资产的成本；收到补价的一方应以换出资产的账面净值扣除补价作为换入资产成本的确定基础。用公式表示如下：

甲企业换入资产总成本=换出资产的账面净值-补价收入

乙企业换入资产总成本=换出资产的账面净值+补价支出

计算如下：

甲企业换入资产总成本=（500+300）-100=700（万元）

乙企业换入资产总成本=（800+200）+100=1 100（万元）

（3）按换入各项资产的公允价值占换入全部资产公允价值总额的比重，对换出资产原账面净值进行分配，以确认各项换入资产的成本。计算公式如下：

换入某项资产成本=换入某项资产公允价值/换入全部资产公允价值×换入资产总成本

甲企业：

换入C项资产成本=700÷900×700=544.44（万元）

换入D项资产成本=200÷900×700=155.56（万元）

乙企业：

换入A项资产成本=600÷1 000×1 100=660（万元）

换入B项资产成本=400÷1 000×1 100=440（万元）

4.企业股权收购、资产收购重组交易的所得税处理

企业股权收购、资产收购重组交易，相关交易应按以下规定进行所得税处理：

（1）被收购方应确认股权、资产转让所得或损失。

（2）被收购企业的相关所得税事项原则上保持不变。

（3）收购方取得股权或资产的计税基础应以公允价值为基础确定。

5.企业合并的所得税处理

企业合并，当事各方应按下列规定进行所得税处理：

（1）合并企业应按公允价值确定接受被合并企业各项资产和负债的计税基础。

（2）被合并企业及其股东都应按清算进行所得税处理。

（3）被合并企业的亏损不得在合并企业结转弥补。

6.企业分立的所得税处理

企业分立，当事各方应按下列规定进行所得税处理：

（1）被分立企业对分立出去资产应按公允价值确认资产转让所得或损失。

（2）分立企业应按公允价值确认接受资产的计税基础。

（3）被分立企业继续存在时，其股东取得的对价应视同被分立企业分配进行处理。

（4）被分立企业不再继续存在时，被分立企业及其股东都应按清算进行所得税处理。

（5）企业分立相关企业的亏损不得相互结转弥补。

（三）企业特殊性重组业务的所得税处理

根据财政部、国家税务总局《关于企业重组业务企业所得税处理若干问题的通

知》（财税〔2009〕59号文件）的规定，企业发生的重组业务同时符合下列条件的，适用特殊性税务处理：一是具有合理的商业目的，且不以减少、免除或者推迟缴纳税款为主要目的；二是被收购、合并或分立部分的资产或股权比例符合规定的比例；三是企业重组后的连续12个月内不改变重组资产原来的实质性经营活动；四是重组交易对价中涉及股权支付金额符合规定比例；五是企业重组中取得股权支付的原主要股东，在重组后连续12个月内，不得转让所取得的股权。凡是不能同时符合以上规定条件的重组业务，不适用特殊性税务处理。

1.股权支付部分的税务处理

企业重组符合上述适用特殊性税务处理规定条件的，交易各方对其交易中的股权支付部分，可以按以下规定进行特殊性税务处理：

（1）债务重组。按其股权支付部分确认的应纳税所得额占该企业当年应纳税所得额50%以上的债务重组，可以在5个纳税年度的期间内，均匀计入各年度的应纳税所得额。企业发生债权转股权业务，对债务清偿和股权投资两项业务暂不确认有关债务清偿所得或损失，股权投资的计税基础以原债权的计税基础确定。企业的其他相关所得税事项保持不变。

（2）股权收购。收购企业购买的股权不低于被收购企业全部股权的50%（根据财税〔2014〕109号文件规定，将财税〔2009〕59号文规定的75%调整为50%），且收购企业在该股权收购发生时的股权支付金额不低于其交易支付总额的85%的股权收购，可以选择按以下规定处理：一是被收购企业的股东取得收购企业股权的计税基础，以被收购股权的原有计税基础确定；二是收购企业取得被收购企业股权的计税基础，以被收购股权的原有计税基础确定；三是收购企业、被收购企业的原有各项资产和负债的计税基础和其他相关所得税事项保持不变。

（3）资产收购。受让企业收购的资产不低于转让企业全部资产的50%（根据财税〔2014〕109号文件的规定，将财税〔2009〕59号文规定的75%调整为50%），且受让企业在该资产收购发生时的股权支付金额不低于其交易支付总额的85%的资产收购，可以选择按以下规定处理：一是转让企业取得受让企业股权的计税基础，以被转让资产的原有计税基础确定；二是受让企业取得转让企业资产的计税基础，以被转让资产的原有计税基础确定。

（4）企业合并。企业股东在该企业合并发生时取得的股权支付金额不低于其交易支付总额的85%，以及同一控制下且不需要支付对价的企业合并，可以选择按以下规定处理：一是合并企业接受被合并企业资产和负债的计税基础，以被合并企业的原有计税基础确定；二是被合并企业合并前的相关所得税事项由合并企业承继；三是可由合并企业弥补的被合并企业亏损的限额=被合并企业净资产公允价值×截至合并业务发生当年年末国家发行的最长期限的国债利率；四是被合并企业股东取得合并企业股权的计税基础，以其原持有的被合并企业股权的计税基础确定。

（5）企业分立。被分立企业所有股东按原持股比例取得分立企业的股权，分立企业和被分立企业均不改变原来的实质经营活动，且被分立企业股东在该企业分立发生时取得的股权支付金额不低于其交易支付总额的85%的企业分立，可以选择按以下规定处理：一是分立企业接受被分立企业资产和负债的计税基础，以被分立企业的原有计税基础确定；二是被分立企业已分立出去资产相应的所得税事项由分立企业承继；三是被分立企业未超过法定弥补期限的亏损额可按分立资产占全部资产的比例进行分配，由分立企业继续弥补；四是被分立企业的股东取得分立企业的股权（新股），如需部分或全部放弃原持有的被分立企业的股权（旧股），新股的计税基础应以放弃旧股的计税基础确定。如不需放弃旧股，则其取得新股的计税基础可从以下两种方法中选择确定：一是直接将新股的计税基础确定为零；二是以被分立企业分立出去的净资产占被分立企业全部净资产的比例先调减原持有的旧股的计税基础，再将调减的计税基础平均分配到新股上。

企业发生涉及中国境内与境外之间（包括中国港、澳、台地区）的股权和资产收购交易，除应符合上述“企业分立”规定的条件外，还应同时符合下列条件，才可选择适用特殊性税务处理规定：一是非居民企业向其100%直接控股的另一非居民企业转让其拥有的居民企业股权，没有因此造成以后该项股权转让所得预提税负担变化，且转让方非居民企业向主管税务机关书面承诺在3年（含3年）内不转让其拥有受让方非居民企业的股权；二是非居民企业向与其具有100%直接控股关系的居民企业转让其拥有的另一居民企业股权；三是居民企业以其拥有的资产或股权向其100%直接控股的非居民企业进行投资；四是财政部、国家税务总局核准的其他情形。

企业重组交易各方符合上述“股权支付适用特殊性税务处理的具体规定”的，对资产收购交易中的股权支付部分，暂不确认有关资产的转让所得或损失。如果资产收购中，受让企业收购的资产低于转让企业全部资产的50%的，或受让企业在该资产收购发生时的股权支付金额低于其交易支付总额的85%的，则不享受暂不确认有关资产的转让所得或损失的优惠政策，应按规定计算缴纳企业所得税。居民企业以其拥有的资产或股权向其100%直接控股关系的非居民企业进行投资，其资产或股权转让收益如选择特殊性税务处理，可以在10个纳税年度内均匀计入各年度应纳税所得额。

在企业吸收合并中，合并后的存续企业性质及适用税收优惠的条件未发生改变的，可以继续享受合并前该企业剩余期限的税收优惠，其优惠金额按存续企业合并前一年的应纳税所得额（亏损计为零）计算。在企业存续分立中，分立后的存续企业性质及适用税收优惠的条件未发生改变的，可以继续享受分立前该企业剩余期限的税收优惠，其优惠金额按该企业分立前一年的应纳税所得额（亏损计为零）乘以分立后存续企业资产占分立前该企业全部资产的比重计算。

企业在重组发生前后连续12个月内分步对其资产、股权进行交易，应根据实质重于形式原则将上述交易作为一项企业重组交易进行处理。

企业发生符合规定的特殊性重组条件并选择特殊性税务处理的，当事各方应在该重组业务完成当年企业所得税年度申报时，向主管税务机关提交书面备案资料，证明其符合各类特殊性重组规定的条件。企业未按规定书面备案的，一律不得按特殊重组业务进行税务处理。

2.股权、资产划转的税务处理

根据财税〔2014〕109号文件的规定，对100%直接控制的居民企业之间，以及受同一或相同多家居民企业100%直接控制的居民企业之间按账面净值划转股权或资产，凡具有合理商业目的，不以减少、免除或者推迟缴纳税款为主要目的，股权或资产划转后连续12个月内不改变被划转股权或资产原来实质性经营活动，且划出方企业和划入方企业均未在会计上确认损益的，可以选择按以下规定进行特殊性税务处理：一是划出方企业和划入方企业均不确认所得；二是划入方企业取得被划转股权或资产的计税基础，以被划转股权或资产的原账面净值确定；三是划入方企业取得的被划转资产，应按其原账面净值计算折旧扣除。这将大大降低集团内企业内部交易的税收成本，促进企业的资源整合和业务重组。

3.非股权支付部分的税务处理

对资产收购交易中的非股权支付部分，应在交易当期确认相应的资产转让所得或损失，按规定计算缴纳企业所得税，并调整相应资产的计税基础。非股权支付相应资产转让所得或损失，按以下公式计算：

$$\begin{matrix}\text{非股权支付对应的}\\\text{资产转让所得或损失}\end{matrix}=\left(\begin{matrix}\text{被转让资产}\\\text{的公允价值}\end{matrix}-\begin{matrix}\text{被转让资产}\\\text{的计税基础}\end{matrix}\right)\times\frac{\text{非股权支付金额}}{\text{被转让资产的公允价值}}$$

例如：甲企业持有乙企业100%股权，共计1 120万股。2017年10月甲企业将持有的乙企业80%股权转让给丙公司，每股资产的历史成本即计税基础为8元，每股资产的公允价值为10元。在收购对价中，丙公司以其拥有的其他企业的股权支付了8 064万元，以银行存款支付896万元。

分析如下：

（1）在资产收购对价中，由于丙公司收购乙企业的股权占乙全部股权的比重达到80%，符合“受让企业收购的资产不低于转让企业全部资产的50%”的规定；且股权支付金额占其交易支付总额的90%，符合“受让企业在该资产收购发生时的股权支付金额不低于其交易支付总额的85%”的规定。所以，上述股权收购行为符合重组业务特殊税务处理的条件。

（2）根据财政部、国家税务总局《关于企业重组业务企业所得税处理若干问题的通知》（财税〔2009〕59号）的规定，甲企业取得丙公司收购其持有100%股权的乙企业以股权支付部分，暂不确认资产的转让所得或损失。所以，甲企业取得的股权支付部分现不需缴纳企业所得税。

（3）在资产收购交易中涉及的非股权支付金额，应在交易当期由被收购企业的股东（甲企业）确认资产转让所得。

（4）非股权支付对应的资产转让所得或损失的计算如下：

$$\text{非股权支付对应的资产转让所得或损失}=\left(\text{被转让资产的公允价值}-\text{被转让资产的计税基础}\right)\times\frac{\text{非股权支付金额}}{\text{被转让资产的公允价值}}$$

$$=(1\,120\times80\%\times10-1\,120\times80\%\times8)\times[896\div(1\,120\times80\%\times10)]$$

$$=179.2\text{（万元）}$$

根据计算结果，按甲企业取得的由丙公司以非股权支付部分（以银行存款支付896万元）计算的资产转让所得179.2万元，应计入甲企业的应纳税所得额。

又如：甲企业整体资产转让给乙企业。转让前，甲企业整体资产账面价值（计税基础）为4 000万元，其公允价值为1亿元（评估价值）。乙企业支付股权9 000万元（计税基础为9 000万元），支付非股权现金1 000万元。由于甲企业全部资产100%转让，超过50%；同时，乙企业支付股权9 000万元，占支付总额的90%，超过85%。因此，甲企业整体资产转让符合适用特殊性重组业务税务处理规定。具体处理如下：

（1）甲企业收取乙企业的股权支付9 000万元，暂不确认转让资产的所得或损失。

（2）甲企业收取的非股权支付1 000万元，应在交易当期确认相应的资产转让所得或损失。非股权支付额1 000万元对应的资产转让所得或损失为：

$$\text{非股权支付对应的资产转让所得}=(10\,000-4\,000)\times(1\,000\div10\,000)=600\text{（万元）}$$

（3）受让企业（乙企业）取得转让资产的计税基础，按被转让资产的原有计税基础确定，即乙企业收购甲企业全部资产的计税基础为4 000万元。

（4）转让企业（甲企业）取得受让企业股权的计税基础，按被转让资产的原有计税基础确定。甲企业转让资产的计税基础为4 000万元，被收购后取得现金1 000万元，税法确认转让所得600万元，所以，其股权的计税基础为3 600万元（4 000−1 000+600）。

二、企业清算的概念及法定程序

（一）企业清算的概念

清算，是为了终结现存的法律关系、处理其剩余财产、使之归于消灭而进行的一个程序，包括计算、核实等。公司清算是企业在终止过程中，为终结企业现存的各种经济关系，对企业的财产进行清查、估价、变现、清理债权债务、分配剩余财产的行为。公司解散、歇业以后，公司不复存在，其权利义务无承受者，所以，公司解散时，对其存在期间所发生的各种法律关系都应妥善了结，进行清算。企业清算是基于企业面临终止的情况下发生的，由负有企业清算义务的主体（享有资产权益的义务主体），按照法律规定的方式、程序而为的行为。根据《公司法》的规定，公司因下列情形而解散的，应当在解散事由出现之日起15日内成立清算组，开始清算。一是公司章程规定的营业期限届满或者公司章程规定的其他解散事由出现；二是股东会或者股东大会决议解散；三是依法被吊销营业执照、责令关闭或者被撤销；四是公司经营管理发生严重困难，继续存续会使股东利益受到重大损失，通过其他途径不能解决的，持有公司全部股东表决权10%以上的股东请求人民法院解散公司，即申请破产清算。

（二）企业破产清算的法定程序

破产清算是指在债务人全部财产不足以清偿其债务，或无力清偿其到期债务的情况下，依法就债务人的全部财产对债权人进行公平清偿的一种司法偿债程序。所称破产是指当债务人的全部资产无法清偿到期债务时，由法院宣告破产解散。破产是债权实现的一种特殊形式，是在特定情况下运用的一种偿债程序，是在法院的监督和指挥下完成的债务清偿程序。破产的目的是公平地清偿所欠债权人的债务，即债权人通过一定法律程序将债务人的全部资产供其平均受偿，从而使债务人免除不能清偿的其他债务。根据《中华人民共和国企业破产法》（以下简称《破产法》）规定，企业破产清算应遵循以下程序：

1.破产宣告

《破产法》第107条第1款规定，人民法院依照《破产法》规定宣告债务人破产的，自裁定做出之日起5日内送达债务人和管理人，自裁定作出之日起10日内通知已知债权人，并予以公告。宣告破产后，债务人称为破产人，债务人财产称为破产财产，人民法院受理破产申请时对债务人享有的债权称为破产债权。

2.制订变价方案

由破产管理人拟订破产财产变价方案并提交债权人会议讨论通过。所称破产管理人，是指破产案件中，在法院的指挥和监督之下全面接管破产财产并负责对其进行保管、清理、估价、处理和分配的专门机构。在我国现行立法中又被称为“破产清算组”。

3.破产财产变价

破产财产的变价，是指管理人将破产财产中的非金钱财产，以变卖或拍卖的方式，转变为金钱财产的行为或过程。在企业清算中，管理人按照债权人会议通过的或者人民法院裁定的破产财产变价方案，通过拍卖变价出售破产财产。但债权人会议同意，亦可采取变卖形式。

破产财产的拍卖，是指将破产财产以公开竞争的方式，确定被拍卖财产的价金，并将其出卖给出价最高的买受人的一种特殊买卖方式。企业依法宣告破产后，管理人将需要变现的破产财产交由专业拍卖交易中介机构，按确定的竞卖程序，将破产财产出售给出价最高的竞买人。破产财产拍卖属于强制拍卖。

破产财产的变卖是指管理人在债权调查完结后，参照资产评估的结果，以适当的价格出售破产财产的行为。变卖比拍卖更灵活一些，不经过拍卖程序，没有时间和场所的限制与约束。变卖价格通常是在企业宣告破产后，由管理人在对企业财产进行清理时所作的估价，与实际出卖价格会有一定的差异。所以，变卖时的价格一般不受管理人预先估价的限制。如果破产财产中的某些财产按照折算破产财产时所确定的价格卖不出去，管理人可适当降价出售。个别破产财产经多次降价后，仍不能变卖的，不能硬性以实物抵债来清偿债务。

4.清偿债务

清偿债务是指债务人根据法律的规定或合同约定履行自己的债务以解除债权债务关系的行为，是债的消灭最正常的、最常见的原因。在企业破产清算中，应依照下列顺序清偿债务：

第一，优先清偿破产费用和共益债务。其中，破产费用主要包括：破产案件的诉讼费用；管理、变价和分配债务人财产的费用；管理人执行职务的费用、报酬和聘用工作人员的费用。共益债务是指人民法院受理破产申请后，为了全体债权人的共同利益以及破产程序顺利进行而发生的债务，如债务人财产受无因管理所产生的债务、因债务人不当得利所产生的债务、管理人或者相关人员执行职务致人损害所产生的债务、债务人财产致人损害所产生的债务等。破产费用和共益债务由债务人财产随时清偿。

破产费用和共益债务二者的产生时间都是人民法院受理破产申请后产生的，两种费用的支付来源都是债务人的财产。二者之间的区别主要表现在：破产费用是在破产程序进行和债务人财产管理过程中支出的常规性、程序性费用；而共益债务是在破产程序中为了债权人的共同利益而支出的不确定费用。当债务人的财产不能完全支付所有的破产费用和共益债务的时候应当先清偿破产费用；债务人财产不足以清偿所有破产费用或者共益债务的，按照比例清偿。

第二，清偿破产人所欠职工的工资和医疗、伤残补助，抚恤费用，所欠的应当划入职工个人账户的基本养老保险、基本医疗保险费用，以及法律、行政法规规定应当支付给职工的补偿金。破产企业的董事、监事和高级管理人员的工资按照该企业职工的平均工资计算。

第三，清偿破产人欠缴的除前项规定以外的社会保险费用和破产人所欠税款。

第四，清偿普通破产债权。普通破产债权包括：破产宣告前无财产担保或者法定优先权担保的债权；或虽有财产担保但债权人放弃优先受偿的债权；或虽有财产担保但债权数额超过担保物价值部分的债权；债务人的保证人代替债务人清偿债务后依法可以向债务人追偿的债权；票据出票人被宣告破产，付款人或者承兑人不知其事实而向持票人付款或者承兑所产生的债权。普通破产债权在分配破产财产时才可以清偿。

5.分配剩余财产

取得公司剩余财产的分配权，是公司股东的基本权利。公司清偿了全部公司债务之后，如果公司财产还有剩余的，清算组才能够将公司剩余财产分配给股东。其中，有限责任公司按照各股东的出资比例进行分配；股份有限公司按照各股东持有的股份比例进行分配。例如，某公司在破产清算中，剩余财产总额为1 000万元，该公司共发行普通股50 000股，甲投资者持有股份2 000股，则甲投资者应分得剩余财产40万元（1 000÷50 000×2 000）。

三、破产清算所得和应纳税额的计算

（一）破产企业清算所得的计算

企业破产依照《企业破产法》的规定依法进行清算的，应当以清算期间作为一个纳税年度，以按照《企业所得税法》规定计算清算所得。根据《企业所得税法实施条例》第十一条的规定，清算所得是指企业的全部资产可变现价值或者交易价格减去资产净值、清算费用以及相关税费等后的余额。清算所得计算公式如下：

清算所得=全部资产可变现价值（或交易价格）-资产净值-清算费用及相关税费

公式中全部资产可变现价值，按各种破产财产的拍卖价格汇总计算；资产净值按各种破产财产的计税基础确认计算；清算费用是指清算过程中所发生的各项费用支出，包括清算组人员工资、办公费、公告费、差旅费、诉讼费、审计费、公证费、财产估价费和变卖费等；相关税费是指处置资产过程中缴纳的应通过“税金及附加”科目核算的各项税费。

企业进行清算，表明已终止持续经营，是企业存在的最后一个过程。因此，在计算清算所得时，还要考虑清算前企业尚未确认的递延收益、尚未在税前扣除的待摊费用、已在税前扣除而不再实际支付的预提性质的费用、商誉的扣除以及尚未超过弥补期限的亏损等问题。

企业在清算过程中处置一切资产产生的所得均不能享受税收优惠政策。但企业在清算过程中取得的国债利息收入，符合免税条件的股息、红利等免税收入，仍应按税法规定享受免税待遇，取得的不征税收入也不计入清算所得。

（二）破产企业清算所得应纳税额的计算

依法破产清算的企业，以清算所得为计税所得，适用25%的税率计算应纳税额。其计算公式如下：

应纳税额=清算所得×税率（25%）

企业在定期减免税期间发生清算业务的，不能享受减免税待遇。即使是国家重点扶持的高新技术企业、小型微利企业纳税人发生清算业务，计算清算所得税时也不能适用15%、20%或其他优惠税率，而应一律适用25%的企业所得税税率。

（三）投资方分得剩余资产应税所得的确认

根据《企业所得税法实施条例》第十一条的规定，投资方企业从被清算企业分得的剩余资产，应分别按以下方法确认股息所得和投资资产转让所得。

1.股息所得的确认

投资方企业从被清算企业分得的剩余资产中，相当于从被清算企业累计未分配利润和累计盈余公积中应当分得的部分，应当确认为股息所得。其计算公式如下：

股息所得=被清算企业累计未分配利润与累计盈余公积合计×投资方持股比例

被清算企业累计未分配利润与累计盈余公积合计，是指被清算企业按年初至终止经营前当期应纳税所得额和清算所得计算缴纳企业所得税后的盈余公积与未分配利润合计。

盈余公积是指企业从税后利润中提取形成的、存留于企业内部、具有特定用途的收益积累，为法定盈余公积和任意盈余公积两种。法定盈余公积按照税后利润的10%提取，任意盈余公积由企业或按公司股东大会的决议提取。盈余公积的提取实际上是企业当期实现的净利润向投资者分配利润的一种限制。盈余公积主要用于弥补企业亏损和转增资本。未分配利润是企业未作分配的利润。它在以后年度可继续进行分配，在未进行分配之前，属于所有者权益的组成部分。从数量上来看，未分配利润是期初未分配利润加上本期实现的净利润，减去提取的各种盈余公积和分出的利润后的余额。

2.投资资产转让所得的确认

投资方企业从被清算企业分得的剩余资产减除应当确认为股息所得后的余额，超过或者低于投资成本的部分，应当确认为投资资产转让所得或者损失。其计算公式如下：

投资资产转让所得=分回剩余资产-应确认的股息所得-投资成本

投资成本即会计上“长期股权投资”的初始成本。若计算结果为负数，则确认为投资资产转让损失。

第八节 房地产开发经营企业的所得税处理

为了加强对从事房地产开发经营企业的企业所得税的征收管理，规范从事房地产开发经营业务企业的纳税行为，根据《企业所得税法》及其实施条例、《税收征收管理法》及其实施细则等有关税收法律、行政法规的规定，结合房地产开发经营业务的特点，国家税务总局制定了《房地产开发经营业务企业所得税处理办法》（国税发〔2009〕31号文件）。该办法的主要内容包括：收入的税务处理，开发产品用于其他方面的税务处理，成本、费用扣除的税务处理，计税成本的核算，联合开发与投资的税务处理，房地产开发企业所得税的缴纳方法等。

一、收入实现确认与税前成本费用扣除

（一）房地产开发经营企业收入实现的确认

房地产开发经营企业的收入，是指从事房地产开发经营企业销售开发产品过程中取得的全部价款和价外费用，包括现金、现金等价物及其他经济利益。企业代有关部门、单位和企业收取的各种基金、费用和附加等，凡纳入开发产品价内或由企业开具发票的，应按规定全部确认为销售收入；未纳入开发产品价内并由企业之外的其他收取部门、单位开具发票的，可作为代收代缴款项进行管理。收入实现的确认，包括收入实现时间的确认和收入实现金额的确认。

1.房地产开发经营企业销售收入实现的确认

房地产开发经营企业通过正式签订《房地产销售合同》或《房地产预售合同》所取得的销售收入，应确认为收入实现。确认实现的收入应计入收入总额，进而计算企业所得税应纳税所得额。销售收入实现的具体确认方法如下：

（1）采取一次性全额收款方式销售开发产品的，应于实际收讫价款或取得索取价款凭据（权利）之日，确认收入实现。

（2）采取分期收款方式销售开发产品的，应按销售合同或协议约定的价款和付款日确认收入实现。付款方提前付款的，在实际付款日确认收入实现。

（3）采取银行按揭方式销售开发产品的，应按销售合同或协议约定的价款确定收入额，其首付款应于实际收到日确认收入实现，余款在银行按揭贷款办理转账之日确认收入实现。

（4）采取委托方式销售开发产品的，应按以下原则确认收入的实现：

一是采取支付手续费方式委托销售开发产品的，应按销售合同或协议中约定的价款于收到受托方已销开发产品清单之日确认收入实现。

二是采取视同买断方式委托销售开发产品的，属于企业与购买方签订销售合同或协议，或企业、受托方、购买方三方共同签订销售合同或协议的，按买断价格与合同价格中的较高者确定收入，即：①如果销售合同或协议中约定的价格高于买断价格，则应按销售合同或协议中约定的价格计算的价款于收到受托方已销开发产品清单之日确认收入实现；②如果销售合同或协议中约定的价格低于买断价格，以及属于受托方与购买方签订销售合同或协议的，则应按买断价格计算的价款于收到受托方已销开发产品清单之日确认收入实现。

三是采取基价（保底价）并实行超基价双方分成方式委托销售开发产品的，属于由企业与购买方签订销售合同或协议，或企业、受托方、购买方三方共同签订销售合同或协议的，按基价与合同价格中的较高者确定收入，即：①如果销售合同或协议中约定的价格高于基价，则应按销售合同或协议中约定的价格计算的价款于收到受托方已销开发产品清单之日确认收入实现，企业按规定支付受托方的分成额，不得直接从销售收入中减除。例如，销售基价100万元，与受托方8∶2分成，当实际销售价为120万元时，开发商实收116万元，受托方分成4万元不得直接从销售收入中扣除。②如果销售合同或协议约定的价格低于基价的，则应按基价计算的价款于收到受托方已销开发产品清单之日确认收入实现。③属于由受托方与购买方直接签订销售合同的，则应按基价加上按规定取得的分成额于收到受托方已销开发产品清单之日确认收入实现。

四是采取包销方式委托销售开发产品的，包销期内可根据包销合同的有关约定，参照上述1至3项规定确认收入实现；包销期满后尚未出售的开发产品，企业应根据包销合同或协议约定的价款和付款方式确认收入实现。

所称包销合同，是指销售商与开发商订立合同，约定以包销基价将开发商开发的产品交由销售商销售，包销期满对于未能销售的产品由销售商依照合同约定的价格全部购买的协议。包销的目的是通过开发商与销售商通力合作，充分利用各自的资源和渠道，获取更高的利润。销售商（包销人）获得产品销售权后，通过自己的销售行为获取包销基价与销售价格之间的差价。但如果销售价格低于约定的基价，包销人则要承担相应的风险。如果包销期满未能完成包销任务，那么销售商应向开发商支付约定的包销价款。

2.房地产开发经营企业视同销售收入实现的确认

企业将开发产品用于捐赠、赞助、职工福利、奖励、对外投资、分配给股东或投资人、抵偿债务、换取其他企事业单位和个人的非货币性资产等行为应视同销售，于开发产品所有权或使用权转移，或于实际取得利益权利时确认收入（或利润）实现。确认收入（或利润）的方法和顺序为：

（1）按本企业近期或本年度最近月份同类开发产品市场销售价格确定；

（2）本企业近期或本年度最近月份没有同类开发产品市场销售价格的，由主管税务机关参照当地同类开发产品市场公允价值确定；

（3）本企业和当地市场均无可参照的同类开发产品市场价格的，按组成计税价格确定，组成计税价格按以下公式计算：

组成计税价格=成本×（1+成本利润率）

开发产品的成本利润率不得低于15%，具体比例由主管税务机关确定。

3.房地产开发经营企业销售未完工开发产品收入实现的确认

（1）未完工开发产品。根据排除法，只要界定完工开发产品，则完工开发产品以外的开发产品为未完工开发产品。企业房地产开发经营业务，包括土地开发和建造、销售住宅、商业用房以及其他建筑物、附着物、配套设施等开发产品。除土地开发之外，其他开发产品符合下列条件之一的，应视为已经完工：一是开发产品竣工证明材料已报房地产管理部门备案；二是开发产品已开始投入使用；三是开发产品已取得了初始产权证明。

初始产权证明，是指商品房的开发商在房屋竣工后通过初始登记取得的《房屋所有权证》(大产权证)。只有开发商进行初始登记取得大产权证后，购房者才能申请办理转移登记，领取个人的《房屋所有权证》。根据建设部《城市房屋权属登记管理办法》第十六条的规定，“新建的房屋，申请人应当在房屋竣工后的3个月内向登记机关申请房屋所有权初始登记，并应当提交用地证明文件或土地使用权证、建设用地规划许可证、建设工程规划许可证、施工许可证、房屋竣工验收资料以及其他有关的证明文件。集体土地上的房屋转为国有土地上的房屋，申请人应当自事实发生之日起30日内向登记机关提交用地证明等有关文件，申请房屋所有权初始登记”。

（2）房地产开发企业开发、建造的住宅、商业用房以及其他建筑物、附着物、配套设施等开发产品，在其未完工前采取预售方式销售的，其预售收入先按预计计税毛利率分季（或月）计算出当期毛利额，扣除相关的期间费用、税金及附加后再计入当期应纳税所得额，待开发产品结算计税成本后再行调整。当期毛利额按以下公式计算：

当期计税毛利额=当期预售收入×预计计税毛利率

当期应纳税所得额按以下公式计算：

当期应纳税所得额=当期毛利额-当期期间费用-当期已交税金及附加

毛利率是毛利与销售收入（不含税）的百分比，其中毛利是收入和与收入相对应的营业成本之间的差额。毛利率的计算公式为：

毛利率=（主营业务收入-主营业务成本）÷主营业务收入×100%

企业销售未完工开发产品的预计计税毛利率，由各省、自治区、直辖市税务局按下列规定进行确定：

一是开发项目位于省、自治区、直辖市和计划单列市人民政府所在地城市城区和郊区的，不得低于15%。

二是开发项目位于地级市城区及郊区的，不得低于10%。

三是开发项目位于其他地区的，不得低于5%。

四是属于经济适用房、限价房和危改房的，不得低于3%。

（3）开发产品完工后，企业应及时结算其计税成本并计算此前销售收入的实际毛利额，同时将其实际毛利额与其对应的预计毛利额之间的差额，计入当年度企业本项目与其他项目合并计算的应纳税所得额。在年度纳税申报时，企业须出具对该项开发产品实际毛利额与预计毛利额之间差异调整情况的报告以及税务机关需要的其他相关资料。

（4）企业新建的开发产品在尚未完工或办理房地产初始登记、取得产权证前，与承租人签订租赁预约协议的，自开发产品交付承租人使用之日起，出租方取得的预租价款按租金确认收入的实现。

（二）房地产开发经营企业准予税前扣除的成本费用

房地产成本是指以房地产开发产品为成本核算对象，以正常生产经营活动为前提，根据房地产开发建设过程中实际消耗量和实际价格计算的实际应用成本。房地产成本按照资金进入企业的形态分类，可以分为采购成本、开发成本和经营成本。房地产开发企业在进行成本、费用的核算与扣除时，必须按规定区分期间费用和开发产品计税成本、已销开发产品计税成本与未销开发产品计税成本。房地产开发企业发生的期间费用、已销开发产品计税成本、税金及附加、土地增值税，准予在当期按规定从应税收入总额中扣除。

1.已销开发产品计税成本的计算

准予税前扣除的已销开发产品的计税成本，按当期已实现销售的可售面积和可售面积单位工程成本计算确认。其计算公式如下：

已销开发产品的计税成本=已实现销售的可售面积×可售面积单位工程成本

公式中可售面积单位工程成本，按成本对象总成本和成本对象总可售面积确认，计算公式如下：

可售面积单位工程成本=成本对象总成本÷成本对象总可售面积

成本对象，是指计算产品成本过程中，确定归集与分配生产费用的承担客体。为了正确计算产品成本，首先就是要确定成本计算对象，以便按照每一个成本计算对象，分别设置产品成本明细账（或成本计算单），来归集各个对象所应承担的生产费用，计算出各对象的总成本和单位成本。

房地产开发企业的任何一项开发建设费用都是为特定的开发项目发生的，都有其物质承担者。由于各种土地和房屋的具体用途不同，开发建设的具体内容也不相同，每一个开发项目都是按特定的设计图纸开发建设的，因此，具有单件性的特点。房地产开发建设的单件性特点，决定了成本计算对象应是具有独立的设计文件，可以独立地组织施工的开发建设项目。

2.开发产品维修费用和利息支出的税务处理

（1）根据《房地产开发经营业务企业所得税处理办法》的规定，企业对尚未出售的已完工开发产品和按照有关法律、法规或合同规定对已售开发产品（包括共用部位、共用设施设备）进行日常维护、保养、修理等实际发生的维修费用，准予在当期据实扣除。企业将已计入销售收入的共用部位、共用设施设备维修基金按规定移交给有关部门、单位的，应于移交时扣除。

（2）企业为建造开发产品借入资金而发生的符合税收规定的借款费用，可按企业会计准则的规定进行归集和分配，其中属于财务费用性质的借款费用，可直接在税前扣除。企业集团或其成员企业统一向金融机构借款分摊集团内部其他成员企业使用的，借入方凡能出具从金融机构取得借款的证明文件，可以在使用借款的企业间合理地分摊利息费用，使用借款的企业分摊的合理利息准予在税前扣除。

3.配套设施支出和建造其他设施支出的税务处理

（1）企业在房地产开发区内建造的会所、物业管理场所、电站、热力站、水厂、文体场馆、幼儿园等配套设施，按以下规定进行处理：

①属于非营利性且产权属于全体业主的，或无偿赠与地方政府、公用事业单位的，可将其视为公共配套设施，其建造费用按公共配套设施费的有关规定进行处理。

② 属于营利性的，或产权归企业所有的，或未明确产权归属的，或无偿赠与地方政府、公用事业单位以外其他单位的，应当单独核算其成本。除企业自用应按建造固定资产进行处理外，其他一律按建造开发产品进行处理。

（2）企业在房地产开发区域内建造的邮电通信、学校、医疗设施等其他设施，应单独核算成本。其中，由企业与国家有关业务管理部门、单位合资建设，完工后有偿移交的，国家有关业务管理部门、单位给予的经济补偿可直接抵扣该项目的建造成本，抵扣后的差额应调整当期应纳税所得额。

4.税前扣除的其他规定

（1）企业采取银行按揭方式销售开发产品的，凡约定企业为购买方的按揭贷款提供担保的，其销售开发产品时向银行提供的保证金（担保金）不得从销售收入中减除，也不得作为费用在当期税前扣除，但实际发生损失时可据实扣除。

（2）企业委托境外机构销售开发产品的，其支付境外机构的销售费用（含佣金或手续费）不超过委托销售收入10%的部分，准予据实扣除。

（3）企业因国家无偿收回土地使用权而形成的损失，可作为财产损失按有关规定在税前扣除。企业开发产品（以成本对象为计量单位）整体报废或毁损，其净损失按有关规定审核确认后准予在税前扣除。

（4）企业开发产品转为自用的，其实际使用时间累计未超过12个月又销售的，其折旧费用不得在税前扣除。

二、房地产开发经营企业计税成本的核算要求

计税成本是指企业在开发、建造开发产品（包括固定资产）过程中所发生的按照税收规定进行核算与计量的应归入某项成本对象的各项费用。成本对象是指为归集和分配开发产品开发、建造过程中的各项耗费而确定的费用承担项目。

（一）房地产开发经营企业计税成本对象的确定原则

成本对象由企业在开工之前合理确定，并报主管税务机关备案。成本对象一经确定，不能随意更改或相互混淆。如确需改变成本对象的，应征得主管税务机关同意。房地产开发企业的计税成本对象，按以下六项原则确定：

（1）可否销售原则。开发产品能够对外经营销售的，应作为独立的计税成本对象进行成本核算；不能对外经营销售的，可先作为过渡性成本对象进行归集，然后再将其相关成本摊入能够对外经营销售的成本对象中。

（2）分类归集原则。对同一开发地点、竣工时间相近、产品结构类型没有明显差异的群体开发的项目，可作为一个成本对象进行核算。

（3）功能区分原则。开发项目某组成部分相对独立且具有不同使用功能时，可以作为独立的成本对象进行核算。

（4）定价差异原则。开发产品因其产品类型或功能不同等而导致其预期售价存在较大差异的，应分别作为成本对象进行核算。

（5）成本差异原则。开发产品因建筑上存在明显差异可能导致其建造成本出现较大差异的，要分别作为成本对象进行核算。

（6）权益区分原则。开发项目属于受托代建的或多方合作开发的，应结合上述原则分别划分成本对象进行核算。

（二）房地产开发经营企业开发产品计税成本支出的内容

房地产企业开发产品计税成本支出，主要包括以下项目：

1.土地征用费及拆迁补偿费

土地征用费及拆迁补偿费，是指为取得土地开发使用权（或开发权）而发生的各项费用，主要包括土地买价或出让金、市政配套费、契税、耕地占用税、土地使用费、土地闲置费、土地变更用途和超面积补交的地价及相关税费、拆迁补偿支出、安置及动迁支出、回迁房建造支出、农作物补偿费、危房补偿费等。

2.前期工程费和建筑安装工程费

（1）前期工程费，是指项目开发前期发生的水文地质勘察、测绘、规划、设计、可行性研究、筹建、场地通平等前期费用。

（2）建筑安装工程费，是指开发项目开发过程中发生的各项建筑安装费用，主要包括开发项目建筑工程费和开发项目安装工程费等。

3.基础设施建设费和公共配套设施费

（1）基础设施建设费，是指开发项目在开发过程中所发生的各项基础设施支出，主要包括开发项目内道路、供水、供电、供气、排污、排洪、通讯、照明等社区管网工程费和环境卫生、园林绿化等园林环境工程费。

（2）公共配套设施费，是指开发项目内发生的、独立的、非营利性的，且产权属于全体业主的，或无偿赠与地方政府、政府公用事业单位的公共配套设施支出。企业单独建造的停车场所，应作为成本对象单独核算；利用地下基础设施形成的停车场所，应作为公共配套设施进行处理。

4.开发间接费

开发间接费，是指企业为直接组织和管理开发项目所发生的，且不能将其归属于特定成本对象的成本费用性支出，主要包括管理人员工资、职工福利费、折旧费、修理费、办公费、水电费、劳动保护费、工程管理费、周转房摊销以及项目营销设施建造费等。

（三）房地产开发经营企业开发产品计税成本的核算程序

房地产开发企业的计税成本核算，一般遵循以下程序：

（1）对当期实际发生的各项支出，按其性质、经济用途及发生的地点、时间区进行整理、归类，并将其区分为应计入成本对象的成本和应在当期税前扣除的期间费用，同时还应按规定对有关预提费用和待摊费用进行计量与确认。

（2）对应计入成本对象中的各项实际支出、预提费用、待摊费用等合理地划分为直接成本、间接成本和共同成本，并按规定将其合理地归集、分配至已完工成本对象、在建成本对象和未建成本对象。

（3）对期前已完工成本对象应负担的成本费用按已销开发产品、未销开发产品和固定资产进行分配。其中应由已销开发产品负担的部分，在当期纳税申报时进行扣除，未销开发产品应负担的成本费用待其实际销售时再予扣除。

（4）对本期已完工成本对象分类为开发产品和固定资产并对其计税成本进行结算。其中属于开发产品的，应按可售面积计算其单位工程成本，据此再计算已销开发产品计税成本和未销开发产品计税成本。对本期已销开发产品的计税成本，准予在当期扣除，未销开发产品计税成本待其实际销售时再予扣除。

（5）对本期未完工和尚未建造的成本对象应当负担的成本费用，应分别建立明细台账，待开发产品完工后再予结算。

（四）房地产开发经营企业开发产品计税成本的分配方法

房地产开发企业开发、建造的开发产品，应按制造成本法进行计量与核算。其中，应计入开发产品成本中的费用属于直接成本和能够分清成本对象的间接成本，直接计入成本对象；共同成本和不能分清负担对象的间接成本，应按受益的原则和配比的原则分配至各成本对象，具体分配方法可按以下规定选择其一：

1.占地面积法

占地面积法，指按已动工开发成本对象占地面积占开发用地总面积的比例进行分配。具体分配方法如下：

（1）一次性开发的，按某一成本对象占地面积占全部成本对象占地总面积的比例进行分配。

（2）分期开发的，首先按本期全部成本对象占地面积占开发用地总面积的比例进行分配，然后再按某一成本对象占地面积占期内全部成本对象占地总面积的比例进行分配；期内全部成本对象应负担的占地面积，为期内开发用地占地面积减除应由各期成本对象共同负担的占地面积。

房地产开发企业的土地成本，一般按占地面积法进行分配。如果确需结合其他方法进行分配的，应商税务机关同意。

2.建筑面积法

建筑面积法，指按已动工开发成本对象建筑面积占开发用地总建筑面积的比例进行分配。其中：一次性开发的，按某一成本对象建筑面积占全部成本对象建筑面积的比例进行分配；分期开发的，首先按期内成本对象建筑面积占开发用地计划建筑面积的比例进行分配，然后再按某一成本对象建筑面积占期内成本对象总建筑面积的比例进行分配。

房地产开发企业单独作为过渡性成本对象核算的公共配套设施开发成本，应按建筑面积法进行分配。

3.直接成本法

直接成本法，指按期内某一成本对象的直接开发成本占期内全部成本对象直接开发成本的比例进行分配。借款费用属于不同成本对象共同负担的，按直接成本法或按预算造价法进行分配。

4.预算造价法

预算造价法，指按期内某一成本对象预算造价占期内全部成本对象预算造价的比例进行分配。土地开发同时连接房地产开发的，属于一次性取得土地分期开发房地产的情况，其土地开发成本经税务机关同意后可先按土地整体预算成本进行分配，待土地整体开发完毕再行调整。

（五）特殊情形的成本计量

1.房地产开发企业以非货币交易方式取得土地使用权的成本计量

（1）企业、单位以换取开发产品为目的，将土地使用权投资企业的，按下列规定进行处理：

① 换取的开发产品如为该项土地开发、建造的，接受投资的企业在接受土地使用权时暂不确认其成本，待首次分出开发产品时，再按应分出开发产品（包括首次分出的和以后应分出的）的市场公允价值和土地使用权转移过程中应支付的相关税费计算确认该项土地使用权的成本。如涉及补价，土地使用权的取得成本还应加上应支付的补价款或减除应收到的补价款。

② 换取的开发产品如为其他土地开发、建造的，接受投资的企业在投资交易发生时，按应付出开发产品市场公允价值和土地使用权转移过程中应支付的相关税费计算确认该项土地使用权的成本。如涉及补价，土地使用权的取得成本还应加上应支付的补价款或减除应收到的补价款。

（2）企业、单位以股权的形式将土地使用权投资企业的，接受投资的企业应在投资交易发生时，按该项土地使用权的市场公允价值和土地使用权转移过程中应支付的相关税费计算确认该项土地使用权的取得成本。如涉及补价，土地使用权的取得成本还应加上应支付的补价款或减除应收到的补价款。

2.房地产开发经营企业预提计税成本的计量

房地产开发企业开发项目的成本，一般是以实际发生的成本为计税成本。但以下各项可以按照预提（应付）费用确定计税成本：

（1）出包工程因未最终办理结算而未取得全额发票的，在证明资料充分的前提下，其发票不足金额可以预提，但最高不得超过合同总金额的10%。

（2）公共配套设施尚未建造或尚未完工的，可按预算造价合理预提建造费用，但此类公共配套设施必须符合已在售房合同、协议或广告、模型中明确承诺建造且不可撤销，或按照法律法规规定必须配套建造的条件。

（3）应向政府上交但尚未上交的报批报建费用、物业完善费用可以按规定预提。物业完善费用是指按规定应由企业承担的物业管理基金、公建维修基金或其他专项基金。

（六）房地产开发经营企业计税成本的结转

企业在结算计税成本时，其实际发生的支出应当取得但未取得合法凭据的，不得计入计税成本；待取得合法凭据时，再按规定计入计税成本。

开发产品完工以后，企业可在完工年度企业所得税汇算清缴前选择确定计税成本核算的终止日，不得滞后。凡已完工开发产品在完工年度未按规定结算计税成本，主管税务机关有权确定或核定其计税成本，据此进行纳税调整，并按《税收征收管理法》的有关规定对其进行处理。

三、房地产开发经营企业联合开发与投资的税务处理

（一）房地产开发经营企业联合开发项目的税务处理

企业以本企业为主体联合其他企业、单位、个人合作或合资开发房地产项目，且该项目未成立独立法人公司的，按下列规定进行处理：

（1）凡开发合同或协议中约定向投资各方（即合作、合资方）分配开发产品的，企业在首次分配开发产品时，如该项目已经结算计税成本，其应分配给投资方开发产品的计税成本与其投资额之间的差额计入当期应纳税所得额；如未结算计税成本，则将投资方的投资额视同销售收入进行相关的税务处理。

（2）凡开发合同或协议中约定分配项目利润的，企业应将该项目形成的营业利润额并入当期应纳税所得额统一申报缴纳企业所得税，不得在税前分配该项目的利润，同时不能因接受投资方投资额而在成本中摊销或在税前扣除相关的利息支出。投资方取得该项目的营业利润应视同股息、红利进行相关的税务处理。

（二）企业将土地使用权投资其他企业房地产开发项目的税务处理

房地产开发经营企业以换取开发产品为目的，将土地使用权投资其他企业房地产开发项目的，企业应在首次取得开发产品时，将其分解为转让土地使用权和购入开发产品两项经济业务进行所得税处理，并按应从该项目取得的开发产品（包括首次取得的和以后应取得的）的市场公允价值计算确认土地使用权转让所得或损失。

第九节　非居民企业间接转让中国应税财产的所得税处理

一、非居民企业间接转让中国应税财产的税收政策

根据国家税务总局发布的《关于非居民企业间接转让财产企业所得税若干问题的公告》（国家税务总局公告2015年第7号）的规定，非居民企业通过实施不具有合理商业目的的安排，间接转让中国居民企业股权等财产，规避企业所得税纳税义务的，应按照《企业所得税法》第四十七条的规定，重新定性该间接转让交易，确认为直接转让中国居民企业股权等财产。

所称中国居民企业股权等财产，是指非居民企业直接持有，且转让取得的所得按照中国税法规定，应在中国缴纳企业所得税的中国境内机构、场所财产，中国境内不动产，在中国居民企业的权益性投资资产等（以下称“中国应税财产”）。

间接转让中国应税财产，是指非居民企业通过转让直接或间接持有中国应税财产的境外企业（不含境外注册中国居民企业，以下称“境外企业”）股权及其他类似权益（以下称“股权”），产生与直接转让中国应税财产相同或相近实质结果的交易，包括非居民企业重组引起境外企业股东发生变化的情形。间接转让中国应税财产的非居民企业称股权转让方。间接转让财产范围应包括不动产、营业机构动产、整个营业机构财产、无形资产、债权、股权以及其他财产等中国应税财产。股权转让方转让境外企业股权取得的所得（含间接转让中国应税财产所得）与其在中国境内设立机构场所有实际联系的，无须适用本公告规定，应直接按照《企业所得税法》第三条第二款规定征税。即非居民企业在中国境内设立机构、场所的，应当就其所设机构、场所取得的来源于中国境内的所得，以及发生在中国境外但与其所设机构、场所有实际联系的所得，缴纳企业所得税。

举例而言，一家设在境外的非居民企业（不属于境外注册中国居民企业）持有中国应税财产和非中国应税财产两项资产，假设该非居民企业转让企业股权所得为

100元，其中归属于中国应税财产的所得为80元，归属于非中国应税财产所得为20元，在这种情况下，只就归属于中国应税财产的80元部分适用公告规定征税。

二、间接转让中国应税财产是否具有合理商业目的的判断

（一）综合判断

非居民企业间接转让中国应税财产是否具有合理商业目的，应整体考虑与间接转让中国应税财产交易相关的所有安排，结合实际情况综合分析以下相关因素：

（1）境外企业股权主要价值是否直接或间接来自中国应税财产。

（2）境外企业资产是否主要由直接或间接在中国境内的投资构成，或其取得的收入是否主要直接或间接来源于中国境内。

（3）境外企业及直接或间接持有中国应税财产的下属企业实际履行的功能和承担的风险是否能够证实企业架构具有经济实质。

（4）境外企业股东、业务模式及相关组织架构的存续时间。

（5）间接转让中国应税财产交易在境外应缴纳所得税情况。

（6）股权转让方间接投资、间接转让中国应税财产交易与直接投资、直接转让中国应税财产交易的可替代性。

（7）间接转让中国应税财产所得在中国可适用的税收协定或安排情况。

（8）其他相关因素。

上述前三个因素主要明确境外企业的主要股权、主要资产、主要收入是否由境内企业的财产、中国境内投资或来源于中国境内收入所构成，这是分析境外控股公司是否有商业实质、履行功能与承担风险是否匹配的关键点。

第四个因素应关注境外企业的业务模式和组织架构，是与前三个因素分析密切相关的条款。第五个因素关注的是应税财产在境外缴纳税款情况，也是从立法明确只有境外实际税负低于12.5%的情形，才作为交易否定的条件之一。

第六个因素是间接转让中国应税财产交易与直接投资、直接转让中国应税财产交易的可替代性，从两个方面来理解：一是间接转让应与直接转让交易进行可比性分析；二是要重点关注间接转让所带来的经济利益与直接转让有什么区别。

第七个因素是可适用税收协定的情况，也从两个方面理解：一是投资方由于不能直接享受我国对外签订税收协定待遇，所以可能采取在境外通过间接财产转让以回避中国境内的纳税义务；二是如果有税收协定，如中国居民企业的境外直接控股方，如在中国香港设立直接控制中国居民企业的公司并且控股权超过25%，因香港与内地有税收安排，安排对股息分配的限制税率为5%，所以可以将境内被控制的中国居民企业利润先进行分配，再间接转让，转让价格会较低。在这种情况下判断是否适用“合理商业目的”，应根据这种情况重点加以关注。

（二）直接认定不具有合理商业目的的情形

在非居民企业不合理商业目的和规避企业所得税纳税义务条件下，间接转让中国应税财产，属于避税行为。非居民企业与间接转让中国应税财产相关的整体安排同时符合以下情形的，无须进行分析和判断，应直接认定为不具有合理商业目的：

（1）境外企业股权75%以上的价值直接或间接来自中国应税财产。

（2）间接转让中国应税财产交易发生前一年内任一时点，境外企业资产总额（不含现金）的90%以上直接或间接由在中国境内的投资构成，或间接转让中国应税财产交易发生前一年内，境外企业取得收入的90%以上直接或间接来源于中国境内。

（3）境外企业及直接或间接持有中国应税财产的下属企业虽在所在国家（地区）登记注册，以满足法律所要求的组织形式，但实际履行的功能及承担的风险有限，不足以证实其具有经济实质。

（4）间接转让中国应税财产交易在境外应缴所得税税负低于直接转让中国应税财产交易在中国的可能税负。

此处的“不合理商业目的”仅仅适用于非居民间接财产转让的情形。不能用于解释《企业所得税法》及其他法规中所有关于“不合理商业目的”的情形。非居民企业与间接转让中国应税财产相关的整体安排同时符合以上情形的，应直接认定为不具有合理商业目的，但下列情况除外：

一是非居民企业在公开市场买入并卖出同一上市境外企业股权取得间接转让中国应税财产所得。

二是在非居民企业直接持有并转让中国应税财产的情况下，按照可适用的税收协定或安排的规定，该项财产转让所得在中国可以免予缴纳企业所得税。其中，在公开市场买入并卖出同一上市境外企业股权，是指：其一，买入和卖出交易均应该在公开市场上进行，排除人为控制的可能。由于交易市场处于境外，在交易环境和方式上各地之间会存在较多差异，同一地区也可能存在多个公开交易市场，需要依据各个市场的公开程度进行具体认定。市场的公开程度主要取决于可参与竞价的独立交易主体数量和竞价过程。其二，买入并卖出的标的为同一上市公司股票。股权转让方在公开市场卖出的上市公司股份为在公司上市之前或者上市之后通过非公开市场买入，或者股权转让方在公开市场买入上市公司股份后再通过非公开市场卖出该股份，均不符合本项规定的条件。

（三）直接认定具有合理商业目的的情形

非居民企业间接转让中国应税财产同时符合以下条件的，应认定为具有合理商业目的：

（1）交易双方的股权关系具有下列情形之一：

① 股权转让方直接或间接拥有股权受让方80%以上的股权；

② 股权受让方直接或间接拥有股权转让方80%以上的股权；

③ 股权转让方和股权受让方被同一方直接或间接拥有80%以上的股权。

上述间接拥有的股权按照持股链中各企业的持股比例乘积计算。

（2）本次间接转让交易后可能再次发生的间接转让交易相比在未发生本次间接转让交易情况下的相同或类似间接转让交易，其中国所得税负担不会减少。该项要求旨在将以获取更有利的税收结果为目的的集团内部间接转让中国应税财产交易排除在安全港之外。而是否构成以获取更有利的税收结果为目的的集团内部间接转让中国应税财产交易，则通过本次集团内部交易后可能再次发生的间接转让交易与在未发生本次集团内部交易情况下的相同或类似间接转让交易比较税收结果进行测试，凡前者税收结果可能优于后者的，均不能排除本次集团内部间接转让中国应税财产交易不是以获取更有利的税收结果为目的。

（3）股权受让方全部以本企业或与其具有控股关系的企业的股权（不含上市企业股权）支付股权交易对价。

三、非居民企业间接转让中国应税财产归属境内所得的确认

间接转让中国应税财产的非居民企业称股权转让方。股权转让方取得的转让境外企业股权所得归属于中国应税财产的数额（称间接转让中国应税财产所得），应按以下顺序进行税务处理：

1.归属于中国境内机构、场所的数额确认

非居民企业取得的间接转让财产所得，归属于境外企业及直接或间接持有中国应税财产的下属企业在中国境内设立的机构、场所的数额（以下称间接转让机构、场所财产所得），应作为与所设机构、场所有实际联系的所得，按照《企业所得税法》第三条第二款的规定征税，即“非居民企业在中国境内设立机构、场所的，应当就其所设机构、场所取得的来源于中国境内的所得，以及发生在中国境外但与其所设机构、场所有实际联系的所得，缴纳企业所得税”，不实行源泉扣缴。

2.归属于中国境内不动产的数额确认

非居民企业取得的间接转让不动产所得，归属于中国境内不动产的数额（以下称间接转让不动产所得），应作为来源于中国境内的不动产转让所得，按照《企业所得税法》第三条第三款的规定征税，即“非居民企业在中国境内未设立机构、场所的，或者虽设立机构、场所但取得的所得与其所设机构、场所没有实际联系的，应当就其来源于中国境内的所得缴纳企业所得税”。具体含义是指，被转让境外非居民企业因拥有中国境内不动产，由于境外非居民企业被转让，随同境外非居民企业被转让的境内不动产所有人或权益人也发生变化，该不动产间接转让产生所得应认定来源于中国境内，按《企业所得税法》第三条第三款规定，由被转让的非居民企业实行源泉扣缴。

3.归属于中国居民企业的权益性投资资产的数额确认

非居民企业取得的间接转让股权所得，归属于在中国居民企业的权益性投资资产的数额（以下称间接转让股权所得），应作为来源于中国境内的权益性投资资产转让所得，按照《企业所得税法》第三条第三款的规定征税，即“非居民企业在中国境内未设立机构、场所的，或者虽设立机构、场所但取得的所得与其所设机构、场所没有实际联系的，应当就其来源于中国境内的所得缴纳企业所得税”。具体含义是指，被转让境外企业因拥有中国境内权益性投资资产，由于境外非居民企业被转让涉及中国境内投资性权益资产发生间接转让的，此项中国境内权益性投资资产间接转让所得应认定来源于中国境内，按《企业所得税法》第三条第三款的规定，由被转让非居民企业实行源泉扣缴。

第十节 企业所得税的征收方法

企业所得税分别实行查账征收法、核定征收法和源泉扣缴税款的征收方法。其中，查账征收是指税务机关按照纳税人提供的账表所反映的经营情况，依照适用税率计算缴纳税款的方式。这种征收方式适用于账簿、凭证、财务核算制度比较健全，能够据以如实核算，反映生产经营成果，正确计算应纳税款的纳税人。根据《企业所得税法》的规定，财务会计制度健全的居民企业适用查账征收法。核定征收是指由于纳税人的会计账簿不健全，资料残缺难以查账，或者其他原因难以准确确定纳税人应纳税额时，由税务机关采用合理的方法依法核定纳税人应纳税所得额或应纳税款的一种征收方式。此外，我国对依照外国（地区）法律成立且实际管理机构不在中国境内，在中国境内未设立机构、场所的非居民企业来源于中国境内的所得，采取由所得支付人源泉扣缴税款的征收方法。

一、企业所得税的查账征收方法

查账征收也称“自报查账”，是指纳税人在规定的纳税期限内根据自己的财务报表或经营情况，向税务机关申请其营业额和所得额，经税务机关审核后，先开缴款书，由纳税人限期向当地代理金库的银行缴纳税款的方法。采用查账征收法的企业，税款的缴纳实行按年计征、分月或者分季预缴、年终汇算清缴的方法。所称按年计征是指以纳税人的每一纳税年度的应纳税所得额为依据，按税法规定税率计算全年应纳税额。但为了保证税收收入的及时入库、提高征收效率和保证税收公平，采取分期预缴、年终汇算清缴、多退少补的方法。

（一）分期预缴所得税的计算

分期预缴是指纳税人应当按月或者季度的实际利润预缴税款，也可以按照上一纳税年度应纳税所得额的1/12或者1/4，或者经过税务机关认可的其他方法，分期预缴税款。预缴方法一经确定，不得随意变更。企业应当自月份或者季度终了之日起15日内，向税务机关报送预缴企业所得税纳税申报表，预缴税款。分期预缴税款的具体方法如下：

1.按本期实际利润预缴税款

企业采取按本期实际利润预缴税额方法时，以本期会计核算的利润为基础，按税法规定的税率计算本期应预缴的税款。计算公式如下：

按月（季）预缴所得税税额=当月（季）实际利润额×所得税税率

企业当月或当季实际利润，是指在本期限内依照会计制度规定核算的利润。

2.按上期实际所得额预缴税款

企业按月（季）实际利润预缴税额有困难的，可按上一年度应纳税所得额的月度平均额或季度平均额分期计算预缴税额。计算公式如下：

按月预缴所得税税额=上年度应纳税所得额÷12×所得税税率

或者：

按季预缴所得税税额=上年度应纳税所得额÷4×所得税税率

企业按本期实际利润预缴税款或者按上一年度应纳税所得额的月度平均额或季度平均额分期计算预缴税额均有困难的，可以按照税务机关认可的其他方法预缴税款，如按上年实际缴纳所得税的税额分期平均税额预缴，或按税务机关核定的税额定额预缴。

企业所得税以人民币计算。所得以人民币以外的货币计算的，应当按照月度或季度最后一日的人民币汇率中间价折合成人民币计算。为了减少企业的纳税成本、提高纳税效率，企业在预缴所得税时，对因税法与会计规定不一致而产生的应纳税所得额的差异，可暂不作纳税调整，待年度终了后汇算清缴时再调整应纳税所得额。

（二）年终汇算清缴所得税的计算

根据《企业所得税法》的规定，企业应在下一年度5月31日之前，向税务机关报送年度企业所得税纳税申报表，并汇算清缴，结清应缴应退税款。企业在纳税年度内，无论是盈利还是亏损，都应当按照税法规定的期限，报送年度企业所得税纳税申报表、财务会计报告和税务机关规定应当报送的其他有关资料。企业在一个纳税年度中间开业或者终止经营活动，使该纳税年度的实际经营期不足12个月的，应当以其实际经营期为一个纳税年度计算缴纳企业所得税；企业在年度中间终止经营活动的，应当自实际经营终止之日起60日内，向税务机关办理当期企业所得税汇算清缴。企业在年终汇算清缴所得税时，以按全年应纳税所得额和规定税率计算的所得税税额减去分期已累计预缴税额的余额为年终汇算清缴应补缴的税额。如果余额为负数，则为应退税额（多交的税额）。年终汇算清缴应补（退）税额按以下公式计算：

年终汇算清缴应补（退）税额=全年应纳税额−分期已累计预缴的税额

如果企业所得是以人民币以外的货币计算的，年终汇算清缴时，对已经按照月度或者季度预缴税款的，不再重新折合计算，只就该纳税年度内未缴纳企业所得税的部分，按照纳税年度最后一日的人民币汇率中间价折合成人民币计算应纳税所得额。经税务机关检查确认少计或多计所得的，应当按照检查确认补税或退税时的上一月最后一日的人民币汇率中间价，折合成人民币计算应纳税所得额，再计算应补缴或应退的税款。根据《企业所得税法》第五十二条的规定，除国务院另有规定外，企业之间不得合并缴纳企业所得税。

（三）企业所得税的纳税地点

根据《企业所得税法》第五十条的规定，除税收法律、行政法规另有规定外，居民企业以企业登记注册地为纳税地点；但登记注册地在境外的，以实际管理机构

应纳所得税额=12 000×20%=2 400（元）

此外，根据国家税务总局发布的《关于企业所得税核定征收有关问题的公告》（2012年第27号）：①专门从事股权（股票）投资业务的企业，不得核定征收企业所得税。②依法按核定应税所得率方式核定征收企业所得税的企业，取得的转让股权（股票）收入等转让财产收入，应全额计入应税收入额，按照主营项目（业务）确定适用的应税所得率计算征税；若主营项目（业务）发生变化，应在当年汇算清缴时，按照变化后的主营项目（业务）重新确定适用的应税所得率计算征税。

（三）非居民企业核定利润率征收法

根据国家税务总局发布的《非居民企业所得税核定征收管理办法》（国税发〔2010〕19号文件）的规定，非居民企业因会计账簿不健全、资料残缺难以查账，或者其他原因不能准确计算并据实申报其应纳税所得额的，税务机关有权采取核定方法计算其应纳税所得额和应纳税额。

非居民企业所得税核定征收的适用范围，仅限于《企业所得税法》第三条第二款规定的两种情况：一是非居民企业取得在我国境内设立机构场所的所得；二是非居民企业取得发生在我国境外，但与其设在境内机构、场所有实际联系的所得。

非居民企业所得税核定征收方式有三种，即按收入总额核定、按成本费用核定及按经费支出换算收入核定。同时，税务机关可按照以下标准确定非居民企业的利润率：一是从事承包工程作业、设计和咨询劳务的，利润率为15%～30%；二是从事管理服务的，利润率为30%～50%；三是从事其他劳务或劳务以外经营活动的，利润率不低于15%。非居民企业在境内如从事适用不同核定利润率的经营活动并取得应税所得的，应分别核算并适用相应的利润率计算缴纳企业所得税；如不能分别核算的，将从高适用利润率计算缴纳企业所得税。税务机关有根据认为非居民企业的实际利润率明显高于上述标准的，可以按照比上述标准更高的利润率核定其应纳税所得额。非居民企业所得税核定征收的三种方式如下：

1.按收入总额核定应纳税所得额的征收方法

按收入总额核定应纳税所得额的征收方法，适用于能够正确核算收入或通过合理方法推定收入总额，但不能正确核算成本费用的非居民企业。按收入总额核定应纳税所得额的计算公式如下：

应纳税所得额=收入总额×核定利润率

应纳税额按以下公式计算：

应纳税额=应纳税所得额×税率

2.按成本费用核定应纳税所得额的征收方法

按成本费用核定应纳税所得额的征收方法，适用于能够正确核算成本费用，但不能正确核算收入总额的非居民企业。按成本费用核定应纳税所得额的计算公式如下：

应纳税所得额=成本费用总额÷（1-核定利润率）×核定利润率

应纳税额按以下公式计算：

应纳税额=应纳税所得额×税率

3.按经费支出换算收入核定应纳税所得额的征收方法

按经费支出换算收入核定应纳税所得额的征收方法，适用于能够正确核算经费支出总额，但不能正确核算收入总额和成本费用的非居民企业。根据《国家税务总局关于修改按经费支出换算收入方式核定非居民企业应纳税所得额计算公式的公告》（2016年第28号），自2016年5月1日起按以下公式计算：:

应纳税所得额=本期经费支出额÷（1-核定利润率）×核定利润率

应纳税额按以下公式计算：

应纳税额=应纳税所得额×税率

4.特殊收入事项的处理

根据《企业所得税法》的规定，非居民企业承担有限纳税义务，仅就来源于境内的所得或发生在境外但与其设在境内机构有实际联系的所得缴纳企业所得税。同时，根据《企业所得税法实施条例》的规定，企业销售货物所得的确定是以交易发生地来判断的。例如，非居民企业与中国居民企业签订机器设备或货物销售合同，由于其交易发生地在中国境外，则无须缴纳企业所得税。但如果非居民企业在销售机器设备或货物的同时还提供了设备安装、装配、技术培训、指导、监督等服务，则上述劳务或服务发生在中国境内的，应申报缴纳企业所得税，但须分别注明销售机器设备或货物的金额和提供劳务的金额。非居民企业在销售机器设备或货物时，一时无法确定提供安装劳务或其他服务劳务金额的，可将销售机器设备或货物的合同与提供劳务的合同分别签订。

非居民企业提供劳务取得收入一般存在三种情形：一是劳务全部发生在我国境外；二是劳务全部发生在我国境内；三是部分劳务发生在我国境内、部分发生在我国境外。对取得第一种全部发生在境外的劳务收入，无须缴纳企业所得税；对取得第二种全部发生在境内的劳务收入，应依法申报缴纳企业所得税；对取得第三种在境内外同时发生的劳务收入，应由非居民企业自行依实际提供劳务的情况划分申报缴纳相应所得税。如果税务机关对非居民企业的境内收入划分的合理性和真实性有疑义，可以要求其提供劳务划分依据等真实有效的证明材料，税务机关还可根据其工作量、工作时间、成本费用等因素合理划分其境内外收入。如非居民企业不能提供真实有效的证明材料，税务机关将视同其提供的劳务全部发生在中国境内，确定其劳务收入并据以征收企业所得税。

三、企业所得税的源泉扣缴征收方法

（一）源泉扣缴征收法的适用范围

源泉扣缴是指以所得支付者为扣缴义务人，在每次向纳税人支付有关所得款项时，代为扣缴税款的做法。企业所得税的源泉扣缴征收方法，主要适用于非居民企业取得的来源于中国境内的股息、红利等权益性投资收益和利息、租金、特许权使用费所得、转让财产所得以及其他所得应当缴纳的企业所得税，由支付单位源泉扣缴。税款由扣缴义务人在每次支付或者到期支付时，从支付或者到期应支付的款项中扣缴，以扣缴义务人的所在地为纳税地点。

非居民企业在中国境内取得的工程作业和劳务的所得，有下列情况之一的，县级以上税务机关可以指定工程价款或者劳务费的支付人为扣缴义务人：一是预计工程作业或提供劳务的期限不足一个纳税年度的，且有证据表明不履行纳税义务的；二是没有办理税务登记或者临时税务登记的，且未委托中国境内的代理人办理纳税义务的；三是未按照规定期限办理企业所得税纳税申报或者预缴申报的。县级以上税务机关在指定扣缴义务人时，应同时告知扣缴义务人所扣缴税款的计算依据、计算方法、扣缴期限和扣缴方式。

所称支付人，是指依照有关法律规定或者合同约定对非居民企业直接负有支付相关款项义务的单位或者个人。支付包括现金支付、汇拨支付、转账支付和权益对价支付等货币支付和非货币支付。

（二）应扣缴税额的计算

扣缴义务人应代扣代缴的税款，按以下公式计算：

应扣缴税额=应纳税所得额×实际征收率

应纳税所得额是指依照《企业所得税法》第十九条的规定计算的所得额。其中：

（1）非居民企业取得的股息、红利等权益性投资收益和利息、租金、特许权使用费所得，以收入全额为应纳税所得额，不得扣除税法规定之外的税费支出。收入全额包括全部价款和价外费用；就其支付形式而言，收入全额包括现金支付、汇拨支付、转账支付和权益对价支付等货币支付和非货币支付等。支付的特许权使用费，包括特许权使用费收入，以及与其相关的图纸资料费、技术服务费和人员培训费等费用。

（2）非居民企业取得的转让财产所得，以收入全额减除财产净值后的余额为应纳税所得额。财产净值是指有关财产的计税基础减除已经按照规定扣除的折旧、折耗、摊销、准备金等后的余额。

（3）非居民企业取得的其他所得，参照前两项规定的方法计算应纳税所得额。

实际征收率是指《企业所得税法》及其实施条例等相关法律、法规规定的税率，或者税收协定规定的更低的税率。

（三）源泉扣缴所得税的其他事项

（1）扣缴义务人对外支付或者到期应支付的款项为人民币以外货币的，在申报扣缴企业所得税时，应当按照扣缴当日国家公布的人民币汇率中间价折算成人民币计算应纳税所得额。

（2）扣缴义务人与非居民企业签订与以上所得有关的业务合同时，凡合同中约定由扣缴义务人负担应纳税款的，应将非居民企业取得的不含税所得换算为含税所得后计算征税。

（3）非居民企业享受减免税优惠的，应按相关税收减免管理办法和行政审批程序的规定办理，对未经审批或者减免税申请未得到批准之前，扣缴义务人发生支付款项的，应按规定代扣代缴企业所得税。非居民企业取得的来源于中国境内的外国政府向中国政府提供贷款取得的利息所得、国际金融组织向中国政府和居民企业提供优惠贷款取得的利息所得和经国务院批准的其他所得，可以免征企业所得税，支付人不扣缴所得税。

（4）扣缴义务人未依法扣缴或者无法履行扣缴义务的，非居民企业应于扣缴义务人支付或者到期应支付之日起7日内，到所得发生地主管税务机关申报缴纳企业所得税。其中，股权转让交易双方为非居民企业且在境外交易的，由取得所得的非居民企业自行或委托代理人向被转让股权的境内企业所在地主管税务机关申报纳税，被转让股权的境内企业应协助税务机关向非居民企业征缴税款。

（5）扣缴义务人所在地与所得发生地不在一地的，扣缴义务人所在地主管税务机关应自确定扣缴义务人未依法扣缴或者无法履行扣缴义务之日起5个工作日内，向所得发生地主管税务机关发送《非居民企业税务事项联络函》，告知非居民企业的申报纳税事项。

（6）按照国家税务总局《关于非居民企业间接转让财产企业所得税若干问题的公告》规定，非居民企业间接转让不动产所得或间接转让股权所得应缴纳的企业所得税，以直接负有支付相关款项义务的单位或者个人为扣缴义务人。

四、跨省市总分机构企业所得税的缴纳方法

（一）适用范围

根据财政部、国家税务总局关于《跨省市总分机构企业所得税分配及预算管理办法》（财预〔2012〕40号文件）的规定，总机构和具有主体生产经营职能的二级分支机构（不包括其境外分支机构）就地预缴企业所得税。三级及三级以下分支机构，其营业收入、职工薪酬和资产总额等统一并入二级分支机构计算。

按照现行财政体制的规定，国有邮政企业（包括中国邮政集团公司及其控股公司和直属单位）、中国工商银行股份有限公司、中国农业银行股份有限公司、中国银行股份有限公司、国家开发银行股份有限公司、中国农业发展银行、中国进出口银行、中国投资有限责任公司、中国建设银行股份有限公司、中国建银投资有限责任公司、中国信达资产管理股份有限公司、中国石油天然气股份有限公司、中国石油化工股份有限公司、海洋石油天然气企业（包括中国海洋石油总公司、中海石油（中国）有限公司、中海油田服务股份有限公司、海洋石油工程股份有限公司）、中国长江电力股份有限公司等企业总分机构缴纳的企业所得税（包括滞纳金、罚款收入）为中央收入，全额上缴中央国库，不实行《跨省市总分机构企业所得税分配及预算管理办法》。

（二）基本方法

根据《跨省市总分机构企业所得税分配及预算管理办法》（财预〔2012〕40号文件）的规定，属于中央与地方共享范围的跨省市总分机构企业缴纳的企业所得税，按照统一规范、兼顾总机构和分支机构所在地利益的原则，实行“统一计算、分级管理、就地预缴、汇总清算、财政调库”的处理办法，在总分机构统一计算的当期应纳税额的地方分享部分中，25%由总机构所在地分享，50%由各分支机构所在地分享，25%按一定比例在各地间进行分配。

（1）统一计算，是指居民企业应统一计算包括各个不具有法人资格营业机构在内的企业全部应纳税所得额、应纳税额。总机构和分支机构适用税率不一致的，应分别按适用税率计算应纳所得税额。

（2）分级管理，是指居民企业总机构、分支机构，分别由所在地主管税务机关属地进行监督和管理。

（3）就地预缴，是指居民企业总机构、分支机构，应按《跨省市总分机构企业所得税分配及预算管理办法》规定的比例，分别就地按月或者按季向所在地主管税务机关申报、预缴企业所得税。

（4）汇总清算，是指在年度终了后，总分机构企业根据统一计算的年度应纳税所得额、应纳所得税额，抵减总机构、分支机构当年已就地分期预缴的企业所得税款后，多退少补。

（5）财政调库，是指财政部定期将缴入中央总金库的跨省市总分机构企业所得税待分配收入，按照核定的系数调整至地方国库。

（三）分支机构就地预缴税款的计算

居民企业总机构、分支机构，分别就地按月或者按季向所在地主管税务机关申报、预缴企业所得税的具体方法如下：

1.确定分支机构的分摊比例

总机构在每月或每季终了之日起10日内，按照上年度各省市分支机构的营业收入、职工薪酬和资产总额三个因素，将统一计算的企业当期应纳税额的50%在各分支机构之间进行分摊（总机构所在省市同时设有分支机构的，同样按三个因素分摊），各分支机构根据分摊税款就地办理缴库，所缴纳税款收入由中央与分支机构所在地按60∶40分享。分摊时三个因素权重依次为0.35、0.35和0.3。当年新设立的分支机构第二年起参与分摊；当年撤销的分支机构自办理注销税务登记之日起不参与分摊。各分支机构的分摊比例，按以下公式计算：

$$\text{某分支机构分摊比例}=\frac{\text{该分支机构营业收入}}{\text{各分支机构营业收入之和}}\times0.35+\frac{\text{该分支机构职工薪酬}}{\text{各分支机构职工薪酬之和}}\times0.35+\frac{\text{该分支机构资产总额}}{\text{各分支机构资产总额之和}}\times0.30$$

以上公式中的分支机构，仅指需要参与就地预缴的分支机构。

以上所称分支机构营业收入，是指分支机构销售商品、提供劳务、让渡资产使用权等日常经营活动实现的全部收入（不含税）。其中，生产经营企业分支机构营业收入是指生产经营企业分支机构销售商品、提供劳务、让渡资产使用权等取得的全部收入；金融企业分支机构营业收入是指金融企业分支机构取得的利息、手续费、佣金等全部收入；保险企业分支机构营业收入是指保险企业分支机构取得的保费等全部收入。所称的分支机构职工薪酬，是指分支机构为获得职工提供的服务而给予职工的各种形式的报酬。所称的分支机构资产总额，是指分支机构在12月31日拥有或者控制的资产合计额。

2.计算各分支机构分摊预缴额

各分支机构分摊预缴额，按以下公式计算：

各分支机构分摊预缴额=所有分支机构应分摊的预缴总额×该分支机构分摊比例

公式中的所有分支机构应分摊的预缴总额，是指统一计算的企业当期应纳所得税额的50%计算的分摊税额。

【例8-9】某工业总公司跨省设置甲、乙两个分支机构（非独立法人），2017年第一季度应由总机构汇总纳税的应纳税所得额（含甲、乙两个分支机构所得）为1 000万元。分摊因素分别为：甲分支机构的营业收入、职工薪酬和资产总额分别为1 200万元、500万元、3 000万元；乙分支机构的营业收入、职工薪酬和资产总额分别为800万元、300万元、2 000万元。要求计算各分支机构2017年第一季度向当地税务机关预缴的企业所得税税额。

计算如下：

总公司当期汇总计算的应纳税额=1 000×25%=250（万元）

所有分支机构应分摊的预缴税款总额=250×50%=125（万元）

甲分支机构分摊比例=1 200÷（1 200+800）×0.35+500÷（500+300）×0.35+3 000÷（3 000+2 000）×0.30≈0.61

乙分支机构分摊比例=800÷（1 200+800）×0.35+300÷（500+300）×0.35+2 000÷（3 000+2 000）×0.30≈0.39

（34）“跨地区经营汇总纳税企业年度分摊企业所得税明细表”（A109000），由跨地区经营汇总纳税企业的总机构按照规定计算的总机构、分支机构本年度应缴的企业所得税，以及总机构、分支机构应分摊的企业所得税。

（35）“企业所得税汇总纳税分支机构所得税分配表”（A109010），填报总机构本年度实际应纳税额以及所属分支机构本年度应分摊的所得税额。

二、年度纳税申报表附表及填报说明

在企业所得税年度纳税申报这一章中，以主表为重点，侧重讲授“中华人民共和国企业所得税年度纳税申报表（A类）”（A100000）的结构及填报说明。但填报主表离不开附表，又考虑到附表较多，不能逐一讲解，重点介绍“一般企业收入明细表”、“金融企业收入明细表”、“一般企业成本支出明细表”和“金融企业支出明细表”等10个附表。

（一）一般企业收入明细表及填报说明

一般企业收入明细表（A101010）适用于除金融企业、事业单位和民间非营利组织外的企业填报。纳税人应根据国家统一会计制度的规定，填报“主营业务收入”“其他业务收入”和“营业外收入”。一般企业收入明细表，见表8-2。

表8-2　　**一般企业收入明细表（A101010）**

行次	项　目	金额
1	一、营业收入（2+9）	
2	（一）主营业务收入（3+5+6+7+8）	
3	1.销售商品收入	
4	其中：非货币性资产交换收入	
5	2.提供劳务收入	
6	3.建造合同收入	
7	4.让渡资产使用权收入	
8	5.其他	
9	（二）其他业务收入（10+12+13+14+15）	
10	1.销售材料收入	
11	其中：非货币性资产交换收入	
12	2.出租固定资产收入	
13	3.出租无形资产收入	
14	4.出租包装物和商品收入	
15	5.其他	
16	二、营业外收入（17+18+19+20+21+22+23+24+25+26）	
17	（一）非流动资产处置利得	
18	（二）非货币性资产交换利得	
19	（三）债务重组利得	
20	（四）政府补助利得	
21	（五）盘盈利得	
22	（六）捐赠利得	
23	（七）罚没利得	
24	（八）确实无法偿付的应付款项	
25	（九）汇兑收益	
26	（十）其他	

一般企业收入明细表的填报说明如下：

第1行“营业收入”：根据主营业务收入、其他业务收入的数额计算填报。

第2行“主营业务收入”：根据不同行业的业务性质分别填报纳税人核算的主营业务收入。

第3行“销售商品收入”：填报纳税人从事工业制造、商品流通、农业生产以及其他商品销售活动取得的主营业务收入。房地产开发企业销售开发产品（销售未完工开发产品除外）取得的收入也在此行填报。

第4行“其中：非货币性资产交换收入”：填报纳税人发生的非货币性资产交换按照国家统一会计制度应确认的销售商品收入。

第5行“提供劳务收入”：填报纳税人从事建筑安装、修理修配、交通运输、仓储租赁、邮电通讯、咨询经纪、文化体育、科学研究、技术服务、教育培训、餐饮住宿、中介代理、卫生保健、社区服务、旅游、娱乐、加工以及其他劳务活动取得的主营业务收入。

第6行“建造合同收入”：填报纳税人建造房屋、道路、桥梁、水坝等建筑物，以及生产船舶、飞机、大型机械设备等取得的主营业务收入。

第7行“让渡资产使用权收入”：填报纳税人在主营业务收入核算的，让渡无形资产使用权而取得的使用费收入以及出租固定资产、无形资产、投资性房地产取得的租金收入。

第8行“其他”：填报纳税人按照国家统一会计制度核算、上述未列举的其他主营业务收入。

第9行“其他业务收入”：填报根据不同行业的业务性质分别填报纳税人核算的其他业务收入。

第10行“销售材料收入”：填报纳税人销售材料、下脚料、废料、废旧物资等取得的收入。

第11行“其中：非货币性资产交换收入”：填报纳税人发生的非货币性资产交换按照国家统一会计制度应确认的材料销售收入。

第12行“出租固定资产收入”：填报纳税人将固定资产使用权让与承租人获取的其他业务收入。

第13行“出租无形资产收入”：填报纳税人让渡无形资产使用权取得的其他业务收入。

第14行“出租包装物和商品收入”：填报纳税人出租、出借包装物和商品取得的其他业务收入。

第15行“其他”：填报纳税人按照国家统一会计制度核算，上述未列举的其他业务收入。

第16行“营业外收入”：填报纳税人计入本科目核算的与生产经营无直接关系的各项收入。

第17行“非流动资产处置利得”：填报纳税人处置固定资产、无形资产等取得的净收益。

第18行“非货币性资产交换利得”：填报纳税人发生非货币性资产交换应确认的净收益。

第19行“债务重组利得”：填报纳税人发生的债务重组业务确认的净收益。

第20行“政府补助利得”：填报纳税人从政府无偿取得货币性资产或非货币性资产应确认的净收益。

第21行“盘盈利得”：填报纳税人在清查财产过程中查明的各种财产盘盈应确认的净收益。

第22行“捐赠利得”：填报纳税人接受的来自企业、组织或个人无偿给予的货币性资产、非货币性资产捐赠应确认的净收益。

第23行“罚没利得”：填报纳税人在日常经营管理活动中取得的罚款、没收收入应确认的净收益。

第24行“确实无法偿付的应付款项”：填报纳税人因确实无法偿付的应付款项而确认的收入。

第25行“汇兑收益”：填报纳税人取得企业外币货币性项目因汇率变动形成的收益应确认的收入。(该项目为执行小企业会计准则企业填报)

第26行“其他”：填报纳税人取得的上述项目未列举的其他营业外收入，包括执行企业会计准则纳税人按权益法核算长期股权投资对初始投资成本调整确认的收益，执行小企业会计准则纳税人取得的出租包装物和商品的租金收入、逾期未退包装物押金收益等。

一般企业收入明细表的表内关系如下：

第1行=第2+9行。

第2行=第3+5+6+7+8行。

第9行=第10+12+13+14+15行。

第16行=第17+18+19+20+21+22+23+24+25+26行。

一般企业收入明细表的表间关系如下：

第1行=表A100000第1行。

第16行=表A100000第11行。

(二) 金融企业收入明细表及填报说明

金融企业收入明细表（A101020）适用于执行企业会计准则的金融企业纳税人填报，包括银行（信用社）、保险公司、证券公司等金融企业。金融企业应根据企业会计准则的规定填报“营业收入”“营业外收入”。金融企业收入明细表，见表8-3。

表 8-3　　**金融企业收入明细表（A101020）**

行次	项　目	金 额
1	一、营业收入（2+18+27+32+33+34）	
2	（一）银行业务收入（3+10）	
3	1.利息收入（4+5+6+7+8+9）	
4	（1）存放同业	
5	（2）存放中央银行	
6	（3）拆出资金	
7	（4）发放贷款及垫资	
8	（5）买入返售金融资产	
9	（6）其他	
10	2.手续费及佣金收入（11+12+13+14+15+16+17）	
11	（1）结算与清算手续费	
12	（2）代理业务手续费	
13	（3）信用承诺手续费及佣金	
14	（4）银行卡手续费	
15	（5）顾问和咨询费	
16	（6）托管及其他受托业务佣金	
17	（7）其他	
18	（二）证券业务收入（19+26）	
19	1.证券业务手续费及佣金收入（20+21+22+23+24+25）	
20	（1）证券承销业务	
21	（2）证券经纪业务	
22	（3）受托客户资产管理业务	
23	（4）代理兑付证券	
24	（5）代理保管证券	
25	（6）其他	
26	2.其他证券业务收入	
27	（三）已赚保费（28-30-31）	
28	1.保险业务收入	
29	其中：分保费收入	
30	2.分出保费	
31	3.提取未到期责任准备金	
32	（四）其他金融业务收入	
33	（五）汇兑收益（损失以“-”号填列）	
34	（六）其他业务收入	
35	二、营业外收入（36+37+38+39+40+41+42）	
36	（一）非流动资产处置利得	
37	（二）非货币性资产交换利得	
38	（三）债务重组利得	
39	（四）政府补助利得	
40	（五）盘盈利得	
41	（六）捐赠利得	
42	（七）其他	

金融企业收入明细表的填报说明如下：

第1行“营业收入”：填报纳税人提供金融商品服务取得的收入。

第2行“银行业务收入”：填报纳税人从事银行业务取得的收入。

第3行“利息收入”：填报银行存贷款业务等取得的各项利息收入，包括发放的各类贷款（银团贷款、贸易融资、贴现和转贴现融出资金、协议透支、信用卡透支、转贷款、垫款等）、与其他金融机构（中央银行、同业等）之间发生资金往来业务、买入返售金融资产等实现的利息收入等。

第4行“存放同业”：填报纳税人存放于境内、境外银行和非银行金融机构款项取得的利息收入。

第5行“存放中央银行”：填报纳税人存放于中国人民银行的各种款项利息收入。

第6行“拆出资金”：填报纳税人拆借给境内、境外其他金融机构款项的利息收入。

第7行“发放贷款及垫资”：填报纳税人发放贷款及垫资的利息收入。

第8行“买入返售金融资产”：填报纳税人按照返售协议约定先买入再按固定价格返售的票据、证券、贷款等金融资产所融出资金的利息收入。

第9行“其他”：填报纳税人除本表第4行至第8行以外的其他利息收入，包括债券投资利息等收入。

第10行“手续费及佣金收入”：填报银行在提供相关金融业务服务时向客户收取的收入，包括结算与清算手续费、代理业务手续费、信用承诺手续费及佣金、银行卡手续费、顾问和咨询费、托管及其他受托业务佣金等。

第18行“证券业务收入”：填报纳税人从事证券业务取得的收入。

第19行“证券业务手续费及佣金收入”：填报纳税人承销、代理兑付等业务取得的各项手续费、佣金等收入。

第26行“其他证券业务收入”：填报纳税人在国家许可的范围内从事的除经纪、自营和承销业务以外的与证券有关的业务收入。

第27行“已赚保费”：填报纳税人从事保险业务确认的本年实际保费收入。

第28行“保险业务收入”：填报纳税人从事保险业务确认的保费收入。

第29行“分保费收入”：填报纳税人（再保险公司或分入公司）从原保险公司或分出公司分入的保费收入。

第30行“分出保费”：填报纳税人（再保险分出人）向再保险接受人分出的保费。

第31行“提取未到期责任准备金”：填报纳税人（保险企业）提取的非寿险原保险合同未到期责任准备金和再保险合同分保未到期责任准备金。

第32行“其他金融业务收入”：填报纳税人提供除银行业、保险业、证券业以外的金融商品服务取得的收入。

第33行“汇兑收益”：填报纳税人发生的外币交易因汇率变动而产生的汇兑损

益，损失以“-”号填列。

第34行“其他业务收入”：填报纳税人发生的除主营业务活动以外的其他经营活动实现的收入。

第35行“营业外收入”：填报纳税人发生的各项营业外收入，主要包括非流动资产处置利得、非货币性资产交换利得、债务重组利得、政府补助利得、盘盈利得、捐赠利得等。

第36行“非流动资产处置利得”：填报纳税人处置固定资产、无形资产等取得的净收益。

第37行“非货币性资产交换利得”：填报纳税人发生非货币性资产交换应确认的净收益。

第38行“债务重组利得”：填报纳税人发生的债务重组业务确认的净收益。

第39行“政府补助利得”：填报纳税人从政府无偿取得货币性资产或非货币性资产应确认的净收益。

第40行“盘盈利得”：填报纳税人在清查财产过程中查明的各种财产盘盈应确认的净收益。

第41行“捐赠利得”：填报纳税人接受的来自企业、组织或个人无偿给予的货币性资产、非货币性资产捐赠应确认的净收益。

第42行“其他”：填报纳税人取得的上述项目未列举的其他营业外收入，包括执行《企业会计准则》纳税人对按权益法核算的长期股权投资初始投资成本调整确认的收益。

金融企业收入明细表的表内如下：

第1行=第2+18+27+32+33+34行。

第2行=第3+10行。

第3行=第4+5+…+9行。

第10行=第11+12+…+17行。

第18行=第19+26行。

第19行=第20+21+…+25行。

第27行=第28-30-31行。

第35行=第36+37+…+42行。

金融企业收入明细表的表间关系如下：

第1行=表A100000（主表）第1行。

第35行=表A100000（主表）第11行。

（三）一般企业成本支出明细表及填报说明

一般企业成本支出明细表（A102010）适用于除金融企业、事业单位和民间非营利组织外的企业填报。纳税人应根据国家统一会计制度的规定，填报“主营业务成本”“其他业务成本”和“营业外支出”。一般企业成本支出明细表，见表8-4。

表8-4　　一般企业成本支出明细表（A102010）

行次	项　目	金额
1	一、营业成本（2+9）	
2	（一）主营业务成本（3+5+6+7+8）	
3	1.销售商品成本	
4	其中：非货币性资产交换成本	
5	2.提供劳务成本	
6	3.建造合同成本	
7	4.让渡资产使用权成本	
8	5.其他	
9	（二）其他业务成本（10+12+13+14+15）	
10	1.销售材料成本	
11	其中：非货币性资产交换成本	
12	2.出租固定资产成本	
13	3.出租无形资产成本	
14	4.包装物出租成本	
15	5.其他	
16	二、营业外支出（17+18+19+20+21+22+23+24+25+26）	
17	（一）非流动资产处置损失	
18	（二）非货币性资产交换损失	
19	（三）债务重组损失	
20	（四）非常损失	
21	（五）捐赠支出	
22	（六）赞助支出	
23	（七）罚没支出	
24	（八）坏账损失	
25	（九）无法收回的债券股权投资损失	
26	（十）其他	

一般企业成本支出明细表的填报说明如下：

第1行“营业成本”：填报纳税人主要经营业务和其他经营业务发生的成本总额。本行根据“主营业务成本”和“其他业务成本”的数额计算填报。

第2行“主营业务成本”：根据不同行业的业务性质分别填报纳税人核算的主营业务成本。

第3行“销售商品成本”：填报纳税人从事工业制造、商品流通、农业生产以及其他商品销售活动发生的主营业务成本。房地产开发企业销售开发产品（销售未完工开发产品除外）发生的成本也在此行填报。

第4行“其中：非货币性资产交换成本”：填报纳税人发生的非货币性资产交换按照国家统一会计制度应确认的销售商品成本。

第5行“提供劳务成本”：填报纳税人从事建筑安装、修理修配、交通运输、仓储租赁、邮电通讯、咨询经纪、文化体育、科学研究、技术服务、教育培训、餐饮住宿、中介代理、卫生保健、社区服务、旅游、娱乐、加工以及其他劳务活动发生的主营业务成本。

第6行“建造合同成本”：填报纳税人建造房屋、道路、桥梁、水坝等建筑物，以及生产船舶、飞机、大型机械设备等发生的主营业务成本。

第7行“让渡资产使用权成本”：填报纳税人在主营业务成本核算的，让渡无形资产使用权而发生的使用费成本以及出租固定资产、无形资产、投资性房地产发生的租金成本。

第8行“其他”：填报纳税人按照国家统一会计制度核算、上述未列举的其他主营业务成本。

第9行“其他业务成本”：根据不同行业的业务性质分别填报纳税人按照国家统一会计制度核算的其他业务成本。

第10行“销售材料成本”：填报纳税人销售材料、下脚料、废料、废旧物资等发生的成本。

第11行“其中：非货币性资产交换成本”：填报纳税人发生的非货币性资产交换按照国家统一会计制度应确认的材料销售成本。

第12行“出租固定资产成本”：填报纳税人将固定资产使用权让与承租人形成的出租固定资产成本。

第13行“出租无形资产成本”：填报纳税人让渡无形资产使用权形成的出租无形资产成本。

第14行“包装物出租成本”：填报纳税人出租、出借包装物形成的包装物出租成本。

第15行“其他”：填报纳税人按照国家统一会计制度核算，上述未列举的其他业务成本。

第16行“营业外支出”：填报纳税人计入本科目核算的与生产经营无直接关系的各项支出。

第17行“非流动资产处置损失”：填报纳税人处置非流动资产形成的净损失。

第18行“非货币性资产交换损失”：填报纳税人发生非货币性资产交换应确认的净损失。

第19行“债务重组损失”：填报纳税人进行债务重组应确认的净损失。

第20行“非常损失”：填报纳税人在营业外支出中核算的各项非正常的财产损失。

第21行“捐赠支出”：填报纳税人无偿给予其他企业、组织或个人的货币性资产、非货币性资产的捐赠支出。

第22行“赞助支出”：填报纳税人发生的货币性资产、非货币性资产赞助支出。

第23行“罚没支出”：填报纳税人在日常经营管理活动中对外支付的各项罚款、没收收入的支出。

第24行“坏账损失”：填报纳税人发生的各项坏账损失。（该项目为使用小企业会计准则企业填报）

第25行“无法收回的债券股权投资损失”：填报纳税人各项无法收回的债券股权投资损失。（该项目为使用小企业会计准则企业填报）

第26行“其他”：填报纳税人本期实际发生的在营业外支出核算的其他损失及支出。

一般企业成本支出明细表的表内关系如下：

第1行=第2+9行。

第2行=第3+5+6+7+8行。

第9行=第10+12+13+14+15行。

第16行=第17+18+…+26行。

一般企业成本支出明细表的表间关系如下：

第1行=表A100000第2行。

第16行=表A100000第12行。

（四）金融企业支出明细表及填报说明

金融企业支出明细表（A102020）适用于执行企业会计准则的金融企业纳税人填报，包括银行（信用社）、保险公司、证券公司等金融企业。纳税人根据《企业会计准则》的规定填报“营业支出”“营业外支出”。金融企业支出明细表，见表8-5。

表8-5　　金融企业支出明细表（A102020）

行次	项　目	金额
1	一、营业支出（2+15+25+31+32）	
2	（一）银行业务支出（3+11）	
3	1.银行利息支出（4+5+6+7+8+9+10）	
4	（1）同业存放	
5	（2）向中央银行借款	
6	（3）拆入资金	
7	（4）吸收存款	
8	（5）卖出回购金融资产款	
9	（6）发行债券	
10	（7）其他	
11	2.银行手续费及佣金支出（12+13+14）	
12	（1）手续费支出	
13	（2）佣金支出	
14	（3）其他	
15	（二）保险业务支出（16+17-18+19-20+21+22-23+24）	
16	1.退保金	
17	2.赔付支出	
18	减：摊回赔付支出	
19	3.提取保险责任准备金	
20	减：摊回保险责任准备金	
21	4.保单红利支出	
22	5.分保费用	
23	减：摊回分保费用	
24	6.保险业务手续费及佣金支出	
25	（三）证券业务支出（26+30）	
26	1.证券业务手续费及佣金支出（27+28+29）	
27	（1）证券经纪业务手续费支出	
28	（2）佣金支出	
29	（3）其他	
30	2.其他证券业务支出	
31	（四）其他金融业务支出	
32	（五）其他业务成本	
33	二、营业外支出（34+35+36+37+38+39）	
34	（一）非流动资产处置损失	
35	（二）非货币性资产交换损失	
36	（三）债务重组损失	
37	（四）捐赠支出	
38	（五）非常损失	
39	（六）其他	

金融企业支出明细表的填报说明如下：

第1行“营业支出”：填报金融企业提供金融商品服务发生的支出。

第2行“银行业务支出”：填报纳税人从事银行业务发生的支出。

第3行“银行利息支出”：填报纳税人经营存贷款业务等发生的利息支出，包括同业存放、向中央银行借款、拆入资金、吸收存款、卖出回购金融资产款、发行债券和其他业务利息支出。

第11行“银行手续费及佣金支出”：填报纳税人发生的与银行业务活动相关的各项手续费、佣金等支出。

第15行“保险业务支出”：填报保险企业发生的与保险业务相关的费用支出。

第16行“退保金”：填报保险企业寿险原保险合同提前解除时按照约定应当退还投保人的保单现金价值。

第17行“赔付支出”：填报保险企业支付的原保险合同赔付款项和再保险合同赔付款项。

第18行“减：摊回赔付支出”：填报保险企业（再保险分出人）向再保险接受人摊回的赔付成本。

第19行“提取保险责任准备金”：填报保险企业提取的原保险合同保险责任准备金，包括提取的未决赔款准备金、提取的寿险责任准备金、提取的长期健康险责任准备金。

第20行“减：摊回保险责任准备金”：填报保险企业（再保险分出人）从事再保险业务应向再保险接受人摊回的保险责任准备金，包括未决赔款准备金、寿险责任准备金、长期健康险责任准备金。

第21行“保单红利支出”：填报保险企业按原保险合同约定支付给投保人的红利。

第22行“分保费用”：填报保险企业（再保险接受人）向再保险分出人支付的分保费用。

第23行“减：摊回分保费用”：填报保险企业（再保险分出人）向再保险接受人摊回的分保费用。

第24行“保险业务手续费及佣金支出”：填报保险企业发生的与其保险业务活动相关的各项手续费、佣金支出。

第25行“证券业务支出”：填报纳税人从事证券业务发生的证券手续费支出和其他证券业务支出。

第26行“证券业务手续费及佣金支出”：填报纳税人代理承销、兑付和买卖证券等业务发生的各项手续费、风险结算金、承销业务直接相关的各项费用及佣金支出。

第30行“其他证券业务支出”：填报纳税人从事除经纪、自营和承销业务以外的与证券有关的业务支出。

第31行“其他金融业务支出”：填报纳税人提供除银行业、保险业、证券业以外的金融商品服务发生的相关业务支出。

第32行“其他业务成本”：填报纳税人发生的除主营业务活动以外的其他经营活动发生的支出。

第33行“营业外支出”：填报纳税人发生的各项营业外支出，包括非流动资产处置损失、非货币性资产交换损失、债务重组损失、捐赠支出、非常损失等。

第34行“非流动资产处置损失”：填报纳税人处置非流动资产形成的净损失。

第35行“非货币性资产交换损失”：填报纳税人发生非货币性资产交换应确认的净损失。

第36行“债务重组损失”：填报纳税人进行债务重组应确认的净损失。

第37行“捐赠支出”：填报纳税人无偿给予其他企业、组织或个人的货币性资产、非货币性资产的捐赠支出。

第38行“非常损失”：填报纳税人在营业外支出中核算的各项非正常的财产损失。

第39行“其他”：填报纳税人本期实际发生的在营业外支出核算的其他损失及支出。

金融企业支出明细表的表内关系如下：

第1行=第2+15+25+31+32行。

第2行=第3+11行。

第3行=第4+5+…+10行。

第11行=第12+13+14行。

第15行=第16+17−18+19−20+21+22−23+24行。

第25行=第26+30行。

26行=第27+28+29行。

第33行=第34+35+…39行。

金融企业支出明细表的表间关系如下：

第1行=表A100000第2行。

第33行=表A100000第12行。

（五）事业单位、民间非营利组织收入、支出明细表及填报说明

事业单位、民间非营利组织收入、支出明细表（A103000）适用于实行事业单位会计准则的事业单位以及执行民间非营利组织会计制度的社会团体、民办非企业单位、非营利性组织等查账征收居民纳税人填报。纳税人应根据事业单位会计准则、民间非营利组织会计制度的规定，填报“事业单位收入”“民间非营利组织收入”“事业单位支出”“民间非营利组织支出”等。事业单位、民间非营利组织收入、支出明细表，见表8-6。

表8-6　　事业单位、民间非营利组织收入、支出明细表（A103000）

行次	项　目	金额
1	一、事业单位收入（2+3+4+5+6+7）	
2	（一）财政补助收入	
3	（二）事业收入	
4	（三）上级补助收入	
5	（四）附属单位上缴收入	
6	（五）经营收入	
7	（六）其他收入（8+9）	
8	其中：投资收益	
9	其他	
10	二、民间非营利组织收入（11+12+13+14+15+16+17）	
11	（一）接受捐赠收入	
12	（二）会费收入	
13	（三）提供劳务收入	
14	（四）商品销售收入	
15	（五）政府补助收入	
16	（六）投资收益	
17	（七）其他收入	
18	三、事业单位支出（19+20+21+22+23）	
19	（一）事业支出	
20	（二）上缴上级支出	
21	（三）对附属单位补助支出	
22	（四）经营支出	
23	（五）其他支出	
24	四、民间非营利组织支出（25+26+27+28）	
25	（一）业务活动成本	
26	（二）管理费用	
27	（三）筹资费用	
28	（四）其他费用	

事业单位、民间非营利组织收入、支出明细表（A103000）的填报说明如下：

（1）事业单位填报说明。第1行至第9行由执行事业单位会计准则的纳税人填报。

第1行“事业单位收入”：填报纳税人取得的所有收入的金额（包括不征税收入和免税收入），按照会计核算口径填报。

第2行“财政补助收入”：填报纳税人直接从同级财政部门取得的各类财政拨款，包括基本支出补助和项目支出补助。

第3行“事业收入”：填报纳税人通过开展专业业务活动及辅助活动所取得的收入。

第4行“上级补助收入”：填报纳税人从主管部门和上级单位取得的非财政补助收入。

第5行“附属单位上缴收入”：填报纳税人附属独立核算单位按有关规定上缴的收入。包括附属事业单位上缴的收入和附属企业上缴的利润等。

第6行“经营收入”：填报纳税人开展专业业务活动及其辅助活动之外开展非独立核算经营活动取得的收入。

第7行“其他收入”：填报纳税人取得的除本表第2行至第6行项目以外的收入，包括投资收益、银行存款利息收入、租金收入、捐赠收入、现金盘盈收入、存货盘盈收入、收回已核销应收及预付款项、无法偿付的应付及预收款项等。

第8行“其中：投资收益”：填报在“其他收入”科目中核算的各项短期投资、长期债券投资、长期股权投资取得的投资收益。

第9行“其他”：填报在“其他收入”科目中核算的除投资收益以外的收入。

(2) 民间非营利组织填报说明。第10行至第17行由执行民间非营利组织会计制度的纳税人填报。

第10行“民间非营利组织收入”：填报纳税人开展业务活动取得的收入，应当包括接受捐赠收入、会费收入、提供劳务收入、政府补助收入、投资收益、商品销售收入等主要业务活动收入和其他收入等。

第11行“接受捐赠收入”：填报纳税人接受其他单位或者个人捐赠所取得的收入。

第12行“会费收入”：填报纳税人根据章程等规定向会员收取的会费收入。

第13行“提供劳务收入”：填报纳税人根据章程等规定向其服务对象提供服务取得的收入，包括学费收入、医疗费收入、培训收入等。

第14行“商品销售收入”：填报纳税人销售商品（如出版物、药品等）所形成的收入。

第15行“政府补助收入”：填报纳税人接受政府拨款或者政府机构给予的补助而取得的收入。

第16行“投资收益”：填报纳税人因对外投资取得的投资净收益。

第17行“其他收入”：填报纳税人除上述主要业务活动收入以外的其他收入，如固定资产处置净收入、无形资产处置净收入等。

第18行至第23行由执行事业单位会计准则的纳税人填报。

第18行“事业单位支出”：填报纳税人发生的所有支出总额（含不征税收入形成的支出)，按照会计核算口径填报。

第19行“事业支出”：填报纳税人开展专业业务活动及其辅助活动发生的支出，包括工资、补助工资、职工福利费、社会保障费、助学金，公务费、业务费、设备购置费、修缮费和其他费用。

第20行“上缴上级支出”：填报纳税人按照财政部门和主管部门的规定上缴上级单位的支出。

第21行“对附属单位补助支出”：填报纳税人用财政补助收入之外的收入对附属单位补助发生的支出。

第22行“经营支出”：填报纳税人在专业业务活动及其辅助活动之外开展非独立核算经营活动发生的支出。

第23行“其他支出”：填报纳税人除本表第19行至第22行项目以外的支出，包括利息支出、捐赠支出、现金盘亏损失、资产处置损失、接受捐赠（调入）非流动资产发生的税费支出等。

第24行至第28行由执行民间非营利组织会计制度的纳税人填报。

第24行“民间非营利组织支出”：填报纳税人发生的所有支出总额。按照会计核算口径填报。

第25行“业务活动成本”：填报民间非营利组织为了实现其业务活动目标、开展某项目活动或者提供劳务所发生的费用。

第26行“管理费用”：填报民间非营利组织为组织和管理其业务活动所发生的各项费用，包括民间非营利组织董事会（或者理事会或者类似权力机构）经费和行政管理人员的工资、奖金、津贴、福利费、住房公积金、住房补贴、社会保障费、离退休人员工资与补助，以及办公费、水电费、邮电费、物业管理费、差旅费、折旧费、修理费、无形资产摊销费、存货盘亏损失、资产减值损失、因预计负债所产生的损失、聘请中介机构费和应偿还的受赠资产等。

第27行“筹资费用”：填报民间非营利组织为筹集业务活动所需资金而发生的费用，包括民间非营利组织获得捐赠资产而发生的费用以及应当计入当期费用的借款费用、汇兑损失（减汇兑收益）等。民间非营利组织为了获得捐赠资产而发生的费用包括举办募款活动费，准备、印刷和发放募款宣传资料费以及其他与募款或者争取捐赠有关的费用。

第28行“其他费用”：填报民间非营利组织发生的、无法归属到上述业务活动成本、管理费用或者筹资费用中的费用，包括固定资产处置净损失、无形资产处置净损失等。

事业单位、民间非营利组织收入、支出明细表的表内关系如下：

第1行=第2+3+…+7行。

第7行=第8+9行。

第10行=第11+12+…+17行。

第18行=第19+20+21+22+23行。

第24行=第25+26+27+28行。

事业单位、民间非营利组织收入、支出明细表的表间关系如下：

第2+3+4+5+6行或第11+12+13+14+15行=表A100000第1行。

第8行或第16行=表A100000第9行。

第9行或第17行=表A100000第11行。

第19+20+21+22行或第25+26+27行=表A100000第2行。

第23行或第28行=表A100000第12行。

（六）期间费用明细表及填报说明

期间费用明细表（A104000）适用于执行企业会计准则、小企业会计准则、企业会计制度、分行业会计制度的查账征收居民纳税人填报。纳税人应根据企业会计准则、小企业会计准则、企业会计、分行业会计制度规定，填报“销售费用”、“管理费用”和“财务费用”等项目。期间费用明细表，见表8-7。

表8-7 **期间费用明细表（A104000）**

行次	项　目	销售费用	其中：境外支付	管理费用	其中：境外支付	财务费用	其中：境外支付
		1	2	3	4	5	6
1	一、职工薪酬		*		*	*	*
2	二、劳务费					*	*
3	三、咨询顾问费					*	*
4	四、业务招待费		*		*	*	*
5	五、广告费和业务宣传费		*		*	*	*
6	六、佣金和手续费						
7	七、资产折旧摊销费		*		*	*	*
8	八、财产损耗、盘亏及毁损损失		*		*	*	*
9	九、办公费		*		*	*	*
10	十、董事会费		*		*	*	*
11	十一、租赁费					*	*
12	十二、诉讼费		*		*	*	*
13	十三、差旅费		*		*	*	*
14	十四、保险费		*		*	*	*
15	十五、运输、仓储费					*	*
16	十六、修理费					*	*
17	十七、包装费		*		*	*	*
18	十八、技术转让费					*	*
19	十九、研究费用					*	*
20	二十、各项税费		*		*	*	*
21	二十一、利息收支	*	*	*	*		
22	二十二、汇兑差额	*	*	*	*		
23	二十三、现金折扣	*	*	*	*		*
24	二十四、党组织工作经费	*	*		*	*	*
25	二十五、其他						
26	合计（1+2+3+…25）						

期间费用明细表的填报说明如下：

第1列“销售费用”：填报在销售费用科目进行核算的相关明细项目的金额，其中金融企业填报在业务及管理费科目进行核算的相关明细项目的金额。

第2列“其中：境外支付”：填报在销售费用科目进行核算的向境外支付的相关明细项目的金额，其中金融企业填报在业务及管理费科目进行核算的相关明细项目的金额。

第3列“管理费用”：填报在管理费用科目进行核算的相关明细项目的金额。

第4列“其中：境外支付”：填报在管理费用科目进行核算的向境外支付的相关明细项目的金额。

第5列“财务费用”：填报在财务费用科目进行核算的有关明细项目的金额。

第6列“其中：境外支付”：填报在财务费用科目进行核算的向境外支付的有关明细项目的金额。

第1行至第25行：根据费用科目核算的具体项目金额进行填报，如果贷方发生额大于借方发生额，应填报负数。

第26行第1列：填报第1行至第25行第1列的合计金额。

第26行第2列：填报第1行至第25行第2列的合计金额。

第26行第3列：填报第1行至第25行第3列的合计金额。

第26行第4列：填报第1行至第25行第4列的合计金额。

第26行第5列：填报第1行至第25行第5列的合计金额。

第26行第6列：填报第1行至第25行第6列的合计金额。

期间费用明细表的表内关系如下：

第26行第1列=第1列第1+2+…+20+25行。

第26行第2列=第2列第2+3+6+11+15+16+18+19+25行。

第26行第3列=第3列第1+2+…+20+24+25行。

第26行第4列=第4列第2+3+6+11+15+16+18+19+25行。

第26行第5列=第5列第6+21+22+23+25行。

第26行第6列=第6列第6+21+22+25行。

期间费用明细表的表间关系如下：

第26行第1列=表A100000第4行。

第26行第3列=表A100000第5行。

第26行第5列=表A100000第6行。

（七）纳税调整项目明细表及填报说明

纳税调整项目明细表（A105000）由纳税人根据税法、相关税收规定以及国家统一会计制度的规定，填报企业所得税涉税事项的会计处理、税务处理以及纳税调整情况。纳税调整项目明细表，见表8-8。

表8-8　**纳税调整项目明细表（A105000）**

行次	项　目	账载金额	税收金额	调增金额	调减金额
		1	2	3	4
1	一、收入类调整项目（2+3+…8+10+11）	*	*		
2	（一）视同销售收入（填写A105010）	*			*
3	（二）未按权责发生制原则确认的收入（填写A105020）				
4	（三）投资收益（填写A105030）				
5	（四）按权益法核算长期股权投资对初始投资成本调整确认收益	*	*	*	
6	（五）交易性金融资产初始投资调整	*	*		*
7	（六）公允价值变动净损益		*		
8	（七）不征税收入	*	*		
9	其中：专项用途财政性资金（填写A105040）	*	*		
10	（八）销售折扣、折让和退回				
11	（九）其他				

续表

行次	项　目	账载金额	税收金额	调增金额	调减金额
		1	2	3	4
12	二、扣除类调整项目（13+14+…24+26+27+28+29+30）	*	*		
13	（一）视同销售成本（填写A105010）	*		*	
14	（二）职工薪酬（填写A105050）				
15	（三）业务招待费支出				*
16	（四）广告费和业务宣传费支出（填写A105060）	*	*		
17	（五）捐赠支出（填写A105070）				
18	（六）利息支出				
19	（七）罚金、罚款和被没收财物的损失		*		*
20	（八）税收滞纳金、加收利息		*		*
21	（九）赞助支出		*		*
22	（十）与未实现融资收益相关在当期确认的财务费用				
23	（十一）佣金和手续费支出				*
24	（十二）不征税收入用于支出所形成的费用	*	*		*
25	其中：专项用途财政性资金用于支出所形成的费用（填写A105040）	*	*		*
26	（十三）跨期扣除项目				
27	（十四）与取得收入无关的支出		*		*
28	（十五）境外所得分摊的共同支出	*	*		*
29	（十六）党组织工作经费				
30	（十七）其他				
31	三、资产类调整项目（32+33+34+35）	*	*		
32	（一）资产折旧、摊销（填写A105080）				
33	（二）资产减值准备金		*		
34	（三）资产损失（填写A105090）				
35	（四）其他				
36	四、特殊事项调整项目（37+38+…+42）	*	*		
37	（一）企业重组及递延纳税事项（填写A105100）				
38	（二）政策性搬迁（填写A105110）	*	*		
39	（三）特殊行业准备金（填写A105120）				
40	（四）房地产开发企业特定业务计算的纳税调整额（填写A105010）	*			
41	（五）有限合伙企业法人合伙方应分得的应纳税所得额				
42	（六）其他	*	*		
43	五、特别纳税调整应税所得	*	*		
44	六、其他	*	*		
45	合计（1+12+31+36+43+44）	*	*		

纳税调整项目明细表的调整项目，按照“收入类调整项目”“扣除类调整项目”“资产类调整项目”“特殊事项调整项目”“特别纳税调整应税所得”“其他”六大项分类填报汇总，并计算出纳税“调增金额”和“调减金额”的合计金额。数据栏分别设置“账载金额”“税收金额”“调增金额”“调减金额”四个栏次。“账载金额”是指纳税人按照国家统一会计制度规定核算的项目金额。“税收金额”是指纳税人按照税收规定计算的项目金额。对需填报下级明细表的纳税调整项目，其“账载金额”“税收金额”“调增金额”“调减金额”根据相应附表进行计算填报。

1.收入类调整项目

第1行“一、收入类调整项目”：根据第2行至第11行（不含第9行）进行填报。

第2行“（一）视同销售收入”：填报会计处理不确认为销售收入，税收规定确认应税收入的收入。根据“视同销售和房地产开发企业特定业务纳税调整明细表”（A105010）填报。第2列“税收金额”为表A105010第1行第1列金额。第3列“调增金额”为表A105010第1行第2列金额。

第3行“（二）未按权责发生制原则确认的收入”：根据“未按权责发生制确认收入纳税调整明细表”（A105020）填报。第1列“账载金额”为表A105020第14行第2列金额。第2列“税收金额”为表A105020第14行第4列金额。表A105020第14行第6列，若≥0，填入本行第3列“调增金额”；若<0，将绝对值填入本行第4列“调减金额”。

第4行“（三）投资收益”：根据“投资收益纳税调整明细表”（A105030）填报。第1列“账载金额”为表A105030第10行第1+8列的合计金额。第2列“税收金额”为表A105030第10行第2+9列的合计金额。表A105030第10行第11列，若≥0，填入本行第3列“调增金额”；若<0，将绝对值填入本行第4列“调减金额”。

第5行“（四）按权益法核算长期股权投资对初始投资成本调整确认收益”：第4列“调减金额”填报纳税人采取权益法核算，初始投资成本小于取得投资时应享有被投资单位可辨认净资产公允价值份额的差额计入取得投资当期的营业外收入的金额。

第6行“（五）交易性金融资产初始投资调整”：第3列“调增金额”填报纳税人根据税收规定确认交易性金融资产初始投资金额与会计核算的交易性金融资产初始投资账面价值的差额。

第7行“（六）公允价值变动净损益”：第1列“账载金额”填报纳税人会计核算的以公允价值计量的金融资产、金融负债以及投资性房地产类项目，计入当期损益的公允价值变动金额；第1列≤0，将绝对值填入第3列“调增金额”；若第1列>0，填入第4列“调减金额”。

第8行“（七）不征税收入”：填报纳税人计入收入总额但属于税收规定不征税的财政拨款、依法收取并纳入财政管理的行政事业性收费以及政府性基金和国务院规定的其他不征税收入。第3列“调增金额”填报纳税人以前年度取得财政性资金且已作为不征税收入处理，在5年（60个月）内未发生支出且未缴回财政部门或其他拨付资金的政府部门，应计入应税收入额的金额。第4列“调减金额”填报符合税收规定不征税收入条件并作为不征税收入处理，且已计入当期损益的金额。

第9行“其中：专项用途财政性资金”：根据“专项用途财政性资金纳税调整明细表”（A105040）填报。第3列“调增金额”为表A105040第7行第14列金额。第4列“调减金额”为表A105040第7行第4列金额。

第10行“（八）销售折扣、折让和退回”：填报不符合税收规定的销售折扣和折让应进行纳税调整的金额，和发生的销售退回因会计处理与税收规定有差异需纳税调整的金额。第1列“账载金额”填报纳税人会计核算的销售折扣和折让金额及销货退回的追溯处理的净调整额。第2列“税收金额”填报根据税收规定可以税前扣除的折扣和折让的金额及销货退回业务影响当期损益的金额。第1列减第2列，若余额≥0，填入第3列“调增金额”；若余额＜0，将绝对值填入第4列“调减金额”，第4列仅为销货退回影响损益的跨期时间性差异。

第11行“（九）其他”：填报其他因会计处理与税收规定有差异需纳税调整的收入类项目金额。若第2列≥第1列，将第2-1列的余额填入第3列“调增金额”；若第2列＜第1列，将第2-1列余额的绝对值填入第4列“调减金额”。

2.扣除类调整项目

第12行“二、扣除类调整项目”：根据第13行至第30行（不含第25行）填报。

第13行“（一）视同销售成本”：填报会计处理不作为销售核算，税收规定作为应税收入对应的销售成本金额。根据“视同销售和房地产开发企业特定业务纳税调整明细表”（A105010）填报。第2列“税收金额”为表A105010第11行第1列金额。第4列“调减金额”为表A105010第11行第2列金额的绝对值。

第14行“（二）职工薪酬”：根据”职工薪酬支出及纳税调整明细表”（A105050）填报。第1列“账载金额”为表A105050第13行第1列金额。第2列“税收金额”为表A105050第13行第5列金额。表A105050第13行第6列，若≥0，填入本行第3列“调增金额”；若＜0，将绝对值填入本行第4列“调减金额”。

第15行“（三）业务招待费支出”：第1列“账载金额”填报纳税人会计核算计入当期损益的业务招待费金额。第2列“税收金额”填报按照税收规定允许税前扣除的业务招待费支出的金额。第3列“调增金额”为第1-2列金额。

第16行“（四）广告费和业务宣传费支出”：根据”广告费和业务宣传费跨年度纳税调整明细表”（A105060）填报。表A105060第12行，若≥0，填入第3列“调增金额”；若＜0，将绝对值填入第4列“调减金额”。

第17行“（五）捐赠支出”：根据”捐赠支出及纳税调整明细表”（A105070）填报。第1列“账载金额”为表A105070第8行第1列金额。第2列“税收金额”为表A105070第8行第4列金额。第3列“调增金额”为表A105070第8行第5列金额。第4列“调减金额”为表A105070第8行第6列金额。

第18行“（六）利息支出”：第1列“账载金额”填报纳税人向非金融企业借款，会计核算计入当期损益的利息支出的金额。第2列“税收金额”填报按照税收规定允许税前扣除的利息支出的金额。若第1列≥第2列，将第1列减第2列余额填入第3列“调增金额”；若第1列＜第2列，将第1列减第2列余额的绝对值填入第4列“调减金额”。

第19行“（七）罚金、罚款和被没收财物的损失”：第1列“账载金额”填报纳税人会计核算计入当期损益的罚金、罚款和被罚没财物的损失，不包括纳税人按照经济合同规定支付的违约金（包括银行罚息）、罚款和诉讼费。第3列“调增金额”等于第1列金额。

第20行“（八）税收滞纳金、加收利息”：第1列“账载金额”填报纳税人会计核算计入当期损益的税收滞纳金、加收利息。第3列“调增金额”等于第1列金额。

第21行“（九）赞助支出”：第1列“账载金额”填报纳税人会计核算计入当期损益的不符合税收规定的公益性捐赠的赞助支出的金额，包括直接向受赠人的捐赠、赞助支出等（不含广告性的赞助支出，广告性的赞助支出在表A105060中调整）。第3列“调增金额”等于第1列金额。

第22行“（十）与未实现融资收益相关在当期确认的财务费用”：第1列“账载金额”填报纳税人会计核算的与未实现融资收益相关并在当期确认的财务费用的金额。第2列“税收金额”填报按照税收规定允许税前扣除的金额。若第1列≥第2列，将第1–2列余额填入第3列“调增金额”；若第1列＜第2列，将第1–2列余额的绝对值填入第4列“调减金额”。

第23行“（十一）佣金和手续费支出”：第1列“账载金额”填报纳税人会计核算计入当期损益的佣金和手续费金额。第2列“税收金额”填报按照税收规定允许税前扣除的佣金和手续费支出金额。第3列“调增金额”为第1–2列的余额。

第24行“（十二）不征税收入用于支出所形成的费用”：第3列“调增金额”填报符合条件的不征税收入用于支出所形成的计入当期损益的费用化支出金额。

第25行“其中：专项用途财政性资金用于支出所形成的费用”：根据”专项用途财政性资金纳税调整明细表”（A105040）填报。第3列“调增金额”为表A105040第7行第11列金额。

第26行“（十三）跨期扣除项目”：填报维检费、安全生产费用、预提费用、预计负债等跨期扣除项目调整情况。第1列“账载金额”填报纳税人会计核算计入当期损益的跨期扣除项目金额。第2列“税收金额”填报按照税收规定允许税前扣除的金额。若第1列≥第2列，将第1–2列余额填入第3列“调增金额”；若第1列＜第2列，将第1–2列余额的绝对值填入第4列“调减金额”。

第27行“（十四）与取得收入无关的支出”：第1列“账载金额”填报纳税人会计核算计入当期损益的与取得收入无关的支出的金额。第3列“调增金额”等于第1列金额。

第28行“（十五）境外所得分摊的共同支出”：第3列“调增金额”为”境外所得纳税调整后所得明细表”（A108010）第10行第16+17列的合计金额。

第29行“（十六）党组织工作经费”：填报纳税人根据有关文件规定，为创新基层党建工作、建立稳定的经费保障制度发生的党组织工作经费及纳税调整情况。

第30行“（十七）其他”：填报其他因会计处理与税收规定有差异需纳税调整的扣除类项目金额。若第1列≥第2列，将第1-2列余额填入第3列“调增金额”；若第1列<第2列，将第1-2列余额的绝对值填入第4列“调减金额”。

3.资产类调整项目

第31行“三、资产类调整项目”：填报资产类调整项目第32行至第35行的合计金额。

第32行“（一）资产折旧、摊销”：根据“资产折旧、摊销及纳税调整明细表”（A105080）填报。第1列“账载金额”为表A105080第39行第2列金额。第2列“税收金额”为表A105080第39行第5列金额。表A105080第39行第9列，若≥0，填入本行第3列“调增金额”；若<0，将绝对值填入本行第4列“调减金额”。

第33行“（二）资产减值准备金”：填报坏账准备、存货跌价准备、理赔费用准备金等不允许税前扣除的各类资产减值准备金纳税调整情况。第1列“账载金额”填报纳税人会计核算计入当期损益的资产减值准备金金额（因价值恢复等原因转回的资产减值准备金应予以冲回）。第1列，若≥0，填入第3列“调增金额”；若<0，将绝对值填入第4列“调减金额”。

第34行“（三）资产损失”：根据“资产损失税前扣除及纳税调整明细表”（A105090）填报。第1列“账载金额”为表A105090第14行第1列金额。第2列“税收金额”为表A105090第14行第5列金额。表A105090第14行第6列，若≥0，填入本行第3列“调增金额”；若<0，将绝对值填入本行第4列“调减金额”。

第35行“（四）其他”：填报其他因会计处理与税收规定有差异需纳税调整的资产类项目金额。若第1列≥第2列，将第1-2列余额填入第3列“调增金额”；若第1列<第2列，将第1-2列余额的绝对值填入第4列“调减金额”。

4.特殊事项调整项目

第36行“四、特殊事项调整项目”：填报特殊事项调整项目第37行至第42行的合计金额。

第37行“（一）企业重组及递延纳税事项”：根据“企业重组及递延纳税事项纳税调整明细表”（A105100）填报。第1列“账载金额”为表A105100第16行第1+4列金额。第2列“税收金额”为表A105100第16行第2+5列金额。表A105100第16行第7列，若≥0，填入本行第3列“调增金额”；若<0，将绝对值填入本行第4列“调减金额”。

第38行“（二）政策性搬迁”：根据“政策性搬迁纳税调整明细表”（A105110）填报。表A105110第24行，若≥0，填入本行第3列“调增金额”；若<0，将绝对值填入本行第4列“调减金额”。

第39行“（三）特殊行业准备金”：根据“特殊行业准备金及纳税调整明细表”（A105120）填报。第1列“账载金额”为表A105120第43行第1列金额。第2列“税收金额”为表A105120第43行第2列金额。表A105120第43行第3列，若≥0，填入本行第3列“调增金额”；若<0，将绝对值填入本行第4列“调减金额”。

第40行“（四）房地产开发企业特定业务计算的纳税调整额”：根据“视同销售和房地产开发企业特定业务纳税调整明细表”（A105010）填报。第2列“税收金额”为表A105010第21行第1列金额。表A105010第21行第2列，若≥0，填入本行第3列“调增金额”；若<0，将绝对值填入本行第4列“调减金额”。

第41行“（五）有限合伙企业法人合伙方应分得的应纳税所得额”：第1列“账载金额”填报有限合伙企业法人合伙方本年会计核算上确认的对有限合伙企业的投资所得；第2列“税收金额”填报纳税人按照“先分后税”原则和《财政部 国家税务总局关于合伙企业合伙人所得税问题的通知》（财税〔2008〕159号）文件第四条规定计算的从合伙企业分得的法人合伙方应纳税所得额；若第1列≤第2列，将第2-1列余额填入第3列“调增金额”，若第1列>第2列，将第2-1列余额的绝对值填入第4列“调减金额”。

第42行“（六）其他”：填报其他因会计处理与税收规定有差异需纳税调整的特殊事项金额。

5.特别纳税调整应税所得项目

第43行“五、特别纳税调整应税所得”：第3列“调增金额”填报纳税人按特别纳税调整规定自行调增的当年应税所得。第4列“调减金额”填报纳税人依据双边预约定价安排或者转让定价相应调整磋商结果的通知，需要调减的当年应税所得。

6.其他

第44行“六、其他”：其他会计处理与税收规定存在差异需纳税调整的项目金额。

第45行“合计”：填报第1+12+31+36+43+44行的合计金额。

纳税调整项目明细表（A105000）的表内关系如下：

第1行=第2+3+4+5+6+7+8+10+11行。

第12行=第13+14+…+23+24+26+27+28+29+30行。

第31行=第32+33+34+35行。

第36行=第37+38+39+40+41+42行。

第45行=第1+12+31+36+43+44行。

纳税调整项目明细表（A105000）的表间关系如下：

第2行第2列=表A105010第1行第1列；第2行第3列=表A105010第1行第2列。

第3行第1列=表A105020第14行第2列；第3行第2列=表A105020第14行第4列；若表A105020第14行第6列≥0，第3行第3列=表A105020第14行第6列；若表A105020第14行第6列＜0，第3行第3列=表A105020第14行第6列的绝对值。

第4行第1列=表A105030第10行第1+8列；第4行第2列=表A105030第10行第2+9列；若表A105030第10行第11列≥0，第4行第3列=表A105030第10行第11列；若表A105030第10行第11列＜0，第4行第4列=表A105030第10行第11列的绝对值。

第9行第3列=表A105040第7行第14列；第9行第4列=表A105040第7行第4列。

第13行第2列=表A105010第11行第1列；第13行第4列=表A105010第11行第2列的绝对值。

第14行第1列=表A105050第13行第1列；第14行第2列=表A105050第13行第5列；若表A105050第13行第6列≥0，第14行第3列=表A105050第13行第6列；若表A105050第13行第6列＜0，第14行第4列=表A105050第13行第6列的绝对值。

若表A105060第12行≥0，第16行第3列=表A105060第12行，若表A105060第12行＜0，第16行第4列=表A105060第12行的绝对值。

第17行第1列=表A105070第8行第1列；第17行第2列=表A105070第8行第4列；第17行第3列=表A105070第8行第5列；第17行第4列=表A105070第8行第6列。

第25行第3列=表A105040第7行第11列。

第28行第3列=表A108010第10行第16+17列。

第32行第1列=表A105080第39行第2列；第32行第2列=表A105080第39行第5列；若表A105080第39行第9列≥0，第32行第3列=表A105080第39行第9列，若表A105080第39行第9列＜0，第32行第4列=表A105080第39行第9列的绝对值。

第34行第1列=表A105090第14行第1列；第34行第2列=表A105090第14行第5列；若表A105090第14行第6列≥0，第34行第3列=表A105090第14行第6列，若表A105090第14行第6列＜0，第34行第4列=表A105090第14行第6列的绝对值。

第37行第1列=表A105100第16行第1+4列；第37行第2列=表A105100第16行第2+5列；若表A105100第16行第7列≥0，第37行第3列=表A105100第16行第7列，若表A105100第16行第7列＜0，第37行第4列=表A105100第16行第7列的绝对值。

若表A105110第24行≥0，第38行第3列=表A105110第24行，若表A105110第24行＜0，第38行第4列=表A105110第24行的绝对值。

第39行第1列=表A105120第43行第1列；第39行第2列=表A105120第43行第2列；若表A105120第43行第3列≥0，第39行第3列=表A105120第43行第3列，若表A105120第43行第3列＜0，第39行第4列=表A105120第43行第3列的绝对值。

第40行第2列=表A105010第21行第1列；若表A105010第21行第2列≥0，第40行第3列=表A105010第21行第1列，若表A105010第21行第2列＜0，第40行第4列=表A105010第21行第1列的绝对值。

第45行第3列=表A100000第15行；第45行第4列=表A100000第16行。

（八）视同销售和房地产开发企业特定业务纳税调整明细表及填报说明

视同销售和房地产开发企业特定业务纳税调整明细表（A105010），适用于发生视同销售、房地产企业特定业务纳税调整项目的纳税人填报。纳税人根据税法、《国家税务总局关于企业处置资产所得税处理问题的通知》（国税函〔2008〕828号）、《国家税务总局关于印发〈房地产开发经营业务企业所得税处理办法〉的通知》（国税发〔2009〕31号）、《国家税务总局关于企业所得税有关问题的公告》（国家税务总局公告2016年第80号）等的相关规定，以及国家统一企业会计制度，填报视同销售行为、房地产企业销售未完工产品、未完工产品转完工产品特定业务的税收规定及纳税调整情况。视同销售和房地产开发企业特定业务纳税调整明细表，见表8-9。

表8-9　**视同销售和房地产开发企业特定业务纳税调整明细表（A105010）**

行次	项　目	税收金额	纳税调整金额
		1	2
1	一、视同销售（营业）收入（2+3+4+5+6+7+8+9+10）		
2	（一）非货币性资产交换视同销售收入		
3	（二）用于市场推广或销售视同销售收入		
4	（三）用于交际应酬视同销售收入		
5	（四）用于职工奖励或福利视同销售收入		
6	（五）用于股息分配视同销售收入		
7	（六）用于对外捐赠视同销售收入		
8	（七）用于对外投资项目视同销售收入		
9	（八）提供劳务视同销售收入		
10	（九）其他		
11	二、视同销售（营业）成本（12+13+14+15+16+17+18+19+20）		
12	（一）非货币性资产交换视同销售成本		
13	（二）用于市场推广或销售视同销售成本		
14	（三）用于交际应酬视同销售成本		
15	（四）用于职工奖励或福利视同销售成本		
16	（五）用于股息分配视同销售成本		
17	（六）用于对外捐赠视同销售成本		
18	（七）用于对外投资项目视同销售成本		
19	（八）提供劳务视同销售成本		
20	（九）其他		
21	三、房地产开发企业特定业务计算的纳税调整额（22-26）		
22	（一）房地产企业销售未完工开发产品特定业务计算的纳税调整额（24-25）		
23	1.销售未完工产品的收入		*
24	2.销售未完工产品预计毛利额		
25	3.实际发生的税金及附加、土地增值税		
26	（二）房地产企业销售的未完工产品转完工产品特定业务计算的纳税调整额（28-29）		
27	1.销售未完工产品转完工产品确认的销售收入		*
28	2.转回的销售未完工产品预计毛利额		
29	3.转回实际发生的税金及附加、土地增值税		

视同销售和房地产开发企业特定业务纳税调整明细表有关项目填报说明如下：

第1行“一、视同销售（营业）收入”：填报会计处理不确认销售收入，而税收规定确认为应税收入的金额，本行为第2行至第10行小计数。第1列“税收金额”填报税收确认的应税收入金额；第2列“纳税调整金额”等于第1列“税收金额”。

第2行“（一）非货币性资产交换视同销售收入”：填报发生非货币性资产交换业务，会计处理不确认销售收入，而税收规定确认为应税收入的金额。第1列“税收金额”填报税收确认的应税收入金额；第2列“纳税调整金额”等于第1列“税收金额”。

第3行“（二）用于市场推广或销售视同销售收入”：填报发生将货物、财产用于市场推广、广告、样品、集资、销售等，会计处理不确认销售收入，而税收规定确认为应税收入的金额。填列方法同第2行。

第4行“（三）用于交际应酬视同销售收入”：填报发生将货物、财产用于交际应酬，会计处理不确认销售收入，而税收规定确认为应税收入的金额。填列方法同第2行。

第5行“（四）用于职工奖励或福利视同销售收入”：填报发生将货物、财产用于职工奖励或福利，会计处理不确认销售收入，而税收规定确认为应税收入的金额。企业外购资产或服务不以销售为目的，用于替代职工福利费用支出，且购置后在一个纳税年度内处置的，以公允价值确定视同销售收入。填列方法同第2行。

第6行“（五）用于股息分配视同销售收入”：填报发生将货物、财产用于股息分配，会计处理不确认销售收入，而税收规定确认为应税收入的金额。填列方法同第2行。

第7行“（六）用于对外捐赠视同销售收入”：填报发生将货物、财产用于对外捐赠或赞助，会计处理不确认销售收入，而税收规定确认为应税收入的金额。填列方法同第2行。

第8行“（七）用于对外投资项目视同销售收入”：填报发生将货物、财产用于对外投资，会计处理不确认销售收入，而税收规定确认为应税收入的金额。填列方法同第2行。

第9行“（八）提供劳务视同销售收入”：填报发生对外提供劳务，会计处理不确认销售收入，而税收规定确认为应税收入的金额。填列方法同第2行。

第10行“（九）其他”：填报发生除上述列举情形外，会计处理不作为销售收入核算，而税收规定确认为应税收入的金额。填列方法同第2行。

第11行“二、视同销售（营业）成本”：填报会计处理不确认销售收入，税收规定确认为应税收入对应的视同销售成本金额。本行为第12行至第20行小计数。第1列“税收金额”填报予以税前扣除的视同销售成本金额；将第1列税收金额以负数形式填报第2列“纳税调整金额”。

第12行“（一）非货币性资产交换视同销售成本”：填报发生非货币性资产交

换业务，会计处理不确认销售收入，税收规定确认为应税收入所对应的应予以税前扣除的视同销售成本金额。第1列“税收金额”填报予以扣除的视同销售成本金额；将第1列税收金额以负数形式填报第2列“纳税调整金额”。

第13行“（二）用于市场推广或销售视同销售成本”：填报发生将货物、财产用于市场推广、广告、样品、集资、销售等，会计处理不确认销售收入，税收规定确认为应税收入时，其对应的应予以税前扣除的视同销售成本金额。填列方法同第12行。

第14行“（三）用于交际应酬视同销售成本”：填报发生将货物、财产用于交际应酬，会计处理不确认销售收入，税收规定确认为应税收入时，其对应的应予以税前扣除的视同销售成本金额。填列方法同第12行。

第15行“（四）用于职工奖励或福利视同销售成本”：填报发生将货物、财产用于职工奖励或福利，会计处理不确认销售收入，税收规定确认为应税收入时，其对应的应予以税前扣除的视同销售成本金额。填列方法同第12行。

第16行“（五）用于股息分配视同销售成本”：填报发生将货物、财产用于股息分配，会计处理不确认销售收入，税收规定确认为应税收入时，其对应的应予以税前扣除的视同销售成本金额。填列方法同第12行。

第17行“（六）用于对外捐赠视同销售成本”：填报发生将货物、财产用于对外捐赠或赞助，会计处理不确认销售收入，税收规定确认为应税收入时，其对应的应予以税前扣除的视同销售成本金额。填列方法同第12行。

第18行“（七）用于对外投资项目视同销售成本”：填报会计处理发生将货物、财产用于对外投资，会计处理不确认销售收入，税收规定确认为应税收入时，其对应的应予以税前扣除的视同销售成本金额。填列方法同第12行。

第19行“（八）提供劳务视同销售成本”：填报会计处理发生对外提供劳务，会计处理不确认销售收入，税收规定确认为应税收入时，其对应的应予以税前扣除视同销售成本金额。填列方法同第12行。

第20行“（九）其他”：填报发生除上述列举情形外，会计处理不确认销售收入，税收规定确认为应税收入的同时，予以税前扣除视同销售成本金额。填列方法同第12行。

第21行“三、房地产开发企业特定业务计算的纳税调整额”：填报房地产企业发生销售未完工产品、未完工产品结转完工产品业务，按照税收规定计算的特定业务的纳税调整额。第1列“税收金额”填报第22行第1列减去第26行第1列的余额；第2列“纳税调整金额”等于第1列“税收金额”。

第22行“（一）房地产企业销售未完工开发产品特定业务计算的纳税调整额”：填报房地产企业销售未完工开发产品取得销售收入，按税收规定计算的纳税调整额。第1列“税收金额”填报第24行第1列减去第25行第1列的余额；第2列“纳税调整金额”等于第1列“税收金额”。

第23行“1.销售未完工产品的收入”：第1列“税收金额”填报房地产企业销售未完工开发产品，会计核算未进行收入确认的销售收入金额。

24.第24行“2.销售未完工产品预计毛利额”：第1列“税收金额”填报房地产企业销售未完工产品取得的销售收入按税收规定预计计税毛利率计算的金额；第2列“纳税调整金额”等于第1列“税收金额”。

第25行“3.实际发生的税金及附加、土地增值税”：第1列“税收金额”填报房地产企业销售未完工产品实际发生的税金及附加、土地增值税，且在会计核算中未计入当期损益的金额；第2列“纳税调整金额”等于第1列“税收金额”。

第26行“（二）房地产企业销售的未完工产品转完工产品特定业务计算的纳税调整额”：填报房地产企业销售的未完工产品转完工产品，按税收规定计算的纳税调整额。第1列“税收金额”填报第28行第1列减去第29行第1列的余额；第2列“纳税调整金额”等于第1列“税收金额”。

第27行“1.销售未完工产品转完工产品确认的销售收入”：第1列“税收金额”填报房地产企业销售的未完工产品，此前年度已按预计毛利额征收所得税，本年度结转为完工产品，会计上符合收入确认条件，当年会计核算确认的销售收入金额。

第28行“2.转回的销售未完工产品预计毛利额”：第1列“税收金额”填报房地产企业销售的未完工产品，此前年度已按预计毛利额征收所得税，本年结转完工产品，会计核算确认为销售收入，转回原按税收规定预计计税毛利率计算的金额；第2列“纳税调整金额”等于第1列“税收金额”。

第29行“3.转回实际发生的税金及附加、土地增值税”：填报房地产企业销售的未完工产品结转完工产品后，会计核算确认为销售收入，同时将对应实际发生的税金及附加、土地增值税转入当期损益的金额；第2列“纳税调整金额”等于第1列“税收金额”。

视同销售和房地产开发企业特定业务纳税调整明细表的表内关系如下：

第1行=第2+3+…+10行。

第11行=第12+13+…+20行。

第21行=第22-26行。

第22行=第24-25行。

第26行=第28-29行。

视同销售和房地产开发企业特定业务纳税调整明细表的表间关系如下：

第1行第1列=表A105000第2行第2列。

第1行第2列=表A105000第2行第3列。

第11行第1列=表A105000第13行第2列。

第11行第2列的绝对值=表A105000第13行第4列。

第21行第1列=表A105000第40行第2列。

若第21行第2列≥0，第21行第2列=表A105000第40行第3列；若第21行第2列＜0，第21行第2列的绝对值=表A105000第40行第4列。

（九）未按权责发生制确认收入纳税调整明细表及填报说明

未按权责发生制确认收入纳税调整明细表（A105020），适用于会计处理按权责发生制确认收入、税收规定未按权责发生制确认收入需纳税调整的纳税人填报。符合税收规定不征税收入条件的政府补助收入，本表不作调整，在“专项用途财政性资金纳税调整明细表”（A105040）中纳税调整。未按权责发生制确认收入纳税调整明细表，见表8-10。

表8-10 未按权责发生制确认收入纳税调整明细表（A105020）

行次	项 目	合同金额（交易金额）	账载金额		税收金额		纳税调整金额
			本年	累计	本年	累计	
		1	2	3	4	5	6（4-2）
1	一、跨期收取的租金、利息、特许权使用费收入（2+3+4）						
2	（一）租金						
3	（二）利息						
4	（三）特许权使用费						
5	二、分期确认收入（6+7+8）						
6	（一）分期收款方式销售货物收入						
7	（二）持续时间超过12个月的建造合同收入						
8	（三）其他分期确认收入						
9	三、政府补助递延收入（10+11+12）						
10	（一）与收益相关的政府补助						
11	（二）与资产相关的政府补助						
12	（三）其他						
13	四、其他未按权责发生制确认收入						
14	合计（1+5+9+13）						

未按权责发生制确认收入纳税调整明细表的填报说明如下：

第1列“合同金额（交易金额）”：填报会计处理按照权责发生制确认收入、税收规定未按权责发生制确认收入的项目的合同总额或交易总额。

第2列“账载金额——本年”：填报纳税人会计处理按权责发生制在本期确认金额。

第3列“账载金额——累计”：填报纳税人会计处理按权责发生制累计确认金额（含本年）。

第4列“税收金额——本年”：填报纳税人按税收规定未按权责发生制在本期确认金额。

第5列“税收金额——累计”：填报纳税人按税收规定未按权责发生制累计确认金额（含本年）。

第6列“纳税调整金额”：填报纳税人会计处理按权责发生制确认收入、税收规定未按权责发生制确认收入的差异需纳税调整金额，为第4-2列的余额。

未按权责发生制确认收入纳税调整明细表的表内关系如下：

第1行=第2+3+4行。

第5行=第6+7+8行。

第9行=第10+11+12行。

第14行=第1+5+9+13行。

第6列=第4-2列。

未按权责发生制确认收入纳税调整明细表的表间关系如下：

第14行第2列=表A105000第3行第1列。

第14行第4列=表A105000第3行第2列。

若第14行第6列≥0，第14行第6列=表A105000第3行第3列；若第14行第6列＜0，第14行第6列绝对值=表A105000第3行第4列。

（十）广告费和业务宣传费跨年度纳税调整明细表及填报说明

广告费和业务宣传费跨年度纳税调整明细表（A105060）适用于发生广告费和业务宣传费纳税调整项目（含广告费和业务宣传费结转）的纳税人填报。纳税人根据税法、《财政部　国家税务总局关于广告费和业务宣传费支出税前扣除政策的通知》（财税〔2012〕48号）等相关规定，以及国家统一企业会计制度，填报广告费和业务宣传费会计处理、税收规定，以及跨年度纳税调整情况。广告费和业务宣传费跨年度纳税调整明细表，见表8-11。

表8-11　　**广告费和业务宣传费跨年度纳税调整明细表（A105060）**

行次	项　目	金 额
1	一、本年广告费和业务宣传费支出	
2	减：不允许扣除的广告费和业务宣传费支出	
3	二、本年符合条件的广告费和业务宣传费支出（1-2）	
4	三、本年计算广告费和业务宣传费扣除限额的销售（营业）收入	
5	乘：税收规定扣除率	
6	四、本企业计算的广告费和业务宣传费扣除限额（4×5）	
7	五、本年结转以后年度扣除额（3＞6，本行=3-6；3≤6，本行=0）	
8	加：以前年度累计结转扣除额	
9	减：本年扣除的以前年度结转额［3＞6，本行=0；3≤6，本行=8与（6-3）孰小值］	
10	六、按照分摊协议归集至其他关联方的广告费和业务宣传费（10≤3与6孰小值）	
11	按照分摊协议从其他关联方归集至本企业的广告费和业务宣传费	
12	七、本年广告费和业务宣传费支出纳税调整金额 （3＞6，本行=2+3-6+10-11；3≤6，本行=2+10-11-9）	
13	八、累计结转以后年度扣除额（7+8-9）	

广告费和业务宣传费跨年度纳税调整明细表的填报说明如下：

第1行"一、本年广告费和业务宣传费支出"：填报纳税人会计核算计入本年损益的广告费和业务宣传费用金额。

第2行"减：不允许扣除的广告费和业务宣传费支出"：填报税收规定不允许扣除的广告费和业务宣传费支出金额。

第3行"二、本年符合条件的广告费和业务宣传费支出"：填报第1-2行的余额。

第4行"三、本年计算广告费和业务宣传费扣除限额的销售（营业）收入"：填报按照税收规定计算广告费和业务宣传费扣除限额的当年销售（营业）收入。

第5行"乘：税收规定扣除率"：填报税收规定的扣除比例。

第6行"四、本企业计算的广告费和业务宣传费扣除限额"：填报第4×5行的金额。

第7行"五、本年结转以后年度扣除额"：若第3行＞第6行，填报第3-6行的余额；若第3行≤第6行，填报0。

第8行"加：以前年度累计结转扣除额"：填报以前年度允许税前扣除但超过扣除限额未扣除、结转扣除的广告费和业务宣传费的金额。

第9行"减：本年扣除的以前年度结转额"：若第3行＞第6行，填0；若第3行≤第6行，填报第6-3行与第8行的孰小值。

第10行"六、按照分摊协议归集至其他关联方的广告费和业务宣传费"：填报签订广告费和业务宣传费分摊协议（以下简称分摊协议）的关联企业的一方，按照分摊协议，将其发生的不超过当年销售（营业）收入税前扣除限额比例内的广告费和业务宣传费支出归集至其他关联方扣除的广告费和业务宣传费，本行应≤第3行与第6行的孰小值。

第11行"按照分摊协议从其他关联方归集至本企业的广告费和业务宣传费"：填报签订广告费和业务宣传费分摊协议（以下简称分摊协议）的关联企业的一方，按照分摊协议，从其他关联方归集至本企业的广告费和业务宣传费。

第12行"七、本年广告费和业务宣传费支出纳税调整金额"：若第3行＞第6行，填报第2+3-6+10-11行的金额；若第3行≤第6行，填报第2+10-11-9行的金额。

第13行"八、累计结转以后年度扣除额"：填报第7+8-9行的金额。

广告费和业务宣传费跨年度纳税调整明细表的表内关系如下：

第3行=第1-2行。

第6行=第4×5行。

若第3＞6行，第7行=第3-6行；若第3≤6行，第7行=0。

若第3＞6行，第9行=0；若第3≤6行，第9行=第8行与第6-3行的孰小值。

若第3＞6行，第12行=2+3-6+10-11行；若第3≤6行，第12行=第2-9+10-11行。

第13行=第7+8-9行。

广告费和业务宣传费跨年度纳税调整明细表的表间关系如下：

若第12行≥0，第12行=表A105000第16行第3列；若第12行＜0，第12行的绝对值=表A105000第16行第3列。

三、年度纳税申报表主表及填报说明

（一）年度纳税申报表主表的基本结构

企业所得税年度纳税申报表的主表，即“中华人民共和国企业所得税年度纳税申报表（A类）”（A100000），是纳税人计算申报缴纳企业所得税的必填表。“中华人民共和国企业所得税年度纳税申报表（A类）”（A100000），见表8-12。

表8-12　企业所得税年度纳税申报表（A类）（A100000）

行次	类别	项　目	金额
1	利润总额计算	一、营业收入（填写A101010\101020\103000）	
2		减：营业成本（填写A102010\102020\103000）	
3		减：税金及附加	
4		减：销售费用（填写A104000）	
5		减：管理费用（填写A104000）	
6		减：财务费用（填写A104000）	
7		减：资产减值损失	
8		加：公允价值变动收益	
9		加：投资收益	
10		二、营业利润（1-2-3-4-5-6-7+8+9）	
11		加：营业外收入（填写A101010\101020\103000）	
12		减：营业外支出（填写A102010\102020\103000）	
13		三、利润总额（10+11-12）	
14	应纳税所得额计算	减：境外所得（填写A108010）	
15		加：纳税调整增加额（填写A105000）	
16		减：纳税调整减少额（填写A105000）	
17		减：免税、减计收入及加计扣除（填写A107010）	
18		加：境外应税所得抵减境内亏损（填写A108000）	
19		四、纳税调整后所得（13-14+15-16-17+18）	
20		减：所得减免（填写A107020）	
21		减：弥补以前年度亏损（填写A106000）	
22		减：抵扣应纳税所得额（填写A107030）	
23		五、应纳税所得额（19-20-21-22）	
24	应纳税额计算	税率（25%）	
25		六、应纳所得税额（23×24）	
26		减：减免所得税额（填写A107040）	
27		减：抵免所得税额（填写A107050）	
28		七、应纳税额（25-26-27）	
29		加：境外所得应纳所得税额（填写A108000）	
30		减：境外所得抵免所得税额（填写A108000）	
31		八、实际应纳所得税额（28+29-30）	
32		减：本年累计实际已缴纳的所得税额	
33		九、本年应补（退）所得税额（31-32）	
34		其中：总机构分摊本年应补（退）所得税额（填写A109000）	
35		财政集中分配本年应补（退）所得税额（填写A109000）	
36		总机构主体生产经营部门分摊本年应补（退）所得税额（填写A109000）	

（二）年度纳税申报表（A表）表体项目的逻辑关系

每张信息采集表都分为表头、表体和表脚三部分。表头用于说明信息采集对象，表体用于说明采集对象的具体内容，表脚用于标注填写负责人及审核负责人。“中华人民共和国企业所得税年度纳税申报表（A类）”（A100000）的表体项目，由三个类别的内容所构成。

第一类别的内容是“利润总额计算”，该部分又包括“营业收入”、“营业利润”和“利润总额”三部分。“利润总额计算”中的项目，按照国家统一会计制度规定计算填报。实行企业会计准则、小企业会计准则、企业会计制度、分行业会计制度纳税人其数据直接取自利润表；实行事业单位会计准则的纳税人其数据取自收入支出表；实行民间非营利组织会计制度纳税人其数据取自业务活动表；实行其他国家统一会计制度的纳税人，根据本表项目进行分析填报。

第二类别的内容是“应纳税所得额计算”，是在纳税人会计利润总额的基础上，加减纳税调整等金额后计算出“纳税调整后所得”。会计与税法的差异（包括收入类、扣除类、资产类等差异）通过“纳税调整项目明细表”（A105000）集中填报。

第三类别的内容是“应纳税额计算”。首先根据“纳税调整后所得”和税率计算“应纳所得税额”，其次在“应纳所得税额”基础上通过扣除减免和抵免所得税额计算“应纳税额”，以及在“应纳税额”基础上通过加境外所得应纳所得税额和减境外所得抵免所得税额计算 “实际应纳所得税额”，然后在“实际应纳所得税额”的基础上通过扣除本年累计实际已缴纳的所得税额计算“本年应补（退）所得税额”。

（三）年度纳税申报表主表的填报说明

企业应该根据《企业所得税法》及其实施条例（以下简称税法）、相关税收政策，以及国家统一会计制度（《企业会计准则》、《小企业会计准则》、《企业会计制度》、《事业单位会计准则》和《民间非营利组织会计制度》等）的规定，计算填报纳税人利润总额、应纳税所得额和应纳税额等有关项目，并填报“企业所得税年度纳税申报表（A类）”（A100000）。企业在计算应纳税所得额及应纳所得税时，企业会计处理与税收规定不一致的，应当按照税收规定计算。税收规定不明确的，在没有明确规定之前，暂按国家统一会计制度计算。

1.行次说明

第1-13行参照国家统一会计制度规定填写。

第1行“营业收入”：填报纳税人主要经营业务和其他经营业务取得的收入总额。本行根据“主营业务收入”和“其他业务收入”的数额填报。一般企业纳税人根据“一般企业收入明细表”（A101010）填报；金融企业纳税人根据“金融企业收入明细表”（A101020）填报；事业单位、社会团体、民办非企业单位、非营利组织等纳税人根据“事业单位、民间非营利组织收入、支出明细表”（A103000）填报。

第2行“营业成本”项目：填报纳税人主要经营业务和其他经营业务发生的成本总额。本行根据“主营业务成本”和“其他业务成本”的数额填报。一般企业纳税人根据“一般企业成本支出明细表”（A102010）填报；金融企业纳税人根据“金融企业支出明细表”（A102020）填报；事业单位、社会团体、民办非企业单位、非营利组织等纳税人，根据“事业单位、民间非营利组织收入、支出明细表”（A103000）填报。

第3行“税金及附加”：填报纳税人经营活动发生的消费税、城市维护建设税、资源税、土地增值税和教育费附加等相关税费。本行根据纳税人相关会计科目填报。纳税人在其他会计科目核算的税金不得重复填报。

第4行“销售费用”：填报纳税人在销售商品和材料、提供劳务的过程中发生的各种费用。本行根据“期间费用明细表”（A104000）中对应的“销售费用”填报。

第5行“管理费用”：填报纳税人为组织和管理企业生产经营发生的管理费用。本行根据“期间费用明细表”（A104000）中对应的“管理费用”填报。

第6行“财务费用”：填报纳税人为筹集生产经营所需资金等发生的筹资费用。本行根据“期间费用明细表”（A104000）中对应的“财务费用”填报。

第7行“资产减值损失”：填报纳税人计提各项资产准备发生的减值损失。本行根据企业“资产减值损失”科目上的数额填报。实行其他会计制度的比照填报。

第8行“公允价值变动收益”：填报纳税人在初始确认时划分为以公允价值计量且其变动计入当期损益的金融资产或金融负债（包括交易性金融资产或负债，直接指定为以公允价值计量且其变动计入当期损益的金融资产或金融负债），以及采用公允价值模式计量的投资性房地产、衍生工具和套期业务中公允价值变动形成的应计入当期损益的利得或损失。本行根据企业“公允价值变动损益”科目的数额填报，损失以“-”号填列。

第9行“投资收益”：填报纳税人以各种方式对外投资确认所取得的收益或发生的损失。根据企业“投资收益”科目的数额计算填报，实行事业单位会计准则的纳税人根据“其他收入”科目中的投资收益金额分析填报，损失以“-”号填列。实行其他会计制度的纳税人比照填报。

第10行“营业利润”：填报纳税人当期的营业利润。根据上述项目计算填列。

第11行“营业外收入”：填报纳税人取得的与其经营活动无直接关系的各项收入的金额。一般企业纳税人根据“一般企业收入明细表”（A101010）填报；金融企业纳税人根据“金融企业收入明细表”（A101020）填报；实行事业单位会计准则或民间非营利组织会计制度的纳税人根据“事业单位、民间非营利组织收入、支出明细表”（A103000）填报。

第12行“营业外支出”：填报纳税人发生的与其经营活动无直接关系的各项支出的金额。一般企业纳税人根据“一般企业成本支出明细表”（A102010）填报；金融企业纳税人根据“金融企业支出明细表”（A102020）填报；实行事业单位会计准则或民间非营利组织会计制度的纳税人根据“事业单位、民间非营利组织收入、支出明细表”（A103000）填报。

第13行“利润总额”：填报纳税人当期的利润总额。根据上述项目计算填列。

第14行“境外所得”：填报纳税人取得的境外所得且已计入利润总额的金额。本行根据“境外所得纳税调整后所得明细表”（A108010）填报。

第15行“纳税调整增加额”：填报纳税人会计处理与税收规定不一致，进行纳税调整增加的金额。本行根据“纳税调整项目明细表”（A105000）“调增金额”列填报。

第16行“纳税调整减少额”：填报纳税人会计处理与税收规定不一致，进行纳税调整减少的金额。本行根据“纳税调整项目明细表”（A105000）“调减金额”列填报。

第17行“免税、减计收入及加计扣除”：填报属于税收规定免税收入、减计收入、加计扣除金额。本行根据“免税、减计收入及加计扣除优惠明细表”（A107010）填报。

第18行“境外应税所得抵减境内亏损”：当纳税人选择不用境外所得抵减境内亏损时，填报0；当纳税人选择用境外所得抵减境内亏损时，填报境外所得抵减当年度境内亏损的金额，用境外所得弥补以前年度境内亏损的，填报“境外所得税收抵免明细表”（A108000）。

第19行“纳税调整后所得”：填报纳税人经过纳税调整、税收优惠、境外所得计算后的所得额。

第20行“所得减免”：填报属于税收规定所得减免金额。本行根据“所得减免优惠明细表”（A107020）填报。

第21行“弥补以前年度亏损”：填报纳税人按照税收规定可在税前弥补的以前年度亏损数额，本行根据“企业所得税弥补亏损明细表”（A106000）填报。

第22行“抵扣应纳税所得额”：填报根据税收规定应抵扣的应纳税所得额。本行根据“抵扣应纳税所得额明细表”（A107030）填报。

第23行“应纳税所得额”：金额等于本表第19-20-21-22行计算结果。本行不得为负数。按照上述行次顺序计算结果本行为负数，本行金额填零。

第24行“税率”：填报税收规定的税率25%。

第25行“应纳所得税额”：金额等于本表第23×24行。

第26行“减免所得税额”：填报纳税人按税收规定实际减免的企业所得税额。本行根据“减免所得税优惠明细表”（A107040）填报。

第27行“抵免所得税额”：填报企业当年的应纳所得税额中抵免的金额。本行根据“税额抵免优惠明细表”（A107050）填报。

第28行“应纳税额”：金额等于本表第25-26-27行。

第29行“境外所得应纳所得税额”：填报纳税人来源于中国境外的所得，按照我国税收规定计算的应纳所得税额。本行根据“境外所得税收抵免明细表”

(A108000) 填报。

第30行“境外所得抵免所得税额”：填报纳税人来源于中国境外所得依照中国境外税收法律以及相关规定应缴纳并实际缴纳（包括视同已实际缴纳）的企业所得税性质的税款（准予抵免税款）。本行根据“境外所得税收抵免明细表”(A108000) 填报。

第31行“实际应纳所得税额”：填报纳税人当期的实际应纳所得税额。金额等于本表第28+29-30行。

第32行“本年累计实际已缴纳的所得税额”：填报纳税人按照税收规定本纳税年度已在月（季）度累计预缴的所得税额，包括按照税收规定的特定业务已预缴（征）的所得税额，建筑企业总机构直接管理的跨地区设立的项目部按规定向项目所在地主管税务机关预缴的所得税额。

第33行“本年应补（退）所得税额”：填报纳税人当期应补（退）的所得税额。金额等于本表第31-32行。

第34行“总机构分摊本年应补（退）所得税额”：填报汇总纳税的总机构按照税收规定在总机构所在地分摊本年应补（退）所得税额。本行根据“跨地区经营汇总纳税企业年度分摊企业所得税明细表”(A109000) 填报。

第35行“财政集中分配本年应补（退）所得税额”：填报汇总纳税的总机构按照税收规定财政集中分配本年应补（退）所得税款。本行根据“跨地区经营汇总纳税企业年度分摊企业所得税明细表”(A109000) 填报。

第36行“总机构主体生产经营部门分摊本年应补（退）所得税额”：填报汇总纳税的总机构所属的具有主体生产经营职能的部门按照税收规定应分摊的本年应补（退）所得税额。本行根据“跨地区经营汇总纳税企业年度分摊企业所得税明细表”(A109000) 填报。

2.表内、表间关系

(1) 表内关系

第10行（营业利润）=第1-2-3-4-5-6-7+8+9行。

第13行（利润总额）=第10+11-12行。

第19行（纳税调整后所得）=第13-14+15-16-17+18行。

第23行（应纳税所得额）=第19-20-21-22行。

第25行（应纳所得税额）=第23×24行。

第28行（应纳税额）=第25-26-27行。

第31行（实际应纳所得税额）=第28+29-30行。

第33行（本年应补、退所得税额）=第31-32行。

(2) 表间关系

第1行“营业收入”（填写A101010\101020\103000）=“一般企业收入明细表”(A101010) 第1行或“金融企业收入明细表”(A101020) 第1行或“事业单位、民间非营利组织收入、支出明细表”(A103000) 第2+3+4+5+6行或表A103000第11+

12+13+14+15行。

第2行“营业成本”（填写A102010\102020\103000）=“一般企业成本支出明细表”（A102010）第1行或“金融企业支出明细表”（A102020）第1行或“事业单位、民间非营利组织收入、支出明细表”（A103000）第19+20+21+22行或表A103000第25+26+27行。

第4行“销售费用”（填写A104000）=“期间费用明细表”（A104000）第26行第1列。

第5行“管理费用”（填写A104000）=“期间费用明细表”（A104000）第26行第3列。

第6行“财务费用”（填写A104000）=“期间费用明细表”（A104000）第26行第5列。

第9行“投资收益”=“事业单位、民间非营利组织收入、支出明细表”（A103000）第8行或者第16行（仅限于填报表A103000的纳税人，其他纳税人根据财务核算情况自行填写）。

第11行“营业外收入”（填写A101010\101020\103000）=“一般企业收入明细表”（A101010）第16行或“金融企业收入明细表”（A101020）第35行或“事业单位、民间非营利组织收入、支出明细表”（A103000）第9行或第17行。

第12行“营业外支出”（填写A102010\102020\103000）=“一般企业成本支出明细表”（A102010）第16行或“金融企业支出明细表”（A102020）第33行或表A103000第23行或第28行。

第14行“境外所得”（填写A108010）=“境外所得纳税调整后所得明细表”（A108010）第14列合计-第11列合计。

第15行“纳税调整增加额”（填写A105000）=“纳税调整项目明细表”（A105000）第45行第3列。

第16行“纳税调整减少额”（填写A105000）=“纳税调整项目明细表”（A105000）第45行第4列。

第17行“减：免税、减计收入及加计扣除”（填写A107010）=“免税、减计收入及加计扣除优惠明细表”（A107010）第31行。

第18行“境外应税所得抵减境内亏损”：

①当企业所得税年度纳税申报表（A100000）第13行（利润总额）-14行（境外所得）+15行（纳税调整增加额）-16行（纳税调整减少额）-17行（免税减计收入及加计扣除）≥0，第18行（境外应税所得抵减境内亏损）=0；

②当A100000第13-14+15-16-17＜0且表A108000第5列合计行≥0，“境外所得税收抵免明细表”（A108000）第6列合计行＞0时，第18行=表A108000第5列合计行与表A100000第13-14+15-16-17行绝对值的孰小值；

③当A100000第13-14+15-16-17＜0且表A108000第5列合计行≥0，表A108000第6列合计行=0时，第18行=0。

第19行“纳税调整后所得”（13-14+15-16-17+18）=表A100000第13-14+15-16-17+18行（境外应税所得抵减境内亏损）。

第20行“减：所得减免”：

当第19行≤0时，本行填报0；

当第19行＞0时，

①“所得减免优惠明细表”（A107020）合计行第11列≤表A100000第19行，本行=表A107020合计行第11列；

②A107020表合计行第11列＞表A100000第19行，本行=表A100000第19行。

第21行“减：弥补以前年度亏损”（填写A106000）=“企业所得税弥补亏损明细表”（A106000）第6行第10列。

第22行“抵扣应纳税所得额”=“抵扣应纳税所得额明细表”（A107030）第15行第1列。

第26行“减免所得税额”=“减免所得税优惠明细表”（A107040）第32行。

第27行“抵免所得税额”=“税额抵免优惠明细表”（A107050）第7行第11列。

第29行“境外所得应纳所得税额”=“境外所得税收抵免明细表”（A108000）第9列合计。

第30行“境外所得抵免所得税额”=“境外所得税收抵免明细表”（A108000）第19列合计。

第九章

个人所得税实务

2018年8月31日，中华人民共和国第十三届全国人民代表大会常务委员会第五次会议对《中华人民共和国个人所得税法》进行第七次修正。2018年12月18日，国务院对《中华人民共和国个人所得税法实施条例》进行第四次修订。新修订的个人所得税法和税法实施条例，自2019年1月1日起施行。

第一节　个人所得税的纳税人与纳税义务

根据《中华人民共和国个人所得税法》规定，个人所得税以所得人为纳税人，以支付所得的单位或者个人为扣缴义务人。个人所得税纳税人分为居民个人纳税人和非居民个人纳税人，并分别承担不同的纳税义务。

一、居民个人纳税人及纳税义务

（一）居民个人的界定标准

根据《中华人民共和国个人所得税法》第一条规定：在中国境内有住所，或者无住所而一个纳税年度内在中国境内居住累计满一百八十三天的个人，为居民个人。显然，居民个人纳税人是分别按照住所标准和居住时间标准来界定的。

1.住所标准

在中国境内有住所（习惯性居住）的个人，属于中国居民个人。所称在中国境内有住所，是指因户籍、家庭、经济利益关系而在中国境内习惯性居住。习惯性居住是判定居民个人的一个法律意义上的标准，不是指实际居住或在某一个特定时期内的居住地。例如，某个人因学习、工作、探亲、旅游等原因而在中国境外居住一定时期，在其原因消除后必须回到中国境内居住，则中国就是该个人的习惯性居住地。反之，如果该个人因学习、工作、探亲、旅游等原因而在中国境内居住，在其原因消除后必须回到中国境外居住，则该个人在中国境内没有习惯性住所。

2.居住时间标准

在中国境内无住所而一个纳税年度内在中国境内居住累计满一百八十三天的个人，属于中国居民个人。在中国境内居住的时间按照在中国境内停留的时间计算。纳税年度，自公历一月一日起至十二月三十一日止。临时离境者，不扣减日数。临时离境，是指在一个纳税年度中一次不超过30日或者多次累计不超过90日的离境。

在现实生活中，习惯性居住地不在中国境内的个人，只有外籍人员、华侨或中国香港、澳门和台湾同胞。

（二）居民个人的纳税义务

1.居民个人纳税义务的一般规定

居民个人负无限纳税义务，就其从中国境内和境外取得的所得，依照个人所得税法规定缴纳个人所得税。所称从中国境内和中国境外取得的所得，分别是指来源于中国境内的所得和来源于中国境外的所得。来源于中国境内的所得，是指活动发生地或所得支付地在中国境内；来源于中国境外的所得，是指所得支付地在中国境外。

除国务院财政、税务主管部门另有规定外，下列所得，不论支付地点是否在中国境内，均为来源于中国境内的所得：

（1）因任职、受雇、履约等而在中国境内提供劳务取得的所得；

（2）在中国境内开展经营活动而取得与经营活动相关的所得；

（3）将财产出租给承租人在中国境内使用而取得的所得；

（4）许可各种特许权在中国境内使用而取得的所得；

（5）转让中国境内的不动产、土地使用权取得的所得；转让对中国境内企事业单位和其他经济组织投资形成的权益性资产取得的所得；在中国境内转让动产以及其他财产取得的所得；

（6）由中国境内企事业单位和其他经济组织以及居民个人支付或负担的稿酬所得、偶然所得；

（7）从中国境内企事业单位和其他经济组织或者居民个人取得的利息、股息、红利所得。

2.居民个人纳税义务的特殊规定

（1）在中国境内无住所的居民个人，在境内居住累计满183天的年度连续不满五年的，或满五年但其间有单次离境超过30天情形的，其来源于中国境外的所得，经向主管税务机关备案，可以只就由中国境内企事业单位和其他经济组织或者居民个人支付的部分缴纳个人所得税.

（2）在中国境内无住所的居民个人，在境内居住累计满183天的年度连续满五年的纳税人，且在五年内未发生单次离境超过30天情形的，从第六年起，中国境内居住累计满183天的，应当就其来源于中国境外的全部所得缴纳个人所得税。

二、非居民个人纳税人及纳税义务

（一）非居民个人的界定标准

根据《中华人民共和国个人所得税法》第一条规定：在中国境内无住所又不居住，或者无住所而一个纳税年度内在中国境内居住累计不满一百八十三天的个人，为非居民个人。非居民个人包括两种情况：

一是在中国境内无住所又不居住的个人，为非居民个人。

二是在中国境内无住所但居住，且在一个纳税年度内在中国境内居住累计不满一百八十三天的个人，为非居民个人。

（二）非居民个人的纳税义务

非居民个人负有限纳税义务，仅就其从中国境内取得的所得，依法缴纳个人所得税。

在中国境内无住所，且在一个纳税年度中在中国境内连续或者累计居住不超过90天的个人（非居民个人），其来源于中国境内的所得，由境外雇主支付并且不由该雇主在中国境内的机构、场所负担的部分，免予缴纳个人所得税。例如，某外籍专家来华进行技术指导，在华临时居住50天，期间的工作报酬20 000美元由境外雇主支付，并且不由该雇主在中国境内的机构、场所负担，则该所得虽然属于来源于中国境内的所得，但免予缴纳个人所得税。

三、自然人纳税人识别号

自然人纳税人识别号，是自然人纳税人办理各类涉税事项的唯一代码标识。有中国公民身份号码的，以其中国公民身份号码作为纳税人识别号；没有中国公民身份号码的，由税务机关赋予其纳税人识别号。

根据《国家税务总局关于自然人纳税人识别号有关事项的公告》（国家税务总局公告2018年第59号）规定，纳税人首次办理涉税事项时，应当向税务机关或者扣缴义务人出示有效身份证件，并报送相关基础信息。税务机关应当在赋予自然人纳税人识别号后告知或者通过扣缴义务人告知纳税人其纳税人识别号，并为自然人纳税人查询本人纳税人识别号提供便利。纳税人首次办理涉税事项时，应当向税务机关或者扣缴义务人出示"有效身份证件"，是指：

（1）纳税人为中国公民且持有有效《中华人民共和国居民身份证》的，居民身份证为有效身份证件。

（2）纳税人为华侨且没有居民身份证的，有效的《中华人民共和国护照》和华侨身份证明，为有效身份证件。

（3）纳税人为港澳居民的，有效的《港澳居民来往内地通行证》或《中华人民共和国港澳居民居住证》，为有效身份证件。

（4）纳税人为台湾居民的，有效的《台湾居民来往大陆通行证》或《中华人民共和国台湾居民居住证》，为有效身份证件。

（5）纳税人为持有有效《中华人民共和国外国人永久居留身份证》的外籍个人的，永久居留证和外国护照，为有效身份证件；未持有永久居留证但持有有效《中华人民共和国外国人工作许可证》的，工作许可证和外国护照为有效身份证件；其他外籍个人，有效的外国护照，为有效身份证件。

第二节　个人所得税的征税范围、征收原则与税率

一、个人所得税的征税范围

根据《中华人民共和国个人所得税法》第二条规定：个人取得的工资、薪金所得，劳务报酬所得，稿酬所得，经营所得，利息、股息、红利所得，财产租赁所

得，财产转让所得和偶然所得等九项所得，属于个人所得税的征税范围，应当缴纳个人所得税。

（一）工资、薪金所得

工资、薪金所得，是指个人因任职或者受雇取得的工资、薪金、奖金、年终加薪、劳动分红、津贴、补贴以及与任职或者受雇有关的其他所得。

工资、薪金所得属于非独立劳动所得，以纳税人任职、受雇的公司、企业、事业单位、机关、团体、部队、学校等单位的所在地为所得来源地。

（二）劳务报酬所得

劳务报酬所得，是指个人从事劳务取得的所得，包括从事设计、装潢、安装、制图、化验、测试、医疗、法律、会计、咨询、讲学、翻译、审稿、书画、雕刻、影视、录音、录像、演出、表演、广告、展览、技术服务、介绍服务、经纪服务、代办服务以及其他劳务取得的所得。

劳务报酬所得，以纳税人实际提供劳务的地点为所得来源地。

（三）稿酬所得

稿酬所得，是指个人因其作品以图书、报刊形式出版、发表而取得的所得。

稿酬所得以支付所得的单位所在地为所得来源地。

（四）特许权使用费所得

特许权使用费所得，是指个人提供专利权、商标权、著作权、非专利技术以及其他特许权的使用权取得的所得。提供著作权的使用权取得的所得，不包括稿酬所得。

特许权使用费所得属于个人提供无形资产使用权的所得。特许权使用费所得以特许权的使用地为所得来源地。

（五）经营所得

经营所得包括以下四项所得：

1.个体工商户从事生产、经营活动取得的所得，个人独资企业投资人、合伙企业的个人合伙人来源于境内注册的个人独资企业、合伙企业生产、经营的所得；

2.个人依法从事办学、医疗、咨询以及其他有偿服务活动取得的所得；

3.个人对企业、事业单位承包经营、承租经营以及转包、转租取得的所得；

4.个人从事其他生产、经营活动取得的所得。

经营所得以经营活动地为所得来源地。

（六）利息、股息、红利所得

利息、股息、红利所得，是指个人拥有债权、股权等而取得的利息、股息、红利性质的所得。其中，利息属于债权性投资所得；股息、红利等属于股权等权益性投资所得。

利息、股息、红利所得，以支付利息、股息、红利的企业、机构、组织的所在地为所得来源地。

（七）财产租赁所得

财产租赁所得，是指个人出租不动产、土地使用权、机器设备、车船以及其他财产而取得的所得。

财产租赁所得以被租赁财产的使用地为所得来源地。

（八）财产转让所得

财产转让所得，是指个人转让有价证券、股权、合伙企业中的财产份额、不动产、土地使用权、机器设备、车船以及其他财产取得的所得。对股票转让所得征收个人所得税的办法，由国务院财政、税务主管部门另行制定，报国务院批准后施行。

不动产转让所得，以不动产坐落地为所得来源地；动产转让所得，以实现转让的地点为所得来源地。

（九）偶然所得

偶然所得，是指个人得奖、中奖、中彩以及其他偶然性质的所得。偶然所得以支付所得的单位所在地为所得来源地。

个人取得的所得，难以界定应纳税所得项目的，由主管税务机关确定。各项所得的计算，以人民币为单位。所得为人民币以外的货币的，按照人民币汇率中间价折合成人民币缴纳税款。

二、个人所得税的征收原则

个人所得税分别按以下原则征收：

（一）合并计征原则

居民个人取得税法第二条规定的第一项至第四项所得（前四项所得），即工资、薪金所得，劳务报酬所得，稿酬所得，特许权使用费所得，称为综合所得，按纳税年度合并计算个人所得税。

（二）分项计征原则

非居民个人取得税法第二条规定的第一项至第四项所得（前四项所得），按月或者按次分项计算个人所得税。

（三）分别计征原则

纳税人取得税法第二条规定的第五项至第九项所得（后五项所得），即经营所得，利息、股息、红利所得，财产租赁所得，财产转让所得和偶然所得，依照个人所得税法的规定分别计算个人所得税。

两个以上的个人共同取得同一项目收入的，按每个人取得的收入分别扣除费用，分别计算纳税。

三、个人所得税的法定免税项目

根据《中华人民共和国个人所得税法》第四条规定：个人取得的下列各项所得，免征个人所得税：

1.省级人民政府、国务院部委和中国人民解放军军以上单位，以及外国组织、国际组织颁发的科学、教育、技术、文化、卫生、体育、环境保护等方面的奖金。

2.国债和国家发行的金融债券利息。所称国债利息，是指个人持有中华人民共和国财政部发行的债券而取得的利息；所称国家发行的金融债券利息，是指个人持有经国务院批准发行的金融债券而取得的利息。

3.按照国家统一规定发给的补贴、津贴。所称按照国家统一规定发给的补贴、津贴，是指按照国务院规定发给的政府特殊津贴、院士津贴，以及国务院规定免纳个人所得税的其他补贴、津贴。

4.福利费、抚恤金、救济金。所称福利费，是指根据国家有关规定，从企业、事业单位、国家机关、社会组织提留的福利费或者工会经费中支付给个人的生活补助费；所称救济金，是指各级人民政府民政部门支付给个人的生活困难补助费。

5.保险赔款。

6.军人的转业费、复员费、退役金。

7.按照国家统一规定发给干部、职工的安家费、退职费、基本养老金或者退休费、离休费、离休生活补助费。

8.依照有关法律规定应予免税的各国驻华使馆、领事馆的外交代表、领事官员和其他人员的所得。具体是指依照《中华人民共和国外交特权与豁免条例》和《中华人民共和国领事特权与豁免条例》规定免税的所得。

9.中国政府参加的国际公约、签订的协议中规定免税的所得。

10.国务院规定的其他免税所得。该项免税规定，由国务院报全国人民代表大会常务委员会备案。

有下列情形之一的，可以减征个人所得税，具体幅度和期限，由省、自治区、直辖市人民政府规定，并报同级人民代表大会常务委员会备案：

（1）残疾、孤老人员和烈属的所得；

（2）因自然灾害遭受重大损失的。

国务院可以规定其他减税情形，报全国人民代表大会常务委员会备案。

四、个人所得税的适用税率

根据个人所得税法规定，个人取得的综合所得和经营所得，分别适用累进税率征收个人所得税；个人取得的除综合所得和经营所得之外的其他各项所得，适用比例税率征收个人所得税。

（一）综合所得的适用税率

居民个人取得的工资、薪金所得，劳务报酬所得，稿酬所得，特许权使用费所得，称为综合所得，适用3%～45%的七级超额累进税率，按纳税年度合并计算个人所得税（综合征收），税率表见表9-1“个人所得税税率表一”。

非居民个人取得的工资、薪金所得，劳务报酬所得，稿酬所得，特许权使用费所得，即税法第二条规定的第一项至第四项所得，依照个人所得税税率表一，按月换算后计算应纳税额。

表9-1 个人所得税税率表一

（综合所得适用）

级数	全年应纳税所得额	税率(%)
1	不超过36 000元的	3
2	超过36 000元至144 000元的部分	10
3	超过144 000元至300 000元的部分	20
4	超过300 000元至420 000元的部分	25
5	超过420 000元至660 000元的部分	30
6	超过660 000元至960 000元的部分	35
7	超过960 000元的部分	45

注：1.本表所称全年应纳税所得额是指依照本法第六条的规定，居民个人取得综合所得以每一纳税年度收入额减除费用六万元以及专项扣除、专项附加扣除和依法确定的其他扣除后的余额。

2.非居民个人取得工资、薪金所得，劳务报酬所得，稿酬所得和特许权使用费所得，依照本表按月换算后计算应纳税额。

（二）经营所得的适用税率

个人取得的经营所得，包括个体工商户、个人独资企业、合伙企业从事生产、经营活动取得的所得，个人依法从事办学、医疗、咨询以及其他有偿服务活动取得的所得，个人承包、承租、转包、转租取得的所得，个人从事其他生产、经营活动取得的所得，适用5%—35%的五级超额累进税率，按年计征。税率表见表9-2“个人所得税税率表二”。

表9-2 个人所得税税率表二

（经营所得适用）

级数	全年应纳税所得额	税率(%)
1	不超过30 000元的	5
2	超过30 000元至90 000元的部分	10
3	超过90 000元至300 000元的部分	20
4	超过300 000元至500 000元的部分	30
5	超过500 000元的部分	35

注：本表所称全年应纳税所得额是指依照本法第六条的规定，以每一纳税年度的收入总额减除成本、费用以及损失后的余额。

（三）其他各项所得的适用税率

其他各项所得是指税法第二条规定的后四项所得，即利息、股息、红利所得，财产租赁所得，财产转让所得和偶然所得。其他各项所得适用比例税率，按月或按次征收个人所得税，税率为20%。

第三节 居民个人综合所得应纳税所得额的计算

一、综合所得应纳税所得额的计算公式

居民个人取得的工资、薪金所得，劳务报酬所得，稿酬所得，特许权使用费所得等综合所得，以每一纳税年度的收入额减除基本扣除费用六万元以及专项扣除、专项附加扣除和依法确定的其他扣除后的余额，为应纳税所得额。用公式表示如下：

$$\text{综合所得应纳税所得额}=\text{纳税年度综合所得收入额}-\text{基本扣除}-\text{专项扣除}-\text{专项附加扣除}-\text{依法确定的其他扣除}$$

公式中的专项扣除、专项附加扣除和依法确定的其他扣除，以居民个人一个纳税年度的应纳税所得额为限额；一个纳税年度扣除不完的，不得结转以后年度扣除。

公式中的居民个人取得的纳税年度综合所得的收入额，包括个人取得的工资、薪金所得，劳务报酬所得和稿酬所得的收入额。其中，劳务报酬所得、稿酬所得、特许权使用费所得以收入减除百分之二十的费用后的余额为收入额。稿酬所得的收入额减按百分之七十计算。

居民个人纳税年度综合所得收入额，可用以下公式表示：

$$\text{纳税年度综合所得收入额}=\text{工资、薪金所得}+(\text{劳务报酬所得}+\text{特许权使用费所得})\times(1-20\%)+\text{稿酬所得}\times(1-20\%)\times70\%$$

举例说明：居民个人张某2019年从受雇企业取得的工资所得120 000元，特许权使用费所得50 000元，稿酬所得10 000元。根据税法规定，本年度张某取得综合所得的收入额=120 000＋50 000×（1−20%）+10 000×（1−20%）×70%=165 600（元）。

二、综合所得的费用扣除项目

根据税法规定，计算居民个人综合所得应纳税所得额时，准予从纳税年度综合所得收入额中扣除的费用项目，包括基本扣除、专项扣除、专项附加扣除和依法确定的其他扣除等四项。

（一）基本扣除

基本扣除，是指居民个人取得综合所得（主要指工资、薪金所得）的基本生计费用扣除，也称必要费用扣除。基本扣除费用的扣除标准为每月5 000元，全年60 000元（5 000×12）。

（二）专项扣除

专项扣除，是指居民个人按照国家规定的范围和标准缴纳的基本养老保险、基本医疗保险、失业保险等社会保险费和住房公积金等（简称三险一金）。

三险一金由单位和个人共同承担，其中由个人负担的部分，在计算居民个人综合所得应纳税所得额时允许扣除。企业按照国家规定为职工个人支付的安全保险和生育保险费支出，全部由企业负担，不得计入专项扣除费用。

（三）专项附加扣除

个人所得税法规定的专项附加扣除，包括以下六项：

1.子女教育扣除；

2.继续教育扣除；

3.大病医疗扣除；

4.住房贷款利息扣除

5.住房租金扣除；

6.赡养老人扣除。

（四）依法确定的其他扣除

依法确定的其他扣除，包括个人缴付符合国家规定的企业年金、职业年金，个人购买符合国家规定的商业健康保险、税收递延型商业养老保险的支出，以及国务院规定可以扣除的其他项目。

（1）个人缴付符合国家规定（财税〔2013〕103号）的企业年金、职业年金支出可以扣除。符合规定的年金，在年金缴费环节和年金基金投资收益环节暂不征收个人所得税，当个人达到国家规定的退休年龄，领取的企业年金、职业年金，应按规定计算缴纳个人所得税，即实行递延纳税政策。

（2）个人购买符合国家规定的商业健康保险支出可以扣除。个人购买符合国家规定的商业健康保险支出，是指符合《财政部 国家税务总局 保监会关于实施商业健康保险个人所得税政策试点的通知》（财税〔2015〕126号）规定的健康保险支出。

（3）税收递延型商业养老保险的支出可以扣除。根据财政部国家税务总局《关于开展个人税收递延型商业养老保险试点的通知》（财税〔2018〕22号），为推进多层次养老保险体系（养老保险第三支柱）建设，个人通过个人商业养老资金账户购买符合规定的商业养老保险产品的支出，允许在一定标准内税前扣除，个人领取商业养老金时再征收个人所得税，即实行递延纳税政策。

三、综合所得专项附加扣除的范围和标准

根据《国务院关于印发个人所得税专项附加扣除暂行办法的通知》（国发〔2018〕41号）规定，遵循公平合理、利于民生、简便易行的原则，并根据教育、医疗、住房、养老等民生支出变化情况，自2019年1月1日起，专项附加扣除的范围及标准按以下规定执行：

（一）子女教育专项附加扣除范围及标准

纳税人的子女接受全日制学历教育的相关支出，按照每个子女每月1 000元的标准定额扣除。父母可以选择由其中一方按扣除标准的100%扣除，也可以选择由双方分别按扣除标准的50%扣除，具体扣除方式在一个纳税年度内不能变更。纳税人子女在中国境外接受教育的，纳税人应当留存境外学校录取通知书、留学签证等相关教育的证明资料备查。

学历教育包括义务教育、高中阶段教育、高等教育。学前教育按学历教育规定执行。

1.学前教育

学前教育，是指子女年满3岁至小学入学前处于学前教育阶段。享受子女学前教育阶段专项附加扣除的期限，为子女年满3周岁当月至小学入学前一月。学前教育按照每个子女每月1 000元的标准定额扣除。

2.学历教育

学历教育包括义务教育、高中阶段教育、高等教育。

（1）义务教育，包括小学和初中教育。

（2）高中阶段教育，包括普通高中、中等职业和技工教育。

（3）高等教育，包括大学专科、大学本科、硕士研究生和博士研究生教育。

享受子女学历教育专项附加扣除的期限，为子女接受全日制学历教育入学的当月至全日制学历教育结束的当月。

举例说明：居民纳税人张某和王某是夫妻，有两个女儿，2019年大女儿在某小学读四年级，小女儿刚满4岁读某私立幼儿园。根据税法规定，两个女儿都符合子女教育专项扣除政策，合计扣除2 000元，可以由父亲或母亲一方每月扣除2 000元，也可以由父亲和母亲双方各自每月扣除1 000元。

（二）继续教育专项附加扣除范围及标准

继续教育，包括接受学历（学位）继续教育和职业资格继续教育。

1.学历（学位）继续教育

纳税人在中国境内接受学历（学位）继续教育的支出，在学历（学位）教育期间，按照每月400元定额扣除。

享受继续教育专项附加扣除的期限为，在中国境内接受学历（学位）继续教育入学的当月至学历（学位）继续教育结束的当月，同一学历（学位）继续教育的扣除期限最长不得超过48个月。

个人接受本科及以下学历（学位）继续教育，符合规定扣除条件的，可以选择由其父母扣除，也可以选择由本人扣除。

以上，学历教育和学历（学位）继续教育的期间，包含因病或其他非主观原因休学但学籍继续保留的休学期间，以及施教机构按规定组织实施的寒暑假等假期。

2.职业资格继续教育

纳税人接受技能人员职业资格继续教育、专业技术人员职业资格继续教育，在取得相关证书的当年，按照3 600元的标准定额扣除。纳税人接受技能人员职业资格继续教育、专业技术人员职业资格继续教育的，应当留存相关证书等资料备查。

举例说明：居民纳税人张某和王某是夫妻，有两个子女。2019年大女儿是某大学在职博士研究生，同时取得CPA证书；二女儿就读某大学本科二年级。根据税法规定，大女儿读在职博士属于继续教育中的学历教育，本年可享受学历教育专项附加扣除4 800元（400×12）；取得CPA证书属于继续教育中的职业资格教育，当年可享受职业资格教育扣除3 600元。二女儿就读大学本科没有参加工作，可由父母中的一方按每月1 000元扣除，也可以由父母双方各按每月500元扣除。

（三）大病医疗专项附加扣除范围及标准

纳税人在一个纳税年度内发生的与基本医保相关的医药费用支出，扣除医保报销后个人负担（指医保目录范围内的自付部分）累计超过15 000元的部分，在80 000元限额内据实扣除。纳税人享受大病医疗专项附加扣除的期限，为医疗保障信息系统记录的医药费用实际支出的当年。

纳税人发生的医药费用支出可以选择由本人或者其配偶扣除；未成年子女发生的医药费用支出可以选择由其父母一方扣除。纳税人及其配偶、未成年子女发生的医药费用支出，应分别计算扣除额。纳税人应当留存医药服务收费及医保报销相关票据原件（或者复印件）等资料备查。医疗保障部门应当向患者提供在医疗保障信息系统记录的本人年度医药费用信息查询服务。

举例说明：居民纳税人张某2019年发生大病医疗自费部分12万元，累计超过15 000元的部分为105 000元（120 000-15 000），依照税法规定只能在税前扣除8万元（限额内据实扣除）。

（四）住房贷款利息专项附加扣除范围及标准

纳税人本人或者配偶单独或者共同使用商业银行或者住房公积金个人住房贷款为本人或者其配偶购买中国境内住房，发生的首套住房贷款利息支出，在实际发生贷款利息的年度，按照每月1 000元的标准定额扣除。

经夫妻双方约定，可以选择由其中一方扣除，具体扣除方式在一个纳税年度内不能变更。夫妻双方婚前分别购买住房发生的首套住房贷款，其贷款利息支出，婚后可以选择其中一套购买的住房，由购买方按扣除标准的100%扣除，也可以由夫妻双方对各自购买的住房分别按扣除标准的50%扣除，具体扣除方式在一个纳税年度内不能变更。

纳税人享受住房贷款利息专项附加扣除的期限，为贷款合同约定开始还款的当月至贷款全部归还或贷款合同终止的当月，扣除期限最长不得超过240个月（20年）。

所称首套住房贷款是指购买住房享受首套住房贷款利率的住房贷款。纳税人只能享受一次首套住房贷款的利息扣除。纳税人应当留存住房贷款合同、贷款还款支出凭证备查。

举例说明：纳税人李某2018年以公积金贷款在北京购买首套住房一套，贷款期限30年。自2019年1月1日起，纳税人李某可享受每月定额扣除1 000元的住房贷款利息政策。

（五）住房租金专项附加扣除范围及标准

纳税人在主要工作城市没有自有住房而发生的住房租金支出，由签订租赁住房合同的承租人扣除，每月扣除标准分1 500元、1 100元和800元三档。具体扣除标准如下：

（1）直辖市、省会（首府）城市、计划单列市以及国务院确定的其他城市，扣除标准为每月1 500元。

（2）除第一项所列城市以外，市辖区户籍人口超过100万的城市，扣除标准为每月1 100元；市辖区户籍人口不超过100万的城市，扣除标准为每月800元。市辖区户籍人口，以国家统计局公布的数据为准。

夫妻双方主要工作城市相同的，只能由一方扣除住房租金支出。纳税人的配偶在纳税人的主要工作城市有自有住房的，视同纳税人在主要工作城市有自有住房。纳税人及其配偶在一个纳税年度内不能同时分别享受住房贷款利息和住房租金专项附加扣除。

纳税人享受住房租金专项附加扣除的期限，为租赁合同（协议）约定的房屋租赁期开始的当月至租赁期结束的当月。提前终止合同（协议）的，以实际租赁期限为准。纳税人应当留存住房租赁合同、协议等有关资料备查。

所称主要工作城市是指纳税人任职受雇的直辖市、计划单列市、副省级城市、地级市（地区、州、盟）全部行政区域范围；纳税人无任职受雇单位的，为受理其综合所得汇算清缴的税务机关所在城市。

（六）赡养老人专项附加扣除范围及标准

纳税人赡养一位及以上被赡养人的赡养支出，统一按照以下标准定额扣除：

（1）纳税人为独生子女的，按照每月2 000元的标准定额扣除；

（2）纳税人为非独生子女的，由其与兄弟姐妹分摊每月2 000元的扣除额度，每人分摊的额度不能超过每月1 000元。分摊方式有三种：一是由赡养人平均分摊；二是由赡养人约定分摊；三是由被赡养人指定分摊。约定或者指定分摊的须签订书面分摊协议，指定分摊优先于约定分摊。具体分摊方式和额度在一个纳税年度内不能变更。

纳税人享受赡养老人专项附加扣除的计算期间，为被赡养人年满60周岁的当月至赡养义务终止的年末。

所称被赡养人是指年满60岁的父母，以及子女均已去世的年满60岁的祖父母、外祖父母。所称父母，是指生父母、继父母、养父母。所称子女，是指婚生子女、非婚生子女、继子女、养子女。父母之外的其他人担任未成年人的监护人的，比照上述规定执行。

四、综合所得专项附加扣除方式及信息报送

（一）专项附加扣除方式

个人所得税的专项附加扣除可选择扣缴申报扣除方式或自行汇缴扣除方式。

1.扣缴申报扣除方式

（1）享受子女教育、继续教育、住房贷款利息或者住房租金、赡养老人专项附加扣除的纳税人，自符合条件开始，可以向支付工资、薪金所得的扣缴义务人提供上述专项附加扣除有关信息，由扣缴义务人在预扣预缴税款时按其在本单位本年可享受的累计扣除额办理扣除。

（2）扣缴义务人办理工资、薪金所得预扣预缴税款时，应当根据纳税人报送的《个人所得税专项附加扣除信息表》（以下简称《扣除信息表》）为纳税人办理专项附加扣除。

（3）纳税人年度中间更换工作单位的，在原单位任职、受雇期间已享受的专项附加扣除金额，不得在新任职、受雇单位扣除。原扣缴义务人应当自纳税人离职不再发放工资薪金所得的当月起，停止为其办理专项附加扣除。

（4）纳税人同时从两处以上取得工资、薪金所得，并由扣缴义务人办理上述专项附加扣除的，对同一专项附加扣除项目，一个纳税年度内，纳税人只能选择从其中一处扣除。

2. 自行汇算清缴扣除方式

纳税人可以在次年3月1日至6月30日内，自行向汇缴地主管税务机关报送《个人所得税专项附加扣除信息表》，并在办理汇算清缴申报时办理专项附加扣除。纳税人采用汇算清缴扣除方式，限于以下三种情形：

（1）享受大病医疗专项附加扣除的纳税人，由其在次年3月1日至6月30日内，自行向汇缴地主管税务机关办理汇算清缴申报时扣除。

（2）纳税人未取得工资、薪金所得，仅取得劳务报酬所得、稿酬所得、特许权使用费所得需要享受专项附加扣除的，应当在次年3月1日至6月30日内，自行向汇缴地主管税务机关报送《扣除信息表》，并在办理汇算清缴申报时扣除。

（3）一个纳税年度内，纳税人在扣缴义务人预扣预缴税款环节未享受或未足额享受专项附加扣除的，可以在当年内向支付工资、薪金的扣缴义务人申请在剩余月份发放工资、薪金时补充扣除，也可以在次年3月1日至6月30日内，向汇缴地主管税务机关办理汇算清缴时申报扣除。

（二）专项附加扣除的信息报送

1. 专项附加扣除信息报送内容及时间

（1）纳税人选择在扣缴义务人发放工资、薪金所得时享受专项附加扣除的，首次享受时应当填写并向扣缴义务人报送《扣除信息表》；纳税年度中间相关信息发生变化的，纳税人应当更新《扣除信息表》相应栏次，并及时报送给扣缴义务人。更换工作单位的纳税人，需要由新任职、受雇扣缴义务人办理专项附加扣除的，应当在入职的当月，填写并向扣缴义务人报送《扣除信息表》。

（2）纳税人次年需要由扣缴义务人继续办理专项附加扣除的，应当于每年12月份对次年享受专项附加扣除的内容进行确认，并报送至扣缴义务人。纳税人未及时确认的，扣缴义务人于次年1月起暂停扣除，待纳税人确认后再行办理专项附加扣除。扣缴义务人应当将纳税人报送的专项附加扣除信息，在次月办理扣缴申报时一并报送至主管税务机关。

（3）纳税人选择在汇算清缴申报时享受专项附加扣除的，应当填写并向汇缴地主管税务机关报送《扣除信息表》。

（4）纳税人将需要享受的专项附加扣除项目信息填报至《扣除信息表》相应栏次。填报要素完整的，扣缴义务人或者主管税务机关应当受理；填报要素不完整的，扣缴义务人或者主管税务机关应当及时告知纳税人补正或重新填报。纳税人未补正或重新填报的，暂不办理相关专项附加扣除，待纳税人补正或重新填报后再行办理。

（5）纳税人享受子女教育专项附加扣除，应当填报配偶及子女的姓名、身份证件类型及号码、子女当前受教育阶段及起止时间、子女就读学校以及本人与配偶之间扣除分配比例等信息。子女在境外接受教育的，应当留存境外学校录取通知书、留学签证等境外教育佐证资料。

（6）纳税人享受继续教育专项附加扣除，接受学历（学位）继续教育的，应当填报教育起止时间、教育阶段等信息；接受技能人员或者专业技术人员职业资格继续教育的，应当填报证书名称、证书编号、发证机关、发证（批准）时间等信息。纳税人接受技能人员职业资格继续教育、专业技术人员职业资格继续教育的，应当留存职业资格相关证书等资料。

（7）纳税人享受住房贷款利息专项附加扣除，应当填报住房权属信息、住房坐落地址、贷款方式、贷款银行、贷款合同编号、贷款期限、首次还款日期等信息；纳税人有配偶的，填写配偶姓名、身份证件类型及号码。纳税人需要留存住房贷款合同、贷款还款支出凭证等资料备查。

（8）纳税人享受住房租金专项附加扣除，应当填报主要工作城市、租赁住房坐落地址、出租人姓名及身份证件类型和号码或者出租方单位名称及纳税人识别号（社会统一信用代码）、租赁起止时间等信息；纳税人有配偶的，填写配偶姓名、身份证件类型及号码。纳税人需要留存住房租赁合同或协议等资料备查。

（9）纳税人享受赡养老人专项附加扣除，应当填报纳税人是否为独生子女、月扣除金额、被赡养人姓名及身份证件类型和号码、与纳税人关系；有共同赡养人的，需填报分摊方式、共同赡养人姓名及身份证件类型和号码等信息。纳税人需要留存约定或指定分摊的书面分摊协议等资料备查。

（10）纳税人享受大病医疗专项附加扣除，应当填报患者姓名、身份证件类型及号码、与纳税人关系、与基本医保相关的医药费用总金额、医保目录范围内个人负担的自付金额等信息。纳税人需要留存大病患者医药服务收费及医保报销相关票据原件或复印件，或者医疗保障部门出具的纳税年度医药费用清单等资料备查。

纳税人应当对报送的专项附加扣除信息的真实性、准确性、完整性负责。

2.专项附加扣除信息报送方式

纳税人可以通过远程办税端、电子或者纸质报表等方式，向扣缴义务人或者主管税务机关报送个人专项附加扣除信息。扣缴义务人和税务机关应当告知纳税人办理专项附加扣除的方式和渠道，鼓励并引导纳税人采用远程办税端报送信息。

（1）纳税人选择纳税年度内由扣缴义务人办理专项附加扣除的，按下列规定办理：

①纳税人通过远程办税端选择扣缴义务人并报送专项附加扣除信息的，扣缴义务人根据接收的扣除信息办理扣除。

②纳税人通过填写电子或者纸质《扣除信息表》直接报送扣缴义务人的，扣缴义务人将相关信息导入或者录入扣缴端软件，并在次月办理扣缴申报时提交给主管税务机关。《扣除信息表》应当一式两份，纳税人和扣缴义务人签字（章）后分别留存备查。

（2）纳税人选择年度终了后办理汇算清缴申报时享受专项附加扣除的，既可以通过远程办税端报送专项附加扣除信息，也可以将电子或者纸质《扣除信息表》（一式两份）报送给汇缴地主管税务机关。报送电子《扣除信息表》的，主管税务机关受理打印，交由纳税人签字后，一份由纳税人留存备查，一份由税务机关留存；报送纸质《扣除信息表》的，纳税人签字确认、主管税务机关受理签章后，一份退还纳税人留存备查，一份由税务机关留存。

3.专项附加扣除信息报送的后续管理

（1）纳税人应当将《扣除信息表》及相关留存备查资料，自法定汇算清缴期结束后保存五年。纳税人报送给扣缴义务人的《扣除信息表》，扣缴义务人应当自预扣预缴年度的次年起留存五年。

（2）纳税人向扣缴义务人提供专项附加扣除信息的，扣缴义务人应当按照规定予以扣除，不得拒绝。扣缴义务人应当为纳税人报送的专项附加扣除信息保密。

（3）扣缴义务人应当及时按照纳税人提供的信息计算办理扣缴申报，不得擅自更改纳税人提供的相关信息。扣缴义务人发现纳税人提供的信息与实际情况不符，可以要求纳税人修改。纳税人拒绝修改的，扣缴义务人应当向主管税务机关报告，税务机关应当及时处理。

（4）税务机关定期对纳税人提供的专项附加扣除信息开展抽查、核查，相关单位和个人应当协助。

（5）纳税人有下列情形之一的，主管税务机关应当责令其改正；情形严重的，应当纳入有关信用信息系统，并按照国家有关规定实施联合惩戒；涉及违反税收征管法等法律法规的，税务机关依法进行处理：

①报送虚假专项附加扣除信息；

②重复享受专项附加扣除；

③超范围或标准享受专项附加扣除；

④拒不提供留存备查资料；

⑤税务总局规定的其他情形。

纳税人在任职、受雇单位报送虚假扣除信息的，税务机关责令改正的同时，通知扣缴义务人。

第四节　个人经营所得和其他各项所得应税所得额的计算

一、个人经营所得应纳税所得额的计算

个人取得的经营所得，包括个体工商户、个人独资企业、合伙企业从事生产、经营活动取得的所得，个人依法从事办学、医疗、咨询以及其他有偿服务活动取得的所得，个人承包、承租、转包、转租取得的所得，以及个人从事其他生产、经营活动取得的所得。个人取得的经营所得，按年计征个人所得税。

（一）经营所得应纳税所得额的计算公式

根据《中华人民共和国个人所得税法》第六条规定，个人取得的经营所得，以每一纳税年度的收入总额减除成本、费用以及损失后的余额为应纳税所得额。计算公式如下：

$$\text{经营所得应纳税所得额}=\text{纳税年度的收入总额}-\text{成本}-\text{费用}-\text{损失}$$

（1）公式中的成本，是指生产、经营活动中发生的各项直接支出和分配计入成本的间接费用。其中，分配计入成本的间接费用，是指生产费用发生时，不能或不便于直接计入某一成本计算对象，而需先按发生地点或用途加以归集，待月终选择一定的分配方法进行分配后才计入有关成本计算对象的费用。如车间管理人员的工资、车间房屋建筑物和机器设备的折旧、租赁费、修理费、机物料消耗、水电费、办公费等，通常属于间接计入成本。停工损失一般也属于间接计入成本。

（2）公式中的费用，是指生产、经营活动中发生的销售费用、管理费用、财务费用等期间费用。

（3）公式中的损失，是指生产、经营活动中发生的固定资产和存货的盘亏、毁损、报废损失，转让财产损失，坏账损失，自然灾害等不可抗力因素造成的损失以及其他损失。

（二）经营所得应纳税所得额计算的特殊情况处理

1.没有综合所得

取得经营所得的个人，没有综合所得的，计算其每一纳税年度的应纳税所得额时，应当减除基本扣除费用6万元、专项扣除、专项附加扣除以及依法确定的其他扣除。计算公式如下：

$$\begin{matrix}\text{纳税年度经营所得}\\\text{应纳税所得额}\end{matrix}=\begin{matrix}\text{纳税年度的}\\\text{收入总额}\end{matrix}-\text{成本}-\text{费用}-\text{损失}-\left(60\ 000\text{元}+\text{专项扣除}+\begin{matrix}\text{专项附}\\\text{加扣除}\end{matrix}+\begin{matrix}\text{依法确定的}\\\text{其他扣除}\end{matrix}\right)$$

因为费用扣除、专项扣除、专项附加扣除以及依法确定的其他扣除，是对个人

的综合所得计算个人所得税时进行扣除的。所以，取得经营所得的个人，没有综合所得的，计算其每一纳税年度的应纳税所得额时，应当减除基本扣除费用6万元和应扣除的专项扣除、专项附加扣除以及依法确定的其他扣除。这样使取得经营所得但没有综合所得的个人，能够公平地享受扣除政策。其中的专项附加扣除在办理汇算清缴时减除。

2.未提供完整纳税资料

纳税人从事生产、经营活动，未提供完整、准确的纳税资料，不能正确计算应纳税所得额的，由主管税务机关核定应纳税所得额或者应纳税额，即采用核定征收方法。

二、个人其他各项所得应纳税所得额的计算

个人其他各项所得，是指税法第二条规定的后四项应税所得，即利息、股息、红利所得，财产租赁所得，财产转让所得和偶然所得。个人其他各项所得的应纳税所得额，分别按以下规定计算：

（一）利息、股息、红利所得应纳税所得额的计算

个人取得的利息、股息、红利所得，不扣除任何费用，以每次收入额为应纳税所得额。

利息、股息、红利所得，以支付利息、股息、红利时取得的收入为一次。

（二）财产租赁所得应纳税所得额的计算

财产租赁所得每次收入不超过四千元的，减除费用八百元；四千元以上的，减除百分之二十的费用，其余额为应纳税所得额。财产租赁所得，以一个月内取得的收入为一次。

1.每次收入不超过四千元

财产租赁所得每次收入不超过四千元的，应纳税所得额的计算公式如下：

应纳税所得额=每次收入-800元

财产租赁所得每次收入不超过四千元的，采用定额扣除法计算应纳税所得额。

2.每次收入超过四千元

财产租赁所得每次收入超过四千元的，应纳税所得额的计算公式如下：

应纳税所得额=每次收入×（1-20%）

财产租赁所得每次收入超过四千元的，采用定率扣除法计算应纳税所得额。

（三）财产转让所得应纳税所得额的计算

财产转让所得，按照一次转让财产的收入额减除财产原值和合理费用后的余额为应纳税所得额，按次计征个人所得税。财产转让所得应纳税所得额的计算公式如下：

财产转让所得应纳税所得额=转让财产收入额-财产原值-合理费用

公式中的财产原值，按照下列方法确定：

（1）有价证券，按照买入价以及买入时按照规定交纳的有关费用确定原值。

（2）建筑物，按照建造费或者购进价格以及其他有关费用确定原值。

（3）土地使用权，按照取得土地使用权所支付的金额、开发土地的费用以及其他有关费用确定原值。

（4）机器设备、车船，以购进价格、运输费、安装费以及其他有关费用确定原值。

（5）其他财产，参照前款规定的方法确定财产原值。

纳税人未提供完整、准确的财产原值凭证，不能按照规定的方法确定财产原值的，由主管税务机关核定财产原值。

公式中合理费用，是指卖出财产时按照规定支付的有关税费。

（四）偶然所得应纳税所得额的计算

个人取得的偶然所得，不扣除任何费用，以每次收入额为应纳税所得额。

偶然所得，以每次取得该项收入为一次。

个人所得的形式，包括现金、实物、有价证券和其他形式的经济利益；所得为实物的，应当按照取得的凭证上所注明的价格计算应纳税所得额，无凭证的实物或者凭证上所注明的价格明显偏低的，参照市场价格核定应纳税所得额；所得为有价证券的，根据票面价格和市场价格核定应纳税所得额；所得为其他形式的经济利益的，参照市场价格核定应纳税所得额。

三、个人捐赠支出的扣除范围及标准

个人将其所得对教育、扶贫、济困等公益慈善事业进行捐赠，捐赠额未超过纳税人申报的应纳税所得额百分之三十的部分，可以从其应纳税所得额中扣除；国务院规定对公益慈善事业捐赠实行全额税前扣除的，从其规定。

所称个人将其所得对教育、扶贫、济困等公益慈善事业进行捐赠，是指个人将其所得通过中国境内的公益性社会组织、国家机关向教育、扶贫、济困等公益慈善事业的捐赠；所称应纳税所得额，是指计算扣除捐赠额之前的应纳税所得额。

第五节　扣缴义务人预扣代扣税款的计算方法

根据国家税务总局制定的《个人所得税扣缴申报管理办法（试行)》(国家税务总局公告2018年第61号)，任职受雇单位为个人所得税的扣缴义务人，即以向个人支付所得的单位或者个人为个人所得税扣缴义务人。所称支付，包括现金支付、汇拨支付、转账支付和以有价证券、实物以及其他形式的支付。扣缴义务人预扣代扣税款的计算方法主要有累计预扣法和按次或按月预扣法。

一、居民个人工资、薪金所得预扣预缴税款采用累计预扣法

扣缴义务人向居民个人支付工资、薪金所得时，应当按照累计预扣法计算预扣税款，并按月办理扣缴申报。

（一）累计预扣法的概念

累计预扣法，是指扣缴义务人在一个纳税年度内预扣预缴税款时，以纳税人在本单位截至当前月份工资、薪金所得累计收入减除累计免税收入、累计减除费用、累计专项扣除、累计专项附加扣除和累计依法确定的其他扣除后的余额，为累计预扣预缴应纳税所得额，适用个人所得税预扣率表一（见附表），计算累计应预扣预缴税额，再减除累计减免税额和累计已预扣预缴税额，其余额为本期应预扣预缴税额。如果其余额为负值时，暂不退税。纳税年度终了后余额仍为负值时，由纳税人通过办理综合所得年度汇算清缴，税款多退少补。

（二）累计预扣法的计算公式

1.累计预扣预缴应纳税所得额的计算

扣缴义务人向居民个人支付工资、薪金所得截至当前月份累计预扣预缴应纳税所得额，按以下公式计算：

$$\text{累计预扣预缴应纳税所得额}=\text{累计收入}-\text{累计免税收入}-\text{累计减除费用}-\text{累计专项扣除}-\text{累计专项附加扣除}-\text{累计依法确定的其他扣除}$$

公式中的累计收入，是指在一个纳税年度内纳税人在本单位截至当前月份工资、薪金所得累计收入。

公式中的累计减除费用，按照5 000元/月乘以纳税人当年截至本月在本单位的任职受雇月份数计算。

2.累计预扣预缴应纳税额的计算

扣缴义务人向居民个人支付工资、薪金所得，本期应预扣预缴税额，按以下公式计算：

$$\text{本期应预扣预缴税额}=(\text{累计预扣预缴应纳税所得额}\times\text{预扣率}-\text{速算扣除数})-\text{累计减免税额}-\text{累计已预扣预缴税额}$$

居民个人向扣缴义务人提供有关信息并依法要求办理专项附加扣除的，扣缴义务人应当按照规定在工资、薪金所得按月预扣预缴税款时予以扣除，不得拒绝。扣缴义务人首次向纳税人支付所得时，应当按照纳税人提供的纳税人识别号等基础信息，填写《个人所得税基础信息表（A表）》，并于次月扣缴申报时向税务机关报送。扣缴义务人对纳税人向其报告的相关基础信息变化情况，应当于次月扣缴申报时向税务机关报送。

累计预扣法主要是通过各月累计收入减去对应扣除，对照综合所得税率表（见表9-3个人所得税预扣率表一）计算累计应缴税额，再减去累计已缴税额，按其余额确定本期应缴税额的一种方法。这种方法，一方面对于大部分只有一处工资薪金所得的纳税人，纳税年度终了时预扣预缴的税款基本上等于年度应纳税款，因此无须再办理自行纳税申报、汇算清缴；另一方面，对需要补退税的纳税人，预扣预缴的税款与年度应纳税款差额相对较小，不会占用纳税人过多资金。

有9-3　　个人所得税预扣率表一

（居民个人工资、薪金所得预扣预缴适用）

级数	累计预扣预缴应纳税所得额	预扣率（%）	速算扣除数
1	不超过36 000元	3	0
2	超过36 000元至144 000元的部分	10	2 520
3	超过144 000元至300 000元的部分	20	16 920
4	超过300 000元至420 000元的部分	25	31 920
5	超过420 000元至660 000元的部分	30	52 920
6	超过660 000元至960 000元的部分	35	85 920
7	超过960 000元的部分	45	181 920

注："个人所得税预扣率表一"的速算扣除数，是根据计算增加的。

二、居民个人劳务报酬所得、稿酬所得、特许权使用费所得预扣预缴方法

扣缴义务人向居民个人支付劳务报酬所得、稿酬所得、特许权使用费所得时，以每次收入额为预扣预缴应纳税所得额，分别是适用预扣率或税率，按次或者按月预扣预缴税款。所称收入额，是指劳务报酬所得、稿酬所得、特许权使用费所得每次收入减除费用后的余额。

（一）居民个人劳务报酬所得预扣预缴方法

扣缴义务人向居民个人支付的劳务报酬时，以劳务报酬所得每次收入减除费用后的余额为应纳税所得额（收入额），适用个人所得税预扣率表二（见附表）计算应预扣预缴的税额。按次或者按月预扣预缴的税款，按以下公式计算：

应预扣预缴税额=劳务报酬所得应纳税所得额×预扣率−速算扣除数

公式中的劳务报酬所得应纳税所得额，分别按以下方法计算：

（1）每次收入不超过四千元的，减除费用按八百元计算；

（2）每次收入四千元以上的，减除费用按百分之二十计算。

公式中的的预扣率、速算扣除数，根据"个人所得税预扣率表二"（见表9-4）中应纳税所得额的级数所对应预扣率和速算扣除数选择。

表9-4　　个人所得税预扣率表二

（居民个人劳务报酬所得预扣预缴适用）

级数	预扣预缴应纳税所得额	预扣率（%）	速算扣除数
1	不超过20 000元	20	0
2	超过20 000元至50 000元的部分	30	2 000
3	超过50 000元的部分	40	7 000

注：居民个人劳务报酬所得预扣预缴适用的"个人所得税预扣率表二"，延用了个税法修正前对畸高劳务报酬所得加成征税的适用税率。

（二）居民个人稿酬所得预扣预缴方法

扣缴义务人向居民个人支付稿酬所得，以每次所得的应纳税所得额为计税依据，适用百分之二十的比例预扣率计算每次应预扣预缴的税额。计算公式如下：

应预扣预缴税额=稿酬所得应纳税所得额×预扣率（20%）

稿酬所得应纳税所得额：每次收入不超过四千元的，减除费用按八百元计算；每次收入四千元以上的，减除费用按百分之二十计算；以上计算的收入额减按百分之七十计算纳税。

（三）居民个人特许权使用费所得预扣预缴方法

扣缴义务人向居民个人支付特许权使用费所得，以每次收入额为预扣预缴应纳税所得额，适用百分之二十的比例预扣率计算每次应预扣预缴的税额。计算公式如下：

应预扣预缴税额=特许权使用费所得应纳税所得额×预扣率（20%）

特许权使用费所得以每次收入额为应纳税所得额。每次收入额是指特许权使用费所得每次收入减除费用后的余额。扣除费用：每次收入不超过四千元的，减除费用按八百元计算；每次收入四千元以上的，减除费用按百分之二十计算。

居民个人办理年度综合所得汇算清缴时，应当依法计算劳务报酬所得、稿酬所得、特许权使用费所得的收入额，并入年度综合所得计算应纳税款，税款多退少补。

三、非居民个人工资薪金、劳务报酬、稿酬和特许权使用费所得扣缴方法

非居民个人取得的工资、薪金所得，劳务报酬所得，稿酬所得，特许权使用费所得，由支付单位按月或按次代扣代缴个人所得税。具体的扣缴方法如下：

（一）应纳税所得额的计算

1.工资、薪金所得应纳税所得额的计算

非居民个人取得的工资、薪金所得，以每月收入额减除费用五千元后的余额为应纳税所得额。计算公式如下：

应纳税所得额=每月工资、薪金收入额−扣除费用（5 000元）

2.劳务报酬和特许权使用费所得应纳税所得额的计算

非居民个人取得的劳务报酬所得、特许权使用费所得，分别以每次收入额为应纳税所得额。每次收入额是指以收入减除百分之二十的费用后的余额。劳务报酬所得、特许权使用费所得的应纳税所得额分别按以下公式计算：

劳务报酬所得应纳税所得额=劳务报酬所得每次收入×（1−20%）

特许权使用费所得应纳税所得额=特许权使用费所得每次收入×（1−20%）

非居民个人从事劳务取得的所得，属于独立劳动所得。

3.稿酬所得应纳税所得额的计算

非居民个人取得的稿酬所得，以每次收入减除百分之二十的费用后的余额为收入额，再减按收入额的百分之七十计算应纳税所得额。计算公式如下：

稿酬所得应纳税所得额=稿酬所得每次收入×（1-20%）×70%

劳务报酬所得、稿酬所得、特许权使用费所得，属于一次性收入的，以取得该项收入为一次；属于同一项目连续性收入的，以一个月内取得的收入为一次。

（二）应扣缴个人所得税税额的计算

扣缴义务人向非居民个人支付工资、薪金所得，劳务报酬所得，稿酬所得和特许权使用费所得时，分别以各项所得的应纳税所得额为计税依据，依照“个人所得税税率表三”（见表9-5）中对应的税率和速算扣除数计算按月或者按次代扣代缴个人所得税的税额。计算公式如下：

表9-5 **个人所得税税率表三**

（非居民个人工资、薪金所得，劳务报酬所得，稿酬所得，特许权使用费所得适用）

级数	应纳税所得额	税率（%）	速算扣除数
1	不超过3 000元的	3	0
2	超过3 000元至12 000元的部分	10	210
3	超过12 000元至25 000元的部分	20	1 410
4	超过25 000元至35 000元的部分	25	2 660
5	超过35 000元至55 000元的部分	30	4 410
6	超过55 000元至80 000元的部分	35	7 160
7	超过80 000元的部分	45	15 160

注：“个人所得税税率表三”是根据“个人所得税税率表一”按月换算后的月度税率表。

应扣缴税额=应纳税所得额×适用税率-速算扣除数

非居民个人在一个纳税年度内税款扣缴方法保持不变，达到居民个人条件时，应当告知扣缴义务人基础信息变化情况，年度终了后按照居民个人有关规定办理汇算清缴。

举例说明：某企业2019年3月向来华进行技术指导的外籍专家（非居民个人）支付工资20 000元，该企业应代扣代缴的个人所得税计算如下：

应纳税所得额=20 000-5 000=15 000（元）

本月应扣缴税额=15 000×20%-1 410=1 590（元）

四、利息股息红利所得、财产租赁所得、财产转让所得和偶然所得扣缴方法

扣缴义务人向个人（包括居民个人和非居民个人）支付利息、股息、红利所得，财产租赁所得，财产转让所得或者偶然所得时，适用20%的比例税率，按次或者按月代扣代缴税款。每次应代扣代缴税款，分别按以下公式计算：

（1）利息、股息、红利所得，每次应代扣代缴税款的计算公式如下：

应代扣代缴税额=利息、股息、红利所得应纳税所得额×税率（20%）

利息、股息、红利所得不扣除任何费用，以每次收入为应纳税所得额。

（2）财产租赁所得，每次应代扣代缴税款的计算公式如下：

应代扣代缴税额=财产租赁所得应纳税所得额×税率（20%）

财产租赁所得，每次收入不超过四千元的，减除费用八百元；四千元以上的，减除百分之二十的费用，其余额为应纳税所得额.

（3）财产转让所得，每次应代扣代缴税款的计算公式如下：

应代扣代缴税额=财产转让所得应纳税所得额×税率（20%）

财产转让所得以转让财产的收入额减除财产原值和合理费用后的余额为应纳税所得额。

（4）偶然所得，每次应代扣代缴税款的计算公式如下：

应代扣代缴税额=偶然所得应纳税所得额×税率（20%）

偶然所得不扣除任何费用，以每次收入为应纳税所得额。

五、个人所得税扣缴申报表的填报范围与说明

（一）扣缴申报表的填报范围

个人所得税的扣缴申报适用以下范围：

一是扣缴义务人向居民个人支付工资、薪金所得，劳务报酬所得，稿酬所得和特许权使用费所得的个人所得税全员全额预扣预缴申报；

二是扣缴义务人向非居民个人支付工资、薪金所得，劳务报酬所得，稿酬所得和特许权使用费所得的个人所得税全员全额扣缴申报；

三是扣缴义务人向纳税人（居民个人和非居民个人）支付利息、股息、红利所得，财产租赁所得，财产转让所得和偶然所得的个人所得税全员全额扣缴申报。

扣缴义务人应当在每月或者每次预扣、代扣税款的次月十五日内，将已扣税款缴入国库，并向税务机关报送《个人所得税扣缴申报表》（见表9-6）。本表一式两份，扣缴义务人、税务机关各留存一份。

所称全员全额预扣预缴申报，是指扣缴义务人应当在代扣税款的次月十五日内，向主管税务机关报送其支付所得的所有个人的有关信息、支付所得数额、扣除事项和数额、扣缴税款的具体数额和总额以及其他相关涉税信息资料。

表 9-6

个人所得税扣缴申报表

税款所属期　　年　月　日至　　年　月　日

扣缴义务人名称：

扣缴义务人纳税人识别号（统一社会信用代码）：□□□□□□□□□□□□□□□□□□□□

金额单位：人民币元（列至角分）

							本月（次）情况														累计情况（工资、薪金）											税款计算							
							收入额计算				专项扣除				其他扣除									累计专项附加扣除															
序号	姓名	身份证件类型	身份证件号码	纳税人识别号	是否为非居民个人	所得项目	收入	费用	免税收入	减除费用	基本养老保险费	基本医疗保险费	失业保险费	住房公积金	年金	商业健康保险	税延养老保险	财产原值	允许扣除的税费	其他	累计收入额	累计减除费用	累计专项扣除	子女教育	赡养老人	住房贷款利息	住房租金	继续教育	累计其他扣除	减按计税比例	准予扣除的捐赠额	应纳税所得额	税率/预扣率	速算扣除数	应纳税额	减免税额	已扣缴税额	应补（退）税额	备注
1	2	3	4	5	6	7	8	9	10	11	12	13	14	15	16	17	18	19	20	21	22	23	24	25	26	27	28	29	30	31	32	33	34	35	36	37	38	39	40
□	□			□	□	□	□	□	□	□	□	□	□	□	□	□	□			□	□	□	□	□	□	□	□	□	□		□	□	□	□	□	□	□	□	□
□	□			□	□	□	□	□	□	□	□	□	□	□	□	□	□			□	□	□	□	□	□	□	□	□	□		□	□	□	□	□	□	□	□	□
合计							□	□	□	□	□	□	□	□	□	□	□			□	□	□	□	□	□	□	□	□	□		□	□	□	□	□	□	□	□	□

谨严明：本扣缴申报表是根据国家税收法律法规及相关规定填报的，是真实的、可靠的、完整的。

扣缴义务人（签章）：　　年　月　日

代理机构签章： 代理机构统一社会信用代码： 经办人签字： 经办人身份证件号码：	受理人： 受理税务机关（章） 受理日期：　　年　月　日

国家税务总局监制

（二）各栏次填写说明

表头项目中的“税款所属期”：填写扣缴义务人代扣税款当月的第一日至最后一日。如：2019年3月20日发放工资时代扣的税款，税款所属期填写“2019年3月1日至2019年3月31日”。“扣缴义务人名称”：填写扣缴义务人的法定名称全称。“扣缴义务人纳税人识别号（统一社会信用代码）”：填写扣缴义务人的纳税人识别号或统一社会信用代码。

表内各栏的填报要求如下：

1.第2列“姓名”：填写纳税人姓名。

2.第3列“身份证件类型”：填写纳税人有效的身份证件名称。中国公民有中华人民共和国居民身份证的，填写居民身份证；没有居民身份证的，填写港澳居民来往内地通行证或港澳居民居住证、台湾居民通行证或台湾居民居住证、外国人永久居留身份证、外国人工作许可证或护照等。

3.第4列“身份证件号码”：填写纳税人有效身份证件上载明的证件号码。

4.第5列“纳税人识别号”：有中国公民身份号码的，填写中华人民共和国居民身份证上载明的“公民身份号码”；没有中国公民身份号码的，填写税务机关赋予的纳税人识别号。

5.第6列“是否为非居民个人”：纳税人为非居民个人的填“是”，为居民个人的填“否”。不填默认为“否”。

6.第7列“所得项目”：填写纳税人取得的个人所得税法第二条规定的应税所得项目名称。同一纳税人取得多项或多次所得的，应分行填写。

7.第8～21列“本月（次）情况”：填写扣缴义务人当月（次）支付给纳税人的所得，以及按规定各所得项目当月（次）可扣除的减除费用、专项扣除、其他扣除等。其中，工资、薪金所得预扣预缴个人所得税时扣除的专项附加扣除，按照纳税年度内纳税人在该任职受雇单位截至当月可享受的各专项附加扣除项目的扣除总额，填写至“累计情况（工资薪金）”中第25～29列相应栏，本月情况中则无须填写。

（1）“收入额计算”：包含“收入”“费用”“免税收入”。

具体计算公式为：收入额=收入-费用-免税收入。

①第8列“收入”：填写当月（次）扣缴义务人支付给纳税人所得的总额。

②第9列“费用”：仅限支付劳务报酬、稿酬、特许权使用费三项所得时填写，支付其他各项所得时无须填写本列。预扣预缴居民个人上述三项所得个人所得税时，每次收入不超过4 000元的，费用填写“800”元；每次收入4 000元以上的，费用按收入的20%填写。扣缴非居民个人上述三项所得的个人所得税时，费用按收入的20%填写。

③第10列“免税收入”：填写纳税人各所得项目收入总额中，包含的税法规定的免税收入金额。其中，税法规定“稿酬所得的收入额减按70%计算”，对稿酬所得的收入额减计的30%部分，填入本列。

（2）第11列“减除费用”：仅限支付工资、薪金所得时填写。具体按税法规定的减除费用标准填写。如，2019年为5 000元/月。

（3）第12～15列“专项扣除”：分别填写按规定允许扣除的基本养老保险费、基本医疗保险费、失业保险费、住房公积金的金额。

（4）第16～21列“其他扣除”：分别填写按规定允许扣除的项目金额。

8.第22～30列“累计情况（工资、薪金）”：本栏仅适用于居民个人取得工资、薪金所得预扣预缴的情形，工资、薪金所得以外的项目无须填写。具体各列，按照纳税年度内居民个人在该任职受雇单位截至当前月份累计情况填报。

（1）第22列“累计收入额”：填写本纳税年度截至当前月份，扣缴义务人支付给纳税人的工资、薪金所得的累计收入额。

（2）第23列“累计减除费用”：按照5 000元/月乘以纳税人当年在本单位的任职受雇月份数计算。

（3）第24列“累计专项扣除”：填写本年度截至当前月份，按规定允许扣除的“三险一金”的累计金额。

（4）第25～29列“累计专项附加扣除”：分别填写截至当前月份，纳税人按规定可享受的子女教育、赡养老人、住房贷款利息或住房租金、继续教育扣除的累计金额。大病医疗扣除由纳税人在年度汇算清缴时办理，此处无须填报。

（5）第30列“累计其他扣除”：填写本年度截至当前月份，按规定允许扣除的年金（包括企业年金、职业年金）、商业健康保险、税延养老保险及其他扣除项目的累计金额。

9.第31列“减按计税比例”：填写按规定实行应纳税所得额减计税收优惠的减计比例。无减计规定的，可不填，系统默认为100%。如，某项税收政策实行减按60%计入应纳税所得额，则本列填60%。

10.第32列“准予扣除的捐赠额”：是指按照税法及相关法规、政策规定，可以在税前扣除的捐赠额。

11.第33～39列“税款计算”：填写扣缴义务人当月扣缴个人所得税款的计算情况。

（1）第33列“应纳税所得额”：根据相关列次计算填报。

①居民个人取得工资、薪金所得，填写累计收入额减除累计减除费用、累计专项扣除、累计专项附加扣除、累计其他扣除、准予扣除的捐赠额后的余额。

②非居民个人取得工资、薪金所得，填写收入额减去减除费用、准予扣除的捐赠额后的余额。

③居民个人或非居民个人取得劳务报酬所得、稿酬所得、特许权使用费所得，填写本月（次）收入额减除可以扣除的税费、准予扣除的捐赠额后的余额。

④居民个人或非居民个人取得利息、股息、红利所得和偶然所得，填写本月（次）收入额减除准予扣除的捐赠额后的余额。

⑤居民个人或非居民个人取得财产租赁所得，填写本月（次）收入额减除允许

扣除的税费、准予扣除的捐赠额后的余额。

⑥居民个人或非居民个人取得财产转让所得，填写本月（次）收入额减除财产原值、允许扣除的税费、准予扣除的捐赠额后的余额。

其中，适用“减按计税比例”的所得项目，其应纳税所得额按上述方法计算后乘以减按计税比例的金额填报。

（2）第34～35列“税率/预扣率”和“速算扣除数”：填写各所得项目按规定适用的税率（或预扣率）和速算扣除数。没有速算扣除数的，则不填。

（3）第36列“应纳税额”：根据相关列次计算填报。

具体计算公式为：应纳税额=应纳税所得额×税率（预扣率）-速算扣除数

（4）第37列“减免税额”：填写符合税法规定可减免的税额。居民个人工资、薪金所得，填写本年度累计减免税额；居民个人取得工资、薪金以外的所得或非居民个人取得各项所得，填写本月（次）减免税额。

（5）第38列“已扣缴税额”：填写本年或本月（次）纳税人同一所得项目，已由扣缴义务人实际扣缴的税款金额。

（6）第39列“应补（退）税额”：根据相关列次计算填报。

具体计算公式为：应补（退）税额=应纳税额-减免税额-已扣缴税额

其他栏次：“声明”：需由扣缴义务人签字或签章。“经办人”：由办理扣缴申报的经办人签字，并填写经办人身份证件号码。“代理机构”：代理机构代为办理扣缴申报的，应当填写代理机构统一社会信用代码，并加盖代理机构签章。

第六节　个人所得税优惠政策

自2019年1月1日起实施新个人所得税法的优惠政策，包括两个方面：一是个人所得税有关优惠政策的衔接；二是继续有效的个人所得税优惠政策。

一、个人所得税有关优惠政策的衔接

2018年12月27日，根据财政部 税务总局发布《关于个人所得税法修改后有关优惠政策衔接问题的通知》（财税〔2018〕164号），对居民个人取得的全年一次性奖金和股权激励等所得的个人所得税优惠政策，个人领取企业年金、职业年金个人所得税政策的衔接问题做出明确规定。其中，全年一次性奖金和股权激励所得的优惠政策设立3年过渡期，从2019年1月1日至2021年12月31日前，继续按原政策规定执行。

（一）居民个人取得全年一次性奖金个人所得税政策

居民个人取得全年一次性奖金，符合《国家税务总局关于调整个人取得全年一次性奖金等计算征收个人所得税方法问题的通知》（国税发〔2005〕9号）规定的，在2021年12月31日前，不并入当年综合所得，以全年一次性奖金收入除以12个月

得到的数额，依照按月换算后的综合所得税率表（见表9-7）（以下简称月度税率表），确定适用税率和速算扣除数，单独计算纳税。计算公式为：

表9-7　　按月换算后的综合所得税率表

级数	全月应纳税所得额	税率（%）	速算扣除数
1	不超过3 000元的	3	0
2	超过3 000元至12 000元的部分	10	210
3	超过12 000元至25 000元的部分	20	1 410
4	超过25 000元至35 000元的部分	25	2 660
5	超过35 000元至55 000元的部分	30	4 410
6	超过55 000元至80 000元的部分	35	7 160
7	超过80 000元的部分	45	15 160

应纳税额＝全年一次性奖金收入×适用税率-速算扣除数

居民个人取得全年一次性奖金，也可以选择并入当年综合所得计算纳税。自2022年1月1日起，居民个人取得全年一次性奖金，并入当年综合所得计算缴纳个人所得税。

全年一次性奖金个人所得税，单独计算纳税的计算方法如下：

（1）以全年一次性奖金额除以12个月，求得月平均奖金额。

（2）根据月平均奖金额，查“按月换算后的综合所得税率表”确定适用税率和速算扣除数。

（3）以全年一次性奖金额为计税依据，适用按月平均奖金额确定的适用税率和速算扣除数计算应纳税额。

举例说明：某企业支付张某全年一次性奖金48 000元，该企业应代扣代缴的个人所得税计算如下：

月平均奖金额=48 000÷12=4 000（元）

查“按月换算后的综合所得税率表”，月平均奖金额48 000元适用的税率为10%，速算扣除数为210元。

应代扣代缴税额=48 000×10%-210=4 590（元）

如果取得全年一次性奖金的个人，其当月工资、薪金应税收入额低于5 000元，其差额准予从全年一次性奖金额扣除后再计算月平均奖金额。计算公式如下：

月平均奖金额=［全年一次性奖金额-（5 000-当月工资薪金所得）］÷12

根据计算的月平均奖金额，查查“按月换算后的综合所得税率表”确定适用税率和速算扣除数计算应纳税额。计算公式如下：

$$\text{应代扣代缴税额}=\left[\text{全年一次性奖金额}-\left(5\ 000-\text{当月工资薪金所得}\right)\right]\times\text{适用税率}-\text{速算扣除数}$$

举例说明：某企业年终（12月份）支付王某全年一次性奖金为37 000元，支付当月工资4 000元（不含三险一金），该企业支付王某全年一次性奖金应代扣代缴的个人所得税计算如下：

平均月奖金额=［37 000-（5 000-4 000）］÷12=3 000（元）

查“按月换算后的综合所得税率表”，月平均奖金额3 000元适用的税率为3%，速算扣除数为0。

应代扣代缴税额=［37 000-（5 000-4 000）］×3%=1 080（元）

（二）中央企业负责人取得年度绩效薪金延期兑现收入和任期奖励个人所得税政策

中央企业负责人取得年度绩效薪金延期兑现收入和任期奖励，符合《国家税务总局关于中央企业负责人年度绩效薪金延期兑现收入和任期奖励征收个人所得税问题的通知》（国税发〔2007〕118号）规定的，在2021年12月31日前，参照居民个人取得全年一次性奖金的计税办法。

根据国税发〔2007〕118号通知，中央企业负责人薪酬由基薪、绩效薪金和任期奖励三部分构成。其中基薪和绩效薪金的60%在当年度发放，绩效薪金剩余的40%和任期奖励于任期结束后发放。以上所称中央企业负责人取得年度绩效薪金延期兑现收入，就是指绩效薪金于任期结束后发放的部分（绩效薪金40%的部分）。

（三）居民个人取得上市公司股权激励个人所得税政策

1.居民个人取得股票期权、股票增值权、限制性股票、股权奖励等股权激励（以下简称股权激励），符合《财政部 国家税务总局关于个人股票期权所得征收个人所得税问题的通知》（财税〔2005〕35号）、《财政部国家税务总局关于股票增值权所得和限制性股票所得征收个人所得税有关问题的通知》（财税〔2009〕5号）、《财政部 国家税务总局关于将国家自主创新示范区有关税收试点政策推广到全国范围实施的通知》（财税〔2015〕116号）第四条、《财政部国家税务总局关于完善股权激励和技术入股有关所得税政策的通知》（财税〔2016〕101号）第四条第（一）项规定的相关条件的，在2021年12月31日前（2022年1月1日之后的股权激励政策另行明确），不并入当年综合所得，全额单独适用综合所得税率表计算纳税。

2.居民个人一个纳税年度内取得两次以上（含两次）股权激励的，应按上述办法合并计税。

3.居民个人取得上市公司股权激励个人所得税政策三年过渡期后，即2022年1月1日之后的政策另行明确。

以上所称股权激励，是指上市公司以本公司股票为标的，对其董事、监事、高级管理人员及其他员工（不包括独立董事）进行的长期性激励。股票期权与限制性股票，是我国上市公司股改完成后实施股权激励的两种主要方式。其中，股票期权是企业实施股权激励计划的形式之一，是指上市公司授予激励对象在未来一定期限内以预先确定的价格和条件购买本公司一定数量股份的权利。限制性股票，是指上市公司按照预先确定的条件授予激励对象一定数量的本公司股票，激励对象只有在工作年限或业绩目标符合股权激励计划规定条件的，才可出售限制性股票并从中获益。

所称股票增值权，是指公司授予被激励对象的一种资本增值收益权利，即在规定的时期和条件下，如公司股票价格上升或公司业绩上升，经营者就可以按一定比例获得这种由股价上扬或业绩提升所带来的收益（来源公司提取的奖励基金）。

（四）保险营销员、证券经纪人佣金收入个人所得税政策

1.保险营销员、证券经纪人取得的佣金收入，属于劳务报酬所得，以不含增值税的收入减除20%的费用后的余额为收入额，收入额减去展业成本以及附加税费后，并入当年综合所得，计算缴纳个人所得税。保险营销员、证券经纪人展业成本按照收入额的25%计算。

（1）佣金收入的收入额，按以下公式计算：

收入额=不含增值税的收入×（1-20%）

（2）应纳税所得额按以下公式计算：

应纳税所得额=收入额-展业成本-附加税费

展业成本，是指保险营销员、证券经纪人从事营销等业务而发生的费用，收入额的25%计算。计算公式如下：

展业成本=收入额×25%

附加税费，是指保险营销员、证券经纪人取得的佣金收入，按规定缴纳的城市维护建设税、教育费附加、地方教育附加等税费支出。

保险营销员、证券经纪人取得的佣金收入的应纳税所得额，并入当年综合所得，计算缴纳个人所得税。

2.扣缴义务人向保险营销员、证券经纪人支付佣金收入时，应按照《个人所得税扣缴申报管理办法（试行）》（国家税务总局公告2018年第61号）规定的累计预扣法计算预扣税款。

扣缴义务人向保险营销员、证券经纪人支付佣金收入时按照累计预扣法计算预扣税款的具体方法，参照扣缴义务人向居民个人支付工资、薪金所得时适用的累计预扣法计算预扣税款。

（五）个人领取企业年金、职业年金个人所得税政策

个人达到国家规定的退休年龄，领取的企业年金、职业年金，符合《财政部、人力资源社会保障部、国家税务总局关于企业年金、职业年金个人所得税有关问题的通知》（财税〔2013〕103号）规定的，不并入综合所得，全额单独计算应纳税

款。其中按月领取的，适用月度税率表计算纳税；按季领取的，平均分摊计入各月，按每月领取额适用月度税率表计算纳税；按年领取的，适用综合所得税率表计算纳税。

个人因出境定居而一次性领取的年金个人账户资金，或个人死亡后，其指定的受益人或法定继承人一次性领取的年金个人账户余额，适用综合所得税率表计算纳税。对个人除上述特殊原因外一次性领取年金个人账户资金或余额的，适用月度税率表计算纳税。

（六）解除劳动关系、提前退休、内部退养的一次性补偿收入个人所得税政策

1.个人与用人单位解除劳动关系取得一次性补偿收入（包括用人单位发放的经济补偿金、生活补助费和其他补助费），在当地上年职工平均工资3倍数额以内的部分，免征个人所得税；超过3倍数额的部分，不并入当年综合所得，单独适用综合所得税率表计算纳税。

2.个人办理提前退休手续而取得的一次性补贴收入，应按照办理提前退休手续至法定离退休年龄之间实际年度数平均分摊，确定适用税率和速算扣除数，单独适用综合所得税率表，计算纳税。计算公式如下：

$$\text{应纳税额}=\{[(\text{一次性补贴收入}\div\text{办理提前退休实际年度数})-\text{费用扣除标准}]\times\text{适用税率}-\text{速算扣除数}\}\times\text{办理提前退休实际年度数}$$

办理提前退休实际年度数，是指办理提前退休手续至法定退休年龄的实际年度数。

3.个人办理内部退养手续而取得的一次性补贴收入，按照《国家税务总局关于个人所得税有关政策问题的通知》（国税发〔1999〕58号）规定计算纳税。即：个人在办理内部退养手续后从原任职单位取得的一次性收入，应按办理内部退养手续后至法定离退休年龄之间的所属月份进行平均，并与领取当月的“工资、薪金所得”合并后减除当月费用扣除标准，以余额为基数确定适用税率，再将当月工资、薪金加上取得的一次性收入，减去费用扣除标准，按适用税率计征个人所得税。

（七）单位低价向职工售房和外籍个人有关津补贴个人所得税政策

1.单位按低于购置或建造成本价格出售住房给职工，职工因此而少支出的差价部分，符合《财政部 国家税务总局关于单位低价向职工售房有关个人所得税问题的通知》（财税〔2007〕13号）第二条规定的，不并入当年综合所得，以差价收入除以12个月得到的数额，按照月度税率表确定适用税率和速算扣除数，单独计算纳税。计算公式为：

$$\text{应纳税额}=\text{职工实际支付的购房价款低于该房屋的购置或建造成本价格的差额}\times\text{适用税率}-\text{速算扣除数}$$

2.外籍个人符合居民个人条件的，在2019年1月1日至2021年12月31日期间，

可以选择享受个人所得税专项附加扣除，也可以选择按照《财政部 国家税务总局关于个人所得税若干政策问题的通知》（财税〔1994〕20号）、《国家税务总局关于外籍个人取得有关补贴征免个人所得税执行问题的通知》（国税发〔1997〕54号）和《财政部 国家税务总局关于外籍个人取得港澳地区住房等补贴征免个人所得税的通知》（财税〔2004〕29号）规定，享受住房补贴、语言训练费、子女教育费等津补贴免税优惠政策，但不得同时享受。外籍个人一经选择，在一个纳税年度内不得变更。

自2022年1月1日起，外籍个人不再享受住房补贴、语言训练费、子女教育费津补贴免税优惠政策，应按规定享受专项附加扣除。

二、新税法实施后继续有效的个人所得税优惠政策

我国自1980年征收个人所得税以来，相继制定了一系列税收优惠政策。为贯彻落实修改后的《中华人民共和国个人所得税法》，2018年12月29日财政部 税务总局发布《关于继续有效的个人所得税优惠政策目录的公告》（财政部 税务总局公告2018年第177号），以列表的方式公布了新税法实施后《继续有效的个人所得税优惠政策涉及的文件目录》（见表9-8）。该“目录”列举了88个继续有效的个人所得税优惠政策涉及的文件名称、文号和制定机关。

表9-8　　　　继续有效的个人所得税优惠政策涉及的文件目录

序号	制定机关	优惠政策文件名称	文号
1	财政部	财政部关于外国来华工作人员缴纳个人所得税问题的通知	（80）财税字第189号
2	财政部、税务总局	财政部 国家税务总局关于个人所得税若干政策问题的通知	财税字〔1994〕020号
3	财政部、税务总局	财政部 国家税务总局关于西藏自治区贯彻施行《中华人民共和国个人所得税法》有关问题的批复	财税字〔1994〕021号
4	税务总局	国家税务总局关于印发《征收个人所得税若干问题的规定》的通知	国税发〔1994〕089号
5	税务总局	国家税务总局关于社会福利有奖募捐发行收入税收问题的通知	国税发〔1994〕127号
6	税务总局	国家税务总局关于曾宪梓教育基金会教师奖免征个人所得税的函	国税函发〔1994〕376号
7	财政部、税务总局	财政部 国家税务总局关于发给见义勇为者的奖金免征个人所得税问题的通知	财税字〔1995〕25号
8	税务总局	国家税务总局关于个人取得青苗补偿费收入征免个人所得税的批复	国税函发〔1995〕079号
9	财政部、税务总局	财政部 税务总局关于军队干部工资薪金收入征收个人所得税的通知	财税字〔1996〕14号

续表

序号	制定机关	优惠政策文件名称	文号
10	财政部、税务总局	财政部 国家税务总局关于西藏特殊津贴免征个人所得税的批复	财税字〔1996〕91号
11	财政部、税务总局	财政部 国家税务总局关于国际青少年消除贫困奖免征个人所得税的通知	财税字〔1997〕51号
12	税务总局	国家税务总局关于股份制企业转增股本和派发红股征免个人所得税的通知	国税发〔1997〕198号
13	财政部、税务总局	财政部 国家税务总局关于个人取得体育彩票中奖所得征免个人所得税问题的通知	财税字〔1998〕12号
14	财政部、税务总局	财政部 国家税务总局关于证券投资基金税收问题的通知	财税字〔1998〕55号
15	财政部、税务总局	财政部 国家税务总局关于个人转让股票所得继续暂免征收个人所得税的通知	财税字〔1998〕61号
16	税务总局	国家税务总局关于原城市信用社在转制为城市合作银行过程中个人股增值所得应纳个人所得税的批复	国税函〔1998〕289号
17	税务总局	国家税务总局关于“长江学者奖励计划”有关个人收入免征个人所得税的通知	国税函〔1998〕632号
18	财政部、税务总局	财政部 国家税务总局关于促进科技成果转化有关税收政策的通知	财税字〔1999〕45号
19	税务总局	国家税务总局关于个人所得税有关政策问题的通知	国税发〔1999〕58号
20	税务总局	国家税务总局关于促进科技成果转化有关个人所得税问题的通知	国税发〔1999〕125号
21	财政部、税务总局	财政部 国家税务总局关于住房公积金 医疗保险金 基本养老保险金 失业保险基金个人账户存款利息所得免征个人所得税的通知	财税字〔1999〕267号
22	税务总局	国家税务总局关于“特聘教授奖金”免征个人所得税的通知	国税函〔1999〕525号
23	税务总局	国家税务总局关于企业改组改制过程中个人取得的量化资产征收个人所得税问题的通知	国税发〔2000〕60号
24	财政部、税务总局	财政部 国家税务总局关于随军家属就业有关税收政策的通知	财税〔2000〕84号
25	财政部、税务总局	财政部 国家税务总局关于调整住房租赁市场税收政策的通知	财税〔2000〕125号
26	税务总局	国家税务总局关于律师事务所从业人员取得收入征收个人所得税有关业务问题的通知	国税发〔2000〕149号

续表

序号	制定机关	优惠政策文件名称	文号
27	税务总局	国家税务总局关于“长江小小科学家”奖金免征个人所得税的通知	国税函〔2000〕688号
28	税务总局	国家税务总局关于《关于个人独资企业和合伙企业投资者征收个人所得税的规定》执行口径的通知	国税函〔2001〕84号
29	财政部、税务总局	财政部 国家税务总局关于个人与用人单位解除劳动关系取得的一次性补偿收入征免个人所得税问题的通知	财税〔2001〕157号
30	财政部、税务总局	财政部 国家税务总局关于开放式证券投资基金有关税收问题的通知	财税〔2002〕128号
31	财政部、税务总局	财政部 国家税务总局关于自主择业的军队转业干部有关税收政策问题的通知	财税〔2003〕26号
32	税务总局	国家税务总局关于个人取得“母亲河（波司登）奖”奖金所得免征个人所得税问题的批复	国税函〔2003〕961号
33	财政部、税务总局	财政部 国家税务总局关于外籍个人取得港澳地区住房等补贴征免个人所得税的通知	财税〔2004〕29号
34	财政部、税务总局	财政部 国家税务总局关于农村税费改革试点地区有关个人所得税问题的通知	财税〔2004〕30号
35	财政部、税务总局	财政部 国家税务总局关于教育税收政策的通知	财税〔2004〕39号
36	税务总局	国家税务总局关于国际组织驻华机构 外国政府驻华使领馆和驻华新闻机构雇员个人所得税征收方式的通知	国税函〔2004〕808号
37	财政部、税务总局	财政部 国家税务总局关于城镇房屋拆迁有关税收政策的通知	财税〔2005〕45号
38	财政部、税务总局	财政部 国家税务总局关于股权分置试点改革有关税收政策问题的通知	财税〔2005〕103号
39	财政部、税务总局	财政部 国家税务总局关于基本养老保险费基本医疗保险费失业保险费住房公积金有关个人所得税政策的通知	财税〔2006〕10号
40	税务总局	国家税务总局关于陈嘉庚科学奖获奖个人取得的奖金收入免征个人所得税的通知	国税函〔2006〕561号
41	财政部、税务总局	财政部 国家税务总局关于单位低价向职工售房有关个人所得税问题的通知	财税〔2007〕13号
42	财政部、税务总局	财政部 国家税务总局关于个人取得有奖发票奖金征免个人所得税问题的通知	财税〔2007〕34号

续表

序号	制定机关	优惠政策文件名称	文号
43	财政部、税务总局	财政部 国家税务总局关于《建立亚洲开发银行协定》有关个人所得税问题的补充通知	财税〔2007〕93号
44	财政部、税务总局	财政部 国家税务总局关于高级专家延长离休退休期间取得工资薪金所得有关个人所得税问题的通知	财税〔2008〕7号
45	财政部、税务总局	财政部 国家税务总局关于生育津贴和生育医疗费有关个人所得税政策的通知	财税〔2008〕8号
46	财政部、税务总局	财政部 国家税务总局关于廉租住房经济适用住房和住房租赁有关税收政策的通知	财税〔2008〕24号
47	财政部、税务总局	财政部 国家税务总局关于认真落实抗震救灾及灾后重建税收政策问题的通知	财税〔2008〕62号
48	财政部、税务总局	财政部 国家税务总局关于储蓄存款利息所得有关个人所得税政策的通知	财税〔2008〕132号
49	财政部、税务总局	财政部 国家税务总局关于证券市场个人投资者证券交易结算资金利息所得有关个人所得税政策的通知	财税〔2008〕140号
50	财政部、税务总局	财政部 国家税务总局关于个人无偿受赠房屋有关个人所得税问题的通知	财税〔2009〕78号
51	税务总局	国家税务总局关于明确个人所得税若干政策执行问题的通知	国税发〔2009〕121号
52	税务总局	国家税务总局关于刘东生青年科学家奖和刘东生地球科学奖学金获奖者奖金免征个人所得税的通知	国税函〔2010〕74号
53	税务总局	国家税务总局关于全国职工职业技能大赛奖金免征个人所得税的通知	国税函〔2010〕78号
54	财政部、税务总局	财政部 国家税务总局关于个人独资企业和合伙企业投资者取得种植业 养殖业 饲养业捕捞业所得有关个人所得税问题的批复	财税〔2010〕96号
55	税务总局	国家税务总局关于中华宝钢环境优秀奖奖金免征个人所得税问题的通知	国税函〔2010〕130号
56	财政部、税务总局	财政部 国家税务总局关于企业促销展业赠送礼品有关个人所得税问题的通知	财税〔2011〕50号
57	税务总局	国家税务总局关于2011年度李四光地质科学奖奖金免征个人所得税的公告	国家税务总局公告2011年第68号
58	财政部、税务总局	财政部 国家税务总局关于退役士兵退役金和经济补助免征个人所得税问题的通知	财税〔2011〕109号

续表

序号	制定机关	优惠政策文件名称	文号
59	税务总局	国家税务总局关于第五届黄汲清青年地质科学技术奖奖金免征个人所得税问题的公告	国家税务总局公告2012年第4号
60	税务总局	国家税务总局关于明天小小科学家奖金免征个人所得税问题的公告	国家税务总局公告2012年第28号
61	财政部、税务总局	财政部 国家税务总局关于工伤职工取得的工伤保险待遇有关个人所得税政策的通知	财税〔2012〕40号
62	财政部、税务总局	财政部 国家税务总局关于地方政府债券利息免征所得税问题的通知	财税〔2013〕5号
63	财政部、税务总局	财政部 国家税务总局关于棚户区改造有关税收政策的通知	财税〔2013〕101号
64	财政部、人力资源社会保障部、税务总局	财政部 人力资源社会保障部 国家税务总局关于企业年金职业年金个人所得税有关问题的通知	财税〔2013〕103号
65	财政部、税务总局	财政部 国家税务总局关于广东横琴新区个人所得税优惠政策的通知	财税〔2014〕23号
66	财政部、税务总局	财政部 国家税务总局关于福建平潭综合实验区个人所得税优惠政策的通知	财税〔2014〕24号
67	财政部、税务总局	财政部 国家税务总局关于深圳前海深港现代服务业合作区个人所得税优惠政策的通知	财税〔2014〕25号
68	财政部、税务总局、证监会	财政部 国家税务总局 证监会关于沪港股票市场交易互联互通机制试点有关税收政策的通知	财税〔2014〕81号
69	财政部、海关总署、税务总局	财政部 海关总署 国家税务总局关于支持鲁甸地震灾后恢复重建有关税收政策问题的通知	财税〔2015〕27号
70	财政部、税务总局	财政部 国家税务总局关于个人非货币性资产投资有关个人所得税政策的通知	财税〔2015〕41号
71	财政部、税务总局、证监会	财政部 国家税务总局 证监会关于上市公司股息红利差别化个人所得税政策有关问题的通知	财税〔2015〕101号
72	财政部、税务总局	财政部 国家税务总局关于将国家自主创新示范区有关税收试点政策推广到全国范围实施的通知	财税〔2015〕116号
73	财政部、税务总局、证监会	财政部 国家税务总局 证监会关于内地与香港基金互认有关税收政策的通知	财税〔2015〕125号
74	财政部、税务总局	财政部 国家税务总局关于行政和解金有关税收政策问题的通知	财税〔2016〕100号

续表

序号	制定机关	优惠政策文件名称	文号
75	财政部、税务总局	财政部 国家税务总局关于完善股权激励和技术入股有关所得税政策的通知	财税〔2016〕101号
76	财政部、税务总局、证监会	财政部 国家税务总局 证监会关于深港股票市场交易互联互通机制试点有关税收政策的通知	财税〔2016〕127号
77	财政部、税务总局、民政部	财政部 税务总局 民政部关于继续实施扶持自主就业退役士兵创业就业有关税收政策的通知	财税〔2017〕46号
78	财政部、税务总局、人力资源社会保障部	财政部 税务总局 人力资源社会保障部关于继续实施支持和促进重点群体创业就业有关税收政策的通知	财税〔2017〕49号
79	财政部、税务总局、海关总署	财政部 税务总局 海关总署关于北京2022年冬奥会和冬残奥会税收政策的通知	财税〔2017〕60号
80	财政部、税务总局、证监会	财政部 税务总局 证监会关于沪港股票市场交易互联互通机制试点有关税收政策的通知	财税〔2017〕78号
81	财政部、税务总局、证监会	财政部 税务总局 证监会关于支持原油等货物期货市场对外开放税收政策的通知	财税〔2018〕21号
82	财政部、税务总局、人力资源社会保障部、中国银行保险监督管理委员会、证监会	财政部 税务总局 人力资源社会保障部 中国银行保险监督管理委员会 证监会关于开展个人税收递延型商业养老保险试点的通知	财税〔2018〕22号
83	财政部、税务总局	财政部 税务总局关于创业投资企业和天使投资个人有关税收政策的通知	财税〔2018〕55号
84	财政部、税务总局、科技部	财政部 税务总局 科技部关于科技人员取得职务科技成果转化现金奖励有关个人所得税政策的通知	财税〔2018〕58号
85	财政部、税务总局	财政部 税务总局关于易地扶贫搬迁税收优惠政策的通知	财税〔2018〕135号
86	财政部、税务总局、证监会	财政部 税务总局 证监会关于个人转让全国中小企业股份转让系统挂牌公司股票有关个人所得税政策的通知	财税〔2018〕137号
87	财政部、税务总局、证监会	财政部 税务总局 证监会关于继续执行内地与香港基金互认有关个人所得税政策的通知	财税〔2018〕154号
88	财政部、税务总局	财政部 税务总局关于个人所得税法修改后有关优惠政策衔接问题的通知	财税〔2018〕164号

注：上述文件中个人所得税优惠政策继续有效，已废止或者失效的部分条款除外。

第七节　个人所得税的自行纳税申报

根据《中华人民共和国个人所得税法》第十条规定：有下列情形之一的，纳税人应当依法办理纳税申报：一是取得综合所得需要办理汇算清缴；二是取得应税所得没有扣缴义务人；三是取得应税所得，扣缴义务人未扣缴税款；四是取得境外所得；五是因移居境外注销中国户籍；六是非居民个人在中国境内从两处以上取得工资、薪金所得；七是国务院规定的其他情形。国家税务总局《关于个人所得税自行纳税申报有关问题的公告》（国家税务总局公告2018年第62号），根据个人所得税法规定的需要自行纳税申报的情形，分别明确了综合所得汇算清缴、经营所得、扣缴义务人未扣缴税款、取得境外所得、移居境外注销中国户籍、非居民个人在中国境内从两处以上取得工资、薪金所得等六种需要办理自行纳税申报情形的适用对象、申报时间、申报地点、需要填写的申报表等，以及自行纳税申报的申报方式等。

一、综合所得汇算清缴的纳税申报

（一）需要办理汇算清缴纳税申报的纳税人

根据《中华人民共和国个人所得税法》和《国家税务总局关于个人所得税自行纳税申报有关问题的公告》（国家税务总局公告2018年第62号）规定，取得综合所得且符合下列情形之一的纳税人，应当依法办理汇算清缴的纳税申报：

1.纳税人从两处以上取得综合所得，且综合所得年收入额减除专项扣除后的余额超过6万元的；

2.纳税人取得劳务报酬所得、稿酬所得、特许权使用费所得中的一项或多项所得，且综合所得的年收入减除百分之二十的费用，再减除年度专项扣除后的余额超过6万元的；

3.纳税年度内预扣预缴税额，低于依法计算的年度综合所得应纳税额的；

4.纳税人申请退税的。

（二）办理汇算清缴申报的时间及地点

纳税人取得综合所得需要办理汇算清缴纳税申报的时间及地点，分别规定如下：

1.纳税人应当于取得综合所得的次年3月1日至6月30日内，向任职、受雇单位所在地主管税务机关办理汇算清缴，并报送《个人所得税年度自行纳税申报表》。

2.纳税人有两处以上任职、受雇单位的，选择向其中一处任职、受雇单位所在地主管税务机关办理纳税申报；纳税人没有任职、受雇单位的，向户籍所在地或经常居住地主管税务机关办理纳税申报。

3.纳税人办理综合所得汇算清缴，应当准备与收入、专项扣除、专项附加扣除、依法确定的其他扣除、捐赠、享受税收优惠等相关的资料，并按规定留存备查或报送。

二、取得经营所得的自行纳税申报

（一）需要办理经营所得自行纳税申报的纳税人

根据《中华人民共和国个人所得税法》和《国家税务总局关于个人所得税自行纳税申报有关问题的公告》（国家税务总局公告2018年第62号）规定，个人取得以下各项经营所得需要办理自行纳税申报：

1.个体工商户从事生产、经营活动取得的所得，个人独资企业投资人、合伙企业的个人合伙人来源于境内注册的个人独资企业、合伙企业生产、经营的所得；

2.个人依法从事办学、医疗、咨询以及其他有偿服务活动取得的所得；

3.个人对企业、事业单位承包经营、承租经营以及转包、转租取得的所得；

4.个人从事其他生产、经营活动取得的所得。

（二）经营所得应纳税所得额和应纳税额的计算

经营所得，以每一纳税年度的收入总额减除成本、费用以及损失后的余额，为应纳税所得额，适用5%～35%的五级超额累进税率（个人所得税税率表二），按年计征。

取得经营所得的个人，没有综合所得的，计算其每一纳税年度的应纳税所得额时，应当减除费用6万元、专项扣除、专项附加扣除以及依法确定的其他扣除。其中，专项附加扣除在办理汇算清缴时减除。

在实际工作中，经营所得应纳税额的计算一般采用速算法，即将“个人所得税税率表二”调整为“经营所得速算税率表”，并采用速算扣除法计税，计算公式如下：

应纳税额=经营所得应纳税所得额×适用税率−速算扣除数

经营所得速算税率表见表9-9：

表9-9　**经营所得速算税率表**

级数	全年应纳税所得额	税率（%）	速算扣除数
1	不超过30 000元的	5	0
2	超过30 000元至90 000元的部分	10	1 500
3	超过90 000元至300 000元的部分	20	10 500
4	超过300 000元至500 000元的部分	30	40 500
5	超过500 000元的部分	35	65 500

（三）经营所得纳税申报的期限及需要填报的申报表

纳税人取得经营所得纳税申报，包括预缴纳税申报和汇算清缴纳税申报。

1.纳税人取得经营所得，按年计算个人所得税，由纳税人在月度或季度终了后15日内，向经营管理所在地主管税务机关办理预缴纳税申报，并报送《个人所得税经营所得纳税申报表（A表）》。

2.纳税人在取得所得的次年3月31日前，向经营管理所在地主管税务机关办理汇算清缴，并报送《个人所得税经营所得纳税申报表（B表）》。

3.纳税人从两处以上取得经营所得的，选择向其中一处经营管理所在地主管税务机关办理年度汇总申报，并报送《个人所得税经营所得纳税申报表（C表）》。

三、其他情形的自行纳税申报

其他应办理自行纳税申报的情形，包括：扣缴义务人未扣缴税款的纳税申报；取得境外所得的纳税申报；因移居境外注销中国户籍的纳税申报；非居民个人在中国境内从两处以上取得工资、薪金所得的纳税申报。

（一）扣缴义务人未扣缴税款的纳税申报

纳税人取得应税所得，扣缴义务人未扣缴税款的，应当区别以下情形办理纳税申报：

1.居民个人取得综合所得扣缴义务人未扣缴税款的，按照第一项“取得综合所得需要办理汇算清缴纳税申报”的规定办理。即纳税人应当于取得综合所得的次年3月1日至6月30日内，向任职、受雇单位所在地主管税务机关办理汇算清缴，并报送《个人所得税年度自行纳税申报表》。

2.非居民个人取得工资、薪金所得，劳务报酬所得，稿酬所得，特许权使用费所得，扣缴义务人未扣缴税款的，应当在取得所得的次年6月30日前，向扣缴义务人所在地主管税务机关办理纳税申报，并报送《个人所得税自行纳税申报表（A表）》。

（1）有两个以上扣缴义务人均未扣缴税款的，选择向其中一处扣缴义务人所在地主管税务机关办理纳税申报。

（2）非居民个人在次年6月30日前离境（临时离境除外）的，应当在离境前办理纳税申报。

3.纳税人取得利息、股息、红利所得，财产租赁所得，财产转让所得和偶然所得，扣缴义务人未扣缴税款的，应当在取得所得的次年6月30日前，按相关规定向主管税务机关办理纳税申报，并报送《个人所得税自行纳税申报表（A表）》。

同时，税务机关通知限期缴纳的，纳税人应当按照期限缴纳税款。

（二）取得境外所得的纳税申报

居民个人从中国境内和境外取得的综合所得、经营所得，应当分别合并计算应纳税所得额和应纳税额；从中国境内和境外取得的其他所得，应当分别单独计算应纳税所得额和应纳税额。居民个人从中国境外取得的所得已在境外缴纳的个人所得税税额，可以从其应纳税额中抵免，但抵免额不得超过该纳税人境外所得依照个人所得税法规定计算的应纳税额。

居民个人取得境外所得，区分中国境内有无任职、受雇单位以及中国境内有无户籍的情形，分别确定纳税申报的时间、地点。具体规定如下：

1.居民个人从中国境外取得所得的，应当在取得所得的次年3月1日至6月30日内，向中国境内任职、受雇单位所在地主管税务机关办理纳税申报。

2.居民个人从中国境外取得所得，在中国境内没有任职、受雇单位的，应当在取得所得的次年3月1日至6月30日内，向户籍所在地或中国境内经常居住地主管税务机关办理纳税申报；户籍所在地与中国境内经常居住地不一致的，选择其中一地主管税务机关办理纳税申报；在中国境内没有户籍的，向中国境内经常居住地主管税务机关办理纳税申报。

（三）因移居境外注销中国户籍的纳税申报

纳税人因移居境外注销中国户籍的，应当在申请注销中国户籍前，向户籍所在地主管税务机关办理纳税申报，进行税款清算。具体规定如下：

1.纳税人在注销户籍年度取得综合所得的，应当在注销户籍前，办理当年综合所得的汇算清缴，并报送《个人所得税年度自行纳税申报表》。尚未办理上一年度综合所得汇算清缴的，应当在办理注销户籍纳税申报时一并办理。

2.纳税人在注销户籍年度取得经营所得的，应当在注销户籍前，办理当年经营所得的汇算清缴，并报送《个人所得税经营所得纳税申报表（B表）》。从两处以上取得经营所得的，还应当一并报送《个人所得税经营所得纳税申报表（C表）》。尚未办理上一年度经营所得汇算清缴的，应当在办理注销户籍纳税申报时一并办理。

3.纳税人在注销户籍当年取得利息、股息、红利所得，财产租赁所得，财产转让所得和偶然所得的，应当在注销户籍前，申报当年上述所得的完税情况，并报送《个人所得税自行纳税申报表（A表）》。

4.纳税人有未缴或者少缴税款的，应当在注销户籍前，结清欠缴或未缴的税款。纳税人存在分期缴税且未缴纳完毕的，应当在注销户籍前，结清尚未缴纳的税款。

5.纳税人办理注销户籍纳税申报时，需要办理专项附加扣除、依法确定的其他扣除的，应当向税务机关报送《个人所得税专项附加扣除信息表》《商业健康保险税前扣除情况明细表》《个人税收递延型商业养老保险税前扣除情况明细表》等。

（四）非居民个人在中国境内从两处以上取得工资、薪金所得的纳税申报

非居民个人在中国境内从两处以上取得工资、薪金所得的，应当在取得所得的次月15日内，向其中一处任职、受雇单位所在地主管税务机关办理纳税申报，并报送《个人所得税自行纳税申报表（A表）》。

以上纳税人需要办理的各种类的纳税申报可以采用多种方式：纳税人可以采用远程办税端申报方式；可以采用邮寄申报方式；可以直接到主管税务机关申报等方式。

纳税人办理的自行纳税申报，以及扣缴义务人向税务机关报送《个人所得税扣缴申报表》，都要对其信息的真实性、准确性、完整性负责。根据《中华人民共和国个人所得税法》第八条规定：有下列情形之一的，税务机关有权按照合理方法进行纳税调整：

（1）个人与其关联方之间的业务往来不符合独立交易原则而减少本人或者其关联方应纳税额，且无正当理由；

（2）居民个人控制的，或者居民个人和居民企业共同控制的设立在实际税负明

显偏低的国家（地区）的企业，无合理经营需要，对应当归属于居民个人的利润不作分配或者减少分配；

（3）个人实施其他不具有合理商业目的的安排而获取不当税收利益。

税务机关依照上述规定作出纳税调整需要补征税款的，应当补征税款，并依法加收利息。